기출이 답이다

신한은행 SLT

시대에듀

2025 하반기 시대에듀 기출이 답이다
신한은행 SLT 필기시험

Always with you

사람의 인연은 길에서 우연하게 만나거나 함께 살아가는 것만을 의미하지는 않습니다.
책을 펴내는 출판사와 그 책을 읽는 독자의 만남도 소중한 인연입니다.
시대에듀는 항상 독자의 마음을 헤아리기 위해 노력하고 있습니다. 늘 독자와 함께하겠습니다.

자격증·공무원·금융/보험·면허증·언어/외국어·검정고시/독학사·기업체/취업
이 시대의 모든 합격! 시대에듀에서 합격하세요!
www.youtube.com ➡ 시대에듀 ➡ 구독

머리말 PREFACE

신한은행은 1897년 한성은행으로 출발하였다. 이후 1982년 신한은행을 창립하였고, 1996년 총수신 20조 원, 1999년 총수신 30조 원을 돌파하는 등의 성장을 이루어 왔다. 신한은행은 금융의 본업, 창조적 금융, 상생의 선순환 구조를 바탕으로 '금융으로 세상을 이롭게 한다.'는 미션을 달성하기 위해 노력하고 있다.

신한은행 필기시험 SLT(Shinhan Literacy Test)는 NCS + 금융상식 + 디지털 리터러시 등가로 구성되어 있다. 2021년부터 디지털 리터러시 평가(논리적 사고·알고리즘 설계·상황판단 평가)를 도입하였으나, 상황판단 평가는 2024년 하반기부터 제외되었으며 2023년에는 95문항에서 70문항으로 문제 수를 줄이고, 4지선다에서 5지선다로 선택지 개수를 늘리는 변화를 보였다.

이에 시대에듀에서는 신한은행 SLT 필기시험을 준비하는 수험생들이 시험에 효과적으로 대비할 수 있도록 다음과 같은 특징을 가진 본서를 출간하게 되었다.

도서의 특징

❶ 기출유형 뜯어보기를 수록하여 유형분석과 유형풀이 Tip·이론 더하기를 통해 출제영역을 체계적으로 학습할 수 있도록 하였다.

❷ 2025년 상반기~2018년 시행된 신한은행 SLT 필기시험의 기출복원문제를 수록하여 최근 출제 경향을 한눈에 파악할 수 있도록 하였다.

❸ 2025~2024년에 출제된 주요 금융권 NCS 기출복원문제를 수록하여 다양한 출제유형에 완벽히 대비할 수 있도록 하였다.

끝으로 본서가 신한은행 SLT 필기시험을 준비하는 여러분 모두에게 합격의 기쁨을 전달하기를 진심으로 바란다.

SDC(Sidae Data Center) 씀

신한은행 기업분석

INTRODUCE

◆ 미션

금융으로 세상을 이롭게 한다.

미래를 함께하는 따뜻한 금융이란 상품, 서비스, 자금운용 등에서 과거와는 다른 방법, 새로운 환경에 맞는 새로운 방식을 추구하여 고객과 신한 그리고 사회의 가치가 함께 커지는 상생의 선순환 구조를 만들어 가는 것이다.

방법론
금융(본업)으로
창조적 금융

지향점
세상을 이롭게 한다
상생의 선순환 구조

◆ 핵심가치

모든 신한인이 'ONE 신한'으로 생각하고 행동하게 되는 가치판단의 기준이다.

바르게
고객과 미래를 기준으로 바른 길을 선택한다.

빠르게
빠르게 실행하고 배우며 성장한다.

다르게
다름을 존중하며 남다른 결과를 만든다.

◆ 비전

더 쉽고 편안한, 더 새로운 은행

더 쉬운 은행	**쉽고 편리한** 고객이 금융을 더 쉽고 편하게 이용할 수 있도록 온·오프라인 금융서비스를 개선하며, 디지털 생태계를 통해 고객의 일상과 비즈니스에 은행을 더욱 가깝게 연결한다.
더 편안한 은행	**안전하고 신뢰할 수 있는** 고객이 꿈을 실현할 수 있도록 안전하고, 신뢰할 수 있는 올바른 금융을 제공함으로써 고객의 마음을 더 편안하게 한다.
더 새로운 은행	**참신하고 독창적인** 신한만의 전문성과 혁신적인 디지털 기술을 창조적으로 융합한, 참신하고 독창적인 '一流' 금융서비스를 통해 고객에게 더 새로운 가치를 제공한다.

◆ 인재상

따뜻한 가슴을 지닌 창의적인 열정가

따뜻한 가슴
고객과 사회의 따뜻한 미래를 생각하며 정직과 신뢰로 언제나 바르게 행동하는 사람

창의적인
자신의 꿈을 위해 유연하고 열린 사고로 남들과는 다르게 시도하는 사람

열정가
실패를 두려워하지 않는 열정으로 도전적 목표를 향해 누구보다 빠르게 실행하는 사람

INTRODUCE
신한은행 기업분석

◆ CI

기존 신한금융그룹의 상징이었던 비둘기 및 새싹은 21세기의 미래 감성에 맞게 재해석되어 피어나는 미래에 대한 희망으로 표현되었으며, 그 형태의 외관을 이루는 "구"는 국제화를 의미하는 글로벌의 상징으로, 가운데 S의 형상은 끝없는 성장을 향해 달려나가는 지표로서의 금융사의 진로로 상징화되었다.

◆ 신한 프렌즈

일 년 내내 밤하늘에서 찾아볼 수 있는 작은 곰자리는 북쪽 하늘의 대표적인 별자리로 알려져 있으며, 북극성은 작은 곰자리의 끝에 자리 잡고 있다. 신한 프렌즈는 예로부터 항해자들의 길잡이가 되어 주던 북극성을 모티브로 개발되었다. 시대를 앞장서서 도전해 나가는 탐험대의 이야기를 담아 신한이 리드하는 새로운 금융 가치를 이야기하게 될 것이다.

◆ 브랜드 슬로건

> 더 나은 내일을 위한 동행
> Together, a better tomorrow

◆ 브랜드 약속

Togethership

| 진정성 | 통합성 | 통찰력 | 혁신 |

◆ 브랜드 이미지

- 젊고, 활기찬
- 선도적인, 혁신적인
- 전문성이 있는
- 믿음이 가는, 정직한
- 배려 깊은, 따뜻한
- 세련된, 고급스러운

INFORMATION
신입행원 채용 안내

◆ **지원방법**
신한은행 채용 홈페이지(shinhan.recruiter.co.kr)를 통해 접수

◆ **지원자격**
1. 학력 및 연령에 따른 지원 제한 없음
2. 군필자 또는 군면제자
3. 해외여행에 결격 사유가 없는 자
4. 당행 내규상 채용에 결격 사유가 없는 자
5. 외국인의 경우 한국 내 취업에 결격 사유가 없는 자

◆ **채용절차**

지원서 접수 → 필기시험(SLT) → 온라인 역량검사 → 1차 면접 → 2차 면접 → 채용검진 / 최종합격

◆ **필기시험(SLT)**

영역		문항 수	시험시간
NCS／금융상식	의사소통능력	70문항 (5지선다)	90분
	수리능력		
	문제해결능력		
	금융상식		
디지털 리터러시 평가	논리적 사고		
	알고리즘 설계		

※ 영역별 문항 구분 없이 1교시로 시험이 진행됩니다.

❖ 자세한 채용절차는 직무별 채용방침에 따라 변경될 수 있으니 반드시 채용공고를 확인하기 바랍니다.

ANALYSIS
2025년 상반기 기출분석

총평

2025년 상반기 신한은행 필기시험은 전체적으로 디지털 리터러시 평가와 금융상식보다 NCS의 난도가 높았다는 후기가 많았다. 지난 시험과 동일하게 NCS와 금융상식은 의사소통능력, 수리능력, 문제해결능력, 금융상식 4개 영역으로 출제되었고, 디지털 리터러시 평가는 논리적 사고, 알고리즘 설계 2개 영역으로 출제되었다. NCS의 다른 영역은 무난했으나 의사소통능력의 경우, 대체적으로 지문의 길이가 길고, 금융 시사와 관련된 내용의 문제가 있어서 어렵다고 느낀 수험생들이 많았을 것이라 예상된다. 또한 시험의 모든 문제는 영역 구분 없이 섞여서 출제되었으며 지난 시험의 출제경향과 다르게 디지털 리터러시 평가와 금융상식보다는 NCS의 출제비중이 높았다는 평가 대다수였으므로 이에 대한 대비가 필요하다고 본다.

◆ 영역별 출제비중

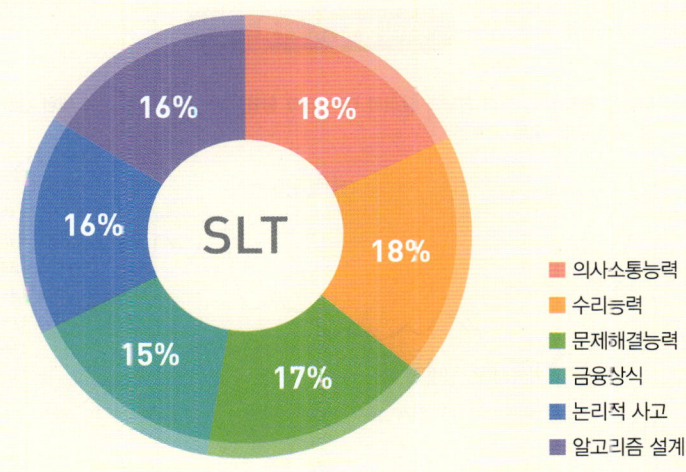

- 의사소통능력 18%
- 수리능력 18%
- 문제해결능력 17%
- 금융상식 15%
- 논리적 사고 16%
- 알고리즘 설계 16%

◆ 영역별 출제특징

구분	출제특징
의사소통능력	• 추론하기, 글의 주제 찾기 등의 문제가 출제됨 • 금융투자소득세, 탄소배출권, ESG, SDG, 가상화폐 등 최근 금융 시사와 관련된 지문을 통해 일치/불일치하는 내용을 고르는 문제가 출제됨
수리능력	• 미지수가 3개인 일차방정식, 경우의 수, 확률 등의 문제가 출제됨 • 제시된 자료의 그래프를 보고 수치를 비교하거나 표를 해석하는 문제가 출제됨
문제해결능력	• 명제, 참/거짓, 조건추리, 벤 다이어그램 여집합 찾기 등의 문제가 출제됨 • 주어진 은행 또는 적금상품을 보고 문제를 해결하는 유형이 출제됨

TEST CHECK
주요 금융권 적중 문제

신한은행

의사소통능력 ▶ 주제·제목찾기

32 다음 글의 중심 내용으로 가장 적절한 것은?

> 발전된 산업 사회는 인간을 단순한 수단으로 지배하기 위해 새로운 수단을 발전시키고 있다. 여러 사회 과학과 심층 심리학이 이를 위해 동원되고 있다. 목적이나 이념의 문제를 배제하고 가치 판단으로부터의 중립을 표방하는 사회 과학들은 인간 조종을 위한 기술적·합리적인 수단을 개발해 대중 지배에 이바지한다. 마르쿠제는 이런 발전된 산업 사회에서의 도구화된 지성을 비판하면서 이것을 '현대인의 일차원적 사유'라고 불렀다. 비판과 초월을 모르는 도구화된 사유라는 것이다.
> 발전된 산업 사회는 이처럼 사회 과학과 도구화된 지성을 동원해 인간을 조종하고 대중을 지배할 뿐만 아니라 향상된 생산력을 통해 인간을 매우 효율적으로 거의 완전하게 지배한다. 즉, 발전된 산업 사회는 높은 생산력을 통해 늘 새로운 수요들을 창조하고, 모든 선전 수단을 동원하여 이러한 새로운 수요들을 인간의 삶을 위해 불가결한 것으로 만든다. 그리하여 인간이 새로운 수요들을 지향

수리능력 ▶ 자료추론

42 다음은 엔화 대비 원화 환율과 달러화 대비 원화 환율 추이 자료이다. 이에 대한 〈보기〉의 설명 중 옳은 것을 모두 고르면?

문제해결능력 ▶ 참·거짓

53 다음 다섯 사람이 얘기를 하고 있다. 이 중 두 사람은 진실만을 말하고, 세 사람은 거짓만을 말하고 있다. 지훈이 거짓을 말할 때, 진실만을 말하는 사람을 짝지은 것은?

- 동현 : 정은이는 지훈이와 영석이를 싫어해.
- 정은 : 아니야. 난 둘 중 한 사람은 좋아해.
- 선영 : 동현이는 정은이를 좋아해.
- 지훈 : 선영이는 거짓말만 해.
- 영석 : 선영이는 동현이를 싫어해.
- 선영 : 맞아. 그런데 정은이는 지훈이와 영석이 둘 다 좋아해.

① 동현, 선영   ② 정은, 영석

하나은행

의사소통능력 ▶ 주제·제목찾기

10 다음 글의 중심 내용으로 가장 적절한 것은?

> 칸트는 인간이 이성을 부여받은 것은 욕망에 의해 움직이지 않게 하기 위함이라고 말하면서 자신의 행복을 우선시하기보다는 도덕적인 의무를 먼저 수행해야 한다고 주장했다. 칸트의 시각에서 볼 때 행동의 도덕적 가치를 결정하는 것은 어떠한 상황에서든 모든 사람이 그 행동을 했을 때에 아무런 모순이 생기지 않아야 한다는 보편주의이다. 내가 타인을 존중하지 않으면서 타인이 나를 존중하고 도와줄 것을 기대한다면, 이는 보편주의를 위배하는 것이다. 그러므로 남이 나에게 하주길 바라는 것을 실천하는 것이 바로 도덕적 행동이라는 것이다. 따라서 도덕적 행동이 나의 이익이나 본성과 일치하지 않더라도 나는 나의 의무를 수행해야 한다고 역설했다.

① 칸트의 도덕관에 대한 비판

수리능력 ▶ 도형

41 다음 삼각형의 면적은?

① 20　　　　　　　　② 22

문제해결능력 ▶ 문제처리

62 H은행은 행원들의 체력증진 및 건강개선을 위해 운동 프로그램을 운영하고자 한다. 해당 프로그램을 운영할 업체는 행원들을 대상으로 한 사전조사 결과를 바탕으로 결정된다. 다음 〈조건〉에 따라 업체를 선정할 때, A∼D업체 중 최종적으로 선정될 업체는?

〈후보 업체 사전조사 결과〉

구분	프로그램	흥미 점수	건강증진 점수
A업체	집중GX	5점	7점
B업체	필라테스	7점	6점
C업체	자율 웨이트	5점	5점
D업체	근력운동	6점	4점

조건
- H은행은 전 행원을 대상으로 후보 업체들에 대한 사전조사를 하였다. 각 후보 업체에 대한 흥미 점수와 건강증진 점수는 전 행원이 10점 만점으로 부여한 점수의 평균값이다.
- 흥미 점수와 건강증진 점수를 2:3의 가중치로 합산하여 1차 점수를 산정하고, 1차 점수가 높은 후보 업체 3개를 1차 선정한다.
- 1차 선정된 후보 업체 중 흥미 점수와 건강증진 점수를 3:3 가중치로 합산하여 2차 점수를 산정

TEST CHECK
주요 금융권 적중 문제

KB국민은행

의사소통능력 ▶ 비판·반박하기

09 다음 중 ⊙의 입장에서 호메로스의 『일리아스』를 비판한 내용으로 적절하지 않은 것은?

> 기원전 5세기, 헤로도토스는 페르시아 전쟁에 대한 책을 쓰면서 『역사(Historiai)』라는 제목을 붙였다. 이 제목의 어원이 되는 'histor'는 원래 '목격자', '증인'이라는 뜻의 법정 용어였다. 이처럼 어원상 '역사'는 본래 '목격자의 증언'을 뜻했지만, 헤로도토스의 『역사』가 나타난 이후 '진실의 탐구' 혹은 '탐구한 결과의 이야기'라는 의미로 바뀌었다.
> 헤로도토스 이전에는 사실과 허구가 뒤섞인 신화와 전설, 혹은 종교를 통해 과거에 대한 지식이 전수되었다. 특히 고대 그리스인들이 주로 과거에 대한 지식의 원천으로 삼은 것은 『일리아스』였다. 『일리아스』는 기원전 9세기의 시인 호메로스가 오래전부터 구전되어 온 트로이 전쟁에 대해 읊은 서사시이다. 이 서사시에서는 전쟁을 통해 신들, 특히 제우스 신의 뜻이 이루어진다고 보았다. 헤로도토스는 바로 이런 신화적 세계관에 입각한 서사시와 구별되는 새로운 이야기 양식을 만들어 내고자 했다. 즉, 헤로도토스는 가까운 과거에 일어난 사건의 중요성을 인식하고, 이를 직접 확인·탐구하여 인과적 형식으로 서술함으로써 역사라는 새로운 분야를 개척한 것이다.
> 『역사』가 등장한 이후, 사람들은 역사 서술의 효용성이 과거를 통해 미래를 예측하게 하여 후세인(後世人)에게 교훈을 주는 데 있다고 인식하게 되었다. 이러한 인식에는 한 번 일어났던 일이 마치 계절처럼 되풀이하여 다시 나타난다는 순환 사관이 바탕에 깔려 있다. 그리하여 오랫동안 역사는 사람을 올바르고 지혜롭게 가르치는 '삶의 학교'로 인식되었다. 이렇게 교훈을 주기 위해서는 과거에 대한 서술이 정확하고 객관적이어야 했다.
> 물론 모든 역사가가 정확성과 객관성을 역사 서술의 우선적 원칙으로 앞세운 것은 아니다. 오히려 헬레니즘과 로마 시대의 역사가들 중 상당수는 수사학적인 표현으로 독자의 마음을 움직이는 것을 목표로 하는 역사 서술에 몰두하였고, 이런 경향은 중세 시대에도 어느 정도 지속되었다. 이들은

문제해결능력 ▶ 명제

16 제시된 명제가 모두 참일 때, 빈칸에 들어갈 명제로 가장 적절한 것은?

> • 어휘력이 좋지 않으면 책을 많이 읽지 않은 것이다.
> • 글쓰기 능력이 좋지 않으면 어휘력이 좋지 않은 것이다.
> • _____

① 글쓰기 능력이 좋으면 어휘력이 좋은 것이다.
② 책을 많이 읽지 않으면 어휘력이 좋지 않은 것이다.
③ 어휘력이 좋지 않으면 글쓰기 능력이 좋지 않은 것이다.
④ 글쓰기 능력이 좋지 않으면 책을 많이 읽지 않은 것이다.

수리능력 ▶ 거리·속력·시간

32 일정한 속력으로 달리는 기차가 길이 480m인 터널을 완전히 통과하는 데 걸리는 시간이 36초이고 같은 속력으로 길이 600m인 철교를 완전히 통과하는 데 걸리는 시간이 44초일 때, 기차의 속력은?

① 15m/s   ② 18m/s
③ 20m/s   ④ 24m/s

IBK기업은행

의사소통능력 ▶ 내용일치

04 다음은 우리나라 국고제도에 대한 개요이다. 이에 대한 설명으로 적절하지 않은 것은?

〈우리나라 국고제도의 개요〉

- 국고금의 범위
  국고금에는 중앙정부가 징수하는 국세와 관련 법규에 따른 각종 범칙금, 과징금, 연금보험료, 고용보험료, 국유재산 등에 대한 점용료·사용료, 각종 벌금 등이 있으며, 지방자치단체가 징수하는 지방세(주민세, 재산세, 자동차세 등)나 공공기관이 부과하는 공과금(전기요금, 전화요금 등)은 포함되지 않는다.
- 국고금의 종류
  국고금이 효율적이고 투명하게 관리·운용되기 위해서는 국고관련 법령에 근거한 계획적인 수입 및 지출이 필요한데, 이를 위해 한국은행은 국고금을 그 성격 및 계리체계 등을 기준으로 '수입금과 지출금', '자금관리용 국고금' 그리고 '기타의 국고금'으로 구분하여 관리한다.
  ① 수입금과 지출금

자원관리능력 ▶ 비용계산

11 I컨벤션에서 회의실 예약 업무를 담당하고 있는 K씨는 2주 전 B기업으로부터 오전 10시 ~ 낮 12시에 35명, 오후 1시 ~ 오후 4시에 10명이 이용할 수 있는 회의실 예약문의를 받았다. K씨는 회의실 예약 설명서를 B기업으로 보냈고 B기업은 자료를 바탕으로 회의실을 선택하여 결제했다. 하지만 이용일 4일 전 B기업이 오후 회의실 사용을 취소하게 되었다고 할 때, 〈조건〉을 참고하여 B기업이 환불받게 될 금액은?(단, 회의에서는 노트북과 빔프로젝터를 이용하며, 부대장비 대여료도 환불규칙에 포함된다)

〈회의실 사용료(VAT 포함)〉

회의실	수용 인원(명)	면적(m²)	기본임대료(원)		추가임대료(원)	
			기본시간	임대료	추가시간	임대료
대회의실	90	184	2시간	240,000	시간당	120,000
별실	36	149		400,000		200,000
세미나 1	21	43		136,000		68,000
세미나 2						
세미나 3	10	19		74,000		37,000

수리능력 ▶ 금융상품 활용

20 최과장은 'N적금'에 가입하였다. 최과장에 대한 정보가 다음과 같을 때, 최과장이 만기에 수령할 원리금을 구하면?(단, 이자 소득에 대한 세금은 고려하지 않는다)

〈정보〉

- 최과장은 만 41세로, 2024년 11월부터 자신의 명의로 I은행의 적금 상품 중 하나에 가입하고자 하였다.
- 최과장은 2024년 12월 1일에 스마트뱅킹을 통하여 I은행의 N적금에 가입하였다.
- 최과장은 가입기간 동안 매월 1일마다 20만 원을 적립한다.
- 최과장은 2025년 1월부터 급여를 I은행 입출금계좌를 통하여 지급받고 있었으며, 만기해지일까지 지속된다.
- 해당 적금 계좌에 대하여 질권설정을 하지 않았으며, 지급제한 사항도 해당되지 않는다.

STRUCTURES
도서 200% 활용하기

기출유형 뜯어보기

▶ 출제유형별 유형분석과 유형풀이 Tip·이론 더하기로 신한은행 SLT 필기시험을 완벽히 준비할 수 있도록 하였다.

8개년 기출복원문제

▶ 2025년 상반기~2018년 시행된 기출복원문제로 신한은행 SLT의 출제경향을 한눈에 파악할 수 있도록 하였다.

주요 금융권 NCS 기출복원문제

▶ 2025~2024년 주요 금융권 NCS 기출복원문제로 다양한 출제유형에 대비할 수 있도록 하였다.

정답 및 해설

▶ 정답에 대한 꼼꼼한 해설과 오답분석을 통해 혼자서도 체계적인 학습이 가능하도록 하였다.

CONTENTS
이 책의 차례

PART 1 기출유형 뜯어보기

CHAPTER 01 의사소통능력 — 2
CHAPTER 02 수리능력 — 12
CHAPTER 03 문제해결능력 — 20

PART 2 기출복원문제

CHAPTER 01 2025년 상반기 기출복원문제 — 28
CHAPTER 02 2024년 하반기 기출복원문제 — 44
CHAPTER 03 2024년 상반기 기출복원문제 — 58
CHAPTER 04 2023년 기출복원문제 — 74
CHAPTER 05 2022년 기출복원문제 — 90
CHAPTER 06 2021년 기출복원문제 — 104
CHAPTER 07 2020년 기출복원문제 — 122
CHAPTER 08 2019년 하반기 기출복원문제 — 134
CHAPTER 09 2019년 상반기 기출복원문제 — 154
CHAPTER 10 2018년 하반기 기출복원문제 — 169
CHAPTER 11 2018년 상반기 기출복원문제 — 181

PART 3 주요 금융권 NCS 기출복원문제

CHAPTER 01 2025년 주요 금융권 NCS 기출복원문제 — 188
CHAPTER 02 2024년 주요 금융권 NCS 기출복원문제 — 236

별책 정답 및 해설

PART 2 기출복원문제 — 2
PART 3 주요 금융권 NCS 기출복원문제 — 70

PART 1
기출유형 뜯어보기

CHAPTER 01 의사소통능력
CHAPTER 02 수리능력
CHAPTER 03 문제해결능력

CHAPTER 01 의사소통능력 주제·제목찾기

| 유형분석 |

- 글의 목적이나 핵심 주장을 정확하게 구분할 수 있는지 평가한다.
- 글의 전반적인 흐름과 내용을 포괄할 수 있는 중심 내용을 찾아야 한다.
- ⊕ 응용문제 : 문단별 주제·화제를 찾는 문제, 글쓴이의 주장·생각을 찾는 문제, 표제와 부제를 찾는 문제

다음 글의 제목으로 가장 적절한 것은?

사전적 정의에 의하면 재즈는 20세기 초반 미국 뉴올리언스의 흑인 문화 속에서 발아한 후 미국을 대표하는 음악 스타일이자 문화가 된 음악 장르이다. 서아프리카의 흑인 민속음악이 18세기 후반과 19세기 초반의 대중적이고 가벼운 유럽의 클래식 음악과 만나서 탄생한 것이 재즈다. 그러나 이 정도의 정의로 재즈의 전모를 밝히기에는 역부족이다. 이미 재즈가 미국을 넘어 전 세계에서 즐겨 연주되고 있으며 그 기법 역시 트레이드마크였던 스윙(Swing)에서 많이 벗어났기 때문이다. → 재즈의 기원

한편, 재즈 역사가들은 재즈를 음악을 넘어선 하나의 이상이라고 이야기한다. 그 이상이란 삶 속에서 우러나온 경험과 감정을 담고자 하는 인간의 열정적인 마음이다. 여기에서 영감을 얻은 재즈 작곡가나 연주자는 즉자적으로 곡을 작곡하고 연주해 왔으며, 그러한 그들의 의지가 바로 다사다난한 인생을 관통하여 재즈에 담겨 있다. 초기의 재즈가 미국 흑인들의 한과 고통을 담아낸 흔적이자 역사 그 자체인 점이 이를 증명한다. 억압된 자유를 되찾으려는 그들의 저항 의식은 아름답게 정제된 기존의 클래식 음악의 틀 안에서는 온전하게 표출될 수 없었다. 불규칙적으로 전개되는 과감한 불협화음, 줄곧 어긋나는 듯한 리듬, 정제되지 않은 멜로디, 이들의 총합으로 유발되는 긴장감과 카타르시스……. 당시 재즈 사운드는 충격 그 자체였다. 그러나 현재 이러한 기법과 형식을 담은 장르는 넘쳐날 정도로 많아졌고, 클래식 역시 아방가르드(Avantgarde)라는 새로운 영역을 개척한 지 오래다. 그러므로 앞에서 언급한 스타일과 이를 가능하게 했던 이상은 더 이상 재즈만의 전유물이라 할 수 없다.

켄 번스(Ken Burns)의 다큐멘터리 영화『재즈(Jazz)』에서 윈튼 마살리스(Wynton Marsalis)는 "재즈의 진정한 힘은 사람들이 모여서 즉흥적인 예술을 만들고 자신들의 예술적 주장을 타협해 나가는 것에서 나온다. 이러한 과정 자체가 곧 재즈라는 예술 행위이다."라고 말한다. 그렇다면 우리의 일상은 곧 재즈 연주와 견줄 수 있다. 출생과 동시에 우리는 다른 사람들과 관계를 맺으며 살아간다. 물론 자신과 타인은 호불호나 삶의 가치관이 제각각일 수밖에 없다. 따라서 자신과 타인의 차이가 옳고 그름의 차원이 아닌 '다름'이라는 것을 알아가는 것, 그리고 그러한 차이를 인정하고 그 속에서 서로 이해하고 배려하려는 노력이 필요하다. 이렇듯 자신과 다른 사람과 함께 '공통의 행복'이라는 것을 만들어 간다면 우리 역시 바로 '재즈'라는 위대한 예술을 구현하고 있는 것이다. → 재즈의 본질

① 재즈의 기원과 본질
② 재즈와 클래식의 차이
③ 재즈의 장르적 우월성
④ 재즈를 감상하는 이유
⑤ 재즈와 인생의 유사성과 차이점

정답 ①

유형풀이 Tip

- 글의 중심이 되는 내용은 주로 글의 맨 앞이나 맨 뒤에 위치한다. 따라서 글의 첫 부분과 마지막 부분을 먼저 확인한다.
- 첫 부분과 마지막 부분에서 실마리가 잡히지 않은 경우 그 내용을 뒷받침해주는 부분을 읽어가면서 제목이나 주제를 파악해 나간다.

CHAPTER 01 | 의사소통능력 내용일치

| 유형분석 |

- 주어진 지문을 읽고 일치하는 / 일치하지 않는 선택지를 고르는 전형적인 독해 문제이다.
- 대체로 길고 복잡한 지문이 제시되는 경우가 많아 문제를 해결하는 데 시간이 많이 소요된다.
- ⊕ 응용문제 : 은행 금융상품 약정을 읽고 이해하는 문제, 고객 문의에 적절한 답변을 선택하는 문제

다음 글의 내용으로 적절하지 않은 것은?

최근 국내 건설업계에서는 3D 프린팅 기술을 건설 분야와 접목하고자 노력하고 있다. 해외 건설사들도 3D 프린팅 기술을 이용한 건축 시장을 선점하기 위한 경쟁이 활발히 이루어지고 있으며 ❹ 이미 미국 텍사스 지역에서 3D 프린팅 기술을 이용하여 주택 4채를 1주일 만에 완공한 바 있다. 또한 우리나라에서도 인공조경 벽 등 건설 현장에서 3D 프린팅 건축물을 차차 도입해가고 있다.

왜 건설업계에서는 3D 프린팅 기술을 주목하게 되었을까? 3D 프린팅 건축 방식은 전통 건축 방식과 비교하여 비용을 절감할 수 있고 공사 기간이 단축되는 점을 장점으로 꼽을 수 있다. 특히 공사 기간이 짧은 점은 천재지변으로 인한 이재민 등을 위한 주거시설을 빠르게 준비할 수 있다는 점에서 호평받고 있다. 또한 전통 건축 방식으로는 구현하기 힘든 다양한 디자인을 구현할 수 있는 점과 ❷ 건축 폐기물 감소 및 CO_2 배출량 감소 등 환경보호 면에서도 긍정적인 평가를 받고 있으며 각 국가 간 이해관계 충돌로 인한 직·간접적 자재 수급난을 해결할 수 있는 점도 긍정적 평가를 받는 요인이다.

어떻게 3D 프린터로 건축물을 세우는 것일까? 먼저 일반적인 3D 프린팅의 과정을 알아야 한다. 일반적인 3D 프린팅은 컴퓨터로 물체를 3D 형태로 모델링한 후 용융성 플라스틱이나 금속 등을 3D 프린터 노즐을 통해 분사하여 아래부터 층별로 겹겹이 쌓는 과정을 거친다.

3D 프린팅 건축 방식도 마찬가지이다. 컴퓨터를 통해 건축물을 모델링 후 모델링한 정보에 따라 콘크리트, 금속, 폴리머 등의 건축자재를 노즐을 통해 분사시켜 층층이 쌓아 올리면서 컴퓨터로 설계한 대로 건축물을 만든다. 기계가 대신 건축물을 만든다는 점에서 사람의 힘으로 한계가 있는 기존 건축방식의 해결은 물론 ❸ 코로나19 사태로 인한 인건비 상승 및 전문인력 수급난을 해결할 수 있다는 점 또한 호평받고 있다.

하지만 아쉽게도 ❶ 우리나라에서의 3D 프린팅 건설 사업은 관련 인증 및 안전 규정 미비 등의 제도적 한계와 기술적 한계가 있어 상용화 단계가 이루어지기는 힘들다. 특히 3D 프린터로 구조물을 적층하여 구조물을 쌓아 올리는 데에는 로봇 팔이 필요한데 아직은 5층 이하의 저층 주택 준공이 한계이고 현 대한민국 주택시장은 고층 아파트 등 고층 건물이 주력이므로 3D 프린터 고층 건축물 제작 기술을 개발해야 한다는 주장도 더러 나오고 있다.

① 현재 우리나라는 3D 프린터 건축 기술의 제도적 장치 및 기술적 한계를 해결해야만 하는 과제가 있다.
② 3D 프린터 건축 기술은 전통 건축 기술과는 달리 환경에 영향을 덜 끼친다.
③ 3D 프린터 건축 기술은 인력난을 해소할 수 있는 새로운 기술이다.
④ 이미 해외에서는 3D 프린터를 이용하여 주택을 시공한 바 있다.
⑤ 3D 프린터 건축 기술로 인해 대량의 실업자가 발생할 것이다.
　　↳ 대량의 실업자 발생 여부는 제시문에서 언급되지 않았고, 오히려 네 번째 문단에서 '전문인력 수급난을 해결할 수 있다'고 하였다

정답 ⑤

유형풀이 Tip
- 먼저 선택지의 키워드를 체크한 후, 지문의 내용과 비교하며 내용의 일치 유무를 신속하게 판단한다.

CHAPTER 01 의사소통능력 나열하기

| 유형분석 |

- 글의 논리적인 전개 구조를 파악할 수 있는지 평가한다.
- 글의 세부 내용보다 전반적인 흐름과 맥락에 집중하며 문제를 해결하는 것이 효율적이다.
- ⊕ 응용문제 : 첫 문단을 제시한 후 이어질 내용을 순서대로 나열하는 문제

다음 문단을 논리적 순서대로 바르게 나열한 것은?

(가) **주장애관리**는 장애정도가 심한 장애인이 의원뿐만 아니라 병원 및 종합병원급에서 장애 유형별 전문의에게 전문적인 장애관리를 받을 수 있는 서비스이다. 이전에는 대상 관리 유형이 지체장애, 시각장애, 뇌병변장애로 제한되어 있었으나, 3단계부터는 지적장애, 정신장애, 자폐성 장애까지 확대되어 더 많은 중증장애인들이 장애관리를 받을 수 있게 되었다. → 2번째 서비스인 주장애관리를 소개

(나) **이와 같이** 3단계 장애인 건강주치의 시범사업은 기존 1·2단계 시범사업보다 더욱 확대되어 많은 중증장애인들의 참여를 예상하고 있다. 장애인 건강주치의 시범사업에 신청하기 위해서는 국민건강보험공단 홈페이지의 건강IN에서 장애인 건강주치의 의료기관을 찾은 후 해당 의료기관에 방문하여 장애인 건강주치의 이용 신청사실 통지서를 작성해야 한다.
→ 마지막으로 장애인 건강주치의 시범사업에 신청하는 방법 소개

(다) 장애인 건강주치의 제도가 제공하는 서비스는 일반건강관리, 주(主)장애관리, 통합관리로 나누어진다. 일반건강관리 서비스는 모든 유형의 중증장애인이 만성질환 등 전반적인 건강관리를 받을 수 있는 서비스로, 의원급에서 원하는 의사를 선택하여 참여할 수 있다. 1·2단계까지의 사업에서는 만성질환관리를 위해 장애인 본인이 검사비용의 30%를 부담해야 했지만, 3단계부터는 본인부담금 없이 질환별 검사 바우처로 제공한다. → (마)에 대한 세부 설명

(라) **마지막으로 통합관리**는 일반건강관리와 주장애관리를 동시에 받을 수 있는 서비스로, 동네에 있는 의원급 의료기관에 속한 지체·뇌병변·시각·지적·정신·자폐성 장애를 진단하는 전문의가 주장애관리와 만성질환관리를 모두 제공한다. 이 3가지 서비스들은 거동이 불편한 환자를 위해 의사나 간호사가 직접 집으로 방문하는 **방문 서비스**를 제공하고 있으며 기존까지는 연 12회였으나, 3단계 시범사업부터 연 18회로 증대되었다. → 마지막 3번째 서비스인 통합관리 서비스와 추가적으로 방문 서비스 소개

(마) 보건복지부와 국민건강보험공단은 2021년 9월부터 **3단계 장애인 건강주치의 시범사업**을 진행하였다. 장애인 건강주치의 제도는 중증장애인이 인근 지역에서 주치의로 등록 신청한 의사 중 원하는 의사를 선택하여 장애로 인한 건강문제, 만성질환 등 건강상태를 포괄적이고 지속적으로 관리 받을 수 있는 제도로, 2018년 5월 1단계 시범사업을 시작으로 2단계 시범사업까지 완료되었다.
→ 3단계 장애인 건강주치의 시범사업 소개

① (다) - (가) - (라) - (마) - (나)
② (다) - (마) - (가) - (나) - (라)
③ (마) - (가) - (라) - (나) - (다)
④ (마) - (다) - (가) - (라) - (나)
⑤ (마) - (다) - (나) - (가) - (라)

정답 ④

유형풀이 Tip
- 각 문단에 위치한 지시어와 접속어를 살펴본다. 문두에 접속어가 오는 경우 글의 첫 번째 문단이 될 수 없다.
- 각 문단의 첫 문장과 마지막 문장에 집중하면서 글의 순서를 하나씩 맞춰 나간다.
- 선택지를 참고하여 문단의 순서를 생각해 보는 것도 시간을 단축하는 좋은 방법이 될 수 있다.

CHAPTER 01 의사소통능력 추론하기

| 유형분석 |

- 문맥을 통해 글에 명시적으로 드러나 있지 않은 내용을 유추할 수 있는지 평가한다.
- 일반적인 독해 문제와는 달리 선택지의 내용이 애매모호한 경우가 많으므로 꼼꼼히 살펴보아야 한다.
- ⊕ 응용문제 : 글 뒤에 이어질 내용을 찾는 문제, 글을 뒷받침할 수 있는 근거를 찾는 문제

다음 글을 읽고 추론한 내용으로 적절하지 않은 것은?

주식회사는 오늘날 회사 기업의 전형이라고 할 수 있다. 이는 ❷주식회사가 다른 유형의 회사보다 뛰어난 자본 조달력을 가지고 있기 때문인데, 주식회사의 자본 조달은 자본금, 주식, 유한책임이라는 주식회사의 본질적 요소와 관련된다.

주식회사의 자본금은 회사 설립의 기초가 되는 것으로, ❷주식 발행을 통해 조성된다. 현행 상법에서는 주식회사를 설립할 때 최저 자본금에 대한 제한을 두지 않고 있으며, 자본금을 정관*의 기재사항으로도 규정하지 않고 있다. 대신 수권주식총수를 정관에 기재하게 하여 자본금의 최대한도를 표시하도록 하고 있다. 수권주식총수란 회사가 발행할 주식총수로, ❸수권주식총수를 통해 자본금의 최대한도인 수권자본금을 알 수 있다. 사를 설립할 때는 수권주식총수 중 일부의 주식만 발행해도 되는데, 발행하는 주식은 모두 인수되어야 한다. ❹여기서 주식을 인수한다는 것은 출자자를 누구로 하는지, 그 출자자가 인수하려는 주식이 몇 주인지를 확정하는 것을 말한다. 회사가 발행하는 주식을 출자자가 인수하고 해당 금액을 납입하면, 그 금액의 총합이 바로 주식회사의 자본금이 된다. ❺회사가 수권주식총수 가운데 아직 발행하지 않은 주식은 추후 이사회의 결의만으로 발행할 수 있는데, 이는 주식회사가 필요에 따라 자본금을 쉽게 조달할 수 있도록 하기 위한 것이다.

주식은 자본금을 구성하는 단위로, 주식회사는 주식 발행을 통해 다수의 사람들로부터 대량의 자금을 끌어 모을 수 있다. ❶주식은 주식시장에서 자유롭게 양도되는데, 1주의 액면주식은 둘 이상으로 나뉘어 타인에게 양도될 수 없다. 주식회사가 액면가액을 표시한 액면주식을 발행할 때, 액면주식은 그 금액이 균일하여야 하며 1주의 금액은 100원 이상이어야 한다. 주식회사가 발행한 액면주식의 총액은 주식회사 설립 시에 출자자가 주식을 인수하여 납입한 금액의 총합과 같다.

*정관 : 회사를 운영하기 위한 규칙을 마련하여 기록한 문서

① 주식은 주식시장을 통해 양도가 가능하다.
② 주식회사는 주식 발행을 통해 다른 회사보다 쉽게 자본을 조달할 수 있다.
③ 어떤 회사의 자본금의 최대한도를 알기 위해선 수권주식총수를 알아야 한다.
④ 주식을 인수하기 위해서는 출자자와 인수하고자 하는 주식 수를 알아야 한다.
⑤ 수권주식총수 중 아직 발행하지 않은 주식은 주주총회의 결의만으로 발행할 수 있다.
→ 주주총회가 아닌 이사회의 결의만으로 발행 가능하다.

정답 ⑤

유형풀이 Tip
- 개인의 주관적인 판단이 개입되지 않도록 유의하며 문제를 해결해야 한다.
- 지문의 주제·중심 내용을 파악한 후 선택지의 키워드를 체크한다. 그러고 나서 지문에서 도출할 수 있는 내용을 선택지에서 찾아 소거해 나간다.

CHAPTER 01 | 의사소통능력 빈칸추론

| 유형분석 |

- 글의 전반적인 흐름을 파악하고 있는지 평가한다.
- 첫 문장, 마지막 문장 또는 글의 중간 등 다양한 위치에 빈칸이 주어질 수 있다.
- ⊕ 응용문제 : 빈칸에 들어갈 어휘·문장을 찾는 문제

다음 글의 빈칸에 들어갈 내용으로 가장 적절한 것은?

과학은 한 형태의 자연에 대한 지식이라는 사실 그 자체만으로도 한없이 귀중하고, 과학적 기술이 인류에게 가져온 지금까지의 혜택은 아무리 부정하려 해도 부정할 수 없다. 앞으로도 더 많고 더 정확한 과학 지식과 고도로 개발된 과학 기술이 필요하다. 그러나 문제의 핵심은 생태학적이고 예술적인 자연관 – 즉 모든 존재에 대한 넓고 새로운 포괄적인 시각으로 과학적 지식과 기술을 보는 것 – 에 눈을 뜨고, 그러한 지식과 기술을 활용하는 것이다. 그렇지 않고 오늘날과 같은 추세로 그러한 지식과 기술을 당장의 욕망을 위해서 인간 중심적으로 개발하고 이용한다면, 그 효과가 당장에는 인간에게 만족스럽다 해도 머지않아 자연의 파괴뿐만 아니라 인간적 삶의 파괴 그리고 궁극적으로는 인간 자신의 멸망을 초래하고 말 것이다. 한마디로 지금 우리에게 필요한 것은 과학적 비전과 과학적 기술의 의미를 보다 포괄적인 의미에서 이해하는 작업이다. 이러한 작업을 _____ 라 불러도 적절할 것 같다.

↳ 포괄적 관점의 예술적 세계관을 바탕으로 부분적 관점의 과학적 지식과 기술을 이해하는 작업

① 예술의 다양화 ② 예술의 기술화
③ 과학의 예술화 ④ 과학의 현실화
⑤ 예술의 과학화

정답 ③

유형풀이 Tip

- 글을 모두 읽고 풀기에는 시간이 부족하다. 따라서 빈칸의 앞·뒤 문장만을 통해 내용을 파악할 수 있어야 한다.
- 선택지에 주어진 내용을 각각 빈칸에 넣었을 때 그 흐름이 어색하지 않은지 확인하도록 한다.

CHAPTER 01 의사소통능력 비판·반박하기

유형분석

- 글의 주장과 논좀을 파악하고, 이에 대립하는 내용을 판단할 수 있는지 평가한다.
- 서로 상반되는 주장 두 개를 제시하고, 하나의 관점에서 다른 하나를 비판·반박하는 문제 유형이 출제될 수 있다.
- ⊕ 응용문제 : 글의 주장에 대해 반박하는 내용을 찾는 문제, 글이 비판의 대상으로 삼는 주장을 찾는 문제

다음 글의 주장에 대한 반박으로 가장 적절한 것은?

> 우리는 우리가 생각한 것을 말로 나타낸다. 또 다른 사람의 말을 듣고, 그 사람이 무슨 생각을 하고 있는가를 짐작한다. 그러므로 생각과 말은 서로 떨어질 수 없는 깊은 관계가 있다.
>
> 말과 생각이 얼마만큼 깊은 관계가 있는지에 대해 사람들은 오랫동안 여러 고민을 하였다. 그 가운데 가장 두드러진 것이 두 가지 있다. 그 하나는 말과 생각이 서로 꼭 달라붙은 쌍둥이인데 한 놈은 생각이 되어 속에 감추어져 있고 다른 한 놈은 말이 되어 사람 귀에 들리는 것이라는 주장이다. 다른 하나는 생각이 큰 그릇이고 말은 생각 속이 들어가는 작은 그릇이어서 생각에는 말 이외에도 다른 것이 더 있다는 주장이다.
>
> 이 두 가지 주장 중 앞의 것은 조금만 깊이 생각해 보면 틀렸다는 것을 깨달을 수 있다. 우리의 생각은 거의 대부분 말로 나타낼 수 있지만, 가슴 속에 응어리진 생각을 어떻게 말로 표현해야 할지 몰라 애태운 경험이 있을 것이다. 이것만 보더라도 말과 생각이 서로 안팎을 이루는 쌍둥이가 아님은 쉽게 판명된다.
>
> 말이란 인간의 생각 일부분을 주워 담는 작은 그릇에 지나지 않는다. 그러나 아무리 인간의 생각이 말보다 범위가 넓고 크다고 하여도 그것을 가능한 한 말로 바꾸지 않으면 그 생각의 위대함이나 오묘함이 타인에게 전달되지 않기 때문에 생각이 형님이요, 말이 동생이라고 해도 생각은 동생의 신세를 지지 않을 수가 없다.

① 말은 생각이 바탕이 되어야 생산될 수 있다.
② 생각을 드러내는 가장 직접적인 수단은 말이다.
③ 말과 생각은 서로 영향을 주고받는 긴밀한 관계이다.
④ 사회적·문화적 배경이 우리의 생각에 영향을 끼친다.
⑤ 말이 통하지 않아도 생각은 얼마든지 전달될 수 있다.
　→ '생각은 말을 통해 전달된다.'는 제시문의 주장을 반박한다.

정답 ⑤

유형풀이 Tip

- 대립하는 두 의견의 쟁점을 찾은 후, 지문 또는 보기에서 양측 주장의 근거를 찾아 각 주장에 연결하며 답을 찾는다.
- 글의 주장에 대한 반박과 이를 뒷받침하기 위해 제시 된 근거에 대한 반박을 구분해야 한다.

CHAPTER 02 | 수리능력 거리·속력·시간

| 유형분석 |

- 거리·속력·시간 공식을 활용하여 문제를 해결할 수 있는지 평가한다.
- 시간차를 두고 출발하는 경우, 마주 보고 걷거나 둘레를 도는 경우 등 추가적인 조건을 꼼꼼히 살펴보아야 한다.
- ⊕ 응용문제 : 기차와 터널의 길이를 구하는 문제, 물과 같이 속력이 있는 장소가 조건으로 주어진 문제

속력 300km/h ⓐ로 달리는 KTX 열차가 있다. **목적지까지 400km** ⓑ 떨어져 있으며, **정차해야 하는 역이 7개** ⓒ 있다. 각 **정차역에서 10분간 대기 후 출발** ⓓ한다고 할 때, 목적지에 도착할 때까지 소요되는 시간은?(단, 일정한 속도로 달리는 것으로 가정한다)

① 1시간 10분　　　　　　　　　② 1시간 20분
③ 2시간 20분　　　　　　　　　④ 2시간 30분
⑤ 3시간

ⓐ 열차의 속력 : 300km/h, ⓑ 목적지까지의 거리 : 400km

→ 목적지까지 달리는 시간 : $\frac{400}{300} = 1\frac{1}{3} = 1$시간 20분

ⓒ·ⓓ 정차시간 : $10 \times 7 = 1$시간 10분

∴ 1시간 20분 + 1시간 10분 = 2시간 30분

정답 ④

유형풀이 Tip

- 문제에서 요구하는 답을 미지수로 하여 방정식을 세우고, (시간)=$\frac{(거리)}{(속력)}$ 공식을 통해 필요한 값을 계산한다.

이론 더하기

- (거리)=(속력)×(시간), (속력)=$\frac{(거리)}{(시간)}$, (시간)=$\frac{(거리)}{(속력)}$

CHAPTER 02 | 수리능력 농도

| 유형분석 |

- 농도 공식을 활용하여 문제를 해결할 수 있는지 평가한다.
- 소금물 대신 설탕물로 출제될 수 있으며, 정수나 분수뿐 아니라 비율 등 다양한 조건이 제시될 가능성이 있다.
- ⊕ 응용문제 : 증발된 소금물 문제, 농도가 다른 소금물 간 계산 문제

농도 8%의 소금물 400g ⓐ에 농도 3%의 소금물 ⓑ 몇 g을 넣으면 농도 5%의 소금물 ⓒ이 되는가?

① 600g
② 650g
③ 700g
④ 750g
⑤ 800g

ⓐ 농도 8%인 소금물 400g에 들어있는 소금의 양 : $\frac{8}{100} \times 400$g

ⓑ 농도 3%인 소금물의 양 : xg

→ 농도 3%인 소금물 xg에 들어있는 소금의 양 : $\frac{3}{100}x$g

ⓒ 농도 5%인 소금물 $(400+x)$g에 들어있는 소금의 양 : $\frac{5}{100}(400+x)$g

$$\frac{8}{100} \times 400 + \frac{3}{100}x = \frac{5}{100}(400+x)$$

∴ $x = 600$

정답 ①

유형풀이 Tip

- 정수와 분수가 같이 제시되므로, 통분이나 약분을 통해 최대한 수를 간소화시켜 계산 실수를 줄일 수 있도록 한다.
- 항상 미지수를 정하고 그 값을 계산하여 답을 구해야 하는 것은 아니다. 문제에서 원하는 값은 정확한 미지수를 구하지 않아도 풀이 과정 속에서 제시되는 경우가 있으므로, 문제에서 묻는 것을 명확히 해야 한다.

이론 더하기

- (농도) = $\frac{(용질의\ 양)}{(용액의\ 양)} \times 100$, (소금물의 양) = (물의 양) + (소금의 양)

CHAPTER 02 수리능력 경우의 수

| 유형분석 |

- 합의 법칙과 곱의 법칙을 구분하여 활용할 수 있는지 평가한다.
- ⊕ 응용문제 : 벤 다이어그램을 활용한 문제

10명의 학생 중에서 1명의 회장 ⓐ과 2명의 부회장 ⓑ을 뽑는 경우의 수는?

① 320가지 ② 330가지
③ 340가지 ④ 350가지
⑤ 360가지

ⓐ 10명의 학생 중에서 1명의 회장을 뽑는 경우의 수 : $_{10}C_1 = 10$가지

ⓑ 나머지 9명의 학생 중 2명의 부회장을 뽑는 경우의 수 : $_9C_2 = \frac{9 \times 8}{2 \times 1} = 36$가지

∴ $10 \times 36 = 360$가지

정답 ⑤

유형풀이 Tip

- 두 개 이상의 사건이 동시에 일어나는 연속적인 사건인 경우 곱의 법칙을 활용한다.

이론 더하기

1) 합의 법칙
   ① 서로 다른 경우의 수를 각각 독립적으로 선택할 때 전체 경우의 수를 계산하는 방법이다.
   ② '또는', '~이거나'라는 말이 나오면 합의 법칙을 사용한다.
   ③ 두 사건 A, B가 동시에 일어나지 않을 때, A가 일어나는 경우의 수를 p, B가 일어나는 경우의 수를 q라고 하면, 사건 A 또는 B가 일어나는 경우의 수는 $p+q$이다.
2) 곱의 법칙
   ① 서로 연속적인 사건이 발생할 때 각 사건이 일어날 확률을 곱하여 전체 경우의 수를 계산하는 방법이다.
   ② '그리고', '동시에'라는 말이 나오면 곱의 법칙을 사용한다.
   ③ A가 일어나는 경우의 수를 p, B가 일어나는 경우의 수를 q라고 하면, 사건 A와 B가 동시에 일어나는 경우의 수는 $p \times q$이다.

CHAPTER 02 | 수리능력 확률

| 유형분석 |

- 조건부 확률과 독립 사건을 구분하여 문제를 해결할 수 있는지 평가한다.
- ⊕ 응용문제 : 최단 경로 수 구하는 문제, 여사건 또는 조건부 확률 문제

남자 4명, 여자 4명으로 이루어진 팀에서 2명의 팀장 ⓐ을 뽑으려고 한다. 이때 팀장 2명이 모두 남자 ⓑ로만 구성될 확률은?

① $\dfrac{3}{14}$ ② $\dfrac{2}{7}$

③ $\dfrac{5}{14}$ ④ $\dfrac{3}{7}$

⑤ $\dfrac{4}{7}$

ⓐ 8명 중 팀장 2명을 뽑는 경우의 수 : $_8C_2=28$가지
ⓑ 남자 4명 중 팀장 2명을 뽑는 경우의 수 : $_4C_2=6$가지
∴ $\dfrac{6}{28}=\dfrac{3}{14}$

정답 ①

유형풀이 Tip

- 한 개의 사건이 다른 한 사건의 조건하에 일어날 경우 조건부 확률을 활용한다.

이론 더하기

1) 여사건 확률
   ① '적어도'라는 말이 나오면 주로 사용한다.
   ② 사건 A가 일어날 확률이 p일 때, 사건 A가 일어나지 않을 확률은 $(1-p)$이다.
2) 조건부 확률
   ① 확률이 0이 아닌 두 사건 A, B에 대하여 사건 A가 일어났다는 조건하에 사건 B가 일어날 확률로, A 중에서 B인 확률을 의미한다.
   ② $P(B|A)=\dfrac{P(A\cap B)}{P(A)}$ 또는 $P_A(B)$로 나타낸다.

CHAPTER 02 | 수리능력 자료추론

| 유형분석 |

- 주어진 수치를 토대로 비율·증감폭·증감률·수익(손해)율 등을 계산할 수 있는지 평가한다.
- 경영·경제·산업 등 최신 이슈 관련 수치가 막대 그래프, 꺾은선 그래프 등 다양한 형태로 제시된다.
- ⊕ 응용문제 : 자료의 일부 수치가 비워진 문제, 표의 내용을 그래프로 변환하는 문제

다음은 지난해 주요 자영업 10가지 업종에 대한 자료이다. 이에 대한 설명으로 옳은 것은?(단, 변화율은 증감률의 절댓값으로 비교한다)

〈주요 자영업 업종별 지표〉

(단위 : 명, %)

구분	창업자 수	폐업자 수	월평균 매출액 증감률	월평균 대출액 증감률	월평균 고용인원
병원 및 의료서비스	1,828	556	❷ 6.5	12.8	❺ 15
변호사	284	123	1.8	1.2	4
학원	682	402	-3.7	5.8	❺ 8
음식점	❶ 3,784	1,902	1.3	11.2	❺ 6
PC방	335	183	❹ -8.4	1.1	2
여행사	❸ 243	184	-6.6	0.4	3
카페	❶ 5,740	3,820	2.4	❷ 15.4	❺ 5
숙박업	1,254	886	-0.7	7.8	2
소매업	❶ 2,592	1,384	❹ 0.5	4.8	3
농사	562	❸ 122	4.1	2.4	❸ 1
합계	17,304	9,562	-	-	-

① 창업자 수 상위 3위 업종의 창업자 수의 총합은 전체 창업자 수의 절반 이상이다.

$$\frac{5,740+3,784+2,592}{17,304} \times 100 \fallingdotseq 70\%$$

② 월평균 매출액 증가율이 가장 높은 업종은 월평균 대출액 증가율 또한 가장 높다.
　병원 및 의료서비스(6.5%)　　　　　카페(15.4%)

③ 월평균 고용인원이 가장 적은 업종은 창업자 수와 폐업자 수도 가장 적다.
　　농사(1명)　　　　여행사(243명)　농사(122명)

④ 월평균 매출액 변화율이 가장 높은 업종과 가장 낮은 업종의 변화율의 차이는 6.0%p이다.
　　　　PC방(-8.4%)　　소매업(0.5%)　　　　8.4-0.5=7.9%p

⑤ 자영업 업종 중 '카페'는 증감률을 제외한 모든 항목에서 상위 3위 안에 든다.
　월평균 고용인원 상위 4위 : 병원 및 의료서비스(15명) - 학원(8명) - 음식점(6명) - 카페(5명)

정답 ①

유형풀이 Tip

- 각 선택지의 진위 여부를 파악하는 문제이므로, 수치 계산이 필요 없는 선택지부터 소거해 나간다.
- 선택지별로 필요한 정보가 무엇인지 빠르게 파악하고, 자료에서 필요한 부분을 체크하여 계산해야 한다.

이론 더하기

- 백분율(%) : $\frac{(비교량)}{(기준량)} \times 100$
- 증감률(%) : $\frac{(비교값)-(기준값)}{(기준값)} \times 100$
- 증감량 : (비교대상의 값 A)-(또 다른 비교대상의 값 B)

CHAPTER 02 | 수리능력 금융상품 활용

| 유형분석 |

- 금융상품을 정확하게 이해하고 문제에서 요구하는 답을 도출해낼 수 있는지 평가한다.
- 단리식, 복리식, 이율, 우대금리, 중도해지, 만기해지 등 부가적인 조건에 유의해야 한다.
- ⊕ 응용문제 : 상품별 이자·만기액 등을 계산한 후 고객에게 가장 적합한 상품을 선택하는 문제

S은행은 적금 상품 '더 커지는 적금'을 새롭게 출시하였다. K씨는 이 적금의 모든 우대금리 조건을 만족하여 이번 달부터 이 상품에 가입하려고 한다. 만기 시 K씨가 얻을 수 있는 이자 금액은?(단, 이자소득에 대한 세금은 고려하지 않으며 $1.025^{\frac{1}{12}} = 1.002$ 로 계산한다)

〈더 커지는 적금〉

- 가입기간 : 12개월
- 가입금액 : 매월 초 200,000원 납입
- 적용금리 : 기본금리(연 2.1%)+우대금리(최대 연 0.4%p)
  ⇒ 모든 우대금리 조건 만족 → 적용금리 : 2.1+0.4=2.5%
- 저축방법 : 정기적립식
- 이자지급방식 : 만기일시지급, 연복리식
- 우대금리 조건
  - 당행 입출금 통장 보유 시 : +0.1%p
  - 연 500만 원 이상의 당행 예금상품 보유 시 : +0.1%p
  - 급여통장 지정 시 : +0.1%p
  - 이체실적 20만 원 이상 시 : +0.1%p

① 105,000원
② 107,000원
③ 108,000원
④ 111,000원
⑤ 113,000원

- n개월 후 연복리 이자 : (월납입금)$\times \dfrac{(1+r)^{\frac{1}{12}}\left\{(1+r)^{\frac{n}{12}}-1\right\}}{(1+r)^{\frac{1}{12}}-1}$ -(적립원금) (단, r : 적용금리)

- K씨의 연복리 적금 이자 금액 : $200,000 \times \dfrac{1.025^{\frac{1}{12}}(1.025-1)}{\left(1.025^{\frac{1}{12}}-1\right)} - 200,000 \times 12$

$$= 200,000 \times 1.002 \times \dfrac{1.025-1}{0.002} - 2,400,000$$

$$\fallingdotseq 2,505,000 - 2,400,000 = 105,000원$$

정답 ①

유형풀이 Tip

- 금융상품의 이자액을 묻는 문제이므로 주어진 이자지급방식과 이자율을 확인한 후 그에 맞는 계산 공식에 해당하는 값들을 대입하여 문제를 해결해야 한다.
- 금융상품의 단리·복리 등 공식을 반드시 숙지해 두어야 한다.

이론 더하기

1) 단리
   ① 개념 : 원금에만 이자가 발생
   ② 계산 : 이율이 r%인 상품에 원금 a를 총 n번 이자가 붙는 동안 예치한 경우 $a(1+nr)$
2) 복리
   ① 개념 : 원금과 이자에 모두 이자가 발생
   ② 계산 : 이율이 r%인 상품에 원금 a를 총 n번 이자가 붙는 동안 예치한 경우 $a(1+r)^n$
3) 이율과 기간
   ① (월이율)$=\dfrac{(연이율)}{12}$

   ② n개월$=\dfrac{n}{12}$년
4) 예치금의 원리합계
   원금 a원, 연이율 r%, 예치기간 n개월일 때,
   - 단리 예금의 원리합계 : $a\left(1+\dfrac{r}{12}n\right)$
   - 월복리 예금의 원리합계 : $a\left(1+\dfrac{r}{12}\right)^n$
   - 연복리 예금의 원리합계 : $a(1+r)^{\frac{n}{12}}$
5) 적금의 원리합계
   월초 a원씩, 연이율 r%일 때, n개월 동안 납입한다면
   - 단리 적금의 n개월 후 원리 합계 : $an + a \times \dfrac{n(n+1)}{2} \times \dfrac{r}{12}$
   - 월복리 적금의 n개월 후 원리합계 : $\dfrac{a\left(1+\dfrac{r}{12}\right)\left\{\left(1+\dfrac{r}{12}\right)^n - 1\right\}}{\left(1+\dfrac{r}{12}\right)-1}$
   - 연복리 적금의 n개월 후 원리합계 : $\dfrac{a(1+r)^{\frac{1}{12}}\left\{(1+r)^{\frac{n}{12}}-1\right\}}{(1+r)^{\frac{1}{12}}-1} = \dfrac{a\left\{(1+r)^{\frac{n+1}{12}}-(1+r)^{\frac{1}{12}}\right\}}{(1+r)^{\frac{1}{12}}-1}$

CHAPTER 03 | 문제해결능력 명제

| 유형분석 |

- 연역추론을 활용해 주어진 문장을 치환하여 성립하지 않는 내용을 찾는 문제이다.
- ⊕ 응용문제 : 빈칸에 들어갈 명제를 찾는 문제

다음은 S사 직원 A~G의 인사이동에 대한 정보이다. 제시된 직원들의 인사이동에 대한 설명 중 **반드시 참인 것은?**

- A가 기획재무본부에서 건설기술본부로 이동하면, C는 스마트도시본부에서 기획재무본부로 이동하지 않는다.
  대우 명제 ⇒ C는 이동 ○ → A는 이동 ×
- E가 건설기술본부에서 도시재생본부로 이동하지 않는 경우에만, D가 전략사업본부에서 스마트도시본부로 이동한다. ⇒ E는 이동 ○ → D는 이동 ×
- B가 주거복지본부에서 전략사업본부로 이동하면, A는 기획재무본부에서 건설기술본부로 이동한다.
  대우 명제 ⇒ A는 이동 × → B는 이동 ×
- C는 스마트도시본부에서 기획재무본부로 이동한다. ⇒ C는 이동 ○
- 전략사업본부에서 스마트도시본부로의 D의 이동과, 도시재생본부에서 공공주택본부로의 F의 이동 중 하나의 이동만 일어난다. ⇒ D는 이동 × → F는 이동 ○
- B가 주거복지본부에서 전략사업본부로 이동하거나, E가 건설기술본부에서 도시재생본부로 이동하거나, G가 공공주택본부에서 주거복지본부로 이동하는 일 중 2가지 이상의 이동이 이루어졌다.
  ⇒ E, G는 이동 ○

① C와 E는 기획재무본부로 이동한다.
② G는 이번 인사이동에서 이동하지 않는다.
③ F는 도시재생본부에서 공공주택본부로 이동한다.
  ⇒ D는 이동 × → F는 이동 ○ ∴ F는 도시재생본부에서 공공주택본부로 이동
④ A는 기획재무본부에서 건설기술본부로 이동한다.
⑤ G는 공공주택본부에서 주거복지본부로 이동하나, F는 도시재생본부에서 공공주택본부로 이동하지 않는다.

정답 ③

유형풀이 Tip

- 주어진 명제가 모두 참이면 명제의 대우도 모두 참이 되므로, 명제와 대우 명제를 정리한 다음 선택지에 접근한다.
- 각 명제의 핵심 단어 또는 문구를 기호화하여 정리한 후 선택지와 비교하여 참 또는 거짓을 판단한다.

CHAPTER 03 | 문제해결능력 참·거짓

| 유형분석 |

- 주어진 문장을 토대로 논리적으로 추론하여 참 또는 거짓을 구분하는 문제이다.
- ⊕ 응용문제 : 거짓을 말하는 범인을 찾는 문제

동아리 회비를 담당하고 있는 F팀장은 점심시간 후, 회비가 감쪽같이 사라진 것을 발견했다. 점심시간 동안 사무실에 있었던 사람은 A ~ E 5명이고, 이들 중 2명은 범인, 3명은 범인이 아니다. 범인은 거짓말을 하고, 범인이 아닌 사람은 진실을 말한다고 할 때, 다음 중 〈보기〉에 따라 옳은 것을 고르면?

> **보기**
> - A는 B, D 중 1명이 범인이라고 주장한다.
> - B는 C가 범인이라고 주장한다.
> - C는 B가 범인이라고 주장한다.
> - D는 A가 범인이라고 주장한다. ┐
>   모순
> - E는 A와 B가 범인이 아니라고 주장한다. ┘
> ⇒ 거짓인 경우 : A와 B - 범인 → A, B, E 총 3명 범인 → 2명만 거짓을 말한다는 조건에 위배
> ∴ E는 진실, D는 거짓을 말함

① B가 범인이다.
② C와 E가 범인이다.
③ D는 범인이 아니다.
④ A와 D 중 범인이 있다.
⑤ 범인이 누구인지 주어진 조건만으로는 알 수 없다.

정답 ④

> **유형풀이 Tip**
> - 모순이 되는 발언을 한 2명의 진술을 대조하며, 가능한 경우의 수를 모두 찾아 비교한다.
> - 범인의 숫자가 맞는지, 진실 또는 거짓을 말한 인원수가 조건과 맞는지 등 주어진 조건과 비교하며 문제를 해결한다.

CHAPTER 03 | 문제해결능력 문제처리

| 유형분석 |

- 주어진 상황과 정보를 종합적으로 활용하여 풀어가는 문제이다.
- 비용, 시간, 순서, 해석 등 다양한 주제를 다루고 있어 유형을 한 가지로 단일화하기 어렵다.

S통신, L통신, K통신 3사는 A ~ G카드와의 제휴를 통해 **전월에 일정 금액 이상 카드 사용 시 통신비를 할인**해 주고 있다. 통신비의 최대 할인금액과 할인조건이 다음과 같을 때, 이에 대한 내용으로 옳은 것은?

〈제휴카드별 통신비 최대 할인금액 및 할인조건〉

구분	통신사	최대 할인금액	할인조건
A카드	S통신	20,000원	• 전월 카드 사용 100만 원 이상 시 2만 원 할인 • 전월 카드 사용 50만 원 이상 시 1만 원 할인
	L통신	9,000원	• 전월 카드 사용 30만 원 이상 시 할인
	K통신	8,000원	• 전월 카드 사용 ❺ 30만 원 이상 시 할인
B카드	S통신	20,000원	• 전월 카드 사용 100만 원 이상 시 2만 원 할인 • 전월 카드 사용 50만 원 이상 시 1만 원 할인
	L통신	9,000원	• 전월 카드 사용 30만 원 이상 시 할인
	K통신	9,000원	• 전월 카드 사용 50만 원 이상 시 9천 원 할인 • 전월 카드 사용 ❺ 30만 원 이상 시 6천 원 할인
C카드	S통신	❶ 22,000원	• 전월 카드 사용 100만 원 이상 시 2.2만 원 할인 • 전월 카드 사용 50만 원 이상 시 1만 원 할인 • 전월 카드 ❹ 1회 사용 시 5천 원 할인
D카드	L통신	❷ 9,000원	• 전월 카드 사용 ❷ 30만 원 이상 시 할인
	K통신	9,000원	• 전월 카드 사용 ❺ 30만 원 이상 시 할인
E카드	K통신	8,000원	• 전월 카드 사용 ❺ 30만 원 이상 시 할인
F카드	K통신	❸ 15,000원	• 전월 카드 사용 ❸·❺ 50만 원 이상 시 할인
G카드	L통신	15,000원	• 전월 카드 사용 70만 원 이상 시 1.5만 원 할인 • 전월 카드 사용 ❷ 30만 원 이상 시 1만 원 할인

① S통신을 이용할 경우 가장 많은 통신비를 할인받을 수 있는 제휴카드는 A카드이다.
   → C카드 : 22,000원
② 전월에 33만 원을 사용했을 경우 L통신에 대한 할인금액은 G카드보다 D카드가 더 많다.
   → G카드 : 1만 원 > D카드 : 9천 원
③ 전월에 52만 원을 사용했을 경우 K통신에 대한 할인금액이 가장 많은 제휴카드는 F카드이다.
   → F카드 : 15,000원
④ S통신의 모든 제휴카드는 전월 실적이 50만 원 이상이어야 통신비 할인이 가능하다.
   → C카드 : 전월 카드 1회 사용 시 5천 원 할인
⑤ 전월에 23만 원을 사용했을 경우 K통신에 대해 통신비를 할인받을 수 있는 제휴카드는 1개이다.
   → A・B・D・E카드 : 30만 원 이상 시 통신비 할인 가능
   → F카드 : 50만 원 이상 시 통신비 할인 가능
   → C・G카드 : 통신비 할인 불가

정답 ③

유형풀이 Tip
- 문제에서 묻는 것을 정확히 파악한 후 필요한 상황과 정보를 찾아 이를 활용하여 문제를 해결한다.
- 선택지별로 필요한 정보가 무엇인지 빠르게 파악하고, 자료에서 필요한 부분을 체크하여 실수를 방지해야 한다.

CHAPTER 03 | 문제해결능력 환경분석

| 유형분석 |

- 상황에 대한 환경분석 결과를 통해 주요 과제 또는 목표를 도출하는 문제이다.
- 주로 3C 분석 또는 SWOT 분석을 활용한 문제들이 출제되고 있으므로 해당 분석 도구에 대한 사전 학습이 요구된다.

금융기업에 지원하여 최종 면접을 앞둔 K씨는 성공적인 PT 면접을 위해 기업 관련 정보를 파악하고 그에 따른 효과적인 전략을 알아보고자 한다. K씨의 SWOT 분석 결과가 다음과 같을 때, 분석 결과에 대응하는 전략과 그 내용이 바르게 연결되지 않은 것은?

〈SWOT 분석 결과〉

강점(Strength)	약점(Weakness)
• 우수한 역량의 인적자원 보유 • 글로벌 네트워크 기반 다수의 해외 지점 보유 • 다년간 축적된 풍부한 거래 실적	• 고객 니즈 대응에 필요한 특정 분야별 전문성 미흡 • 핀테크 기업 증가에 따른 경영 리스크
기회(Opportunity)	위협(Threat)
• 융・복합화를 통한 정부의 일자리 창출 사업 • 해외 사업을 위한 협업 수요 확대 • 수요자 맞춤식 서비스 요구 증대	• 타사와의 경쟁 심화 • 정부의 정책적 지원 감소 • 금융기업에 대한 일부 부정적 인식 존재

① SO전략 : 우수한 인적자원을 활용한 금융시스템의 융・복합 사업 추진
② WO전략 : 분야별 전문 인력 충원을 통한 고객 맞춤형 서비스 제공 확대
③ ST전략 : 글로벌 네트워크를 통한 해외 시장 진출 → SO전략
④ ST전략 : 풍부한 거래 실적을 바탕으로 시장에서의 경쟁력 확보
⑤ WT전략 : 리스크 관리를 통한 시장 우위 선점

정답 ③

> **유형풀이 Tip**
>
> - 강점(Strength)과 약점(Weakness)은 기업의 내부환경에 대한 요인이며, 기회(Opportunity)와 위협(Threat)은 기업의 외부환경에 대한 요인임을 염두에 두어야 한다.
> - 문제에 제시된 분석 결과를 종합적으로 판단하여 각 선택지의 전략 과제와 일치 여부를 판단해야 한다.

> **이론 더하기**
>
> - SWOT 분석
>
>   기업의 내부환경과 외부환경을 분석하여 강점(Strength), 약점(Weakness), 기회(Opportunity), 위협(Threat) 요인을 규정하고 이를 토대로 경영전략을 수립하는 기법으로, 미국의 경영컨설턴트인 알버트 험프리(Albert Humphrey)에 의해 고안되었다. SWOT 분석의 가장 큰 장점은 기업의 내·외부환경 변화를 동시에 파악할 수 있다는 것이다. 기업의 내부환경을 분석하여 강점과 약점을 찾아내며, 외부환경 분석을 통해서는 기회와 위협을 찾아낸다. SWOT 분석은 외부로부터의 기회는 최대한 살리고 위협은 회피하는 방향으로 자신의 강점은 최대한 활용하고 약점은 보완한다는 논리에 기초를 두고 있다. SWOT 분석에 의한 경영전략은 다음과 같이 정리할 수 있다.

Strength 강점 기업 내부환경에서의 강점	S	W	Weakness 약점 기업 내부환경에서의 약점
Opportunity 기회 기업 외부환경으로부터의 기회	O	T	Threat 위협 기업 외부환경으로부터의 위협

- 3C 분석

자사(Company)	고객(Customer)	경쟁사(Competitor)
• 자사의 핵심역량은 무엇인가? • 자사의 장단점은 무엇인가? • 자사의 다른 사업과 연계되는가?	• 주 고객군은 누구인가? • 그들은 무엇에 열광하는가? • 그들의 정보 습득/교환은 어디에서 일어나는가?	• 경쟁사는 어떤 회사가 있는가? • 경쟁사의 핵심역량은 무엇인가? • 잠재적인 경쟁사는 어디인가?

PART 2
기출복원문제

CHAPTER 01 2025년 상반기 기출복원문제
CHAPTER 02 2024년 하반기 기출복원문제
CHAPTER 03 2024년 상반기 기출복원문제
CHAPTER 04 2023년 기출복원문제
CHAPTER 05 2022년 기출복원문제
CHAPTER 06 2021년 기출복원문제
CHAPTER 07 2020년 기출복원문제
CHAPTER 08 2019년 하반기 기출복원문제
CHAPTER 09 2019년 상반기 기출복원문제
CHAPTER 10 2018년 하반기 기출복원문제
CHAPTER 11 2018년 상반기 기출복원문제

CHAPTER 01 | 2025년 상반기 기출복원문제

정답 및 해설 p.002

01 다음 글의 제목으로 가장 적절한 것은?

> DID(Decentralized IDentity, 탈중앙화 신원증명) 기술의 적용으로 모바일 주민등록증의 발급이 가능해질 것으로 보인다. 모바일 주민등록증이란 기존 주민등록증과 동일한 법적 효력을 가진 신분증으로, 개인 스마트폰에 저장해 공공기관, 금융기관, 병원 등에 사용할 수 있음은 물론 최소한의 정보만 공유할 수 있어 과도한 개인정보 노출을 막아 개인정보 유출이나 부정사용을 방지하는 기능도 가지고 있다. 예를 들어 주민등록번호 앞자리만 공개한다거나 주소지를 가릴 수 있게 된 것이 이에 해당한다.
> 이는 DID 기술이 블록체인의 DLT(Distributed Ledger Technology, 분산원장기술)를 이용하기 때문이다. DLT는 데이터를 암호화해 블록에 저장한 후 이들을 연결해 다음 네트워크에 연결된 저장소에 각각 저장하는 기술로, 만일 일부 저장소가 해킹당했다 하더라도 다른 저장소를 통해 데이터의 사실 여부를 확인할 수 있어 데이터의 위변조를 방지하는 기능을 한다. 이러한 암호화 및 분산 저장이 기존 방식과의 차이점인데, 이전에는 정부나 기업이 중앙 서버를 통해 데이터를 저장하고 관리했기 때문에 개인정보 유출이나 도용의 위험성이 있었기 때문이다.

① DID 기술의 도입, 모바일 신분 확인이 가능해지다
② DID 기술의 도입, 데이터의 분산 저장이 가능해지다
③ DID 기술의 도입, 기존 신분증의 문제점을 해결하다
④ DID 기술의 도입, 개인정보의 선택적 제공이 가능해지다
⑤ DID 기술의 도입, 신원 증명의 편의성과 보안성을 갖추게 되다

02 다음 중 우리나라 연금제도를 구성하는 연금 3층 피라미드가 바르게 연결된 것은?

	1층	2층	3층
①	퇴직연금	개인연금	국민연금
②	국민연금	개인연금	퇴직연금
③	국민연금	퇴직연금	개인연금
④	개인연금	퇴직연금	국민연금
⑤	개인연금	국민연금	퇴직연금

03 다음은 주요국 환율 정보이다. 이를 바탕으로 가장 많은 여행 경비를 지출한 사람은?

〈주요국 환율 정보〉
(단위 : 원)

구분	미국(USD)	유럽(EUR)	중국(CNY)	영국(GBP)	호주(AUD)	태국(THB)
환율	1,400	1,550	200	1,850	900	40

※ 단, 올해 환율은 고정환율로 1년 동안 변동하지 않은 것으로 가정함

〈올해 여행 경비〉
- A : 난 올해 여행에서 300USD와 4,000CNY, 30,000원을 썼어.
- B : 난 올해 여행에서 250EUR와 500GBP를 썼어.
- C : 난 올해 여행에서 100USD와 500AUD, 15,000THB와 100,000원을 썼어.
- D : 난 올해 여행에서 350EUR와 1,800CNY, 450AUD를 썼어.
- E : 난 올해 여행에서 150USD와 100CNY, 400GBP, 2,000THB와 200,000원을 썼어.

① A
② B
③ C
④ D
⑤ E

※ 다음은 신한은행 상품인 1982 전설의 적금의 상품설명서이다. 이어지는 질문에 답하시오. [4~5]

⟨1982 전설의 적금⟩

구분	세부내용
가입대상	• 실명의 개인 및 개인사업자(1인 1계좌)
예금과목	• 정기적금
상품유형	• 자유적립식
계약기간	• 12개월
가입금액	• 1원 이상 30만 원 이하
저축한도	• 월 30만 원 이하
가입방법	• 신한 SOL뱅크(스마트폰 애플리케이션), 영업점
한도	• 30만 좌(3차에 걸쳐 10만 좌씩 판매)
기본금리	• 연 3.0%

우대금리	• 다음의 우대요건 충족 시 최고 연 4.7%p 우대금리 적용

구분	우대요건	적용금리
카드 우대	다음 각 요건을 충족하는 경우 높은 금리 우선 적용(중복 적용 불가) 1) 해당 상품 신규 가입 후 본인 명의 신한은행 입출금통장을 결제계좌로 하여 신한카드(신용/체크) 결제 실적이 6개월 이상인 경우 : 연 3.5%p 2) 신한카드(신용) 최초 가입 고객, 탈회 후 3개월 경과 고객, 유효기간 만료 고객이 해당 상품 가입 후 신한카드(신용)에 가입하고, 본인 명의 신한은행 입출금통장을 결제계좌로 하여 결제 실적이 3개월 이상인 경우 : 연 4.2%p	최고 연 4.2%p
쏠야구 우대	만기 전전영업일까지 쏠야구 [응원 팀 설정]을 완료한 경우 ※ 신한 SOL뱅크 → 전체메뉴 → 혜택 → 쏠야구 → 응원 팀 설정 → My팀 설정	연 0.5%p

※ 계약기간 만기 전 중도해지한 계좌에 대해서는 우대금리 미적용

중도해지금리	• 1개월 미만 : 연 0.10% • 1개월 이상 : (기본금리)×[1−(차감률)]×(경과월수)÷(계약월수) (단, 연 0.10% 미만으로 산출될 경우 연 0.10% 적용)

구분	1개월 이상	3개월 이상	6개월 이상	9개월 이상	11개월 이상
차감률	80%	70%	30%	20%	10%

만기 후 금리	• 만기 후 1개월 이내 : 만기일 당시의 가입기간에 해당하는 일반정기적금 연 이자율의 1/2(단, 최저금리 연 0.10%) • 만기 후 1개월 초과 6개월 이내 : 만기일 당시의 가입기간에 해당하는 일반정기적금 연 이자율의 1/4(단, 최저금리 연 0.10%) • 만기 후 6개월 초과 : 연 0.10%
원금 또는 이자 지급 방법	• 만기일시지급식 : 만기 또는 중도해지 요청 시 이자 지급
계약해지 방법	• 영업점 및 신한은행 비대면채널(모바일, 인터넷뱅킹)에서 해지 가능 • 만기자동해지 서비스 이용 가능
예금자보호여부	• 예금자보호법에 따라 원금과 소정의 이자를 합하여 1인당 "5천만 원까지" 보호

04 다음은 금융상품 담당 행원과 고객 간의 상담 내용이다. 행원의 답변 중 옳지 않은 것은?

> 행원 : 안녕하세요. 신한은행 예금 담당 상담원 ○○○입니다. 무엇을 도와드릴까요?
> 고객 : 안녕하세요. 최근에 야구 관련해서 높은 금리를 받을 수 있는 적금이 있다고 들었는데 상담을 받고 싶어서요. 혹시 따로 가입 요건이 있을까요?
> 행원 : 네, 최근 신한은행 창립 43주년을 맞아 1982 전설의 적금을 고객님들께 제공해 드리고 있으며, ① 별도의 가입 요건 없이 1인 1계좌 개설이 가능하십니다. ② 다만, 판매 수량이 한정되어 있어 가입하시는 고객분들이 많을 경우 가입이 불가능하실 수 있습니다.
> 고객 : 해당 상품에 넣을 수 있는 최대 원금과 금리는 어떻게 되나요?
> 행원 : ③ 1982 전설의 적금은 12개월 상품으로 최대 360만 원까지 불입하실 수 있고, ④ 여러 우대금리를 적용받을 시 최대 연 7.7%까지 제공해 드리고 있습니다.
> 고객 : 알겠습니다. 혹시, 방문 가입도 가능한가요?
> 행원 : ⑤ 네, 영업점 방문을 통해서도 가능합니다만, 최대 우대금리를 받기 위해서는 스마트폰 애플리케이션이 필요하므로 신한 SOL뱅크 애플리케이션으로 가입 신청을 하셔야 합니다.
> 고객 : 그러면 스마트폰 애플리케이션을 통해서 가입하도록 하겠습니다. 감사합니다.
> 행원 : 네, 상담원 ○○○이었습니다. 감사합니다.

05 다음 제시된 상황에 따를 때, 가장 높은 우대금리를 받는 고객은?(단, 고객들의 카드는 모두 본인 명의이며, 신한은행 입출금통장을 결제계좌로 한다)

〈1982 전설의 적금 만기 시점 고객 상황〉

구분	고객 상황
A고객	• 신한 SOL뱅크 사용내역 없음 • 적금 신청 후 기존 신한은행 체크카드 5개월 결제 실적 보유
B고객	• 적금 가입 시 신용카드를 신규 가입하여 4개월 결제 실적 보유 • 적금 가입 이후 기존 신한은행 체크카드 6개월 결제 실적 보유 • 신한 SOL뱅크를 통해 응원 팀을 설정하지 않음
C고객	• 적금 신청 후 신한은행 체크카드를 최초로 가입하여 4개월 결제 실적 보유 • 신한 SOL뱅크를 통해 응원 팀 설정 완료
D고객	• 적금 가입 시 신한은행 체크카드를 신규 가입하여 8개월 결제 실적 보유 • 신한 SOL뱅크를 통해 응원 팀 설정 완료
E고객	• 적금 가입 이후 기존 신한은행 신용카드 6개월 결제 실적 보유 • 신한 SOL뱅크를 통해 응원 팀 설정 완료 • 11개월 차에 중도해지

① A고객　　　　② B고객
③ C고객　　　　④ D고객
⑤ E고객

06 다음은 S은행의 포인트 적립에 대한 순서도이다. 고객이 포인트 적립 조회를 시도했는데 [3번 알림창]이 출력되었다면, 그 이유로 옳은 것은?

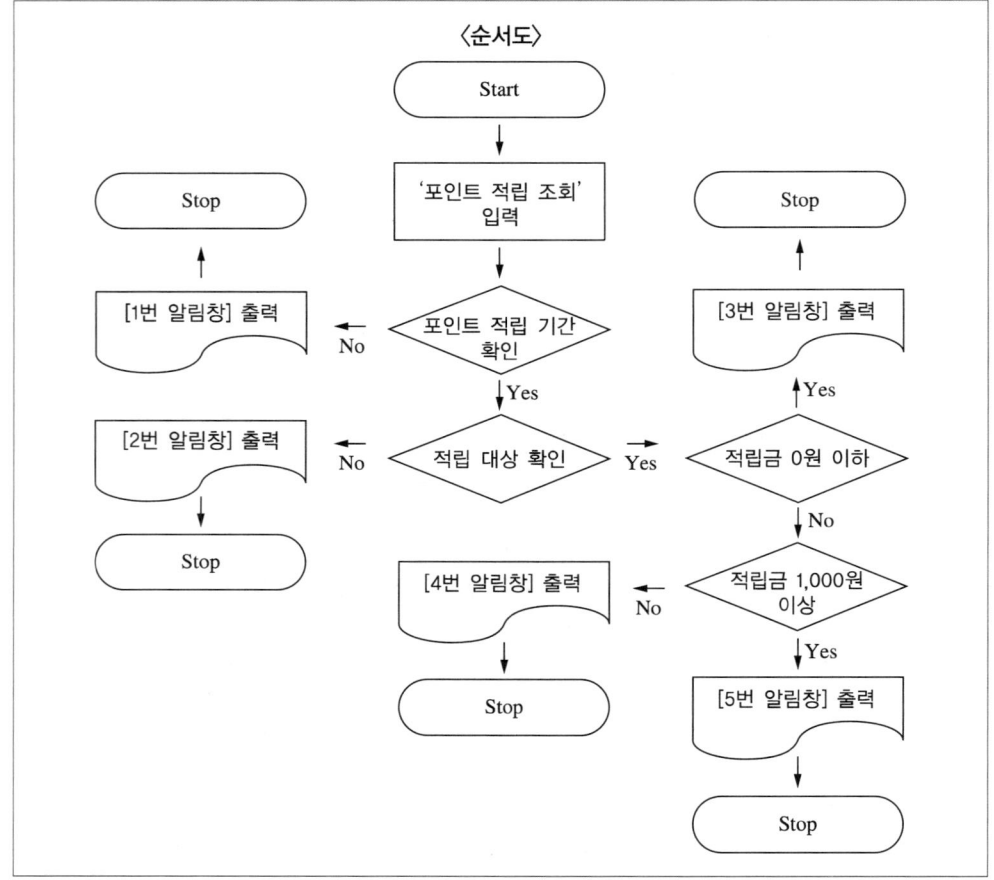

① 포인트 적립 기간이 아니어서
② 적립 대상 회원이 아니어서
③ 적립금이 0원 이하여서
④ 적립금이 1,000원 미만이어서
⑤ 적립금이 1,000원 이상이어서

07 다음 연립방정식의 해를 바탕으로 할 때, $x \times y \div z$의 값으로 옳은 것은?

$$\begin{cases} x+y+z=26 \\ 2x-y+3z=22 \\ x+4y-z=50 \end{cases}$$

① 8
② 16
③ 32
④ 64
⑤ 86

08 S은행은 조직을 개편함에 따라 기획 1 ~ 8팀의 사무실 위치를 변경하려 한다. 〈조건〉에 따라 변경한다고 할 때, 다음 중 변경된 사무실 위치에 대한 설명으로 옳은 것은?

창고	입구	계단
1호실		5호실
2호실	복도	6호실
3호실		7호실
4호실		8호실

조건
- 외근이 잦은 1팀과 7팀은 입구와 가장 가깝게 위치한다(단, 입구에서 가장 가까운 쪽은 1호실과 5호실 두 곳이다).
- 2팀과 5팀은 업무 특성상 복도를 끼지 않고 같은 라인에 인접해 나란히 위치한다.
- 3팀은 팀명과 동일한 호실에 위치한다.
- 8팀은 입구에서 가장 먼 쪽에 위치하며, 복도 맞은편에는 2팀이 위치한다(단, 입구에서 가장 먼 쪽은 4호실과 8호실 두 곳이다).
- 4팀은 1팀과 5팀 사이에 위치한다.

① 기획 1팀의 사무실은 창고 뒤에 위치한다.
② 기획 3팀은 기획 5팀과 양옆에 나란히 위치한다.
③ 기획 2팀은 입구으로 멀리 떨어진 4호실에 위치한다.
④ 기획 7팀과 기획 8팀은 계단 쪽의 라인에 위치한다.
⑤ 기획 4팀과 기획 6팀은 복도를 사이에 두고 마주한다.

09 다음 글에 대한 내용으로 적절하지 않은 것을 〈보기〉에서 모두 고르면?

> 기후변화, 사회 불평등, 자원 고갈 등 전 지구적 위기가 심화되면서 전통적인 이윤 중심의 경영 방식만으로는 지속가능한 성장을 기대하기 어려운 시대가 되었다. 이에 따라 기업과 정부, 시민사회는 모두 지속가능성을 핵심 가치로 삼고 있으며, 이러한 변화의 흐름 속에서 ESG(Environmental – Social – Governance, 환경 – 사회 – 지배구조)와 SDG(Sustainable Development Goals, 지속가능 발전목표)는 사회적 책임과 지속가능한 발전을 위한 필수 기준으로 부상하고 있다. 특히 소비자와 투자자들도 환경과 윤리·사회적 가치를 고려하는 경영을 중시하게 되면서 이를 실현하는 ESG 및 SDG 경영이 기업의 새로운 경쟁력이 되고 있다.
>
> ESG란 기업이 환경보호와 사회적 책임을 다하며 기업의 지배구조를 투명하게 경영해 지속가능한 성장과 발전을 추구하는 경영 형태를 말한다. 이에 대해 구체적으로 살펴보면 ESG의 E는 탄소배출량, 에너지소비, 자원사용, 폐기물처리, 생물다양성 등에 환경적 책임을 가지고 보호하는 것을, S는 노동자의 권리, 고용 안정성, 사회적 다양성, 공정한 임금, 고객안전, 고객서비스, 지역사회 등에 사회적 책임을 가지고 행동하는 것을 말한다. 마지막으로 G는 기업이 신뢰성과 투명성을 높이기 위해 윤리경영과 투명경영을 추구하는 것을 말한다.
>
> SDG란 지속가능한 발전을 이루기 위해 유엔이 제정한 17개의 목표이다. 이는 기업을 포함해 정부, 비영리단체, 시민 모두가 추구해야 할 목표이며, SDG 경영이란 이를 2030까지 달성하는 것을 목표하는 경영 형태를 말한다. SDG의 17개의 목표는 환경, 사회, 경제의 균형적인 발전을 통한 지속가능한 사회와 경제를 만드는 데 있으며, 구체적으로 살펴보면 SDG에는 빈곤퇴치, 기아종식, 건강과 웰빙, 양질의 교육, 성평등, 깨끗한 물과 위생, 모두를 위한 깨끗한 에너지, 양질의 일자리와 경제성장, 산업 혁신 사회기반 시설, 불평등 감소, 지속가능한 도시와 공동체, 지속가능한 생산과 소비, 기후변화와 대응, 해양생태계 보존, 육상생태계 보호, 정의·평화·효과적인 제도, 지구촌 협력이 있다.

보기

ㄱ. ESG가 기업의 환경, 사회적 책임과 지배구조의 개선을 통한 지속가능한 발전을 추구한다면, SDG란 국가가 기업 및 기관을 대상으로 동기부여를 제공해 지속가능한 발전을 추구한다.
ㄴ. ESG와 SDG는 서로 상충하는 것이 아닌 상호보완적인 목표를 제시하고 평가해 기업이 지속가능한 발전을 이룰 수 있도록 하는 역할을 수행한다.
ㄷ. 기업이 ESG 경영의 일환으로 탄소배출을 줄이고 친환경적인 기술을 사용하는 등 환경보호를 위해 노력하는 것은 SDG 목표 중 기후변화와 대응에 기여하는 것이다.
ㄹ. 기업은 ESG 경영과 SDG 목표를 실천한다면 소비자와 투자자로부터 신뢰를 받을 수 있는 기회가 될 것이다.

① ㄱ
② ㄱ, ㄴ
③ ㄴ, ㄷ
④ ㄷ, ㄹ
⑤ ㄱ, ㄷ, ㄹ

10 다음 〈보기〉는 S사 각 부서의 월별 매출 정보에 대한 시트이다. 함수를 〈조건〉과 같이 정의할 때, 가장 큰 매출을 달성한 부서의 매출 값을 출력하는 수식은?

보기

	A	B	C	D
1	부서	1월	2월	3월
2	A	100	200	150
3	B	250	180	300
4	C	140	100	120
5	D	130	230	210

조건

- ◎(셀1,셀2,⋯ or 범위) : 셀(범위)의 합을 구하는 함수
- ■(셀1,셀2,⋯ or 범위) : 셀(범위)의 평균을 구하는 함수
- ☆(범위1,조건,범위2) : 범위1에서 조건을 충족하는 셀과 같은 행에 있는 범위2 셀의 합을 구하는 함수
- ◇(셀1,셀2) : 셀1과 셀2의 차를 구하는 함수
- ●(셀1,셀2,⋯ or 범위) : 셀(범위) 중 가장 큰 값을 구하는 함수
- △(셀1,셀2,⋯ or 범위) : 셀(범위) 중 가장 작은 값을 구하는 함수

① △(B2:D5)
② ●(B2:D5)
③ ☆(A2:A5,"B",B2:D5)
④ ◇(◎(B2:D5),■(E2:D5))
⑤ ◎(●(B2:D5),△(B2:D5))

11 다음 중 콘탱고와 백워데이션에 대한 설명으로 옳지 않은 것은?

① 백워데이션의 경우 베이시스는 양수를 나타낸다.
② 콘탱고인 경우 선물매도자에게 수익이 발생할 수 있다.
③ 콘탱고는 선물가격이 현물가격보다 높은 현상을 말한다.
④ 백워데이션은 공급부족 등 일시적인 요인에 의해 발생할 수 있다.
⑤ 미래에 가격이 하락할 것으로 전망되는 경우 백워데이션이 발생할 수 있다.

※ 다음은 2020 ~ 2024년까지 매년 국민연금 가입자 현황에 대한 자료이다. 이어지는 질문에 답하시오.
[12~13]

〈국민연금 가입자 현황〉 (단위 : 명)

연도	사업장가입자	지역가입자	임의가입자	임의계속가입자
2020년	12,309,856	8,444,710	168,033	202,536
2021년	12,805,852	8,302,809	219,111	240,582
2022년	13,192,436	8,060,199	283,132	296,757
2023년	13,459,240	7,691,917	345,292	327,723
2024년	13,835,005	7,310,178	363,143	334,480

※ 2024년은 11월까지의 가입자 수 현황을 뜻함

12 다음 중 위 자료에 대한 설명으로 적절하지 않은 것은?

① 국민연금 임의가입자 수는 매년 증가하고 있다.
② 2023년 임의가입자 수는 지난해보다 10% 이상 증가했다.
③ 지난해보다 2024년 국민연금 지역가입자 수는 감소했다.
④ 가입자 집단 중 지속적으로 수가 증가하고 있는 집단은 3개이다.
⑤ 2021 ~ 2023년 국민연금 지역가입자 수는 감소하는 추세이다.

13 2024년 국민연금 가입자 수가 2023년 가입자 수에 비해 각각 10%씩 증가했다고 할 때, 2024년 12월 국민연금에 가입한 인원은 각각 몇 명인가?(단, 소수점은 버림한다)

	사업장가입자	지역가입자	임의가입자	임의계속가입자
①	1,345,924	1,150,930	26,015	34,529
②	1,345,924	381,739	6,757	26,015
③	970,159	1,150,930	26,015	34,529
④	970,159	1,150,930	26,015	16,678
⑤	970,159	381,739	6,757	26,015

14 다음은 S은행의 적금 상품 조회에 대한 순서도이다. 키워드 검색에 "나의 적금 확인"을 입력했을 때, 출력되는 서비스의 색상으로 옳은 것은?

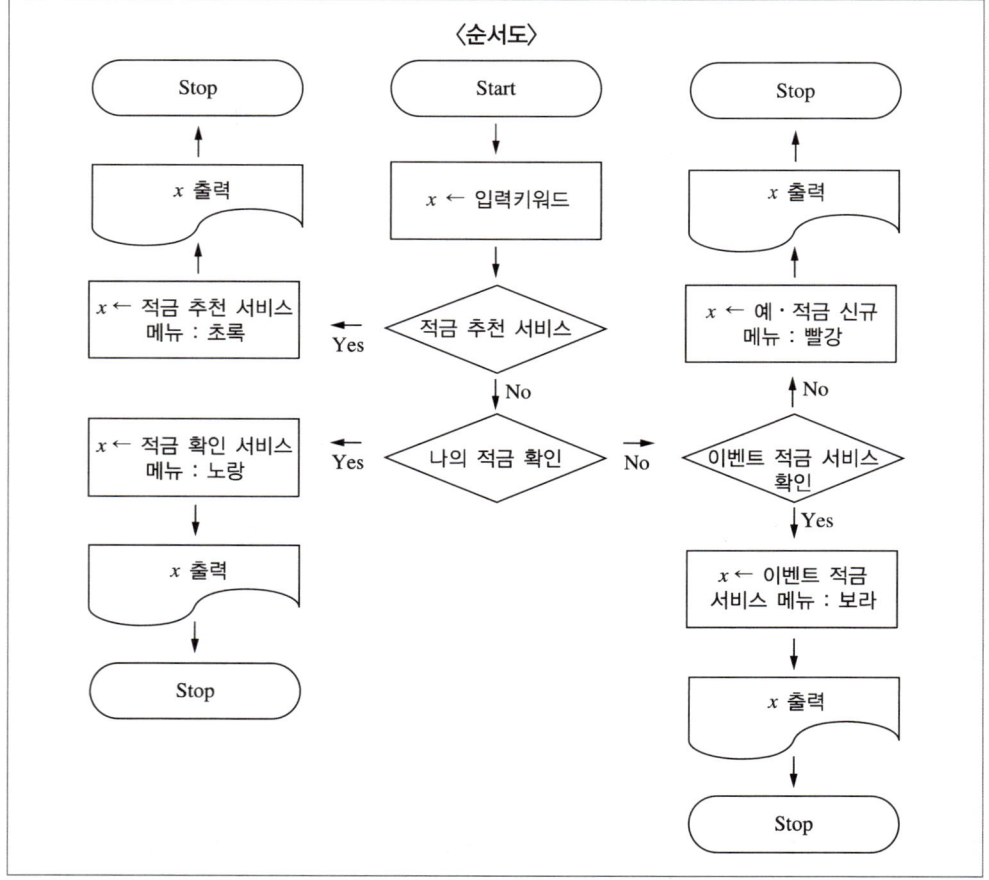

① 초록
③ 보라
⑤ 입력키워드로 돌아감
② 노랑
④ 빨강

15 다음 글의 내용으로 가장 적절한 것은?

> 탄소배출권이란 국가의 온실가스 배출량을 줄이기 위해 온실가스 배출량이 많은 기업이나 기관에 배출 허용 총량만큼 탄소배출권을 부여하는 제도이다. 만일 이를 초과하는 양의 온실가스 배출이 필요하거나, 여러 이유로 온실가스 배출량이 감소해 배출권이 남았을 경우 시장을 통해 거래할 수 있다.
> 최근 국제 유가가 상승함에 따라 탄소배출권의 가격도 함께 상승해 탄소배출권 관련 상장지수펀드가 상승세를 보이고 있다. 현재 개인이 탄소배출권을 직접 거래할 수 없으므로 이와 관련하여 주식처럼 거래가 가능하도록 증권 시장에서 상장한 탄소배출권 ETF를 통한 간접적인 투자가 이루어지기 때문이다.
> 특히 탄소배출권 ETF 상품은 이스라엘과 이란의 충돌이 커질수록 주목받고 있는데, 그 이유는 기업들이 유가가 급등하면 이에 대한 대체재로 석탄 등을 찾기 때문이다. 석탄 사용량이 증가하면 자연히 온실가스 배출량도 증가하고, 이는 탄소배출권 수요로 이어진다.

① 기업 간 탄소배출권 거래가 활발해진다면, 탄소배출권 ETF를 통한 투자는 감소할 것이다.
② 개인의 탄소배출권 거래가 허용된다면, 탄소배출권 ETF를 통한 투자는 감소할 것이다.
③ 유가가 상승하게 되면, 석탄 가격이 하락할 것이다.
④ 이스라엘과 이란의 충돌이 발생하면, 석탄의 공급량이 증가할 것이다.
⑤ 이스라엘과 이란의 충돌이 발생하면, 석유의 수요량이 감소할 것이다.

16 다음 중 ISA 상품의 특징에 대한 설명으로 옳지 않은 것은?

① 상품유형으로 중개형, 신탁형, 일임형으로 구분할 수 있다.
② 연간 2,000만 원까지 입금이 가능하며, 중도인출이 가능하다.
③ 상품만기까지 세금납부가 연기되어 과세이연 효과를 얻을 수 있다.
④ 계좌에서의 손실여부와 관계없이 이익발생분에 대하여 세금을 과세한다.
⑤ 주식, 펀드, ELS 등 다양한 금융상품을 하나의 계좌에서 운용할 수 있다.

17 다음은 S은행의 고객 이벤트에 대한 순서도이다. 고객이 고객 이벤트 조회를 시도했는데 [4번 알림창]이 출력되었다면, 그 이유로 옳은 것은?

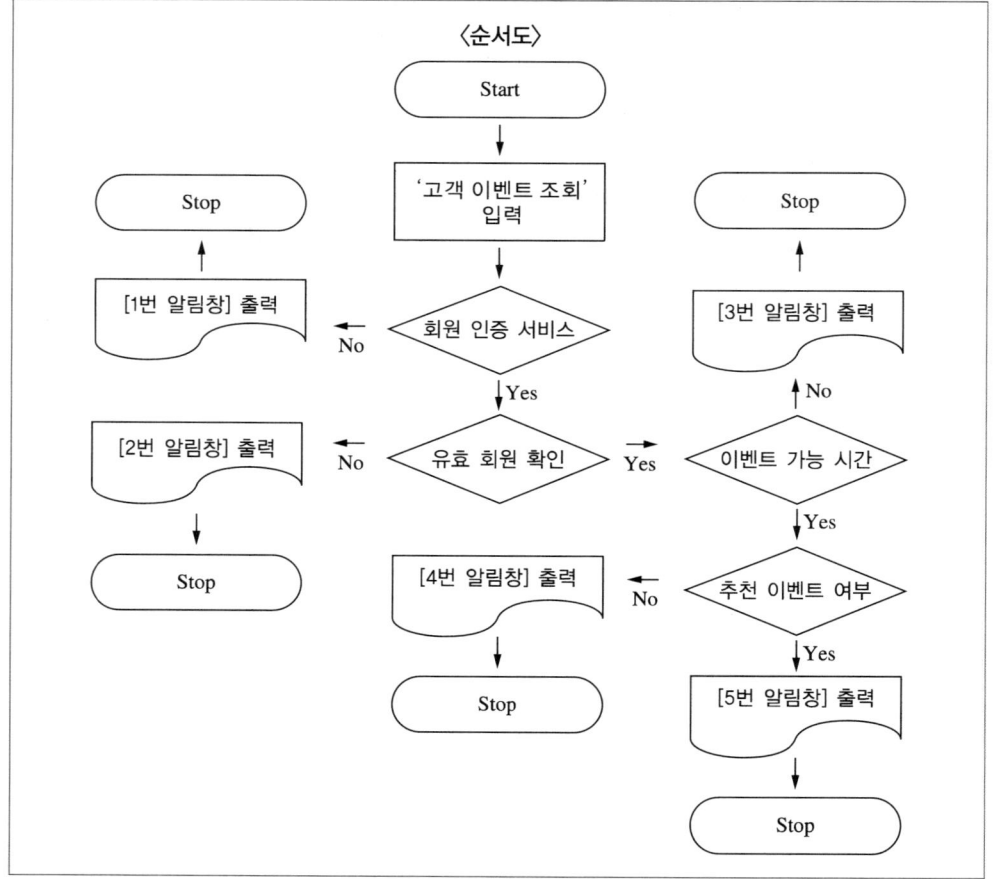

① 회원 인증이 되지 않아서
② 유효한 회원이 아니어서
③ 이벤트 가능 시간이 아니어서
④ 추천 이벤트가 없어서
⑤ 올바른 입력이 아니어서

18 다음 〈보기〉는 S학교 학생들의 시험성적에 대한 시트이다. 함수를 〈조건〉과 같이 정의할 때, C학생의 평균 성적과 전체 평균 성적과의 차이를 구하는 수식은?

보기

	A	B	C	D
1	학생	국어	수학	영어
2	A	85	78	92
3	B	88	74	81
4	C	91	86	89
5	D	76	95	84

조건

- ◎(셀1,셀2,⋯ or 범위) : 셀(범위)의 합을 구하는 함수
- ■(셀1,셀2,⋯ or 범위) : 셀(범위)의 평균을 구하는 함수
- ☆(범위1,조건,범위2) : 범위1에서 조건을 충족하는 셀과 같은 행에 있는 범위2 셀의 합을 구하는 함수
- ◇(셀1,셀2) : 셀1과 셀2의 차를 구하는 함수
- ●(셀1,셀2,⋯ or 범위) : 셀(범위) 중 가장 큰 값을 구하는 함수
- △(셀1,셀2,⋯ or 범위) : 셀(범위) 중 가장 작은 값을 구하는 함수

① ☆(A2:A5,"C",C2:E5)
② ◇(■(B4:D4),◎(B2:D5))
③ ◇(■(B4:D4),■(B2:D5))
④ △(■(B4:D4),●(B2:D5))
⑤ ◎(■(B4:D4),●(B2:D5))

19 다음은 한국은행의 통화신용정책 운영의 일반원칙이다. 이를 읽고 추론한 내용으로 적절하지 않은 것을 〈보기〉에서 모두 고르면?

〈통화신용정책 운영의 일반원칙〉

한국은행법은 통화신용정책의 목적으로 '물가안정을 도모함으로써 국민경제의 건전한 발전에 이바지'하며, '정책을 수행함에 있어 금융안정에 유의'하여야 함을 명시하고 있다. 한국은행은 이러한 목적에 부합하는 구체적인 목표와 기본방향하에서 통화신용정책을 수행함으로써, 정책 투명성과 예측가능성 및 유효성을 제고하고자 한다.

- (물가안정목표제) 한국은행은 통화신용정책의 핵심 목적인 물가안정의 효율적 달성을 위해 신축적 물가안정목표제를 운영하며, 현재 물가안정목표는 소비자물가 상승률(전년 동기 대비) 기준 2.0%이다.
  - (중기적 운영 시계) 소비자물가 상승률은 통화신용정책 외에도 다양한 대내외 경제·금융 요인의 영향을 받으므로, 물가안정목표는 일시적·불규칙적 요인에 따른 물가변동과 통화신용정책의 파급시차 등을 고려하여 중기적 시계에서 달성하고자 하는 목표이다.
  - (미래지향적 운영) 물가상승률이 중기적 시계에서 목표수준에 안정적으로 수렴하도록 통화신용정책을 미래지향적으로 운영하되, 물가상승률이 목표수준을 지속적으로 상회하거나 하회할 위험을 균형 있게 고려한다. 물가안정목표 수준으로의 수렴 가능성은 물가 및 성장 전망과 더불어 전망경로상의 불확실성과 위험요인 및 금융안정 상황 등에 대한 종합적인 평가에 기초하여 판단한다.
  - (신축적 운영) 중기적 시계에서의 물가안정목표 달성을 저해하지 않는 범위 내에서 실물경제의 성장이 뒷받침될 수 있도록 통화신용정책을 운영한다.

- (금융안정에 대한 고려) 한편 중기적 시계에서 물가안정목표를 달성함에 있어 통화신용정책 운영이 금융안정에 미치는 영향을 신중히 고려한다.
  - (물가안정목표제와의 관계) 지속적인 금융불균형은 궁극적으로 거시경제의 안정을 저해하는 위험요인이라는 점에서 통화신용정책을 운영함에 있어 금융안정에 유의하는 것은 신축적 물가안정목표제의 취지에 부합한다.
  - (금융안정 점검) 한국은행은 금융안정 상황을 정기적으로 점검·평가·공표하여 통화신용정책 운영이 금융불균형의 과도한 누적을 초래하지 않도록 유의한다.
  - (거시건전성 정책과의 조화) 경제 전반에 무차별적인 영향을 미치는 통화신용정책만으로 금융안정을 추구하는 데에는 한계가 있으므로, 금융불균형 누적 억제를 위해서는 통화신용정책과 거시건전성 정책이 조화롭게 운영되는 것이 필요하다.

> **보기**
> ㄱ. 통화신용정책 운영 시 정책의 파급시차에 따라 예상치 못한 물가변동이 발생할 수 있다.
> ㄴ. 물가안정목표의 중기적 달성을 위해 통화신용정책을 엄격히 운영하여 경제기조의 일관성을 강화하여야 한다.
> ㄷ. 거시즉인 금융불균형을 해소하기 위해서는 통화신용정책보다 거시건전성 정책을 강조하여야 한다.
> ㄹ. 정기적인 금융안정 상황 공표는 금융불균형의 해소에 기여한다.

① ㄱ, ㄴ
② ㄱ, ㄷ
③ ㄴ, ㄷ
④ ㄴ, ㄹ
⑤ ㄷ, ㄹ

20 다음 자료를 참고하여 해당 기업의 주가 및 당기순이익을 구하면?

- BPS : 20,000원
- PER : 15
- PBR : 1.5
- 순자산 : 1,000억 원
- ROE : 10%

       주가   당기순이익
① 20,000원   100억 원
② 20,000원   200억 원
③ 30,000원   100억 원
④ 30,000원   200억 원
⑤ 50,000원   100억 원

CHAPTER 02 | 2024년 하반기 기출복원문제

정답 및 해설 p.007

01 다음 글의 내용으로 적절하지 않은 것은?

> 정부와 여당이 민생을 위한다는 명목으로 금융투자소득세 폐지를 추진하자, 이에 대해 '부자감세'라는 비판이 일고 있다.
> 금융투자소득세란 금융투자상품, 즉 주식 파생상품, 집합투자증권 등 펀드, 채권 등에 투자함으로써 발생한 소득에 대해 부과하는 세금으로 국내 상장주식 및 공모주식형 펀드 등의 금융투자소득은 연간 5,000만 원 이상, 해외 투자 등 기타 금융투자소득은 250만 원 이상일 때부터 부과된다.
> 예를 들어 국내 금융 투자 수익률이 10%라면, 투자원금은 최소 5억 원을 초과해야 과세가 되는 것이다. 통계 자료에 따르면 국내 5억 원 초과 상장주식 보유 인원은 전체 투자자 1,407만 명의 1%인 14만 명에 불과하고, 이 중 10억 원을 초과 보유한 인원의 비중은 4만 9,236명밖에 되지 않는다고 한다. 즉, 전체 투자자의 1%도 되지 않는 투자자에게 걷는 세금 제도를 폐지하는 것이 민생을 위한다는 것은 말 그대로 어불성설인 것이다.

① 금융투자소득세는 부자증세 정책에 해당한다.
② 금융투자소득세는 일정 금액 이하의 수익에 대해서는 과세되지 않는다.
③ 금융투자소득세가 시행된다면, 해외 주식 투자 기피 현상이 발생할 수 있다.
④ 금융투자소득세는 민생이 아닌 부의 양극화를 가져오며 동시에 새로운 세원을 막아버린 정책이다.
⑤ 국내 금융 투자 수익률이 20%라면 금융투자소득세가 부과되기 위해서는 투자원금이 최소 2억 5천만 원을 넘어야 한다.

02 다음은 6대 광역시의 학자금 대출 신청건수 및 평균 대출금액에 대한 자료이다. 이에 대한 설명으로 옳지 않은 것은?

〈6대 광역시의 학자금 대출 신청건수 및 금액〉

구분	2023년		2024년	
	대출 신청건수(건)	평균 대출금액(만 원)	대출 신청건수(건)	평균 대출금액(만 원)
대구	1,921	558	2,320	638
인천	2,760	640	3,588	775
부산	2,195	572	2,468	644
대전	1,148	235	1,543	376
광주	1,632	284	1,927	317
울산	1,224	303	1,482	338

① 2024년 학자금 총 대출금액은 대구가 부산보다 많다.
② 2024년 총 학자금 대출 신청건수는 2023년 대비 20.5% 증가하였다.
③ 대전의 2024년 학자금 평균 대출금액은 전년 대비 1.6배 증가하였다.
④ 학자금 대출 신청건수가 가장 많은 지역은 2023년과 2024년이 동일하다.
⑤ 2023년 총 학자금 대출 신청건수 중 광주 지역이 차지하는 비율은 15%이다.

03 다음 중 리디노미네이션에 대한 설명으로 옳지 않은 것은?

① 화폐가치는 그대로 두고 화폐단위만 변경시키는 화폐개혁을 의미한다.
② 화폐단위가 작아지기 때문에 소비가 늘어나 경기부양 효과가 발생한다.
③ 재무제표 작성이 용이해지고, 달러 대비 원화의 위상이 높아지게 된다.
④ 제품가격의 단위 하락으로 물가 상승이 유발될 수 있다.
⑤ 지하경제로 자금이 몰려 음성화가 가속화될 수 있다.

※ 다음은 S은행 상품인 신한 S드림(DREAM)적금의 상품설명서이다. 이어지는 질문에 답하시오. [4~5]

〈신한 S드림(DREAM)적금〉

구분	세부사항
상품명	• 신한 S드림(DREAM)적금
상품과목	• 정기적금
가입방법	• 인터넷, 모바일, 영업점, 전화신규
가입대상	• 개인, 개인사업자
가입기간	• 6개월 이상 ~ 60개월 이하(1개월 단위)
가입금액	• 1천 원부터 제한 없음
저축방법	• 자유적립식, 정기적립식
금리	• 기본금리 : 신규일 당시 고시된 가입기간별 기본금리를 적용하고, 자유적립식의 기본금리는 정기적립식 기간별 적용금리에서 연 0.50%p 차감

〈정기적립식 기본금리〉

구분	6개월 이상	12개월 이상	24개월 이상	36개월 이상	48개월 이상	60개월
기본금리	연 2.50%	연 2.70%	연 2.80%	연 3.00%	연 3.15%	연 3.20%

• 우대금리 : 신규일로부터 만기일 전전달 말일까지 다음 요건을 충족하는 경우 최고 연 0.40%p 우대

구분	우대요건	적용금리
정기예금	월말일자로 정기예금 잔액 3백만 원 이상의 보유실적이 1회 이상인 경우	연 0.2%p
청약	월말일자로 청약저축 잔액 30만 원 이상의 보유실적이 1회 이상인 경우	연 0.2%p
장기고객	적금상품(청약상품 제외) 만기해지 후 3개월 이내 이 상품을 신규하는 경우	연 0.1%p
신규금액	30만 원 이상 신규하는 경우	연 0.1%p
비대면채널	비대면채널을 통해 신규하는 경우	연 0.1%p
모범납세자	지자체가 발급한 "모범납세자 증명서"를 만기해지 전 만기월에 영업점에 제출하는 경우(서류제출일은 증명서상의 유효기간 이내여야 한다)	연 0.2%p

※ 가입기간이 12개월 이상인 만기해지계좌에 한하여 제공

이자지급방법	• 만기일시지급(단리식)
특별중도해지	• 결혼, 출산, 전세계약, 주택구입, 상해·질병 입원으로 긴급자금 마련을 위해 중도해지하는 경우 신규시점에 적용된 기본금리에 최초 신규시점에 확정된 우대금리를 포함하여 적용 • 사유발생일 이전에 가입한 계좌로 사유발생일로부터 3개월 이내에 해지된 계좌로 증빙서류를 제출하는 경우에 한함(예식장 계약서, 청첩장, 출산증명서, 전세·매매계약서, 입·퇴원 확인서 중 선택)
중도해지금리	• 1개월 미만 : 연 0.10% • 1개월 이상 : (기본금리)×[1−(차감률)]×(경과월수)÷(계약월수) ※ 단, 연 0.10% 미만으로 산출될 경우 연 0.10% 적용

04 다음 중 위 상품설명서에 대한 설명으로 옳은 것은?

① 가입기간이 6개월인 고객이 정기적립식 방식을 택했을 경우 적용되는 기본금리는 자유적립식 방식을 택했을 때보다 1.5배 더 높다.
② 모범납세자 우대금리를 적용받기 위해서는 모범납세자 증명서상의 유효기간이 신규가입일 이후여야 한다.
③ 가입기간이 1년 이하인 고객은 우대금리 혜택을 적용받을 수 없다.
④ 특별중도해지 시에도 조건을 충족한다면 최고 우대금리인 0.40%p를 적용받을 수 있다.
⑤ 질병입원기간 중 해당 상품을 가입한 고객이 해당 질병입원비 마련을 이유로 특별중도해지를 신청한 경우에는 받아들여지지 않는다.

05 A씨는 다음 〈조건〉과 같이 신한 S드림적금에 가입하였다. A씨가 받을 수 있는 최종금리는?(단, 조건에 명시되지 않은 사항은 우대금리 조건을 충족하지 않은 것으로 한다)

> **조건**
> • 자유적립식에 비대면으로 48개월 가입
> • 신규가입 당시 40만 원 적립
> • 38개월 차에 모범납세자 증명서 제출
> • 주택구입을 위해 40개월 차에 중도해지(사유발생일로부터 2개월 뒤 매매계약서 제출)

① 연 2.85% ② 연 2.95%
③ 연 3.05% ④ 연 3.15%
⑤ 연 3.25%

06 다음 중 착오송금 반환제도를 신청할 수 있는 대상에 해당하지 않는 경우는?

① 2021년 7월 6일 이후 5만 원 이상 1천만 원 이하를 착오송금한 경우
② 2023년 1월 1일 이후 5만 원 이상 5천만 원 이하를 착오송금한 경우
③ 착오송금과 관련한 법적절차가 진행 중이지 않은 경우
④ 금융회사를 통해 사전 반환신청이 진행된 경우
⑤ 보이스피싱 등 사기에 따라 송금한 경우

07 다음 순서도에 의해 출력되는 값은?

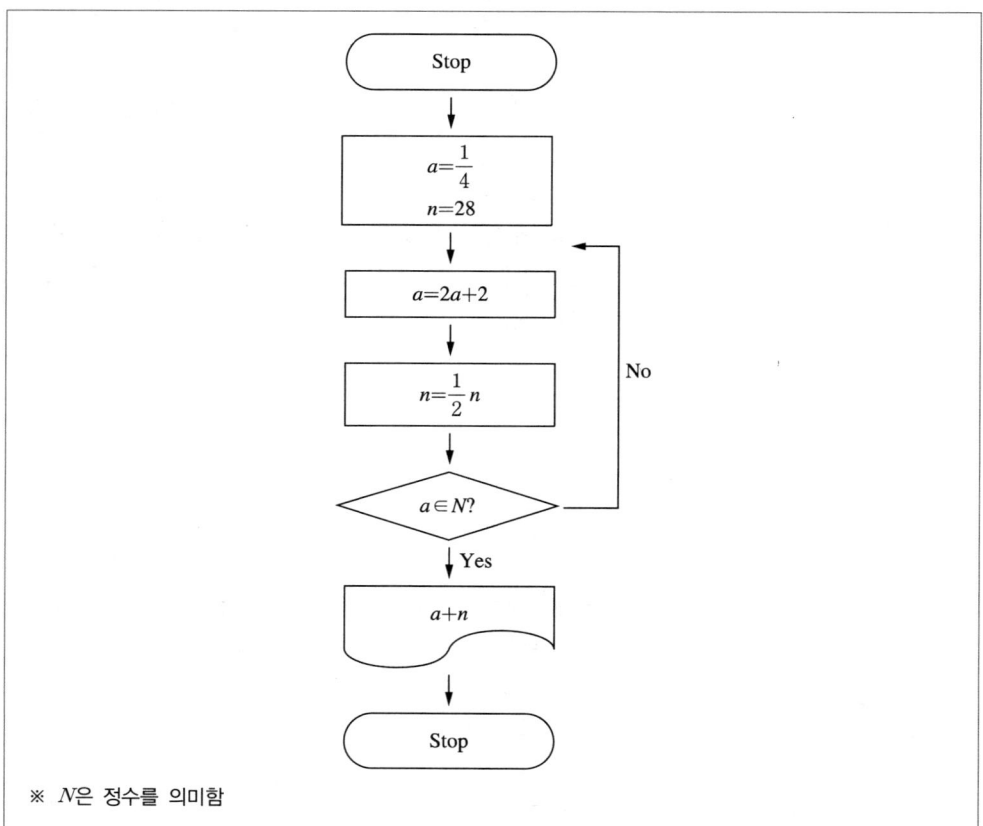

① 0
② 2
③ 6
④ 7
⑤ 14

08 다음 글의 주제로 가장 적절한 것은?

> 인공지능 기술은 최근 몇 년간 급격히 발전하며 다양한 산업에 변화를 가져왔다. 특히 생성형 AI는 그중에서도 주목받는 기술로, 텍스트 생성, 이미지 생성, 음악 작곡 등 창작의 영역에까지 영향을 미치고 있다. 생성형 AI로 인해 과거에는 사람이 직접 해야 했던 작업들이 이제는 AI를 통해 자동화되거나 보조될 수 있는 시대가 열렸으며, 특히 광고 문구를 작성하거나 소설의 초안을 작성하는 데 생성형 AI가 활용되면서 창작자의 작업 시간이 크게 단축되고 있다. 이외에도 의료 분야에서도 생성형 AI는 환자 기록을 분석해 맞춤형 치료 계획을 제안하거나, 새로운 약물을 설계하는 데 기여하고 있다.
>
> 그러나 이러한 기술의 발전은 긍정적인 면만 있는 것은 아니다. 생성형 AI가 만들어낸 콘텐츠는 종종 진짜와 가짜를 구분하기 어렵게 만들며, 이는 허위 정보의 확산이나 저작권 문제를 야기할 수 있다. 특히, 딥페이크 기술은 사람의 얼굴과 목소리를 조작해 실제와 구분이 어려운 영상을 만들어내며 사회적 논란을 일으키고 있다. 게다가 생성형 AI가 인간의 창작 활동을 대체할 가능성이 커지면서 창작자의 역할과 직업적 안정성에 대한 우려도 제기되고 있다.
>
> 그럼에도 불구하고 생성형 AI는 여전히 무궁무진한 가능성을 가지고 있다. 이 기술이 단순히 인간의 역할을 대체하는 것이 아니라, 인간과 협력하여 더 나은 결과물을 만들어낼 수 있는 도구로 자리 잡을 수 있을지에 대한 논의가 활발하다. 결국 중요한 것은 기술 자체가 아니라 이를 어떻게 활용하느냐에 달려 있다. 생성형 AI가 가져올 미래는 우리가 이 기술을 책임감 있게 사용하고 적절히 규제할 수 있는지에 따라 달라질 것이다.

① 생성형 AI가 가져올 사회적 문제
② 생성형 AI로 인한 의료기술의 발전
③ 딥페이크로 인한 윤리적 문제의 대두
④ 생성형 AI가 가져올 직업의 대체 가능성
⑤ 생성형 AI의 가능성과 책임감 있는 활용의 중요성

09 S대학교 건물 앞에는 의자 6개가 나란히 설치되어 있다. I학과 여학생 2명과 남학생 3명이 모두 의자에 앉을 때, 여학생이 이웃하지 않게 앉는 경우의 수는?(단, 두 학생 사이에 빈 의자가 있는 경우는 이웃하지 않는 것으로 한다)

① 120가지　　　　　　　　　　② 240가지
③ 360가지　　　　　　　　　　④ 480가지
⑤ 600가지

10 A사원은 3박 4일 동안 대전으로 출장을 다녀오려고 한다. 출장 과정에서의 비용이 다음과 같을 때, A사원의 출장 경비 총액은?(단, A사원의 출장 세부내역 이외의 지출은 없다고 가정한다)

〈출장 경비〉
- 출장일부터 귀가할 때까지 소요되는 모든 교통비, 식비, 숙박비를 합산한 비용을 출장 경비로 지급한다.
- 교통비(서울 → 대전 / 대전 → 서울)

(단위 : 원)

구분	기차	KTX	버스
비용(편도)	39,500	43,250	38,150

※ 서울 및 대전 내에서의 시내 이동에 소요되는 비용은 출장 경비로 인정하지 않음

- 식비

(단위 : 원)

구분	P식당	S식당	Y식당
식비(끼니당)	8,500	8,700	9,100

- 숙박비

(단위 : 원)

구분	가	나	다
숙박비(1박)	75,200	81,100	67,000
비고	연박 시 1박당 5% 할인	연박 시 1박당 10% 할인	-

〈A사원의 출장 세부내역〉
- 대전행은 기차를, 서울행은 버스를 이용하였다.
- 2일간 P식당을, 나머지 기간은 Y식당을 이용하였으며 출장을 시작한 날부터 마지막 날까지 하루 3끼를 먹었다.
- 출장 기간 동안 숙소는 할인을 포함하여 가장 저렴한 숙소를 이용한다.

① 359,100원　　　　　　　　　② 374,620원
③ 384,250원　　　　　　　　　④ 396,500원
⑤ 410,740원

11 다음 워크시트의 [E3] 셀에 IF 함수와 AND 함수를 사용하여 필기 점수, 실기 점수가 80점 이상이면 합격 아니면 불합격을 출력하고자 한다. 이때 [E3] 셀에 들어갈 수식으로 옳은 것은?

	A	B	C	D	E
1	번호	이름	필기 점수	실기 점수	판정(AND)
2	1	구OO	80	100	합격
3	2	노OO	68	90	
4	3	박OO	45	80	불합격
5	4	최OO	67	80	불합격

① =IF(IF(AND,C2>=80,D2>=80),"합격","불합격")
② =IF(AND(A2>=80,B2>=80),"합격","불합격")
③ =IF(AND(C2>=80,D2>=80),"합격","불합격")
④ =IF(AND(D2>=80,D3>=80),"합격","불합격")
⑤ =IF(AND(C2>=80,C3>=80),"합격","불합격")

12 다음 〈조건〉에 따라 S은행의 마케팅 부서 직원 A~H 8명이 원탁이 앉아서 회의를 하려고 할 때, 항상 참인 것은?(단, 서로 이웃해 있는 직원 간의 사이는 모두 동일하다)

조건
- A와 C는 가장 멀리 떨어져 있다.
- A 옆에는 G가 앉는다.
- B와 F는 서로 마주보고 있다.
- D는 E 옆에 앉는다.
- H는 B 옆에 앉지 않는다.

① C 옆에는 항상 E가 있다.
② E와 G는 항상 마주 본다.
③ 경우의 수는 총 4가지이다.
④ G의 오른쪽 옆에는 항상 H가 있다.
⑤ A와 B 사이에는 항상 누군가 앉아 있다.

13 다음은 S은행의 예금조회 웹페이지에 대한 순서도이다. 고객이 웹페이지 사용 도중 [1번 알림창]을 보게 되었을 때, 그 이유로 옳은 것은?

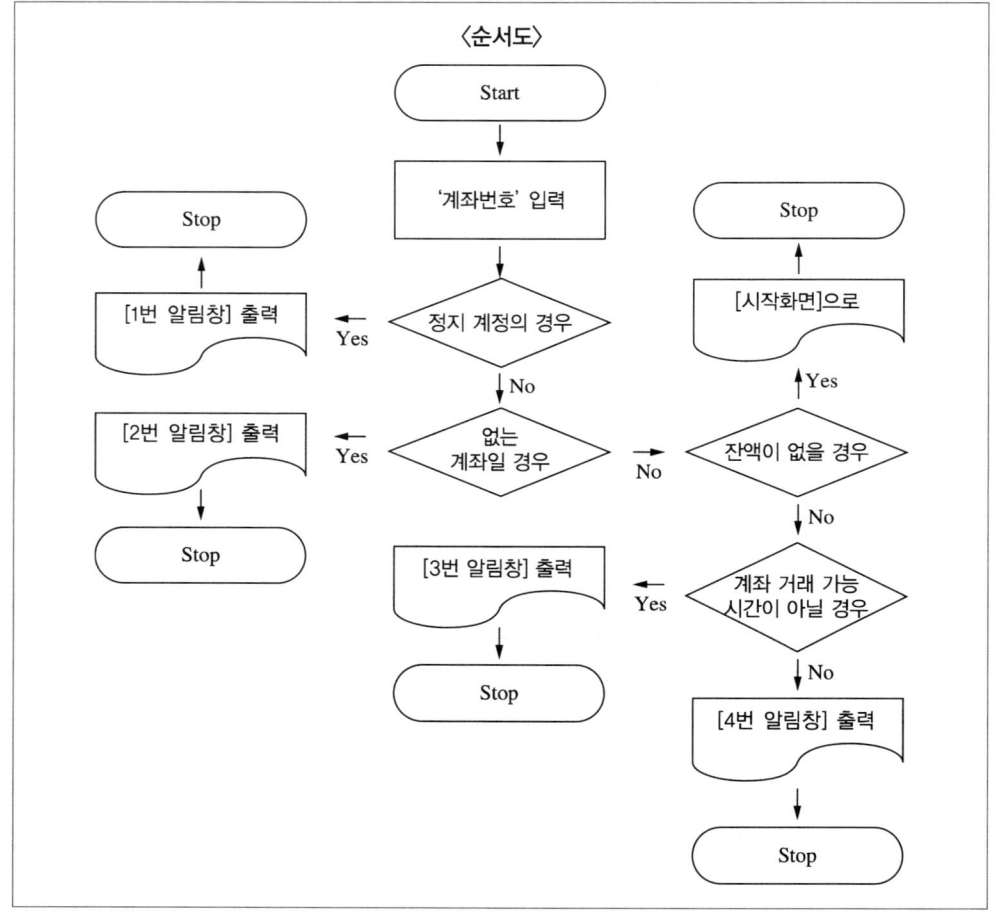

① 거래 가능한 시간이 아니기 때문이다.
② 계좌가 존재하지 않기 때문이다.
③ 금액이 출력되었기 때문이다.
④ 정지된 계정이기 때문이다.
⑤ 잔액이 없기 때문이다.

14 다음 중 로보어드바이저의 장점으로 볼 수 없는 것은?

① 상장지수권드(ETF)를 활용해 투자하므로 객관적인 투자 서비스를 제공할 수 있다.
② 시간, 장소 등에 구애받지 않고 스마트폰, 컴퓨터 등 다양한 매체를 활용할 수 있다.
③ 인간의 주관적 감정을 배제하고 데이터와 알고리즘을 통해 투자할 수 있다.
④ 투자자들의 니즈에 따라 맞춤형으로 상담을 진행할 수 있다.
⑤ 인건비, 마케팅 비용 등을 절감할 수 있다.

15 다음 〈보기〉는 C센터의 모니터 판매량에 대한 시트이다. 함수를 〈조건〉과 같이 정의할 때, 이에 대한 설명으로 옳지 않은 것은?

> **보기**
>
> | | A | B | C |
> |---|---|---|---|
> | 1 | 상품명 | 예상 판매량 | 실제 판매량 |
> | 2 | CT0509A | 130 | 125 |
> | 3 | PD0409A | 80 | 120 |
> | 4 | CT0503B | 150 | 130 |
> | 5 | PD0810C | 75 | 65 |

> **조건**
>
> - ○(셀1,셀2, …) : 셀의 합을 구하는 함수
> - ■(셀1,셀2, …) : 셀의 평균을 구하는 함수
> - ◇(범위1,조건,범위2) : 범위1에서 조건을 충족하는 셀과 같은 행에 있는 범위2 셀의 합을 구하는 함수
> - ♡(범위,k) : 범위1에서 조건을 충족하는 셀과 같은 행에 있는 범위2 셀의 평균을 구하는 함수
> - ●(셀1,셀2, …) : 범위에서 가장 큰 값을 구하는 함수
> - △(셀1,셀2, …) : 범위에서 가장 작은 값을 구하는 함수

① 상품명이 'C'로 시작하는 상품의 실제 판매량의 합을 구한 값과 예상 판매량의 최댓값 중에서 가장 큰 값을 구하는 수식은 ●(◇(A2:A5,"C*",C2:C5), ●(B2:B5))이다.
② 상품명이 'C'로 시작하는 상품의 예상 판매량의 합을 구한 값과 실제 판매량의 최솟값 중에서 가장 작은 값을 구하는 수식은 △(◇(A2:A5,"C*",B2:B5),△(C2:C5))이다.
③ 실제 판매량의 평균을 구하는 수식은 ■(C2:C5)이다.
④ 상품명이 'A'로 끝나는 상품의 실제 판매량의 값의 평균을 구하는 수식은 ◇(A2:A5,"*A",C2:C5)이다.
⑤ 예상 판매량이 80 이상인 값들의 총합을 구하는 수식은 ◇(B2:B5,"> =80",B2:B5)이다.

16 다음 문단을 논리적 순서대로 바르게 나열한 것은?

(가) 베커는 "주말이나 저녁에는 회사들이 문을 닫기 때문에 활용할 수 있는 시간의 길이가 길어지고 이에 따라 특정 행동의 시간 비용이 줄어든다."라고도 지적한다. 시간의 비용이 가변적이라는 개념은 기대수명이 늘어나서 사람들에게 더 많은 시간이 주어지는 것이 시간의 비용에 영향을 미칠 수 있다는 점에서 의미가 있다.

(나) 베커와 린더는 사람들에게 주어진 시간을 고정된 양으로 전제했다. 1965년 당시의 기대수명은 약 70세였다. 하루 24시간 중 8시간을 수면에 쓰고 나머지 시간에 활동이 가능하다면, 평생 408,800시간의 활동가능 시간이 주어지는 셈이다. 하지만 이 방정식에서 변수 하나가 바뀌면 어떻게 될까? 기대수명이 크게 늘어난다면 시간의 가치 역시 달라져서, 늘 시간에 쫓기는 조급한 마음에도 영향을 주게 되지 않을까?

(다) 시간의 비용이 가변적이라고 생각한 이는 베커만이 아니었다. 스웨덴의 경제학자 스테판 린더는 서구인들이 엄청난 경제성장을 이루고도 여유를 누리지 못하는 이유를 논증한다. 경제가 성장하면 사람들이 시간을 쓰는 방식도 달라진다. 임금이 상승하면 직장 밖 활동에 들어가는 시간의 비용이 늘어난다. 일하는 데 쓸 수 있는 시간을 영화나 책을 보는 데 소비하면 그만큼의 임금을 포기하는 것이다. 따라서 임금이 늘어난 만큼 일 이외의 활동에 들어가는 시간의 비용도 함께 늘어난다는 것이다.

(라) 경제학자이자 노벨상 수상자인 게리 베커는 1965년 '시간의 비용'이 시간을 소비하는 방식에 따라 변화한다고 주장하였다. 예를 들어 수면이나 식사 활동은 영화 관람에 비해 단위 시간당 시간의 비용이 작다. 그 이유는 수면과 식사가 생산적인 활동에 기여하기 때문이다. 잠을 못 자거나 식사를 제대로 하지 못해 체력이 떨어진다면, 생산적인 활동에 제약을 받기 때문에 수면과 식사 활동에 들어가는 시간의 비용이 영화관람에 비해 작다고 할 수 있다.

① (가) – (다) – (나) – (라)
② (가) – (라) – (다) – (나)
③ (라) – (가) – (다) – (나)
④ (라) – (나) – (다) – (가)
⑤ (라) – (다) – (가) – (나)

17 다음 중 은행의 고유업무에 해당하지 않는 것은?

① 예금 및 적금 수입 업무
② 조달자금 대출 업무
③ 채무증서 발행 업무
④ 유가증권 인수 업무
⑤ 외국환 업무

18 다음 〈보기〉는 A회사의 연말 팀원 평가표이다. 함수를 〈조건〉과 같이 정의할 때, 출력값이 가장 작은 것은?(단, 평균 점수는 소수점 첫째 자리까지만 표시한다)

보기

	A	B	C	D	E	F
1	이름	성실성	협동심	적극성	태도	평균
2	김윤석	88	65	67	90	77.5
3	김지후	78	87	71	90	81.5
4	신현석	90	71	65	84	77.5
5	평균	85.3	74.3	67.6	88	78.8

조건
- ◇(셀1,셀2, …) : 셀의 합을 구하는 함수
- ■(셀1,셀2, …) : 셀의 평균을 구하는 함수
- ◆(범위A,조건,합_범위) : '합_범위'의 셀을 더하는 함수(단, 더해질 '합_범위'의 셀은 범위A에서 조건을 만족하는 셀과 같은 행에 있어야 함)
- ●(범위,k) : 범위에서 k번째로 큰 값을 구하는 함수
- △(범위,k) : 범위에서 k번째로 작은 값을 구하는 함수
- ◎(범위,k) : 범위에서 최솟값을 구하는 함수
- ☆(범위,k) : 범위에서 최댓값을 구하는 함수

① =◇(●(F2:F4,1),△(F2:F4,1))
② =◇(☆(C2:C4),◎(C2:C4))
③ =◆(A2:A4,"김*",F2:F4)
④ =◆(A2:A4,"*석",F2:F4)
⑤ =◇(■(B2:B4),(■(D2:D4))

19 다음은 10년간 국내 의사와 간호사 인원 현황에 대한 자료이다. 이에 대한 〈보기〉의 설명 중 옳은 것을 모두 고르면?(단, 비율은 소수점 셋째 자리에서 버림한다)

보기

ㄱ. 2022년 대비 2024년 의사 수의 증가율은 간호사 수의 증가율보다 5%p 이상 높다.
ㄴ. 2016 ~ 2024년 전년 대비 의사 수 증가량이 2천 명 이하인 해의 의사와 간호사 수의 차이는 5만 명 미만이다.
ㄷ. 2015 ~ 2019년 의사 1명당 간호사 수가 가장 많은 연도는 2019년이다.
ㄹ. 2018 ~ 2021년 간호사 수의 평균은 15만 명 이상이다.

① ㄱ
② ㄱ, ㄴ
③ ㄴ, ㄹ
④ ㄷ, ㄹ
⑤ ㄱ, ㄷ, ㄹ

20 다음은 S은행의 계좌 송금을 진행하는 과정에 대한 순서도이다. 고객이 상대방에게 송금하기 위해 정보를 입력하였을 때, [4번 알림창]을 보게 되었다. 그 이유로 옳은 것은?

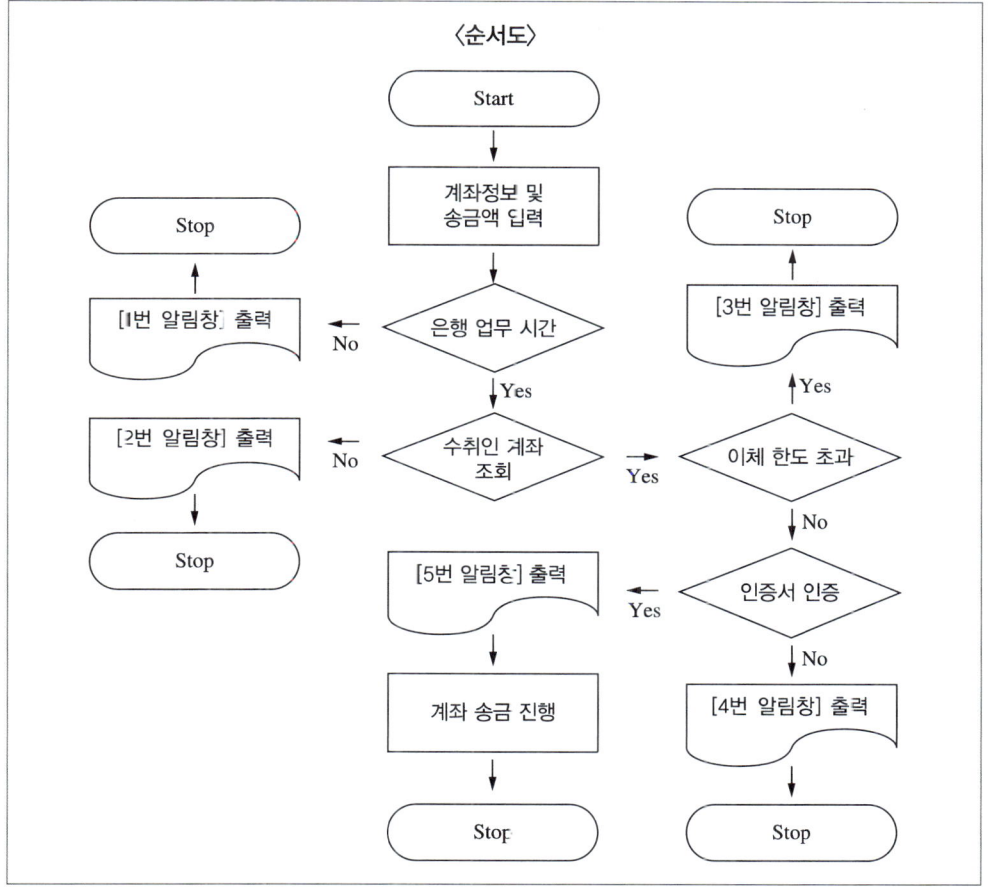

① 수취 계좌가 존재하지 않는다.
② 이체 한도가 초과되었다.
③ 인증서 인증 과정을 거치지 못하였다.
④ 은행 업무 시간이 아니다.
⑤ 모든 절차를 거쳐 송금이 가능하다.

CHAPTER 03 | 2024년 상반기 기출복원문제

01 다음 글에서 ㉠~㉤의 수정 방안으로 적절하지 않은 것은?

> 사회복지와 근로의욕과의 관계에 대한 조사를 보면 '사회복지와 근로의욕이 관계가 있다.'는 응답과 '그렇지 않다.'는 응답의 비율이 비슷하게 나타난다. 하지만 기타 의견에 ㉠<u>따라</u> 과도한 사회복지는 근로의욕을 떨어뜨릴 수 있다는 응답이 많았던 것으로 조사되었다. 예를 들어 정부지원금을 받으나 아르바이트를 하나 비슷한 돈이 나온다면 ㉡<u>더군다나</u> 일하지 않고 정부지원금으로만 먹고사는 사람들이 많이 있다는 것이다. 여기서 주목해야 할 점은 과도한 복지 때문이 아닌 정책상의 문제라는 의견도 있다는 사실이다. 현실적으로 일을 할 수 있는 능력이 있는 사람에게는 ㉢<u>최대한의</u> 생계비용 이외의 수입을 인정하고, 빈곤층에서 벗어날 수 있게 지원해 주는 것이 개인에게도, 국가에도 바람직한 방식이라는 것이다.
>
> 이 설문조사 결과에서 주목해야 할 또 다른 측면은 사회복지 체제가 잘 되어 있을수록 근로의욕이 떨어진다고 응답한 사람의 ㉣<u>과반수 이상이</u> 중산층 이상의 경제력을 가지고 있었다는 점이다. 재산이 많은 사람에게는 약간의 세금 확대도 ㉤<u>영향이 적을 수 있기</u> 때문에 경제발전을 위한 세금 확대는 찬성하더라도 복지정책을 위한 세금 확대는 반대하는 것이다. 이러한 점을 고려해 보면 소득 격차 축소를 원하는 국민보다 복지정책을 위한 세금 확대에 반대하는 국민이 많은 다소 모순된 설문 결과에 대한 설명이 가능하다.

① ㉠ : 호응 관계를 고려하여 '따르면'으로 수정한다.
② ㉡ : 앞뒤 내용의 관계를 고려하여 '차라리'로 수정한다.
③ ㉢ : 전반적인 내용의 흐름을 고려하여 '최소한의'로 수정한다.
④ ㉣ : '과반수'의 뜻을 고려하여 '절반 이상이' 또는 '과반수가'로 수정한다.
⑤ ㉤ : 일반적인 사실을 말하는 것이므로 '영향이 적기 때문에'로 수정한다.

02 다음 중 방카슈랑스에 대한 설명으로 옳지 않은 것은?

① 저축성 보험, 보장성 보험, 펀드 연계 보험으로 나눌 수 있다.
② 전문 보험설계사로부터 상품을 받을 수 있으나, 수수료가 비싸다.
③ 은행과 보험사 사이의 계열관계로 인해 독점 판매 문제가 발생할 수 있다.
④ 예금, 대출, 보험 등 다양한 금융서비스를 하나의 상품으로 제공받을 수 있다.
⑤ 1980년대 유럽 금융시장에서 처음으로 은행에서 보험상품을 판매한 것이 확산된 것이다.

03 국가별 온라인 축구게임 대회가 열렸다. 예선전을 펼친 결과 남게 된 8개국은 8강 토너먼트를 치르기 위해 추첨을 통해 대진표를 작성했다. 이들 국가는 모두 다르며 남은 8개국을 본 3명의 학생 은진, 수린, 민수는 다음과 같이 4강 진출 팀을 예상하였다. 이때, 8개국 중에서 4강 진출 팀으로 꼽히지 않은 팀을 네덜란드라고 하면, 네덜란드와 상대할 팀은?

- 은진 : 브라질, 불가리아, 이탈리아, 루마니아
- 수린 : 스웨덴, 브라질, 이탈리아, 독일
- 민수 : 스페인, 루마니아, 독일, 브라질

① 불가리아　　　　　　　　　　② 루마니아
③ 독일　　　　　　　　　　　　④ 스페인
⑤ 브라질

※ 다음은 S은행에서 판매하는 적금 상품의 금리 정보이다. 이어지는 질문에 답하시오. [4~5]

<S은행 적금 상품>

구분	금리 정보

청년 처음 적금	• 기본금리 : 연 3.5%
	• 가입기간 : 12개월
	• 우대금리 : 최대 연 3.0%p
	  ① 주거래 우대 : 연 1.0%p
	  ② S카드 결제 우대 : 연 0.5%p
	  ③ 모바일 앱 사용 우대 : 연 0.5%p
	  ④ 첫 거래 또는 이벤트 우대 : 연 1.0%p
	※ 만 18~39세 청년이 아닐 경우 가입 제한

2024 프로야구 적금	• 기본금리 : 연 2.5%
	• 가입기간 : 12개월
	• 우대금리 : 최대 연 1.7%p
	  ① 선택한 나의 응원팀 등수에 따라 우대이율 제공(중복 미적용, 최대 1.0%p)
	    - 한국시리즈 우승 : 연 1.0%p
	    - 포스트시즌 진출 : 연 0.8%p
	    - 포스트시즌 미진출 : 연 0.5%p
	  ② 콘텐츠 이용 우대 : 연 0.5%p
	  ③ 소득입금 우대 : 연 0.2%p

알.쏠 적금	• 기본금리 : 가입기간에 따라 차등 적용
	  ① 12개월 이상 24개월 미만 : 연 3.0%
	  ② 24개월 이상 36개월 미만 : 연 3.1%
	  ③ 36개월 : 연 3.2%
	• 가입기간 : 12개월 이상 36개월 이하
	• 우대금리 : 연 최대 1.3%p
	  ① 소득이체 우대 : 연 0.6%p
	  ② 카드이용 우대 : 연 0.3%p
	  ③ 오픈뱅킹 우대 : 연 0.6%p
	  ④ 청약보유 우대 : 연 0.3%p
	  ⑤ 마케팅동의 우대 : 연 0.1%p

정기 적금	• 기본금리 : 가입기간에 따라 차등 적용
	  ① 1개월 이상 6개월 미만 : 연 2.2%
	  ② 6개월 이상 12개월 미만 : 연 2.45%
	  ③ 12개월 이상 24개월 미만 : 연 2.7%
	  ④ 24개월 이상 36개월 미만 : 연 2.75%
	  ⑤ 36개월 : 연 2.9%
	  ⑥ 37개월 이상 : 연 2.95%
	• 가입기간 : 1개월 이상 60개월 이하
	• 우대금리 : 없음

스마트 적금	• 기본금리 : 연 3.6% • 가입기간 : 12개월 • 우대금리 : 없음

04 A씨의 희망 가입기간이 36개월일 때, 기본금리를 최대로 받을 수 있는 상품은?

① 청년 처음 적금
② 2024 프로야구 적금
③ 알.쏠 적금
④ 정기 적금
⑤ 스마트 적금

05 만 26세인 B씨가 S은행 적금 상품에 가입기간 12개월로 가입하였다. 월초에 가입하여 250,000원을 납입 후 매월 초 250,000원씩 같은 금액을 납입할 때, 만기 시 B씨가 가장 많이 받을 수 있는 적금 상품의 원리합계는 얼마인가?(단, 모든 적금 상품은 단리로 적용하며, 만기 시 우대기율은 그 상품의 최대우대이율로 적용하고, 세금은 고려하지 않는다)

① 2,765,750원
② 2,876,435원
③ 2,975,600원
④ 3,105,625원
⑤ 3,257,280원

06 다음 중 금리인하요구권에 대한 설명으로 옳지 않은 것은?

① 재무상태 개선 등의 신용상태가 개선되었다고 판단되는 경우 금리인하를 요구할 수 있다.
② 금융당국은 차주에 대해 연 2회 금리인하요구권에 대한 정기안내를 실시한다.
③ 금융기관의 심사 결과에 따라 금리인하 요구가 수용되지 않을 수 있다.
④ 금융당국은 금융기관의 운영 실적을 반기 단위로 비교 공시한다.
⑤ 가계대출만 권리가 있으며, 기업대출은 권리가 없다.

07 다음 〈보기〉는 S중학교의 한 학급 학생들의 중간고사 성적을 정리한 자료이다. 함수를 〈조건〉과 같이 정의할 때, [F21] 셀에 들어갈 수식으로 옳은 것은?

보기

	A	B	C	D	E	F
1	이름	국어	수학	영어	평균	평균 점수 순위
2	강○○	80	75	60	71.67	
3	김○○	70	75	80	75	
4	나△△	90	85	95	90	
5	이○○	75	90	100	88.33	
⋮	⋮	⋮	⋮	⋮	⋮	
21	차△△	85	100	55	80	

조건

- ◇(인수1,범위) : 범위 안에서 인수1의 내림차순 순위를 구하는 함수
- ▲(조건,인수1,인수2) : 조건이 참이면 인수1, 거짓이면 인수2를 출력하는 함수
- ○(인수1,인수2,⋯) : 인수들의 최댓값을 구하는 함수
- ♣(인수1,인수2,⋯) : 인수들의 최솟값을 구하는 함수
- ♡(인수1,인수2,⋯) : 인수들의 평균을 구하는 함수

① =▲(E21>♡(E2:E21),1,0)
② =▲(E21=♣(E2:E21),0,1)
③ =◇(E21,$E$2:$E$21)
④ =◇(○(B21:D21),B2:D21)
⑤ =▲(◇(E21,E2:E21)<3,1,0)

08 다음 글을 통해 추론할 수 있는 내용으로 가장 적절한 것은?

> 사람과 동물처럼 우리 몸을 구성하는 세포도 자의적으로 죽음을 선택하기도 한다. 그렇다면 왜 세포는 죽음을 선택할까? 소위 '진화'의 관점으로 본다면 개별 세포도 살기 위해 발버둥 쳐야 마땅한데 스스로 죽기로 결정한다니 역설적인 이야기처럼 들린다. 세포가 죽음을 선택하는 이유는 자신이 죽는 것이 전체 개체에 유익하기 때문이다. 도대체 '자의적'이란 말을 붙일 수 있는 세포의 죽음은 어떤 것일까?
>
> 세포의 '자의적' 죽음이 있다는 말은 '타의적' 죽음도 있다는 말일 것이다. 타의적인 죽음은 네크로시스(Necrosis), 자의적인 죽음은 아포토시스(Apoptosis)라고 부른다. 이 두 죽음은 그 과정과 형태에서 분명한 차이를 보인다. 타의적인 죽음인 네크로시스는 세포가 손상돼 어쩔 수 없이 죽음에 이르는 과정을 말한다. 세포 안팎의 삼투압 차이가 수만 배까지 나면 세포 밖의 물이 세포 안으로 급격하게 유입돼 세포가 터져 죽는다. 마치 풍선에 바람을 계속 불어넣으면 '펑!' 하고 터지듯이 말이다. 이때 세포의 내용물이 쏟아져 나와 염증반응을 일으킨다. 이러한 네크로시스는 정상적인 발생 과정에서는 나타나지 않고 또한 유전자의 발현이나 새로운 단백질의 생산도 필요 없다.
>
> 반면 자의적인 죽음인 아포토시스는 유전자가 작동해 단백질을 만들어 내면 세포가 스스로 죽기로 결정하고 생체 에너지인 ATP를 적극적으로 소모하면서 죽음에 이르는 과정을 말한다. 네크로시스와는 정반대로 세포는 쪼그라들고, 세포 내의 DNA는 규칙적으로 절단된다. 그다음 쪼그라들어 단편화된 세포 조각들을 주변의 식세포가 시체 처리하듯 잡아먹는 것으로 과정이 종료된다.
>
> 인체 내에서 아포토시스가 일어나는 경우는 크게 두 가지다. 하나는 발생과 분화의 과정 중에 쓸필요한 부분을 없애기 위해서 일어난다. 사람은 태아의 손이 발생할 때 몸통에서 주걱 모양으로 손이 먼저 나온 후에 손가락 위치가 아닌 나머지 부분의 세포들이 사멸해서 우리가 보는 일반적인 손 모양을 만든다. 이들은 이미 죽음이 예정돼 있다고 해서 이런 과정을 PCD(Programed Cell Death)라고 부른다.
>
> 다른 하나는 세포가 심각하게 훼손돼 암세포로 변할 가능성이 있을 때 전체 개체를 보호하기 위해 세포는 죽음을 선택한다. 즉, 방사선, 화학 약품, 바이러스 감염 등으로 유전자 변형이 일어나면 세포는 이를 감지하고 자신이 암세포로 변해 전체 개체에 피해를 입히기 전에 스스로 죽음을 결정한다. 이때 아포토시스 과정에 문제가 있는 세포는 죽지 못하고 암세포로 변한다. 과학자들은 이와 같은 아포토시스와 암의 관계를 알게 되자 암세포의 죽음을 유발하는 물질을 이용해 항암제를 개발하려는 연구를 진행하고 있다.
>
> 흥미로운 것은 외부로부터 침입한 세균 등을 죽이는 역할의 T-면역세포(Tk Cell)도 아포토시스를 이용한다는 사실이다. 세균이 몸 안에 침입하면 T-면역세포는 세균에 달라붙어서 세균의 세포벽에 구멍을 뚫고 아포토시스를 유발하는 물질을 집어넣는다. 그러면 세균은 원치 않는 죽음을 맞이하게 되는 것이다.

① 손에 난 상처가 회복되는 것은 네크로시스와 관련이 있겠군.
② 우리 몸이 일정한 형태를 갖추게 된 것은 아포토시스와 관련이 있겠군.
③ 아포토시스를 이용한 항암제는 세포의 유전자 변형을 막는 역할을 하겠군.
④ 화학약품은 네크로시스를 일으켜 암세포로 진행되는 것을 막는 역할을 하겠군.
⑤ T-면역세포가 아포토시스를 통해 세균을 죽이는 과정에서 염증을 발생시키겠군.

09 다음은 2024년 6월 기준 지역별 공사 완료 후 미분양된 민간부분 주택 현황이다. 이에 대한 〈보기〉의 설명 중 옳은 것을 모두 고르면?

〈지역별 공사 완료 후 미분양된 민간부문 주택 현황〉

(단위 : 가구)

구분	면적별 주택유형			합계
	$60m^2$ 미만	$60 \sim 85m^2$	$85m^2$ 초과	
전국	3,438	11,297	1,855	16,590
서울	0	16	4	20
부산	70	161	119	350
대구	0	112	1	113
인천	5	164	340	509
광주	16	28	0	44
대전	148	125	0	273
울산	36	54	14	104
세종	0	0	0	0
경기	232	604	1,129	1,965
기타 지역	2,931	10,033	248	13,212

보기

ㄱ. 면적이 넓은 유형의 주택일수록 공사 완료 후 미분양된 민간부문 주택이 많은 지역은 두 곳뿐이다.
ㄴ. 부산의 공사 완료 후 미분양된 민간부문 주택 중 면적이 $60 \sim 85m^2$에 해당하는 주택이 차지하는 비중은 면적이 $85m^2$를 초과하는 주택이 차지하는 비중보다 10%p 이상 높다.
ㄷ. 면적이 $60m^2$ 미만인 공사 완료 후 미분양된 민간부문 주택 수 대비 면적이 $60 \sim 85m^2$에 해당하는 공사 완료 후 미분양된 민간부문 주택 수의 비율은 광주가 울산보다 높다.

① ㄱ
② ㄴ
③ ㄱ, ㄷ
④ ㄴ, ㄷ
⑤ ㄱ, ㄴ, ㄷ

10 다음은 한 달 동안 S사원의 야근 및 휴일근무를 기록한 것이다. 제시된 초과근무수당 규정을 참고하여 S사원이 이번 달 받을 수 있는 야근 및 특근수당을 바르게 구하면?(단, S사원의 세전 연봉은 3천만 원이고, 시급 산정 시 월평균 근무시간은 200시간으로 계산한다)

〈S사원의 야근 및 휴일근무〉

일	월	화	수	목	금	토
	1 (18 ~ 21시)	2	3	4 (18 ~ 22시)	5	6
7	8	9 (18 ~ 24시)	10	11	12	13
14 (09 ~ 12시)	15	16	17	18	19	20
21	22	23	24	25	26 (18 ~ 21시)	27 (13 ~ 18시)
28	29 (18 ~ 19시)	30				

〈초과근무수당 규정〉

- 시급 환산 시 세전 연봉으로 계산한다.
- 평일 야근수당은 시급에 5,000원을 가산하여 지급한다.
- 주말 특근수당은 시급에 10,000원을 가산하여 지급한다.
- 식대는 10,000원을 지급하며, 식대는 야근 및 특근수당에 포함되지 않는다.
- 야근시간은 오후 6시부터 적용되며 10시를 초과할 수 없다(초과시간 수당 미지급).

① 285,000원 ② 320,000원
③ 355,000원 ④ 405,000원
⑤ 442,500원

※ A고객은 노후대비 은퇴자금을 마련하기 위하여 S은행에 방문하였다. 행원인 귀하는 다음과 같은 상품을 고객에게 추천할 예정이다. 이어지는 질문에 답하시오. [11~12]

〈S은행 100세 플랜 적금 상품설명서〉

1. 상품개요
   - 상품명 : S은행 100세 플랜 적금
   - 상품특징 : 여유롭고 행복한 은퇴를 위한 은퇴자금 마련 적금상품

2. 거래조건

구분		내용			
가입자격		개인			
계약기간		• 1 ~ 20년 이내(연 단위) • 계약기간 만료 전 1회 연장 가능(단, 총 계약기간 20년을 초과할 수 없음)			
적립방식		자유적립식			
가입금액		• 초입 10만 원 이상 • 매입금 1만 원 이상(계좌별) 매월 5백만 원(1인당) 이내 • 총 납입액 10억 원(1인당) 이내			
만기금리 (연 %, 세전)	기본금리	• 계약기간별 금리(실제 적용금리는 가입일 당시 고시금리에 따름)			
		구분	12개월 이상	24개월 이상	36개월 이상
		금리	연 2.55%	연 2.75%	연 3.00%
	우대금리 (최고 0.5%p)	• 다음 우대조건을 충족하고 이 적금을 만기해지하는 경우 각호에서 정한 우대금리를 계약기간 동안 합산 적용함(중도 인출 또는 해지 시에는 적용하지 않음)			
		우대조건			우대금리
		① 이 적금 가입시점에 「S은행 100세 플랜 통장」을 보유하고 있는 경우			0.1%p
		② 같은 날 부부가 모두 가입하고 신규금액이 각 10만 원 이상인 경우(각 적금은 만기까지 보유하고 있어야 함)			0.1%p
		③ 이 적금 계약기간이 3년 이상이고 만기 시 월 평균 10만 원 이상 입금된 경우			0.2%p
		④ 이 적금 신규일로부터 만기일까지 「S은행 100세 플랜 연금」을 6개월 이상 보유하고 있는 경우(신규만 포함)			0.2%p
		⑤ 인터넷 또는 스마트뱅킹으로 본 적금에 가입 시			0.1%p
이자지급방식		만기일시지급			
양도 및 담보제공		은행의 승낙을 받은 경우 양도 및 담보제공이 가능			
제한사항		이 적금은 1년 이상 납입이 없을 경우 계약기간 중이라도 추가 적립할 수 없으며, 질권설정 등의 지급제한사유가 있을 때는 원리금을 지급하지 않음			
예금자보호 여부	해당	이 상품은 예금자보호법에 따라 예금보험공사가 보호하되, 보호한도는 본 은행에 있는 귀하의 모든 예금보호대상 금융상품의 원금과 소정의 이자를 합하여 1인당 '최고 5천만 원'이며, 5천만 원을 초과하는 나머지 금액은 보호하지 않음			

11 귀하는 A고객이 'S은행 100세 플랜 적금' 상품을 계약하기 전 해당 상품에 대한 이해를 돕고자 자세히 설명하려고 한다. 다음 설명으로 옳지 않은 것은?

① 고객님, 해당 상품은 목돈이 들어가는 예금과 달리 첫 입금 시 10만 원 이상 그리고 계약기간 동안 매월 1만 원 이상 납입하시면 되는 적금이므로 지금 당장 큰 부담이 없습니다.
② 고객님, 해당 상품을 3년 이상 계약하시게 되면 기본금리가 3.00%로 적용되며, 다만 오늘 계약하지 않으시면 실제로 적용되는 금리가 변동될 수 있습니다.
③ 고객님, 우대금리는 최고 0.5%p까지만 적용되는데, 중도 인출이나 혹은 중도 해지 시에는 우대금리가 적용되지 않습니다.
④ 고객님, 해당 상품은 예금자보호법에 따라 원금과 이자를 합쳐서 1인당 최고 5천만 원까지 보호되는 상품이며, 본 은행의 다른 상품과는 별도로 보호되는 금융상품입니다.
⑤ 고객님, 해당 상품은 계약기간 만료 전 1회 연장 가능하며, 최대 계약기간은 20년입니다.

12 다음 A고객의 상담내역을 토대로 A고객이 만기시 점에 받을 수 있는 세전금리를 구하면?

〈A고객의 상담내역〉
- S은행과의 금융거래는 이번이 처음이며, 해당 적금상품만을 가입하였다.
- 행원의 설명에 따라 매월 납입금액은 20만 원, 계약기간은 5년으로 계약하였다.
- 타 은행보다 높은 금리조건에 만족하여 A고객의 배우자도 함께 가입하였으며, 각각 100만 원을 초입하였다.
- 행원의 추천에 따라 한 달 뒤 「S은행 100세 플랜 연금」을 신규로 가입할 예정이며, 1년간 보유할 계획이다.
- 해당 적금의 계약기간 동안 중도 인출 또는 해지할 계획이 없으며, 연체 없이 모두 만기까지 보유할 예정이다.

① 2.75% ② 3.05%
③ 3.20% ④ 3.25%
⑤ 3.50%

13 다음은 S편의점 택배 예약 서비스의 순서도이다. 민수가 택배 예약 서비스를 이용하는 중에 [4번 알림창]을 보게 되었을 때, 그 이유로 옳은 것은?

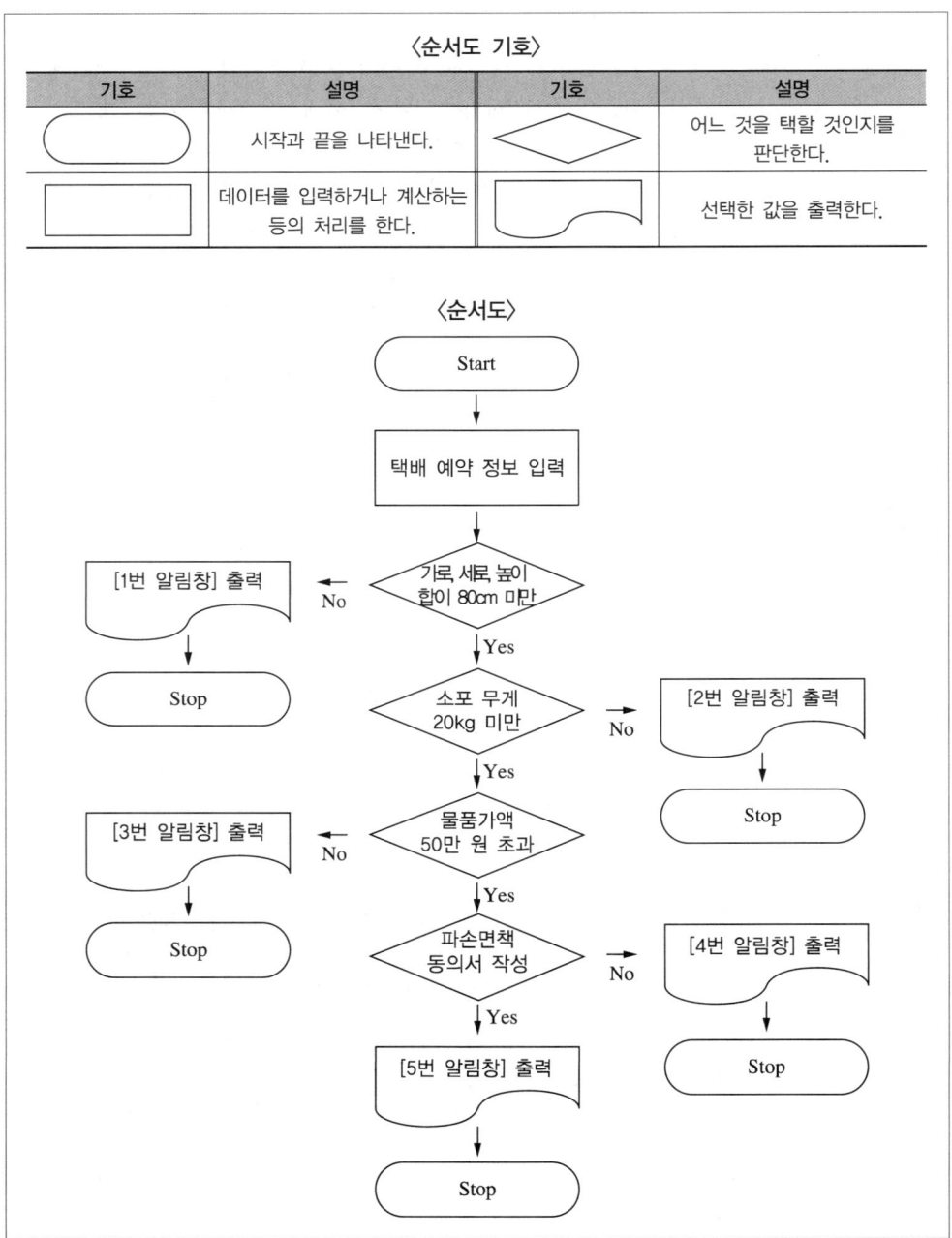

① 가로, 세로, 높이의 합이 80cm을 초과하였다.
② 소포 무게가 20kg을 초과하였다.
③ 물품가액이 50만 원 미만이다.
④ 파손면책 동의서를 작성하지 않았다.
⑤ 택배 서비스 예약을 성공하였다.

14 다음 〈조건〉에 따라 갑과 을이 게임을 할 때, 옳지 않은 것은?

조건
- 갑과 을은 다음과 같이 시각을 표시하는 하나의 시계를 가지고 게임을 한다.

  | 0 | 9 | : | 1 | 5 |

- 갑과 을이 각자가 일어났을 때, 시계에 표시된 4개의 숫자를 합산하여 게임의 승패를 결정한다. 숫자의 합이 더 작은 사람이 이기고, 숫자의 합이 같을 때에는 비긴다.
- 갑은 오전 6:00~6:59에 일어나고, 을은 오전 7:00~7:59에 일어난다.

① 갑이 오전 6시 정각에 일어나면, 반드시 갑이 이긴다.
② 을이 오전 7시 59분에 일어나면, 반드시 을이 진다.
③ 을이 오전 7시 30분에 일어나고, 갑이 오전 6시 30분 전에 일어나면 반드시 갑이 이긴다.
④ 갑과 을이 정확히 1시간 간격으로 일어나면, 반드시 갑이 이긴다.
⑤ 갑과 을이 정확히 50분 간격으로 일어나면, 갑과 을은 비긴다.

15 다음 중 뱅크런에 대한 설명으로 옳지 않은 것은?
① 은행에서 단기간 내에 예금에 대한 대량 인출 요구가 일어나는 현상이다.
② 지급준비율을 초과하는 예금인출 요청이 있을 때 발생할 수 있다.
③ 금리가 마이너스로 떨어지면 발생할 수 있다.
④ 예금자보호제도는 뱅크런 사태로부터 금융소비자를 보호하기 위한 장치이다.
⑤ 뱅크런이 발생하면 시중 통화량이 급격하게 증가한다.

16 S대리는 부모님에게 드릴 선물을 구입하려 한다. S대리가 사용한 신용카드의 혜택과 할부수수료율 그리고 구매방식과 구매상품이 다음과 같을 때, S대리가 지불할 총금액은?(단, S대리의 구매상품 모두 신용카드 가맹점에서 구매하였으며, 포인트는 할인금액에서 차감된다)

- 신용카드 혜택
  - 가맹점에서 구매 시 10% 할인된다.
  - 결재금액 1만 원마다 1천 포인트 적립된다.
  - 포인트는 1점당 1원이며, 만 원 단위로 이용금액에서 차감된다.

- 신용카드 할부수수료율

구분	1~3개월	4~6개월	7개월 이상
수수료율(연)	6%	12%	20%

- S대리의 구매방식
  - 5개월 할부
  - 이용원금 상환금액 균등
  - 포인트 모두 사용(보유 포인트 25,764점)

- S대리의 구매상품
  - 화장품 : 90,000원
  - 등산복 : 170,000원

※ (할부수수료)=(할부잔액)×[(할부수수료율)÷12]
※ (할부잔액)=(이용원금)-(기결제원금)

① 200,000원 ② 220,420원
③ 248,570원 ④ 251,120원
⑤ 279,520원

17 다음 글을 통해 알 수 있는 내용으로 가장 적절한 것은?

> 상업광고는 기업은 물론이고 소비자에게도 요긴하다. 기업은 마케팅활동의 주요한 수단으로 광고를 적극적으로 이용하여 기업과 상품의 인지도를 높이려 한다. 소비자는 소비생활에 필요한 상품의 성능, 가격, 판매 조건 등의 정보를 광고에서 얻으려 한다. 광고를 통해 기업과 소비자가 모두 이익을 얻는다면 이를 규제할 필요는 없을 것이다. 그러나 광고에서 기업과 소비자의 이익이 상충하는 경우도 있고 광고가 사회 전체에 폐해를 낳는 경우도 있어, 다양한 규제 방식이 모색되었다.
>
> 이때 문제가 된 것은 과연 광고로 인한 피해를 책임질 당사자로서 누구를 상정할 것인가였다. 초기에는 '소비자 책임 부담 원칙'에 따라 광고 정보를 활용한 소비자의 구매 행위에 대해 소비자가 책임을 져야 한다고 보았다. 여기에는 광고 정보가 정직한 것인지와는 상관없이 소비자는 이성적으로 이를 판단하여 구매할 수 있어야 한다는 전제가 있었다. 그래서 기업은 광고에 의존하여 물건을 구매한 소비자가 입은 피해에 대하여 책임을 지지 않았고, 광고의 기만성에 대한 입증책임도 소비자에게 있었다.
>
> 책임 주체로 기업을 상정하여 '기업 책임 부담 원칙'이 부상하게 된 배경은 복합적이다. 시장의 독과점 상황이 광범위해지면서 소비자의 자유로운 선택이 어려워졌고, 상품에 응용된 과학기술이 복잡해지고 첨단화되면서 상품 정보에 대한 소비자의 정확한 이해도 기대하기 어려워졌다. 또한 다른 상품광고와의 차별화를 위해 통념에 어긋나는 표현이나 장면도 자주 활용되었다. 그리하여 경제적, 사회·문화적 측면에서 광고로부터 소비자를 보호해야 한다는 당위를 바탕으로 기업이 광고에 대해 책임을 져야 한다는 공감대가 확산되었다.
>
> 오늘날 행해지고 있는 여러 광고 규제는 이런 공감대에서 나온 것인데, 이는 크게 보아 법적 규제와 자율 규제로 나눌 수 있다. 구체적인 법 조항을 통해 광고를 규제하는 법적 규제는 광고 또한 사회적 활동의 일환이라는 점에 근거한다. 특히 자본주의 사회에서는 기업이 시장점유율을 높여 다른 기업과의 경쟁에서 승리하기 위하여 사실에 반하는 광고나 소비자를 현혹하는 광고를 할 가능성이 높다. 법적 규제는 허위 광고나 기만 광고 등을 불공정 경쟁의 수단으로 간주하여 정부 기관이 규제를 가하는 것이다.
>
> 자율 규제는 법적 규제에 대한 기업의 대응책으로 등장했다. 법적 규제가 광고의 역기능에 따른 피해를 막기 위한 강제적 조치라면, 자율 규제는 광고의 순기능을 극대화하기 위한 자율적 조치이다. 광고에 대한 기업의 책임감에서 비롯된 자율 규제는 법적 규제를 보완하는 효과가 있다.

① 광고 주체의 자율 규제가 잘 작동될수록 광고에 대한 법적 규제의 역할도 커진다.
② 기업의 이익과 소비자의 이익이 상충하는 정도가 클수록 법적 규제와 자율 규제의 필요성이 약화된다.
③ 시장 독과점 상황이 심각해지면서 기업 책임 부담 원칙이 약화되고 소비자 책임 부담 원칙이 부각되었다.
④ 첨단기술을 강조한 상품의 광고일수록 소비자가 광고 내용을 정확히 이해하지 못한 채 상품을 구매할 가능성이 커진다.
⑤ 광고의 기만성을 입증할 책임을 소비자에게 돌리는 경우, 그 이유는 소비자에게 이성적 판단 능력이 있다는 전제를 받아들이지 않기 때문이다.

18 다음은 아동수당에 대한 매뉴얼과 아동수단에 대한 상담의 일부이다. 제시된 상담에서 고객의 문의에 대한 처리로 옳은 것을 모두 고르면?

〈아동수당 제도 매뉴얼〉

- 아동수당은 만 6세 미만 아동의 보호자에게 월 10만 원의 수당을 지급하는 제도이다.
- 아동수당은 보육료나 양육 수당과는 별개의 제도로서 다른 복지급여를 받고 있어도 수급이 가능하지만, 반드시 신청을 해야 혜택을 받을 수 있다.
- 6월 20일부터 사전 신청 접수가 시작되고, 9월 21일부터 수당이 지급된다.
- 아동수당 수급대상 아동을 보호하고 있는 보호자나 대리인은 20일부터 아동 주소지 읍·면·동 주민센터에서 방문 신청 또는 복지로 홈페이지 및 모바일 앱에서 신청할 수 있다.
- 아동수당 제도 첫 도입에 따라 초기에 아동수당 신청이 한꺼번에 몰릴 것으로 예상되어 연령별 신청기간을 운영한다(연령별 신청기간은 만 0~1세는 20~25일, 만 2~3세는 26~30일, 만 4~5세는 7월 1~5일, 전 연령은 7월 6일부터이다).
- 아동수당은 신청한 달의 급여분(사전신청은 제외)부터 지급한다. 따라서 9월분 아동수당을 받기 위해서는 9월 말까지 아동수당을 신청해야 한다(단, 소급 적용은 되지 않는다).
- 아동수당 관련 신청서 작성요령이나 수급 가능성 등 자세한 내용은 아동수당 홈페이지에서 확인 가능하다.

고객 : 저희 아이가 만 5세인데요. 아동수당을 지급받을 수 있나요?
상담원 : (가) 네, 만 6세 미만의 아동이면 9월 21일부터 10만 원의 수당을 지급받을 수 있습니다.
고객 : 제가 보육료를 지원받고 있는데, 아동수당도 받을 수 있는 건가요?
상담원 : (나) 아동수당은 보육료와는 별개의 제도로 신청만 하면 수당을 받을 수 있습니다.
고객 : 그럼 아동수당을 신청하려면 어떻게 해야 하나요?
상담원 : (다) 아동 주소지의 주민센터를 방문하거나 복지로 홈페이지 또는 모바일 앱에서 신청하시면 됩니다.
고객 : 따로 정해진 신청기간은 없나요?
상담원 : (라) 6월 20일부터 사전 신청 접수가 시작되고, 9월 말까지 아동수당을 신청하면 되지만 소급 적용이 되지 않습니다. 10월에 신청하시면 9월 아동수당은 지급받을 수 없으므로 9월 말까지 신청해 주시면 될 것 같습니다.
고객 : 네, 감사합니다.
상담원 : (마) 아동수당 관련 신청서 작성요령이나 수급 가능성 등의 자세한 내용은 메일로 문의해 주세요.

① (가), (나)
② (가), (다)
③ (가), (나), (다)
④ (나), (다), (라)
⑤ (나), (다), (마)

19 다음은 OECD 회원국의 고용률을 조사한 자료이다. 이에 대한 설명으로 옳지 않은 것은?

〈OECD 회원국 고용률 추이〉

(단위 : %)

구분	2019년	2020년	2021년	2022년				2023년	
				1분기	2분기	3분기	4분기	1분기	2분기
OECD 전체	65.0	65.0	66.5	66.5	65.0	66.0	66.5	67.0	66.3
미국	67.5	67.5	68.7	68.5	68.7	68.7	69.0	69.3	69.0
일본	70.3	72.0	73.3	73.0	73.5	73.5	73.7	73.5	74.5
영국	70.0	70.5	73.0	72.5	72.5	72.7	73.5	73.7	74.0
독일	73.0	73.5	74.0	74.0	73.0	74.0	74.5	74.0	74.5
프랑스	64.0	64.5	63.5	64.5	63.0	63.0	64.5	64.0	64.0
한국	64.5	64.5	65.7	65.7	64.6	65.0	66.0	66.0	66.0

① 2019년부터 영국의 고용률은 계속 증가하고 있다.
② 2023년 2분기 OECD 전체 고용률은 전년 동분기 대비 2% 증가하였다.
③ 2023년 1분기와 2분기에서 고용률이 변하지 않은 국가는 프랑스와 한국이다.
④ 2023년 1분기 6개 국가의 고용률 중 가장 높은 국가와 가장 낮은 국가의 고용률 차이는 10%이다.
⑤ 2019년부터 2023년 2분기까지 프랑스와 한국의 고용률은 OECD 전체 고용률을 넘은 적이 한 번도 없었다.

20 S사의 A ~ E사원들은 봉사활동의 일환으로 홀로 사는 노인들에게 아침 식사를 제공하기 위해 일일 식당을 운영하기로 했다. 다음 명제가 모두 참이라고 할 때, 항상 참인 것은?

- 음식을 요리하는 사람은 설거지를 하지 않는다.
- 주문을 받는 사람은 음식 서빙을 함께 담당한다.
- 음식 서빙을 담당하는 사람은 요리를 하지 않는다.
- 음식 서빙을 담당하는 사람은 설거지를 한다.

① A사원은 설거지를 하면서 음식 서빙도 한다.
② B사원이 설거지를 하지 않으면 음식을 요리한다.
③ C사원이 음식 주문을 받으면 설거지는 하지 않는다.
④ D사원은 음식을 요리하면서 음식 주문을 받기도 한다.
⑤ E사원이 설거지를 하지 않으면 음식 주문도 받지 않는다.

CHAPTER 04 | 2023년 기출복원문제

정답 및 해설 p.017

01 다음 글을 읽고 추론한 내용으로 적절하지 않은 것은?

> 경영학에서 자주 쓰는 용어 중에 '메기 효과'가 있다. 노르웨이 어부들이 바다에서 잡은 정어리들을 수조에 넣어 운송할 때 ㉠ 항구에 도착하기 전에 정어리들이 죽는 경우가 많았는데, 이를 해결하기 위해 수조에 메기를 넣어 정어리들의 생존 시간을 늘리고 신선도를 높인 것에서 유래한 용어이다. 수조에 메기를 풀어놓으면 정어리들이 메기에게 잡아먹힐 것 같지만, 메기의 먹이가 되지 않으려고 도망다니며 끊임없이 움직여 살아남는다고 한다. 경영학에서 말하는 메기 효과는 시장이나 조직 등의 환경에 새로운 강자가 경쟁자로 등장하면, 기존의 구성원들이 경쟁 극복을 위해 잠재력을 발휘하는 등 정체되어 있던 기존의 분위기를 쇄신하게 되는 현상을 뜻한다. 적절한 수준의 자극과 위기감은 생산성 향상, 생존력 강화, 조직의 발전에 긍정적인 동기부여 효과를 발휘할 수 있다고 보는 것이다. 이와 달리 예견치 못한 역효과와 맞닥뜨린다는 의미의 '메뚜기 효과'라는 환경 용어가 있다. 이는 세계의 어느 한 지역에서 방출된 잔류성 유기 오염물질이 바람과 해류를 따라 이동하면서 증발과 침적을 반복하며 생태계 먹이사슬을 통해 오염원으로부터 매우 멀리 떨어진 예상하지 못한 지역까지 옮겨가 오염원 방출 지역보다 더 심각한 환경피해를 일으킬 수 있다는 의미이다.

① '메기 효과'는 가혹한 조건에 맞선 도전과 응전이 문명 발생과 발전을 촉진한다는 역사학자 토인비의 주장과 일맥상통한다.
② '메뚜기 효과'라는 용어의 메뚜기는 피해가 어디로 파급되어 어떤 심각한 악영향을 초래할지 전혀 예상할 수 없음을 비유한 표현이다.
③ '메기 효과'가 위기를 통해 긍정적 작용을 기대하는 것이라면, '메뚜기 효과'는 당초의 위기가 전혀 예상하지 못한 더 큰 위기를 초래할 수 있다는 의미이다.
④ 노르웨이 어부들은 ㉠의 경우에 정어리의 생존율 향상으로 인한 이득의 증가량이 일부 정어리가 메기에게 잡아먹혀 입는 손실을 상쇄할 것이라고 확신하지 못했다.
⑤ 감내 가능한 수준을 넘어선 스트레스 상황은 조직의 발전을 저해할 수 있다는 점에서 '메기 효과'를 기대한 의도적인 경쟁 구도 조성 조치는 오히려 '메뚜기 효과'를 초래할 수도 있다.

02 다음 중 경상소득에 해당하지 않는 것은?

① 재산소득
② 이전소득
③ 사업소득
④ 퇴직소득
⑤ 근로소득

※ 다음은 각국 외화의 매매기준율 및 환전수수료에 대한 자료이다. 이어지는 질문에 답하시오(단, 환전수수료를 적용하며, 우대환율은 적용하지 않는다). **[3~4]**

〈각국 외화의 매매기준율 및 환전수수료〉

구분	미국	영국	베트남
매매기준율	1,310원/달러	1,670원/파운드	6원/100동
환전수수료	1.75%	2%	10%

※ 환전수수료는 외화를 사고 팔 때 모두 같은 비율로 적용하는 것으로 함

03 대한민국 원화 600,000원으로 영국 파운드를 살 때, 최대 얼마를 구매할 수 있는가?

① 약 151.83파운드
② 약 203.54파운드
③ 약 259.73파운드
④ 약 301.17파운드
⑤ 약 352.24파운드

04 S환전소에서 미국 달러를 베트남 동으로 환전하고자 한다. S환전소에서는 외화를 다른 외화로 환전하려면 먼저 외화를 원화로 환전 후 그 원화를 다른 외화로 환전해야 한다고 할 때, S환전소에서 500달러를 베트남 동으로 교환하면 얼마인가?

① 약 6,335,776동
② 약 7,756,287동
③ 약 8,266,098동
④ 약 9,750,568동
⑤ 약 11,587,324동

05 S카드사는 신규 카드의 출시를 앞두고 카드 사용 고객에게 혜택을 제공하는 제휴 업체를 선정하고자 한다. 제휴 업체 후보인 A ~ E의 평가 결과가 다음과 같을 때, 이에 대한 설명으로 옳은 것은?

〈신규 카드 제휴 후보 업체 평가 결과〉

업체 \ 내용	제공 혜택	혜택 제공 기간 (카드 사용일로부터)	선호도 점수	동일 혜택을 제공하는 카드 수
A마트	배송 요청 시 배송비 면제	12개월	7.5	7
B서점	서적 구매 시 10% 할인	36개월	8.2	11
C통신사	매월 통신요금 10% 할인	24개월	9.1	13
D주유소	주유 금액의 10% 포인트 적립	12개월	4.5	4
E카페	음료 구매 시 15% 할인	24개월	7.6	16

※ 선호도 점수 : 기존 이용 고객들이 혜택별 선호도에 따라 부여한 점수의 평균값으로, 높은 점수일수록 선호도가 높음을 의미함
※ 동일 혜택을 제공하는 카드 수 : S카드사의 기존 카드를 포함한 국내 카드사의 카드 중 동일한 혜택을 제공하는 카드의 수를 의미하며, 카드 수가 많을수록 시장 내 경쟁이 치열함

① 동일 혜택을 제공하는 카드 수가 많은 업체일수록 혜택 제공 기간이 길다.
② 기존 이용 고객들이 가장 선호하는 혜택은 서적 구매 시 적용되는 요금 할인 혜택이다.
③ 매월 모든 업체가 부담해야 하는 혜택 비용이 동일하다면, 혜택에 대한 총부담 비용이 가장 큰 업체는 D주유소이다.
④ 혜택 제공 기간이 가장 긴 업체는 선호도 점수도 가장 높다.
⑤ 시장 내 경쟁이 가장 치열한 업체와 제휴할 경우 해당 혜택을 2년간 제공한다.

06

다음 글의 밑줄 친 '이 서비스'에 대한 〈보기〉의 설명 중 적절하지 않은 것을 모두 고르면?

이 서비스는 카드 대금 중 일부만 갚고 나머지 결제액은 다음 달로 이월할 수 있어 현금이 부족한 사람들이 연체를 예방할 수 있는 제도이다. 카드 대금 중 최소 결제비율에 해당하는 일부 금액만 먼저 결제하고 나머지 결제액은 다음 달로 이월되므로 자금의 유동성을 확보할 수 있다. 다만, 카드회사와 계약한 최소 결제비율이 10%라고 가정할 경우 그 이상 잔고가 있으면 연체되지 않고 이월되지만, 잔고가 그보다 적다면 연체 처리된다. 또한 일반적인 이용 수수료율(이자율)은 평균 15~20% 정도로, 대개의 신용카드 할부 이자율보다 상대적으로 높다. 단기적으로는 신용도 하락으로 이어지는 대금 연체를 예방하는 데 도움이 되지만, 보통은 연체 가능 횟수를 제한하지 않기 때문에 장기적으로 이월이 거듭될 경우 갚아야 하는 원금이 급증한다. 수수료율 또한 복리로 계산되기에 감당 가능한 수준을 넘어서게 되면 채무 불이행으로 인한 신용불량 평가를 받게 된다. 이로 인해 개인신용 평가점수가 하락하면 이 서비스의 연장 이용이 중단되어 채무를 일시에 상환해야 하는 상황이 빚어질 수 있다. 예컨대, 매달 카드 사용액이 250만 원인 고객이 카드회사와 계약한 약정결제비율이 40%라고 가정하면 첫째 달의 채무잔액은 250만 원−(250만 원×40%)=150만 원이지만, 둘째 달에는 240만 원으로 급증한다. 한편 이 서비스는 카드론 이용자 중 중·저신용자들이 채무 상환 시기를 뒤로 미루는 방편으로 이용되기도 한다. 이 서비스의 잔액 규모가 지나치게 커질 경우 높은 수수료로 인해 고객의 채무 상환 부담이 가중되어 대규모 채무 불이행 사태를 조장할 수 있고, 카드회사 입장에서도 재정 부실화를 초래할 수 있다.

보기

ㄱ. '이 서비스'를 이용하는 고객은 대금 연체 상황이 발생할 가능성을 원천적으로 차단할 수 있다.
ㄴ. '이 서비스'는 평균 수수료율이 일반적인 신용카드 할부의 경우보다 상대적으로 높아 일종의 고금리 대출성 계약으로 볼 수 있다.
ㄷ. '이 서비스'를 장기적으로 이용하더라도 개인신용 평가점수에 반영되지 않으며, 약정결제 비율의 높고 낮음은 개인의 재무건전성에 영향을 전혀 끼치지 못한다.
ㄹ. '이 서비스'로 인한 채무 잔액이 늘어날 경우 단기적으로는 카드회사의 수익성이 개선될 수 있으나, 장기적으로는 재무건전성에 리스크 요인으로 작용할 수 있다.
ㅁ. 카드회사와 계약한 '이 서비스'의 약정결제 비율이 20%, 고객의 월평균 카드 사용액이 280만 원이라고 가정하면, 3개월 경과 후에 갚아야 할 원금 잔액은 540만 원보다 많다.

① 1개
② 2개
③ 3개
④ 4개
⑤ 5개

※ 다음은 S은행의 주택연금대출 상품에 대한 내용이다. 이어지는 질문에 답하시오. [7~8]

〈주택연금대출〉

■ 상품특징
- 만 60세 이상의 고령자가 소유주택을 담보로 매월 연금방식으로 노후생활자금을 지급받는 국가 보증의 금융상품(역모기지론)
- 공사에서 연금 가입자를 위해 발급한 보증서를 통해 본 은행이 가입자에게 연금을 지급

■ 가입요건
(1) 가입가능연령 : 주택소유자가 만 60세 이상
  - 부부 공동으로 주택소유 시 연장자가 만 60세 이상이어야 함
(2) 보유주택 수 : 다음 중 하나에 해당(부부 기준)
  - 1주택 소유자
  - 보유주택 합산가격이 9억 원 이하인 다주택자
    (상기 외 2주택자는 3년 이내 1주택 처분 조건으로 가능)
    ※ 주택으로 보지 않는 주택
      - 문화재로 지정된 주택, 전용면적 $20m^2$ 이하의 주택(아파트 제외)
    ※ 보유주택 수 판단 시 유의사항
      - 아파트분양권, 재건축 및 재개발 조합원 입주권은 1주택으로 보지 않음
      - 복합용도주택, 임대사업자가 임대 목적으로 보유한 주택은 보유주택 수에 포함
      - 공동상속주택의 경우 지분이 가장 큰 상속인이 소유한 것으로 봄
      - 부부 공동소유주택은 각 지분에 관계없이 1주택으로 봄
(3) 대상주택 : 시가 9억 원 이하의 주택
  - 상가 등 복합 용도 주택은 전체 면적 중 주택이 차지하는 면적이 1/2 이상인 경우 가입 가능
  - 권리침해(가압류 등) 사실이 없는 주택만 가능(이용 중 권리변경 불가)

■ 지급방법
(1) 월지급금 지급방식 : 종신방식(월지급금을 종신토록 지급받는 방식)
  - 종신지급방식 : 인출한도 설정 없이 월지급금을 종신토록 받는 방식
  - 종신혼합방식 : 인출한도 설정 후 나머지 부분을 월지급금으로 종신토록 지급받는 방식
(2) 월지급금 지급유형
  - 정액형 : 월지급금을 평생 동안 일정한 금액으로 고정하는 방식
  - 증가형 : 처음에 적게 받다가 12개월마다 최초 지급금의 3%씩 증가하는 방식
  - 감소형 : 처음에 많이 받다가 12개월마다 최초 지급금의 3%씩 감소하는 방식
  - 전후후박형 : 초기 10년간은 정액형보다 많이 받다가 11년째부터는 초기 월지급금의 70% 수준으로 받는 방식
    ※ 이용기간 중 지급방식 변경 가능(3년 내 1회에 한하여 가능)

■ 대출금리
본 상품은 『3개월 변동 시장금리 및 6개월 변동 신규취급액기준 COFIX』에 따라 적용금리가 변동됨

07 S은행에 근무 중인 귀하에게 다음과 같은 고객 문의가 접수되었다. 이에 대한 답변으로 옳지 않은 것은?

> 고객 : 안녕하세요. 은퇴 후에 생활자금으로 주택연금대출을 이용해 볼까 고민하고 있어요. S은행 홈페이지에 가서 살펴봤는데도 이해가 잘 안 되네요. 주택연금대출에 대해서 설명해 주세요.

① 주택연금대출은 시가 9억 원 이하의 주택을 보유하고 있는 만 60세 이상의 고령자를 대상으로 하는 상품입니다.
② 주택소유자가 만 60세 이상이어야 하지만 부부 공동소유 시에는 부부 중 연장자가 만 60세 이상이면 가입 가능합니다.
③ 2주택의 합산가액이 9억 원 이하이더라도 3년 이내에 1주택을 처분하는 조건으로 했을 경우에만 가입이 가능합니다.
④ 연금지급방식은 종신방식으로 취급하고 있으며 평생 일정한 금액을 받는 정액형과, 초기 10년간은 정액형보다 많이 받다가 11년째부터는 적게 받는 전후후박형 등이 있습니다.
⑤ 보유주택 합산가격이 9억 원 이하더라도 전용면적 20m² 이하인 아파트가 아닌 주택은 주택으로 인정되지 않습니다.

08 귀하는 A ~ E고객 5명으로부터 주택연금대출 가입 신청 상담을 요청받았다. 5명의 고객과 상담한 내용이 다음과 같을 때, 주택연금대출에 가입할 수 없는 고객은 모두 몇 명인가?(단, 단독소유 시 신청자가 주택소유자이다)

구분	신청자 연령 (배우자 연령)	주택소유 형태 (신청자 기준)	보유주택 수 (주택유형)	보유주택 합산가액	기타
A고객	만 62세 (만 58세)	단독소유	1 (아파트)	3억 원	-
B고객	만 57세 (만 63세)	단독소유	1 (단독주택)	5억 원	-
C고객	만 59세 (만 62세)	부부 공동소유	2 (아파트)	8억 원	1년 후 1주택 처분 예정
D고객	만 68세 (만 55세)	부부 공동소유	1 (아파트)	4억 원	이외 임대사업으로 4주택 보유 (가액 : 10억 원)
E고객	만 67세 (만 64세)	단독소유	2 (전원주택 아파트)	9억 원	이외 전용면적 18m² 아파트 보유 (가액 : 1억 원)

① 1명
② 2명
③ 3명
④ 4명
⑤ 5명

09 다음 글에 나타난 '무차별곡선'에 대한 설명으로 적절하지 않은 것은?

> 무차별곡선(IDC; Indifference Curve)은 몇 가지의 재화가 소비자에게 주는 효용이 같은 수량끼리 묶은 조합을 나타내는 곡선을 가리킨다. 무차별곡선 위의 점에 해당되는 수량의 조합이 실현되면 어느 조합이나 소비자에게 같은 만족을 주기 때문에 차별이 없다. 예컨대, 소비자가 X재와 Y재라는 두 가지 재화만을 구매한다고 가정할 경우에 두 가지 재화를 구입하는 수량 구성, 배합 방식은 다양하다. 이때 여러 배합 방식 중 어떤 것을 선택하든 관계없이 동일한 만족을 소비자에게 주는 배합 방식들은 소비자가 선택하는 데 있어서 무차별한 것이다. 이와 같이 무차별한 배합 방법들의 궤적을 곡선으로 나타낸 것이 무차별곡선이다. X재의 수량을 횡축에, Y재의 수량을 종축에 나타내는 평면 상에 만족 수준을 달리하는 무차별곡선을 무수히 그릴 수 있는데, 이러한 무차별곡선의 집합을 무차별지도(Indifference Map)라고 부른다.
>
> 예컨대, 오른쪽의 무차별곡선 그래프에서 소비자가 A가 B보다 더 큰 만족을 준다고 느끼며, A와 A'는 만족도가 같다고 느낀다. 이때 A와 A'를 연결하는 곡선 IDC_A는 A와 같은 크기의 만족을 느끼는 점들의 자취이다. 마찬가지로 IDC_B는 B와 같은 크기의 만족을 느끼는 점들의 자취이다.
>
>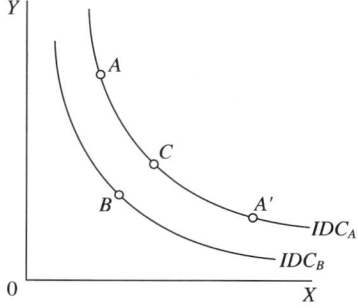
>
> B에서보다 X와 Y를 모두 더 많이 소비하는 C는 B보다 분명히 더 선호되므로, 보다 위에 있는 무차별곡선은 보다 큰 만족을 주는 곡선이다. 동시에 X를 더 많이 소비하는 A'가 A와 같은 크기의 만족을 주기 위해서는 점 A에서보다 많은 Y를 소비해야 한다. 무차별곡선은 우하향하는 형태를 취하게 된다. 또한 대부분의 경우 소비자의 무차별곡선은 원점에 대하여 볼록한 형태를 취하며, 원점에서 떨어질수록 효용 수준이 높아진다. 그리고 서로 다른 무차별곡선은 교차하지 않는다. 이러한 무차별곡선은 효용을 측정할 수는 없으나 한 재화의 묶음을 다른 묶음과 비교해 선호의 순서(효용의 서열 관계)를 정할 수 있다는 서수적 효용(Ordinal Utility)의 개념을 토대로 소비자 이론을 설명한다.

① 무차별곡선은 '소비가 적은 것보다는 많은 것을 선호한다.'는 가정을 전제로 한다.
② 무차별곡선은 소비자가 느끼는 효용을 구체적인 단위로 측정하는 것이 가능하다고 본다.
③ 무차별곡선은 소비자에게 동일한 만족을 주는 재화의 조합을 연결해 이루어진 곡선이다.
④ 무차별곡선 그래프에서 Y재는 2개 소비하면서 X재 소비량을 2개에서 3개로 늘리면 효용이 증가한다.
⑤ 무차별곡선 그래프에서 X재의 소비가 감소할 때 같은 크기의 만족을 유지하려면 Y재의 소비량을 늘려야 한다.

10 S은행 체육대회에서 이어달리기 대회 대표로 출전할 직원을 뽑고자 한다. A~E직원 5명 중 3명을 순서와 상관없이 뽑을 수 있는 경우의 수는?

① 5가지
② 10가지
③ 20가지
④ 60가지
⑤ 120가지

11 다음 글의 내용이 참일 때, 반드시 참인 것은?

> 전 세계적 금융위기로 인해 그 위기의 근원지였던 미국의 경제가 상당한 피해를 입었다. 미국에서는 경제 회복을 위해 통화량을 확대하는 양적완화 정책을 실시할 것인지를 두고 논란이 있었다. 미국의 양적완화는 미국 경제회복에 효과가 있겠지만, 국제 경제에 적지 않은 영향을 줄 수 있기 때문이다. 미국이 양적완화를 실시하면, 달러화의 가치가 하락하고 우리나라의 달러 환율도 하락한다. 우리나라의 달러 환율이 하락하면 우리나라의 수출이 감소한다. 우리나라 경제는 대외 의존도가 높기 때문에 경제의 주요지표들이 개선되기 위해서는 수출이 감소하면 안 된다. 또 미국이 양적완화를 중단하면 미국 금리가 상승한다. 미국 금리가 상승하면 우리나라 금리가 상승하고, 우리나라 금리가 상승하면 우리나라에 대한 외국인 투자가 증가한다. 또한 우리나라 금리가 상승하면 우리나라의 가계부채 문제가 심화된다. 가계부채 문제가 심화되는 나라의 국내소비는 감소한다. 국내소비가 감소하면 경제의 전망이 어두워진다.

① 우리나라의 수출이 증가했다면 달러화 가치가 하락했을 것이다.
② 우리나라의 가계부채 문제가 심화되었다면 미국이 양적완화를 중단했을 것이다.
③ 우리나라에 대한 외국인 투자가 감소하면 우리나라 경제의 전망이 어두워질 것이다.
④ 우리나라 경제의 주요지표들이 개선되었다면 우리나라의 달러 환율이 하락하지 않았을 것이다.
⑤ 우리나라의 국내소비가 감소하지 않았다면 우리나라에 대한 외국인 투자가 감소하지 않았을 것이다.

※ 다음은 S은행에서 제공하는 적금 상품에 대한 설명이다. 이어지는 질문에 답하시오. [12~13]

〈S은행 적금 상품〉

구분	상품내용	기본금리	우대금리	기간	중도해지 시 적용금리
쏠쏠 적금	사회초년생을 대상으로 하는 적금 (만 20 ~ 29세)	3.8%	• 당행 예금통장 보유 시 0.5%p • 당행 월 급여통장 보유 시 1.3%p • 자동이체 건당 0.2%p(최대 3건) • 당행 주택청약 보유 시 1.2%p	2년 이상	기본금리
가족 적금	등본상 가족이 본인 포함 2명 이상인 사람을 대상으로 하는 적금 (부모, 배우자, 자녀 관계만 해당)	2.4%	• 등본상 가족이 당행 상품 이용 시 1인당 1.1%p(최대 4명) • 당행 예금통장 보유 시 0.8%p • 자동이체 건당 0.2%p(최대 5건) • 당행 주택청약 보유 시 2.1%p	3년 이상	기본금리

알쏠 적금	오랜 기간 유지 시 높은 이자를 제공해주는 적금	4.4%	• 당행 예금통장 보유 시 0.5%p
			• 자동이체 건당 0.3%p(최대 3건)
			• 적금 기간별 우대금리
			  - 10년 이상 12년 미만 : 0.8%p
			  - 12년 이상 15년 미만 : 1.5%p
			  - 15년 이상 20년 미만 : 2.1%p
			  - 20년 이상 : 3.3%p
				10년 이상	• 3년 미만 : 1.3%
					• 5년 미만 : 2.1%
					• 10년 미만 : 3.3%
					• 10년 이상 : 기본금리・우대금리 모두 적용

든든 적금	1인 가구를 대상으로 하는 적금	3.5%	• 당행 예금통장 보유 시 1.1%p • 자동이체 건당 0.2%p(최대 2건)	3년 이상	2.5% 적용
우수 적금	방문고객을 전용으로 하는 적금	2.8%	• 당행 예금통장 보유 시 1.5%p • 자동이체 건당 0.4%p	1년 이상	• 1년 이상 : 기본금리・우대금리 모두 적용 • 1년 미만 : 기본금리만 적용

12 S은행 행원인 귀하가 다음 고객문의 내용을 보고, 해당 고객에게 추천해 줄 상품으로 가장 적절한 것은?

〈고객문의〉

안녕하세요. 저는 자녀 2명을 키우고 있는 아버지로, 맞벌이 가정입니다. 적금 기간에 상관없이 적금 하나에 가입하려고 하는데요, 최대한 금리가 높았으면 좋겠어요. 급할 때는 1년도 유지하지 못하고 적금을 해지할 수도 있어서 중도해지를 해도 금리가 2.5% 이상인 상품이었으면 합니다. 현재 S은행 예금통장을 하나 가지고 있고, 이 통장으로 월 급여를 받고 있어요. 또 이 통장에서 아파트 관리비와 공과금, 자녀 2명의 학교 급식비, 저와 아내의 휴대폰 요금이 자동이체되고 있어요. 어떤 적금에 가입하는 것이 좋을까요?

① 쏠쏠적금　　　　　　　　　② 가족적금
③ 알쏠적금　　　　　　　　　④ 든든적금
⑤ 우수적금

13 S은행 행원인 귀하는 은행에 방문한 고객과 다음과 같은 대화를 나누었다. 귀하가 이 고객에게 추천한 상품으로 가장 적절한 것은?

직원 : 안녕하세요. 무슨 일로 오셨나요?
고객 : 안녕하세요. 적금을 하나 가입하고 싶어서 왔어요.
직원 : 저희 적금 상품에 대해서 알고 계신 것이 있으신가요?
고객 : 아니요 딱히 없어요. 월급받는 예금통장 하나랑 주택청약 하나만 가지고 있다가 어느 정도는 저축해야겠다는 생각에 오게 되었어요.
직원 : 그러시군요. 상품 추천을 위해 간단한 정보 여쭤볼게요. 혹시 나이가 어떻게 되시나요?
고객 : 아 저는 만 30세예요. 늦었지만 이제 막 독립해서 혼자 살고 있어요.
직원 : 그럼 혹시 공과금과 같은 요금의 자동이체를 저희 S은행에서 하고 계신가요?
고객 : 음, 현재는 공과금만 하고 있는데, 적금 가입과 동시에 학자금 대출과 휴대폰 요금도 곧 S은행 계좌로 자동이체를 설정할 예정이에요.
직원 : 혹시 생각하시는 적금 기간이 있으신가요?
고객 : 음, 저는 10년 정도 생각 중이에요.
직원 : 그렇다면 ○ 적금 상품이 고객님께 가장 높은 이율이 적용될 것 같아요.

① 쏠쏠적금　　　　　　　　　② 가족적금
③ 알쏠적금　　　　　　　　　④ 든든적금
⑤ 우수적금

14 다음 중 퇴직연금에 대한 설명으로 옳지 않은 것은?

① 퇴직연금에는 확정기여형(DC), 확정급여형(DB), 개인형(IRP) 등의 유형이 있다.
② DC형 퇴직연금 가입자는 반기마다 1회 이상 적립금의 운용 방법을 변경할 수 있다.
③ DB형 퇴직연금은 55세 이상으로서 가입기간이 10년 이상인 가입자에게 지급하여야 한다.
④ 자영업자 등 안정적인 노후소득 확보가 필요한 사람은 IRP형 퇴직연금 제도를 설정할 수 있다.
⑤ DC형, DB형, IRP형 등 모든 유형의 퇴직연금은 〈예금자보호법〉에 따른 예금보호 대상에 포함된다.

15 S금융기업의 2022년 12월 말 재무 정보가 다음과 같을 때, 빈칸 ㉠ ~ ㉢에 들어갈 수치로 옳은 것은?(단, 소수점 셋째 자리에서 반올림한다)

현재 주가	75,000원	매출액	302조 2,000억 원
영업이익	43조 4,000억 원	당기순이익	55조 6,000억 원
자본총계	354조 8,000억 원	EPS	8,298원
자산총액	448조 4,000억 원	발행주식총수	6,700,000,000주
ROA	(㉠)	PER	(㉡)
PBR	(㉢)	BPS	52,955원

	㉠	㉡	㉢
①	10.23%	8.59배	1.25배
②	10.23%	9.04배	1.42배
③	12.40%	8.59배	1.42배
④	12.40%	9.04배	1.25배
⑤	12.40%	9.04배	1.42배

16 직장인 A씨는 업무 시간에는 도저히 은행에 갈 수 없어서 퇴근 후인 6시 30분에 회사 1층에 있는 S은행 자동화기기를 사용하여 거래하려고 한다. A씨는 S은행 카드로 10만 원을 우선 출금한 후 P은행 통장으로 5만 원을 이체할 예정이다. 그 후 남은 5만 원을 본인이 가지고 있는 K은행 카드에 입금하려고 한다. 이때 A씨가 지불해야 하는 총수수료는?

〈자동화기기 거래〉

구분			영업시간 내			영업시간 외		
			3만 원 이하	10만 원 이하	10만 원 초과	3만 원 이하	10만 원 이하	10만 원 초과
S은행 자동화기기 이용 시	출금		면제			250원	500원	
	이체	S은행으로 보낼 때	면제			면제		
		다른 은행으로 보낼 때	400원	500원	1,000원	700원	800원	1,000원
	타행카드 현금입금		700원			1,000원		
다른 은행 자동화기기 이용 시	출금		800원			1,000원		
	이체		500원		1,000원	800원		1,000원

※ S은행 자동화기기 출금 시 수수료 감면 사항
 - 만 65세 이상 예금주의 출금거래는 100원 추가 할인
 - 당일 영업시간 외에 10만 원 초과 출금 시 2회차 거래부터 수수료 50% 감면
※ 영업시간 내 기준 : 평일 08:30 ~ 18:00, 토요일 08:30 ~ 14:00(공휴일 및 휴일은 영업시간 외 적용)

① 800원　　　　　　　　　　② 1,300원
③ 1,600원　　　　　　　　　 ④ 2,300원
⑤ 2,500원

17 A복지사의 결론을 이끌어내기 위해 추가해야 할 전제를 〈보기〉에서 고르면 모두 몇 개인가?

A복지사는 담당 지역에서 경제적 곤란을 겪고 있는 아동을 찾아 급식 지원을 하는 역할을 담당하고 있다. 갑순, 을순, 병순, 정순이 급식 지원을 받을 후보이다. A복지사는 이들 중 적어도 병순은 급식 지원을 받게 된다고 결론 내렸다. 왜냐하면 갑순과 정순 중 적어도 1명은 급식 지원을 받는데, 갑순이 받지 않으면 병순이 받기 때문이었다.

보기
ㄱ. 갑순이 급식 지원을 받는다.
ㄴ. 을순이 급식 지원을 받는다.
ㄷ. 을순이 급식 지원을 받으면, 갑순은 급식 지원을 받지 않는다.
ㄹ. 을순과 정순 둘 다 급식 지원을 받지 않으면, 병순이 급식 지원을 받는다.

① 0개
② 1개
③ 2개
④ 3개
⑤ 4개

18 다음은 키워드 기반 신용 추천 서비스에 대한 순서도이다. 키워드에 '신용 점수 조회'를 입력했을 때, 출력되는 추천 서비스의 색상으로 옳은 것은?

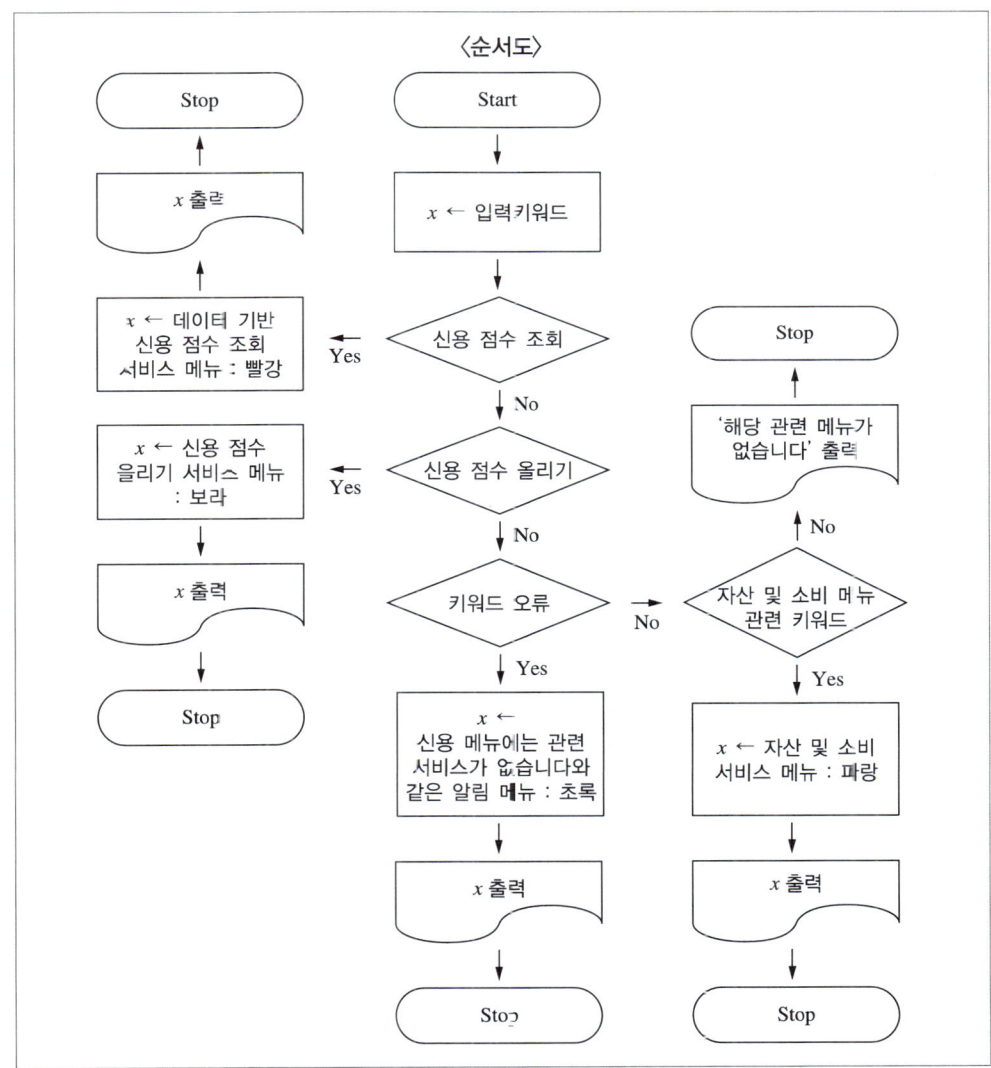

① 초록
② 보라
③ 빨강
④ 파랑
⑤ 없음

※ 다음 시나리오를 읽고 이어지는 질문에 답하시오. [19~20]

상황 : 은행 안, 오후 12시 5분

A대리가 오전 시각에 방문한 마지막 고객의 업무를 처리하고 나니 12시가 조금 넘었다. A대리가 점심식사를 하러 자리에서 일어나려고 하는데 B고객이 헐레벌떡 A대리에게 찾아와 번호표를 데스크에 놓으며 앉는다.

B고객 : 내가 급해서 그러니 내 돈 좀 빨리 송금해줘요, 얼른.
A대리 : (머뭇거리며) 고객님, 죄송합니다만 오전 업무시간이 12시까지라서 지금은 도와드릴 수 없을 것 같습니다.
B고객 : (눈을 치켜뜨며) 아니, 힘들게 찾아온 고객이 먼저지 직원 근무시간이 먼저요? 그리고 내 앞에 온 사람은 12시 지나서도 일처리 해줬잖아요? 누구는 해주고 누구는 안 해주는 건 무슨 경우야?
A대리 : 죄송합니다만, 그분은 12시가 되기 전에 오셔서 처리해드린 거고요. (ATM 기계를 손으로 가리키며) 단순한 송금 업무라면 저쪽에 있는 ATM 기기를 이용하시면 간단하게 처리하실 수 있습니다. 양해 좀 부탁드리겠습니다.
B고객 : 아니, 내가 눈이 없어서 이 은행에 ATM이 어디 있는지 몰라서 이러는 것 같아요? 나이가 많아서 눈도 어둡고 기계를 다루는 게 서툴러서 그렇단 말이오. 그리고 혹시라도 잘못 눌러서 엉뚱한 데로 돈 부치면 당신이 책임질 거야?
A대리 : 거듭 죄송합니다만, 이따 오후 1시 지나서 다시 찾아와 주시면 제가 처리해드리겠습니다. 양해 좀 부탁드리겠습니다.
B고객 : 아니, 그러면 나더러 1시간 가까이 시간 낭비만 하다가 번호표 다시 뽑고 또 기다리란 말이요? 댁들 시간만 중요하고 고객 시간은 안중에도 없어요? 그냥 지금 당장 처리해줘요.

19 다음 중 위와 같은 상황에서 귀하가 A대리라면 어떻게 대처하는 것이 가장 바람직하다고 생각하는가?

① 근처에서 상황을 지켜보고 있던 상급자 C과장에게 어떻게 응대할지 문의한다.
② 단호한 어조로 지금은 도와드릴 수 없으니 1시 이후에 다시 방문해 달라고 말한다.
③ B고객의 요청을 수용해 업무를 신속하게 처리하고, 그 시간만큼 자리에 늦게 복귀한다.
④ 자리에 앉아 있는 다른 직원에게 상황을 설명하고 대신하여 업무를 처리해 달라고 요청한다.
⑤ 보안요원에게 상황을 알리고 B고객이 직접 ATM을 통해 송금할 수 있도록 도와드릴 것을 요청한다.

20 다음 중 위와 같은 상황에서 은행의 업두 프로세스를 어떻게 변경하는 것이 바람직하겠는가?

① 11시 50분부터 1시까지 번호표 발행 기계의 작동을 중단시키는 장치를 설치한다.
② 은행의 점심시간을 1시 이후로 변경해 모든 직원이 고객들의 점심시간에도 정상적으로 근두하게 한다.
③ 일부 소수의 직원이 점심시간에도 고객을 응대할 수 있도록 순번을 정해 1시 이후로 점심시간을 조정한다.
④ 정오부터 1시간 동안 서비스를 받을 수 없음과 서비스 이용 가능 시간을 알리는 안내문을 은행 입구에 게시한다.
⑤ 1시간의 점심시간 보장을 위해 업무처리 규정을 개정해 12시를 지나 식사를 할 경우에 그만큼 늦게 복귀할 수 있게 한다.

CHAPTER 05 | 2022년 기출복원문제

정답 및 해설 p.023

01 다음 문단을 논리적 순서대로 바르게 나열한 것은?

> (가) 이에 대한 대표적인 사례가 S엔터이다. 그동안 S엔터는 대주주의 개인회사인 L기획에 일감을 몰아주면서 부당한 이득을 취해왔는데, 이에 대해 A자산운용이 이러한 행위는 주주가치를 훼손하는 것이라며 지적한 것이다. 이에 S엔터는 L기획과 계약종료를 검토하겠다고 밝혔고, 이처럼 A자산운용의 요구가 실현되면서 주가는 18.6% 급등하였다. 이 밖에도 K엔터와 H엔터 등이 자본시장에 영향을 미치고 있다.
> (나) 최근 행동주의펀드가 적극적으로 목소리를 내면서 기업들의 주가가 급격히 변동하는 경우가 빈번해지고 있다. 특히 주주제안을 받아들이는 기업의 주가는 급등했지만, 이를 거부하는 기업의 경우 주가가 하락하고 있다. 이에 일각에서는 주주 보호를 위해 상법 개정이 필요하다는 지적이 나오고 있다. 이러한 행동주의펀드는 배당 확대나 이사·감사 선임과 같은 기본적 사안부터 분리 상장, 이사회 정원 변경, 경영진 교체 등 핵심 경영 문제까지 지적하며 개선을 요구하고 있는 추세이다.
> (다) 이와 같은 A자산운용의 제안을 수락한 7개의 은행 지주는 올해 들어 주가가 8~27% 급상승하는 결과를 보였으며, 이와 반대로 해당 제안을 장기적 관점에서 기업가치와 주주가치의 실익이 적다며 거부한 K사의 주가는 동일한 기간 주가가 4.15% 하락하는 모습을 보여, 다가오는 3월 주주총회에서의 행동주의펀드 및 소액주주들과 충돌이 예상되고 있다.
> (라) 이처럼 시장의 주목도가 높아진 A자산운용의 영향력은 최근 은행주에도 그 영향이 미쳤는데, K금융·S지주 등 은행지주 7곳에 주주환원 정책 도입을 요구한 것이다. 특히 그중 J금융지주에는 평가 결과 주주환원 정책을 수용할 만한 수준에 미치지 못한다고 판단된다며 배당확대와 사외이사의 추가 선임의 내용을 골자로 한 주주제안을 요구하였다.

① (가) - (나) - (다) - (라)
② (나) - (가) - (라) - (다)
③ (다) - (라) - (나) - (가)
④ (라) - (다) - (가) - (나)

02 다음 글을 읽고 밑줄 친 (가) ~ (라) 중 쓰임이 가장 적절한 것을 고르면?

> 부실 우려가 있는 부동산 프로젝트파이낸싱 사업장의 (가) <u>지속화</u>를 위해 금융당국은 28조 4,000억 원 규모의 정책자금을 공급하기로 하였다.
> 현재 금융시장은 회사채, 단기금융시장은 지난해 하반기 경색 상황에서 차츰 벗어나 개선세가 뚜렷해지고 있고, 회사채 가산금리도 지난해 말 이후 계속 (나) <u>상승세</u>를 보이고 있다. 또한 올해 1 ~ 2월 중 일반회사채는 만기도래액을 (다) <u>상회하는</u> 수준으로 발행되는 등 시장에서 발행수요가 순조롭게 이루어지고 있는 상황이다.
> 다만 미국의 (라) <u>확장정책</u>의 장기화가 예상되고, 러시아 – 우크라이나 전쟁 및 미국 – 중국 갈등 상황이 지속되고 있어 올해 역시 금융시장 내 기지수가 존재하는 상황이다.
> 이에 정부는 부동산PF의 불안 가능성에 대비해 선제적으로 정책대응수단을 마련했으며 이를 차질 없이 집행해 나가겠다고 밝혔다.
> 이를 위해 부동산의 대출현황, 사업진행상황 등을 통합점검하고, 이상 징후에 대한 신속보고체계를 구축해 해당 징후 발생 시 신속 및 맞춤 대응하겠다는 계획이다.
> 또한 금융당국은 민간 중심 사업재구조화 등을 통해 사업성 우려 사업장의 정상화를 유도하고, 부동산PF 리스크가 건설사 · 부동산신탁사로 파급되지 않도록 건설사 등에 대해 정책금융 공급규모를 28조 4,000억 원으로 확대해 부동산신탁사의 리스크 관리도 강화하기로 하였다.

① (가) ② (나)
③ (다) ④ (라)

03 S기업은 작년에 A제품과 B제품을 합쳐 총 1,000개를 생산하였다. 올해는 작년 대비 A제품의 생산량을 2%, B제품의 생산량을 3% 증가시켜 총 1,024개를 생산한다고 할 때, 올해 생산하는 B제품의 수량은?

① 309개 ② 360개
③ 412개 ④ 463개

04 다음은 2018 ~ 2022년 **지역별 특산품의 매출현황**에 대한 자료이다. 이에 대한 설명으로 옳지 않은 것은?

⟨지역별 특산품 매출현황⟩

구분	2018년	2019년	2020년	2021년	2022년
X지역	1,751	1,680	2,121	2,001	1,795
Y지역	2,029	2,030	2,031	1,872	1,601
Z지역	1,947	1,012	1,470	2,181	2,412

① X지역의 2022년 특산품 매출은 전년 대비 10% 이상 감소하였다.
② X지역의 전년 대비 증감률이 가장 적은 연도는 2019년이다.
③ 2022년 Z지역의 매출은 동년 X지역과 Y지역 매출의 합의 65% 이하이다.
④ Z지역의 2018년 매출은 2022년 매출의 70% 이상이다.

05 다음 ⟨조건⟩에 따라 A ~ C 3명이 다음 주에 출장을 간다고 할 때, 3명이 같이 출장을 갈 수 있는 요일은?

조건
- 소속부서의 정기적인 일정은 피해서 출장 일정을 잡는다.
- A와 B는 영업팀, C는 재무팀 소속이다.
- 다음 주 화요일은 회계감사 예정으로 재무팀 소속 전 직원은 당일 본사에 머물러야 한다.
- B는 개인 사정으로 목요일에 연차휴가를 사용하기로 하였다.
- 영업팀은 매주 수요일마다 팀 회의를 한다.
- 금요일 및 주말에는 출장을 갈 수 없다.

① 월요일
② 화요일
③ 수요일
④ 목요일

② B호텔, 450만 원

※ 다음은 쏠편한 정기예금에 대한 자료이다. 이어지는 질문에 답하시오. [7~8]

<쏠편한 정기예금>

구분	내용
가입대상	• 개인, 기타임의단체(대표자 주민등록번호)
계약기간	• 1개월 이상 60개월 이하(1일 단위)
가입금액	• 1만 원부터 제한 없음
이자지급시기	• 만기일시지급
만기일연장 서비스	• 여유 있는 자금관리를 위하여 만기일을 최장 3개월까지 연장할 수 있는 서비스 ※ 신한 쏠(SOL)을 통해 신청 가능 ※ 자동재예치 등록 계좌의 경우 신청 불가 - 연장가능기간 : 최초 신규시점에 계약한 만기일로부터 3개월 이내 ※ 최초 계약기간이 3개월 이내인 경우에는 최초 계약기간 범위 내에서 연장 가능함
기본금리	• 연 3.70%

중도해지금리	• 가입일 당시 영업점 및 인터넷 홈페이지에 고시한 예치기간별 중도해지금리 적용
	  - 1개월 미만 : 연 0.10%
	  - 1개월 이상 : (기본금리)×[1-(차감율)]×(경과월수)÷(계약월수)
	  (단, 연 0.10% 미만으로 산출될 경우 연 0.10% 적용)
	  ※ 차감률
	<table><tr><th>구분</th><th>1개월 이상</th><th>3개월 이상</th><th>6개월 이상</th><th>9개월 이상</th><th>11개월 이상</th></tr><tr><td>차감률</td><td>80%</td><td>70%</td><td>30%</td><td>20%</td><td>10%</td></tr></table>

만기 후 금리	• 만기 후 1개월 이내 : 만기일 당시 일반정기예금 약정기간에 해당하는 만기지급식 고시금리의 1/2 (단, 최저금리 0.10%) • 만기 후 1개월 초과 6개월 이내 : 만기일 당시 일반정기예금 약정기간에 해당하는 만기지급식 고시이자율의 1/4 (단, 최저금리 0.10%) • 만기 후 6개월 초과 : 연 0.10%
계약해지 방법	• 영업점 및 비대면 채널을 통해서 해지 가능 - 만기가 휴일인 계좌를 영업점에서 전(前) 영업일에 해지할 경우, 중도해지가 아닌 만기해지로 적용 (단, 이자는 일수로 계산하여 지급)
자동해지	• 만기일(공휴일인 경우 다음 영업일)에 자동해지되어 근거계좌로 입금 (단, 예금이 담보로 제공되어 있거나 사고등록 등 자동해지 불가 사유가 있는 경우 자동해지되지 않음)
일부해지	• 만기일 전 영업일까지 매 계약기간(재예치 포함)마다 2회 가능 ※ 일부해지 금액의 이자는 선입선출법에 따라 중도해지금리로 지급

07 다음 중 쏠편한 정기 예금 상품에 대한 설명으로 옳은 것은?

① 신한 쏠(SOL)을 통해 가입해야 하는 상품이야.
② 한 번 가입하면 해지를 원할 때까지 만기일을 연장할 수 있어.
③ 만기 이후에도 일정 기간 동안에는 약정기간에 따른 금리를 지급하는 상품이야.
④ 중도해지할 경우에, 예치기간이 아무리 짧아도 최소한 연 0.1%의 이자는 받을 수 있어.

08 다음 중 쏠편한 정기예금에 가입하기에 가장 적절한 사람은?

① 매월 월급의 일부를 저축하고자 하는 직장인 A씨
② 퇴직시점까지 10년 이상 장기저축을 원하는 B씨
③ 원금손실의 위험을 감수하고 주식이나 가상화폐와 같이 높은 기대수익률을 가진 상품에 투자하기 원하는 C씨
④ 1년 뒤 떠날 졸업여행 경비를 안전하게 보관해두고자 하는 대학생 D씨

※ 다음은 신용카드 3종에 대한 자료이다. 이어지는 질문에 답하시오. [9~10]

<신용카드 3종 분류표>

구분	연회비	기본혜택	실적에 따른 혜택
신한카드 Air One	49,000원	• 국내 일시불·할부, 해외 일시불 이용금액 1천 원당 1항공마일리지 적립 • 국내 항공 / 면세업종, 이용금액 1천 원당 1항공마일리지 추가 적립	• 전월 이용금액이 50만 원 미만인 경우, 항공마일리지 적립 서비스 미제공
#Pay 신한카드	30,000원	• 7개 간편결제(Pay)로 국내 이용 시, 5% 마이신한포인트 적립 ※ 간편결제 대상 네이버페이, 카카오페이, 쿠페이, PAYCO, 스마일페이, SK페이, 신한Pay	• 전월 실적(일시불+할부) 기준 | 구분 | 통합 월 적립한도 | |---|---| | 30만 원 이상 50만 원 미만 | 1만 포인트 | | 30만 원 이상 50만 원 미만 | 2만 포인트 | | 90만 원 이상 | 3만 포인트 |
신한카드 Mr. Life	18,000원	• 월납(공과금)할인 　- 전기요금, 도시가스요금, 통신요금 • TIME할인 　- 365일 24시간 10% 할인서비스(편의점, 병원 / 약국, 세탁소 업종) 　- 오후 9시 ~ 오전 9시 10% 할인서비스(온라인쇼핑, 택시, 식음료 업종) • 주말할인 　- 3대 마트 10% 할인 　- 4대 정유사 리터당 60원 할인	• 전월 실적(일시불+할부) 기준 | 구분 | 공과금할인 할인한도 | TIME할인 할인한도 | 주말할인 할인한도 | |---|---|---|---| | 30만 원 이상 50만 원 미만 | 3천 원 | 1만 원 | 3천 원 | | 30만 원 이상 50만 원 미만 | 7천 원 | 2만 원 | 7천 원 | | 90만 원 이상 | 1만 원 | 3만 원 | 1만 원 |

09 다음 A씨와 B씨의 정보에 따라 두 사람에게 적합한 카드를 추천한 결과는?(단, 두 사람에게 각각 다른 카드를 추천하였다)

- 대학생 A씨
  - 간편결제를 활용한 인터넷 쇼핑을 자주 이용
  - 기숙사 생활을 하고 있으며 휴대폰 요금 외 공과금 지출은 없음
  - 월평균 지출은 40만 원
  - 차량 미보유
  - 주말에는 지방에 있는 본가에서 지내며 별도의 지출 없음
- 직장인 B씨
  - 연회비 3만 원 이하의 카드를 원함
  - 주말시간을 이용하여 세차와 주유 등 차량 관리
  - 배달음식보다는 요리를 직접 해먹거나 외식하는 것을 선호

	A씨	B씨
①	신한카드 Air One	#Pay 신한카드
②	#Pay 신한카드	신한카드 Air One
③	#Pay 신한카드	신한카드 Mr. Life
④	신한카드 Mr. Life	신한카드 Air One

10 신한카드 Air One을 보유한 고객이 국내와 해외에서 각각 일시불과 할부로 50만 원씩 100만 원을 사용하여 총 200만 원을 결제했을 때, 적립되는 항공마일리지는 최소 얼마인가?(단, 전월 이용금액은 50만 원 이상이라고 가정한다)

① 1,000마일리지 ② 1,500마일리지
③ 2,000마일리지 ④ 2,500마일리지

11 다음 시트에서 평균값을 구하려 할 때, [F7] 셀에 들어갈 수식으로 옳은 것은?

	A	B	C	D	E	F
1	번호	이름	1회차	2회차	3회차	평균
2	1	이세운	88	90	64	81
3	2	김준석	68	65	84	72
4	3	하철우	79	78	87	81
5	4	윤다영	60	46	45	50
6	5	차영준	90	88	30	69
7	6	박지민	54	64	70	

① =MID(C7:E7) ② =MAX(C7:E7)
③ =AVERAGE(C7:E7) ④ =MIN(C7:E7)

12 다음 시트에서 총납부 금액 중 최대 금액을 찾으려 할 때, [C7] 셀에 들어갈 수식으로 옳은 것은?

	A	B	C
1	보험료	납입 횟수	총납부 금액
2	126,000	11	1,386,000
3	56,430	7	395,010
4	98,200	8	785,600
5	103,560	13	1,346,280
6	75,400	21	1,583,400
7			

① =MIN(C2) ② =MAX(C2:C6)
③ =AVERAGE(C2:C6) ④ =SUM(C2,C6)

13 적금의 총저축액을 계산하려고 한다. 총저축액은 (기간)×(월 저축액)이며, 만기된 적금의 경우에는 '만기'라고 표시하여 다음과 같이 표로 정리하려고 한다. 함수를 〈조건〉과 같이 정의할 때, [D3] 셀에 들어갈 수식으로 옳지 않은 것은?

보기

	A	B	C	D
1	적금명	월 저축액	기간	총저축액
2	A적금	100,000	20	2,000,000
3	B적금	만기	11	만기
4	C적금	150,000	12	1,800,000

조건

- ■(식, 대체값) : 식이나 식 자체의 값이 오류인 경우 오류표시 대신 대체값을 반환하는 함수
- ◎(조건, 인수1, 인수2) : 조건이 참이면 인수1, 거짓이면 인수2를 출력하는 함수
- ▲(값) : 값이 숫자이면 참을 반환하는 함수
- ▼(값) : 값이 텍스트가 아니면 참을 반환하는 함수
- ○(인수) : 인수가 오류이면 참을 반환하고, 오류가 아니면 거짓을 반환하는 함수

① =◎(○(B2*C2), B2*C2, "만기")
② =◎(▲(B2), B2*C2, "만기")
③ =◎(○(B2*C2), "만기", B2*C2)
④ =◎(▼(B2), B2*C2, "만기")

14 다음 중 IRP의 특징으로 옳지 않은 것을 〈보기〉에서 모두 고르면?

> **보기**
> ㄱ. IRP는 개인형 퇴직연금으로, 근로자가 본인의 퇴직금의 투자처를 직접 지정할 수 있다.
> ㄴ. IRP의 경직적인 운용을 보완하고자 IRA가 등장하였다.
> ㄷ. IRP는 근로자의 퇴직금을 회사가 운용한 후 근로자에게 정해진 금액을 지급하는 방식이다.
> ㄹ. IRP 가입 시 납입금에 대해 정해진 조건하에서 세액공제 혜택을 받을 수 있다.

① ㄱ, ㄴ ② ㄱ, ㄹ
③ ㄴ, ㄷ ④ ㄷ, ㄹ

15 다음 중 ETF에 대한 설명으로 옳지 않은 것은?

① ETF는 주식형 펀드에 비해 매매시기 및 매매가에 대한 투자자의 의사결정이 자유롭다.
② ETF는 매도 시 증권거래세를 면제받을 수 있다.
③ ETF는 배당소득세 면제 대상이라는 장점을 지닌다.
④ ETF 투자 시 추종하는 지수가 하락하더라도 수익을 얻을 수 있다.

16 다음에서 설명하는 경제 용어는?

> 시장에서 자산 운용 시 개인의 주관적 판단을 배제하고 금융공학기법을 토대로 투자자산들의 비중을 탄력적으로 조절하는 펀드를 가리킨다. 객관적인 데이터 및 원칙에 기반하여 일관성 있게 자산을 운용하는 것으로, 변동성이 큰 장세에서 부각되는 펀드이다.

① 헤지펀드 ② 주가연계증권
③ 퀀트펀드 ④ 랩어카운트

17 다음에서 설명하는 경제 용어는?

> 전자상거래 기업 등의 비금융회사가 온라인 제품 판매, 서비스를 수행하면서 이와 관련하여 입출금 계좌 서비스, 전자지갑 및 결제, 대출 등의 금융상품과 서비스를 함께 제공하는 것으로, 상품판매 수익 외에 금융 수익을 추구하는 금융형태를 말한다.

① 임베디드 금융　　　　　　　　② 프로젝트 파이낸싱
③ D-테스트베드　　　　　　　　④ 테크핀

18 다음 중 래퍼 곡선에 대한 〈보기〉의 설명 중 옳은 것을 모두 고르면?

> **보기**
> ㄱ. 래퍼 곡선에 따르면 모든 세율 구간에 더하여 세율의 증가에 따라 조세수입도 비례하여 증가한다.
> ㄴ. 적정세율 이하의 세율 구간에서는 세율을 인상할수록 조세수입이 감소한다.
> ㄷ. 조세수입의 변화율은 적정세율에 가까울수록 완만하다.
> ㄹ. 래퍼 곡선에 따르면, 세율의 인상은 고-세대상의 이탈을 야기할 수 있다.

① ㄱ, ㄴ　　　　　　　　② ㄱ, ㄷ
③ ㄴ, ㄷ　　　　　　　　④ ㄷ, ㄹ

19 다음 중 증권사가 사모펀드 운용에 필요한 증권대차, 신용공여, 펀드재산의 보관·관리 등 일련의 서비스를 연계하여 종합적으로 제공하는 업무는?

① TRS　　　　　　　　② PEF
③ MMF　　　　　　　　④ PBS

※ 다음 시나리오를 읽고 이어지는 질문에 답하시오. [20~21]

상황 1. S은행 회의실, 5월 3일 오후 5시

B팀장이 은행 팀원들에게 보고를 진행하고 있다.

B팀장 : 우리 은행사의 다음 달 프로모션 상품인 '우리 아이 행복 용돈 통장' 프로젝트는 이 정도로 진행이 되고 있고요. 사실 프로젝트도 마무리 단계고 기획서가 상부에서 허가도 났다고 해서, 저희는 이번에 홍보물만 맡아서 제작하면 될 것 같거든요?
C대리 : (손을 살짝 들며) 그 혹시 홍보물이라고 하시면 어떤 걸 말씀하시는 건지 구체적으로 알려주실 수 있나요?
B팀장 : (C대리 쪽을 바라보며) 네, 아마 창구 앞이나 대기석 옆에 비치해서 고객들이 볼 수 있는 팸플릿 정도만 만들면 될 것 같습니다.
C대리 : 네, 감사합니다.
B팀장 : 그래서 이 홍보물 만드는 걸 외주 업체에 맡길지 아니면 우리 팀 내에서 해볼지가 지금 고민인데요. 혹시 만드는 게 가능하신 분 있나요?

잠깐의 정적이 흐른다.

C대리 : 저번에 만들었던 포스터 좋던데, 혹시 그 포스터 어떤 분이 담당하셨나요? 제가 알기로는 A사원님 인데 맞나요?
A사원 : 네, 저 맞습니다! 다들 괜찮으시면 제가 한번 맡아볼까요?
B팀장 : 오, 그러면 좋죠. 다른 얘기할 거 없으면 이쯤에서 회의 끝내볼까요? 다들 괜찮으신가요?
모두 : 네!
B팀장 : 다들 수고 많으셨고, A사원은 잠깐 내 자리로 오세요. 팸플릿 업무 안내해드릴게요.
A사원 : 네, 알겠습니다!

상황 2. B팀장 자리, 5월 3일 오후 6시

A사원 : (팀장님 자리로 다가가며) 어……. 팀장님!
B팀장 : 아! A사원, 팸플릿 디자인 업무 선뜻 맡아줘서 고마워요. 이게 전년도 비슷한 프로모션 상품으로 제작된 팸플릿이니까 작업하면서 참고하면 좋을 것 같고, 팸플릿에 너무 많은 정보는 넣지 말고 고객들의 시선을 끌 수 있게 부탁해요. 너무 부담 갖지는 말고, 이 자료처럼 심플한 느낌으로 깔끔하게만 만들면 될 것 같아요.
A사원 : 아, 네! 알겠습니다. 한번 해보겠습니다.

상황 3. 은행 내 직원 휴게실, 5월 10일 오후 2시 30분

A사원 : C대리님! 혹시 시간 괜찮으신가요?

C대리, 정수기 앞에서 커피를 타다 돌아본다.

A사원 : 그 지난주에 회의했던 팸플릿 있잖아요? 제가 한번 만들어봤는데 혹시 어떤지 피드백 해주실 수 있으신가요? 아무래도 C대리님이 제 사수시니까…….
C대리 : 아, 네! 좋죠. 한번 볼까요? (A사원이 건넨 팸플릿 디자인 시안을 꼼꼼하게 살펴본다) 심플한 느낌으로 디자인하셨네요. 그런데 저는 뭔가 조금 더 화려한 요소들이 있어야 심심하지 않고 좋을 것 같아요. 흠……. 그리고 지금 팸플릿은 너무 프로모션 상품에 대한 정보가 드러나지 않아서 그 부분들만 수정하면 좋을 것 같네요.
A사원 : 네! 피드백 감사합니다.

상황 4. 사무실 내 A사원의 자리, 5월 10일 오후 3시 30분

A사원, 프로모션 상품에 대한 핵심 정보만 담긴 심플한 팸플릿을 원하는 B팀장의 요구를 들을 것인지, 프로모션 상품에 대해 정보를 많이 담은 화려한 디자인의 팸플릿을 원하는 C대리의 피드백을 들을 것인지 고민에 빠진다.

20 B팀장과 C대리의 의견이 상충하는 상황에서 A사원은 어떻게 행동하는 것이 가장 바람직한가?

① 시안을 직접 보고 피드백해준 C대리의 의견을 따른다.
② 업무를 지시한 것은 B팀장이기 때문에 B팀장의 요구를 따른다.
③ 팀 내의 다른 직원들과 상의를 한 뒤, 더 많은 쪽의 의견을 따른다.
④ C대리에게 B팀장의 요구 사항을 말하고 어떻게 해야 할지 상의한다.

21 앞선 조치에도 불구하고 B팀장과 C대리의 의견 차가 좁혀지지 않았다면, 최종적으로 A사원은 어떤 디자인을 택해야 하는가?

① A사원의 사수인 C대리의 의견을 받아들여 화려한 디자인을 택한다.
② 결국 직접 디자인하는 것은 A사원이므로 A사원이 원하는 대로 한다.
③ B팀장은 직책이 더 높기 때문에 B팀장의 의견을 받아들여 심플한 디자인을 택한다.
④ 본래 의도했던 디자인과 멀어지더라도 최대한 B팀장과 C대리 의견의 절충안을 찾아 디자인한다.

CHAPTER 06 | 2021년 기출복원문제

정답 및 해설 p.028

| 01 | NCS 직업기초능력평가

01 다음 제시된 단어의 대응 관계로 볼 때, 빈칸에 들어갈 단어로 옳은 것은?

> 의사 : 병원 = 교사 : ( )

① 교직원
② 교수
③ 학교
④ 교육청

02 다음 문단을 논리적 순서대로 바르게 나열한 것은?

> (가) 2018년 정부 통계에 따르면, 우리 연안 생태계 중 갯벌의 면적은 산림의 약 4%에 불과하지만 연간 이산화탄소 흡수량은 산림의 약 37%이며 흡수 속도는 수십 배에 달합니다.
> (나) 연안 생태계는 대기 중 이산화탄소 흡수에 탁월합니다. 물론 연안 생태계가 이산화탄소를 얼마나 흡수할 수 있겠냐고 말하는 분도 계실 것입니다. 하지만 연안 생태계를 구성하는 갯벌과 염습지의 염생 식물, 식물성 플랑크톤 등은 광합성을 통해 대기 중 이산화탄소를 흡수하는데, 산림보다 이산화탄소 흡수 능력이 뛰어납니다.
> (다) 2019년 통계에 따르면 우리나라의 이산화탄소 배출량은 세계 11위에 해당하는 높은 수준입니다. 그동안 우리나라는 이산화탄소 배출량을 줄이려 노력하고, 대기 중 이산화탄소 흡수를 위한 산림 조성에 힘써 왔습니다. 그런데 우리가 놓치고 있는 이산화탄소 흡수원이 있습니다. 바로 연안 생태계입니다.
> (라) 또한 연안 생태계는 탄소의 저장에도 효과적입니다. 연안의 염생 식물과 식물성 플랑크톤은 이산화탄소를 흡수하여 갯벌과 염습지에 탄소를 저장하는데 이 탄소를 블루카본이라 합니다. 산림은 탄소를 수백 년간 저장할 수 있지만 연안은 블루카본을 수천 년간 저장할 수 있습니다. 연안 생태계가 훼손되면 블루카본이 공기 중에 노출되어 이산화탄소 등이 대기 중으로 방출됩니다. 그러므로 블루카본이 온전히 저장되어 있도록 연안 생태계를 보호해야 합니다.

① (가) - (나) - (다) - (라)
② (가) - (다) - (나) - (라)
③ (다) - (나) - (가) - (라)
④ (다) - (라) - (나) - (가)

03 다음 글에 대한 내용으로 가장 적절한 것은?

> 극의 진행과 등장인물의 대사 및 감정 등을 관객에게 설명했던 변사가 등장한 것은 1900년대이다. 미국이나 유럽에서도 변사가 있었지만, 그 역할은 미미했을 뿐더러 그마저도 자막과 반주 음악이 등장하면서 점차 소멸하였다. 하지만 주로 동양권, 특히 한국과 일본에서는 변사의 존재가 두드러졌다. 한국에서 변사가 본격적으로 등장한 것은 극장가가 형성된 1910년부터인데, 한국 최초의 변사는 우정식으로, 단성사를 운영하던 박승필이 내세운 인물이었다. 그 후 김덕경, 서상호, 김영환, 박응면, 성동호 등이 변사로 활약했으며 당시 영화 흥행의 성패를 좌우할 정도로 그 비중이 컸었다. 단성사, 우미관, 조선 극장 등의 극장은 대개 5명 정도의 변사를 전속으로 두었으며 2명 또는 3명이 교대로 무대에 올라, 한 영화를 담당하였다. 4명 또는 8명의 변사가 한 무대에 등장하여 영화의 대사를 교환하는 일본과는 달리, 한국에서는 1명의 변사가 영화를 설명하는 방식을 취하였으며, 영화가 점점 장편화되면서부터는 2명 또는 4명이 번갈아 무대에 등장하는 방식으로 바뀌었다. 변사는 악단의 행진곡을 신호로 무대에 등장하였으며, 소위 전설(前說)을 하였는데 전설이란 활동사진을 상영하기 전에 그 개요를 앞서 설명하는 것이었다. 전설이 끝나면 활동사진을 상영하고 해설을 시작하였다. 변사는 전설과 해설 이외에도 막간극을 공연하기도 했는데 당시 영화관에는 영사기가 대체로 1대밖에 없었기 때문에 필름을 교체하는 시간을 이용하여 코믹한 내용을 공연하였다.

① 한국과는 달리 일본에서는 변사가 막간극을 공연했다.
② 한국에 극장가가 형성되기 시작한 것은 1900년경이었다.
③ 한국은 영화의 장편화로 무대에 서는 변사의 수가 늘어났다.
④ 자막과 반주 음악의 등장으로 변사의 중요성이 더욱 높아졌다.

04 다음 글을 읽고 알 수 있는 내용으로 적절하지 않은 것은?

> 2019년 정부는 '12·16 부동산 대책'을 통해 기존에 제출하던 자금조달계획서의 항목을 상세하게 나누고, 투기과열지구에서 9억 원을 초과하는 주택을 구매한 경우 증빙서류를 함께 제출하도록 하는 등의 규제를 강화한다는 방침을 밝혔다.
>
> 증여나 상속을 받은 경우 기존에는 단순히 증여금액이나 상속금액만 밝히도록 했으나, 앞으로는 부부나 직계존비속 등 누구로부터 받았는지도 상세히 밝혀야 한다. 부부나 직계존비속 등의 대상 구분은 납부해야 할 세금에서 상당한 차이로 이어진다. 예를 들어 증여를 받았을 때 부부와 직계존비속 중 누구에게 얼마를 받았는지에 따라 증여세 부과 대상인지, 면제 대상인지의 정도가 계획서상에서 바로 드러난다. 부부 간 증여인 경우 6억 원까지는 면제를 받을 수 있으나, 직계존비속의 증여라면 5,000만 원까지만 가능하다.
>
> 또 기존에는 주택 구매 자금 중 현금과 그와 비슷한 자산은 '현금 등'으로 뭉뚱그려 기재했으나, 앞으로는 현금과 기타자산을 나누고 기타자산은 무엇인지 구체적으로 밝혀야 한다. 이와 함께 계획서에 조달한 자금을 어떻게 지급할지 구체적인 계획도 계좌이체, 보증금·대출 승계, 현금 지급 등으로 나누어 상세히 밝혀야 한다.
>
> 이에 따라 투기과열지구에서 9억 원이 넘는 집을 살 때, 자금조달계획서의 내용을 입증하기 위해 매수자가 제출해야 하는 증빙서류의 종류는 총 15종에 달한다. 보유한 예금과 처분한 주식, 대출, 증여를 통해 집을 산다면 떼야 할 서류는 모두 10개에 육박할 전망이다.

① A가 부인 B에게 9억 원을 증여할 경우 6억 원까지 증여세를 면제받을 수 있다.
② C가 아들 D에게 6억 원을 증여할 경우 증여세를 모두 면제받을 수 있다.
③ E가 투기과열지구에서 10억 원 상당의 주택을 구매할 경우 자금조달계획서와 함께 증빙서류를 제출해야 한다.
④ F가 새로 자금조달계획서를 작성해야 할 경우 기존에 '현금 등'으로 기재한 내역을 현금과 기타자산으로 나누어 구체적으로 작성해야 한다.

05 다음 글을 읽고 역모기지론 정책이 효과적으로 시행될 수 있는 조건을 〈보기〉에서 모두 고르면?

> 정부가 2007년부터 역모기지론*을 도입한다고 발표하였다. 역모기지론을 이용할 수 있는 대상자는 공시가격 3억 원 이하 주택을 한 채만 소유하고 있는 만 65세 이상의 중산·서민층으로 한정된다. 역모기지론 운영 방법에 의하면, 담보로 맡긴 주택가격과 가입 당시의 연령에 따라 매월 지급받는 금액이 달라진다. 주택가격이 높을수록, 가입 당시의 연령이 높을수록 받는 금액이 많아진다. 월 지급금액 산정은 일반 주택담보대출 때처럼 감정가(시세 수준)를 기초로 한다. 예를 들어, 감정가 8억 원짜리 주택을 만 70세에 맡기면 매달 198만 원을 받게 되고, 같은 주택을 만 65세에 맡기면 매달 186만 원을 받게 된다. 감정가 5억 원짜리 주택을 소유하고 있는 고령자가 역모기지론을 신청하면 가입연령에 따라 월 수령액은 △만 65세 93만 원, △만 68세 107만 원, △만 70세 118만 원 등이 된다. 월 수령액은 5년마다 주택시세를 재평가하여 조정된다.
>
> 정부가 역모기지론 이용자에게 부여하는 혜택은 △등록세 면제, △국민주택채권매입의무 면제, △재산세 25% 감면, △대출이자비용 200만 원 한도 내 소득공제 등이다. 다만, 등록세 면제는 감정가 5억 원 이하 주택에 해당되며, 나머지 3개의 혜택은 감정가 5억 원 이하, 국민주택규모(전용면적 85m² 이하), 연간 소득 1,000만 원 이하의 조건을 모두 갖추어야 한다.
>
> * 역모기지론 : 주택을 소유하고 있으나 일정 소득 이하 고령자에게 소유주택을 담보로 매월 또는 일정 기간마다 노후생활자금을 연금 형식으로 대출하는 금융상품

보기

ㄱ. 현재 주택을 소유한 노년층은 대부분 청·장년기에 노후 생활을 위한 소득 축적 기회가 적었고, 현재도 특별한 소득이 없다.
ㄴ. 만 65세 이상인 가구주의 주택 소유 비율은 80%로서 만 30세 미만의 24%, 30대의 47%, 40대의 67%에 비하여 매우 높다.
ㄷ. 한 은행의 조사에 따르면, 만 65세 이상의 노인들이 보유하고 있는 주택의 공시가격은 대부분이 8억 원 이하인 것으로 나타났다.
ㄹ. 어떤 연구기관의 조사에 따르면, 86%에 달하는 노인들이 양로원이나 기타 사회복지시설을 이용하는 것보다 자기 집에 그대로 머물러 살기를 원한다고 응답했다.

① ㄱ, ㄴ
② ㄴ, ㄷ
③ ㄴ, ㄷ, ㄹ
④ ㄱ, ㄴ, ㄷ, ㄹ

※ 다음과 같이 일정한 규칙으로 수를 나열할 때, 빈칸에 들어갈 수로 알맞은 것을 고르시오. **[6~7]**

06

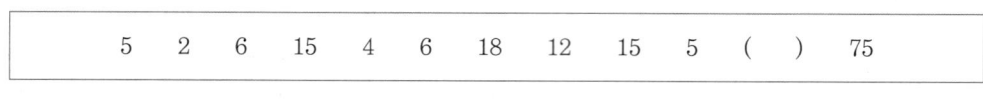

① 10
② 15
③ 20
④ 25

07

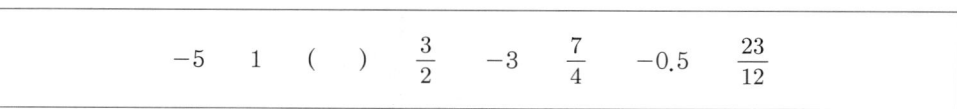

① -4.5
② -3.5
③ -2.5
④ -1.5

08 상우는 사과와 감을 사려고 한다. 사과는 하나에 700원, 감은 400원일 때 10,000원을 가지고 과일을 총 20개 사려면 감은 최소 몇 개를 사야 하는가?

① 10개
② 12개
③ 14개
④ 16개

09 S대학교 논술시험 응시생은 총 200명이었고, 전체 논술 평균 점수는 45점이었다. 합격자 평균 점수는 90점이고, 불합격자 평균 점수는 40점일 때, 합격률은?

① 10%
② 20%
③ 30%
④ 40%

10 다음은 주요 선진국과 BRICs의 고령화율에 대한 자료이다. 이를 보고 2010년 대비 2040년의 고령화율이 2배 이상이 되는 국가를 〈보기〉에서 모두 고르면?

〈주요 선진국과 BRICs 고령화율〉

(단위 : %)

구분	한국	미국	프랑스	영국	독일	일본	브라질	러시아	인도	중국
1990년	5.1	12.5	14.1	15.7	15.0	11.9	4.5	10.2	3.9	5.8
2000년	7.2	12.4	16.0	15.8	16.3	17.2	5.5	12.4	4.4	6.9
2010년	11.0	13.1	16.3	16.6	20.8	23.0	7.0	13.1	5.1	8.4
2020년	15.7	16.6	20.3	18.9	23.1	28.6	9.5	14.8	6.3	11.7
2030년	24.3	20.1	23.2	21.7	28.2	30.7	13.6	18.1	8.2	16.2
2040년	33.0	21.2	25.4	24.0	31.8	34.5	17.6	18.3	10.2	22.1
2010년 대비 2040년	㉠	㉡	1.5	1.4	1.5	㉢	㉣	1.4	㉤	2.6

※ BRICs : 브라질(Brazil), 러시아(Russia), 인도(India), 중국(China), 남아프리카 공화국(South Africa) 5개국의 머릿글자를 따서 부르는 명칭

보기
㉠ 한국　　　　　㉡ 미국
㉢ 일본　　　　　㉣ 브라질
㉤ 인도

① ㉠, ㉡, ㉢
② ㉠, ㉣, ㉤
③ ㉡, ㉢, ㉣
④ ㉡, ㉣, ㉤

11 다음은 산업통상자원부에서 발표한 우표 발행 현황에 대한 자료이다. 이에 대한 설명으로 옳은 것은?

〈우표 발행 현황〉

(단위 : 천 장)

구분	2017년	2018년	2019년	2020년	2021년
보통우표	163,000	164,000	69,000	111,000	105,200
기념우표	47,180	58,050	43,900	35,560	33,630
나만의 우표	7,700	2,368	1,000	2,380	1,908
합계	217,880	224,418	113,900	143,940	140,738

① 모든 종류의 우표 발행 수가 가장 낮은 연도는 2019년이다.
② 보통우표와 기념우표 발행 수가 가장 큰 차이를 보이는 해는 2017년이다.
③ 2019년 전체 발행 수에 비해 나만의 우표가 차지하고 있는 비율은 1% 이상이다.
④ 기념우표 발행 수효가 나만의 우표 발행 수효와 등락폭을 같이 한다는 점을 보면 국가적 기념업적은 개인의 기념사안과 일치한다고 볼 수 있다.

12 다음 명제가 모두 참일 때, 항상 참인 것은?

> - 어떤 남자는 경제학을 좋아한다.
> - 경제학을 좋아하는 모든 남자는 국문학을 좋아한다.
> - 국문학을 좋아하는 모든 남자는 영문학을 좋아한다.

① 어떤 남자는 영문학을 좋아한다.
② 영문학을 좋아하는 사람은 모두 남자이다.
③ 경제학을 좋아하는 어떤 남자는 국문학을 싫어한다.
④ 국문학을 좋아하는 모든 남자는 경제학을 좋아한다.

13 다음 명제가 모두 참일 때, 항상 참이 아닌 것은?

> - 비가 많이 내리면 습도가 높아진다.
> - 겨울보다 여름에 비가 더 많이 내린다.
> - 습도가 높으면 먼지가 잘 나지 않는다.
> - 습도가 높으면 정전기가 잘 일어나지 않는다.

① 겨울은 여름보다 습도가 낮다.
② 먼지는 여름이 겨울보다 잘 난다.
③ 비가 많이 오면 정전기가 잘 일어나지 않는다.
④ 여름에는 겨울보다 정전기가 잘 일어나지 않는다.

14 S사에서는 자사 온라인 쇼핑몰에서 제품을 구매하는 경우 구매 금액 1만 원당 이벤트에 참여할 수 있는 응모권 1장을 준다. 응모권이 많을수록 이벤트에 당첨될 확률이 높다고 할 때, 다음 중 참이 아닌 것은?

> • A는 S회사의 온라인 쇼핑몰에서 85,000원을 결제하였다.
> • A는 B보다 응모권을 2장 더 받았다.
> • C는 B보다 응모권을 더 많이 받았으나, A보다는 적게 받았다.
> • D는 S회사의 오프라인 매장에서 40,000원을 결제하였다.

① A의 이벤트 당첨 확률이 가장 높다.
② D는 이벤트에 응모할 수 없다.
③ B의 구매 금액은 6만 원 이상 7만 원 미만이다.
④ C의 응모권 개수는 정확히 알 수 없다.

15 퇴근 후 김대리, 박주임, 이과장은 각각 커피숍, 호프집, 극장 중 서로 다른 곳에 갔다. 세 사람 중 한 사람의 말만 참일 때, 세 사람이 간 곳을 바르게 짝지어진 것은?

> • 김대리 : 나는 호프집에 갔다.
> • 박주임 : 나는 호프집에 가지 않았다.
> • 이과장 : 나는 극장에 가지 않았다.

	커피숍	호프집	극장
①	김대리	박주임	이과장
②	이과장	박주임	김대리
③	김대리	이과장	박주임
④	이과장	김대리	박주임

| 02 | 디지털 리터러시 평가

01 함수를 〈조건〉과 같이 정의할 때, 다음 〈보기〉에서 '번호'가 홀수인 품목은 '30% 할인', 짝수인 품목은 '20% 할인'을 하려고 한다. [D2:D7]에 이를 표시하려 할 때, [D2] 셀에 들어갈 수식으로 옳은 것은?

보기

	A	B	C	D
1	번호	품명	단가	할인
2	1	복숭아	₩800	
3	2	토마토	₩400	
4	3	자몽	₩1,200	
5	4	라임	₩700	
6	5	사과	₩750	
7	6	레몬	₩400	

조건

- △(범위1,조건,범위2) : 범위1에서 조건을 충족하는 셀과 같은 행에 있는 범위2 셀의 평균을 구하는 함수
- ▲(조건,인수1,인수2) : 조건이 참이면 인수1, 그 외에는 인수2를 반환하는 함수
- ■(셀1) : 셀1이 홀수이면 참을 반환하는 함수
- ♡(셀1) : 셀1이 짝수이면 참을 반환하는 함수
- ☆(셀1, x) : 셀1을 x로 나눈 나머지를 반환하는 함수

① = ▲(■(A2), "30% 할인", "20% 할인")
② = ▲(♡(A2), "30% 할인", "20% 할인")
③ = △(B2:B7, "복숭아", C2:C7)
④ = ▲(■(A2), "20% 할인", "30% 할인")

02 다음 〈보기〉는 한 전자제품 가게의 고객클레임을 정리한 자료이다. 직원인 우진씨는 클레임 사유 중 '지연'이 원인이 된 경우가 몇 건인지 알고 싶다. 함수를 〈조건〉과 같이 정의할 때, 우진씨가 사용할 수식으로 옳은 것은?

보기

	A	B	C
1	고객명	성별	클레임 사유
2	권사랑	여	약속 불이행
3	강민석	남	약속 불이행
4	이정아	여	A/S 미흡
5	최우진	남	교환 지연
6	왕석진	남	배송 지연
7	이봄	여	반품 지연 및 불친절

조건

- □(범위1,조건1,⋯) : 범위에서 조건을 충족하는 셀의 개수를 세는 함수
- ○(셀1,x) : 셀1 안의 문자열을 오른쪽으로부터 x만큼 문자를 반환하는 함수
- ♤(조건,인수1,인수2) : 조건이 참이면 인수1, 그 외에는 인수2를 반환하는 함수
- ◇(조건,인수1,인수2) : 조건이 참이면 인수2, 그 외에는 인수1을 반환하는 함수

① =□(C2:C7,"*지연*")
② =□(C2:C7,"지연*")
③ =○(C2,2)
④ =♤(○(C2,2)="지연","+1"," ")

03 다음 〈보기〉는 한 과일가게의 제품배송현황에 대한 자료이다. 10월 영업을 마친 과일가게는 '배송현황' 열에 11월 전의 목록은 '완료'로, 11월 목록은 공백으로 표시하고 싶다. 함수를 〈조건〉과 같이 정의할 때, 사용할 수식으로 옳은 것은?

보기

	A	B	C	D
1	일자	제품	수량	배송현황
2	2021-09-21	복숭아(3개입)	4	완료
3	2021-10-22	딸기(1박스)	7	완료
4	2021-10-30	사과(7개입)	2	완료
5	2021-11-01	바나나(1묶음)	6	
6	2021-11-03	자몽(8개입)	4	
7	2021-11-11	라임(3개입)	8	

조건

- △(범위1, 조건, 범위2) : 범위1에서 조건을 충족하는 셀과 같은 행에 있는 범위2 셀의 평균을 구하는 함수
- ▲(조건, 인수1, 인수2) : 조건이 참이면 인수1, 그 외에는 인수2를 반환하는 함수
- ☆(셀1) : 셀1의 날짜값 중 '일(日)'을 반환하는 함수
- ■(셀1) : 셀1의 날짜값 중 '년(年)'을 반환하는 함수
- ♡(셀1) : 셀1의 날짜값 중 '월(月)'을 반환하는 함수

① =△(A2:A7, ">2021-10-30", C2:C7)
② =▲(♡(A2)>11, "완료", " ")
③ =▲(♡(A2)<11, "완료", " ")
④ =▲(■(A2)<11, "완료", " ")

04 다음 〈보기〉는 우철이가 만든 스터디모임 회원들의 모의평가 성적이다. 함수를 〈조건〉과 같이 정의할 때, 〈보기〉에 대한 설명으로 옳지 않은 것은?

보기

	A	B	C	D	E	F
1	이름	국어	수학	영어	평균	
2	심우철	87	87	90	88	
3	박혜린	92	73	92	85.66667	
4	김은혜	76	92	85	84.33333	
5	이철승	89	95	92	92	
6	운무혁	95	72	88	85	

조건

- ■(셀1,셀2,…) : 셀의 평균을 구하는 함수
- □(셀1,범위,정렬 기준) : 정렬 기준으로 범위를 정렬했을 때, 셀1이 몇 위를 차지하는지 구하는 함수(정렬 기준 : 오름차순 – 1, 내림차순 – 0 또는 생략)
- △(셀1,x) : 셀1을 x자리에서 반올림하는 함수
- ▽(셀1,x) : 셀1을 x자리에서 내림하는 함수

① 회원들의 전체 평균을 구하는 수식은 ＝■(B2:D6)이다.
② 혜린의 평균을 소수점 셋째 자리에서 반올림하여 표시하는 수식은 ＝△(E3,3)이다.
③ [F2:F6]에 평균이 높은 순으로 순위를 표시하려면 [F2]에 ＝□(E2,$E$2:$E$6,1)를 입력하고 [F6]까지 드래그하면 된다.
④ 은혜의 평균을 소수점 둘째 자리에서 내림하여 표시하는 수식은 ＝▽(E4,2)이다.

05 다음 〈보기〉는 이번 주 기온에 대한 정보이다. 함수를 〈조건〉과 같이 정의할 때, 일교차가 가장 큰 값을 구하는 수식으로 옳은 것은?

보기

	A	B	C
1	요일	최고기온	최저기온
2	월	12	1
3	화	11	2
4	수	7	3
5	목	9	2
6	금	6	1
7	토	10	3
8	일	9	2

조건

- ☆(범위1, 조건, 범위2) : 범위1에서 조건을 충족하는 셀과 같은 행에 있는 범위2 셀의 합을 구하는 함수
- ○(셀1, 셀2) : 셀1과 셀2의 차를 구하는 함수
- ▲(범위) : 범위에서 가장 큰 값을 구하는 함수
- ☆(범위) : 범위에서 가장 작은 값을 구하는 함수
- ♡(셀1, 셀2, ⋯) : 셀의 합을 구하는 함수

① = ☆(A2:A8, "월", C2:C8)

② = ○(B2, C2)

③ = ♡(B2, C2)

④ = ▲(B2:B8− C2:C8)

06 S학원 고등관의 등원 시간은 18시 정각이다. 학생들은 등원하면 출석 리더기에 학생증을 태그해야 하며, 이를 통해 출석이 인증된다. S학원의 출결 시스템의 순서도가 다음과 같을 때, 하원, 지은, 정석의 출결 상태가 바르게 짝지어진 것은?

〈순서도 기호〉

기호	설명	기호	설명
	시작과 끝을 나타낸다.		어느 것을 택할 것인지를 판단한다.
	데이터를 입력하거나 계산하는 등의 처리를 한다.		선택한 값을 인쇄한다.

보기

구분	태그 시간	지각 사유	결석 사유
하원	18:03	×	×
지은	18:13	○	○
정석	18:21	×	×

	하원	지은	정석
①	경고&출석	출석 인정	결석
②	경고&출석	출석 인정	출석 인정
③	출석	출석 인정	결석
④	출석	결석	출석 인정

07 1차 필기에서 90점 이상 맞으면 2차 필기가 면제되고 바로 실기를 보는 자격증 시험이 있다. 자격증 시험의 2차 필기 응시자 수와 실기 응시자 수를 구하는 순서도가 다음과 같을 때, ⓐ, ⓑ에 들어갈 내용끼리 바르게 짝지어진 것은?

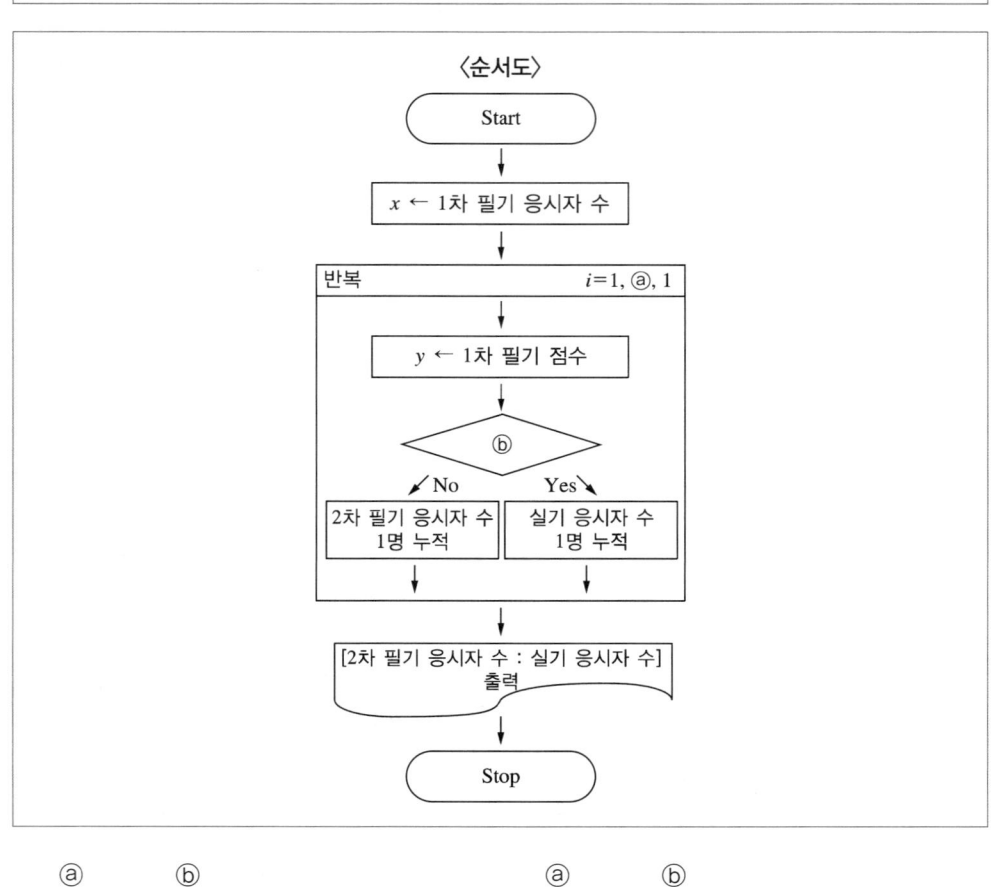

	ⓐ	ⓑ			ⓐ	ⓑ
①	x	$y = 90$		②	x	$y \geq 90$
③	y	$x \leq 90$		④	y	$y \geq 90$

08 한영이는 독후감 숙제용 책을 빌리러 도서관에 왔다. 숙제는 '2022년 초등학생이 꼭 읽어야 할 도서 100' 중 1권을 골라 감상문을 작성해 제출하는 것이다. 관련 순서도가 다음과 같을 때, 현영이는 최소 몇 분간 도서관에 머물러야 하는가?(단, 도서관에는 '2022년 초등학생이 꼭 읽어야 할 도서 100'이 모두 구비되어 있으며, 한영이가 찾는 도서는 '대출 가능' 상태이다)

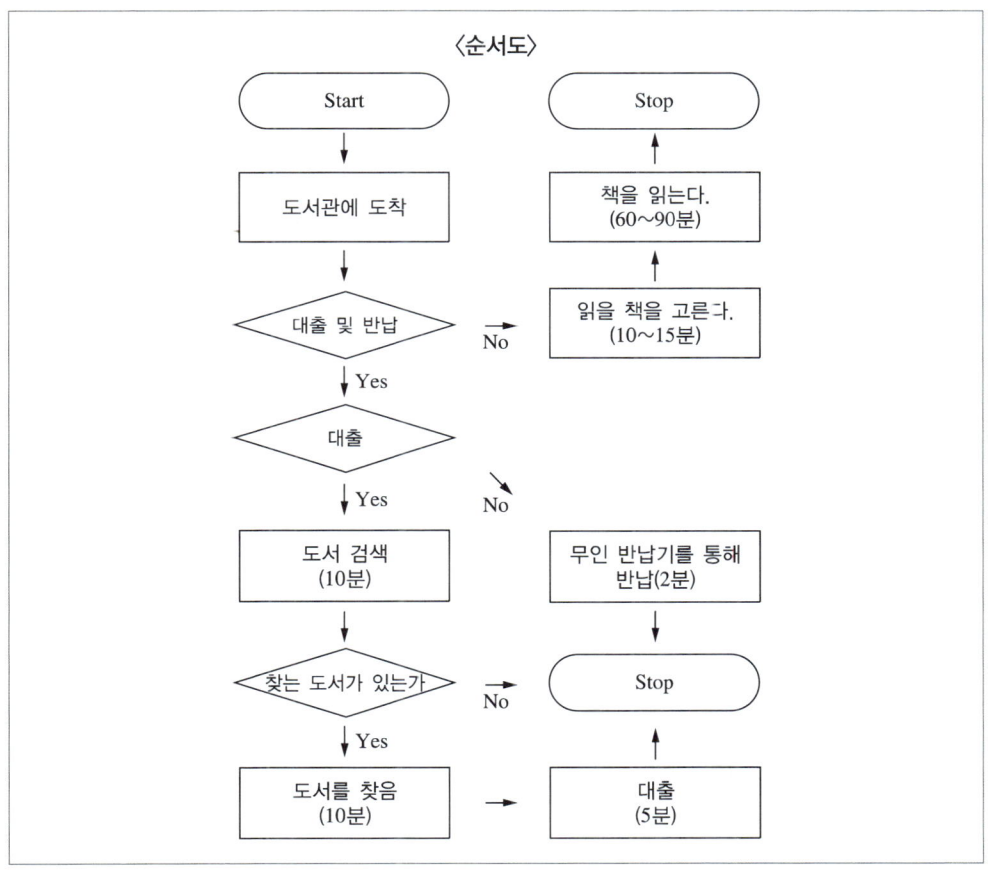

① 2분
② 10분
③ 25분
④ 70분

※ 다음 시나리오를 읽고 이어지는 질문에 답하시오. [9~11]

상황 : S은행 내부

고객들이 너무 많아 어수선하다. 고객들의 잡담 소리에 직원들의 소리는 파묻히고 있다.

A사원 : (띵동 소리와 함께) 60번 고객님! 60번 고객님? (주변을 둘러보며) 60번 고객님 안 계실까요? (띵동 소리가 다시 난다) 61번 고객님, 2번 창구에서 도와드리겠습니다.

P고객이 2번 창구로 부리나케 온다.

A사원 : (상냥하게) 안녕하세요. 61번 고객님이신가요?
P고객 : (주저하며) 네……. 네. 근데 제가 번호표를 잃어버렸나보네요……. 안 보이네.
A사원 : (난처해하며) 아, 그럼 다시 뽑으셔야 하는데…….
P고객 : (황당해하며) 아니, 다시 뽑으면, (주위를 가리키며) 저렇게 사람이 많은데 맨 뒤로 가라고? 나 한 시간 전에 왔어요. 지금 뽑으면 또 한 시간 기다려야 된다는 거예요?
A사원 : (체념하며) 아……. 네. 고객님 이번만 넘어가 드립니다. 다음엔 꼭 부탁드려요.
P고객 : (고마워하며) 아이고. 아가씨가 참 착하지 그래. (서류를 밀며) 저기 나 이거 적금 좀 해약해줘요. 급하게 쓸데가 생겨가지고.
A사원 : (서류를 보며) 음, 그럼 최저이율이 적용되시는데 괜찮으실까요?
P고객 : 어쩔 수 없지 뭐. 빨리 해줘요~ 주차장이 꽉 차서 길거리에 차 정차해놓아서 빨리 빼야 해서 그래요.

A사원이 P고객의 업무를 보고 있다. 갑자기 Q고객이 다가온다.

Q고객 : (의아해하며) 아니, 지금 61번 차례 아닌가요? (2번 창구 위 전광판을 가리키며) 지금 61이라고 표시되어 있는데?
A사원 : (당황하며) 네. 지금 61번 고객님 차례라 업무 중인데, 무슨 일이실까요?
Q고객 : (황당해하며) 네? 내가 61번인데, 무슨 말 하시는 거예요. (번호표를 보여주며) 이것 봐요. 내가 61번이라니까?
A사원 : (P고객을 바라보며) 고객님, 아까 61번이라 하시지 않았어요?
P고객 : (뻔뻔하게) 아, 아. 내가 착각했나 보네. 61번 고객이 안 와서 내가 62번이거든. 그래서 왔지. 이미 내 업무 보고 있으니, 저 아줌마는 늦게 왔으니까 나하고 그 다음에 해줘요. 알겠죠?
Q고객 : (P고객의 어깨를 치며) 이봐요. 지금 뭐라고 했어요? 아줌마요? 내가 어딜 봐서 아줌마예요. 아직 결혼도 안 했는데. (화를 낸다) 아니 이 아줌마가 진짜! 아줌마 너무 뻔뻔한 거 아니에요? 비키시라고요. 새치기하면 다인가요? (다 들리게 혼잣말로) 나이를 어디로 처먹은 거야 정말.
P고객 : (일어서며 Q고객을 밀친다) 아니, 내 눈엔 당신이 아줌마처럼 보이는데 뭐가 잘못되었는데? 아니, 그리고 61번이면 61번 부르자마자 와야지 당신이 안 와서 내가 먼저 왔는데. 빨리 오지 그랬어요? 뒤에 사람은 생각도 안하나 정말? 당신 같은 사람 때문에 시간이 지체되는 거야. 알긴 알아? 싸가지 보니까 뭘 알겠어. 어휴.
A사원 : (두 사람을 말리며) 아, 저 고객님. 죄송합니다. 제가 확인을 제대로 했어야 했는데, 죄송합니다. 두 분 이렇게 싸우시지 마시…….

어떤 할머니가 2번 창구로 번호표를 가지고 다가와 멀뚱멀뚱하게 서 계신다.

A사원 : (할머니를 발견하고) 저, 고객님, 무슨 일이신가요?
할머니 : 아, 저……. 내가 화장실을 갔다 왔는데 사람이 너무 많아서…… 한참을 기다렸다가 갔다 왔는데, 내가 허리도 아프고 다리도 아파서…… 오래 걸렸나보네…… (번호표를 내밀며) 60번은 지났는가 그래? 어쩌지……

2번 창구의 소란이 B사원이 다가온다.

B사원 : A사원, 무슨 일 있어요?
A사원 : (난처해하며) 아……. 그게…….

09 다음 중 위 상황에서 가장 효율적인 고객 업무 처리순서는?

① 60번(할머니) – 61번(Q고객) – 62번(P고객)
② 61번(Q고객) – 60번(할머니) – 62번(P고객)
③ 62번(P고객) – 60번(할머니) – 61번(Q고객)
④ 62번(P고객) – 61번(Q고객) – 60번(할머니)

10 다음 중 위 상황에서 A사원이 가장 먼저 했어야 할 대처는?

① P고객에게 단호하게 주의를 드리고 순서를 기다리라고 한다.
② 할머니께 번호가 지났으니 다시 번호표를 뽑아야 한다고 안내한다.
③ Q고객에게 P고객의 업무를 마저 끝내고 해드리겠다고 양해를 구한다.
④ 자신은 이미 진행 중인 P고객의 업무를 하고, B사원에게 Q고객의 업무를 부탁한다.

11 다음 중 이러한 상황이 재발하지 않기 위해 S은행에서 진행해야 할 프로세스는?

① 번호표 제도를 없애고, 출입한 순서대로 좌석에 앉도록 좌석의 순서를 배치한다.
② 보조창구를 배치해서 순서가 지난 번호표를 소지한 고객들의 업무를 처리하도록 한다.
③ 반드시 번호표를 확인하며, 번호표가 없거나 이미 순서가 지난 번호표를 소지한 고객의 업무는 진행하지 않는다.
④ 은행 직원 목소리가 아닌 전체 방송을 통해 번호를 호명하여, 은행 내부를 포함한 화장실까지도 번호 안내가 가능하도록 한다.

CHAPTER 07 | 2020년 기출복원문제

정답 및 해설 p.033

※ 2020년에는 NCS 직업기초능력평가만 출제되었습니다.

01 다음 중 '다른 사람의 위대함을 보고 자신의 미흡함을 부끄러워함'이라는 뜻의 한자성어는?

① 만시지탄(晩時之歎)
② 풍수지탄(風樹之歎)
③ 망양지탄(望洋之歎)
④ 맥수지탄(麥秀之歎)

02 다음 중 외래어 표기법으로 옳지 않은 것은?

① sickness → 식니스
② bookend → 북엔드
③ leadership → 리더십
④ lobster → 로브스터

※ 다음 글을 읽고 이어지는 질문에 답하시오. [3~4]

기존의 경제 이론에 의하면 같은 양의 노동과 자본을 투입하고, 같은 생산 기술을 사용하는 두 기업의 생산량은 똑같아야 한다. 다시 말해서 두 기업이 동일한 생산 기술을 채택하고 있는 한, 생산 요소에서 나오는 생산성은 서로 다를 수 없다는 것이다. 그러나 실제 현실에서는 생산 기술 등의 외형적 조건에는 아무런 차이가 없는 기업들 간에도 막상 생산성에서는 큰 차이를 보이는 경우가 흔하다. 즉, 기존의 이론으로는 설명할 수 없는 이유로 한 기업이 다른 기업보다 더 생산적 혹은 더 효율적이 되는 현상을 종종 발견하게 된다.

(가) 경제학에서 생산 과정이 효율적이라고 할 때는 대개 노동과 자본 같은 생산 요소가 적절한 비율로 결합되어 투입된 상태를 의미한다. 경제학을 공부하는 사람들이 효율성이라는 말을 쓸 때는 대개 이처럼 교과서적으로 정의된 개념을 염두에 둔다. 그런데 문제는 반드시 이 효율성의 조건을 충족시키는 것만이 최대한의 효율성을 도출해 내는 것은 아니라는 데 있다.

(나) 한 기업 내의 생산 과정을 자세히 들여다보면, 이처럼 겉으로는 잘 드러나지 않지만 실제로 생산성에 중요한 영향을 미치고 있는 요인들이 구석구석에 존재하고 있음을 발견하게 된다. 기업이 치열한 경쟁에서 살아남기 위해서는 구석구석을 뒤져 이 덤의 효율성까지 최대한으로 활용하지 않으면 안 된다. 따라서 훌륭한 경영자란 근로자들로 하여금 신바람이 나서 일할 수 있게 해 줌으로써 X-효율성을 극대화할 수 있는 사람이라고 할 수 있다.

(다) 이 사례에서 보는 바와 같이 전통적인 이론에서 규정하고 있는 효율성의 개념과는 다른 성격의 효율성이 현실의 경제에 엄연히 존재하고 있는데, 이를 흔히 'X-효율성(X-efficiency)'이라고 부른다. 기존의 전통적인 이론에서 규정하는 효율성이 근로자들이 열성적으로 일해 생긴 효율성이라면, 이는 어떤 의미에서 보면 덤(Extra)으로 존재하는 효율성이라고 할 수 있다.

(라) 같은 산업 내에 규모가 같은 A와 B 두 기업이 있다고 하자. 이 두 기업은 생산 과정에 노동과 자본이 2 : 1의 비율로 투입되는 것이 효율적이라는 사실을 알고 이 비율을 충실히 지키고 있다. 그런데 어떤 외부 인사가 두 기업을 돌아본 결과, A기업에서는 모두가 신바람이 나서 일하는 반면에 B기업에서는 전부 퉁퉁 부은 얼굴로 마지못해 일에 매달려 있는 것을 발견하였다. 상식적으로 판단해 볼 때, 이 두 기업 중 어느 쪽의 생산성이 더 높을 것인지는 너무나도 분명하다. 그러므로 B기업은 교과서적인 의미의 효율성을 위한 조건은 충족시켰지만, 최대한의 효율성을 달성하는 데는 실패한 셈이다.

03 다음 중 윗글의 (가) ~ (라) 문단을 논리적 순서대로 바르게 나열한 것은?

① (가) – (다) – (라) – (나)
② (가) – (라) – (다) – (나)
③ (나) – (가) – (라) – (다)
④ (나) – (다) – (라) – (가)

04 다음 중 윗글의 내용으로 가장 적절한 것은?

① 경제 이론과 달리 현실에서는 생산 요소와 생산 기술이 동일한 기업 간의 생산성 차이가 드물게 나타난다.
② 기업의 생산 과정에 적절한 비율의 노동과 자본이 투입된다면 최대의 효율성을 도출할 수 있다.
③ 전통적 이론에서 규정한 효율성은 실제 현실에서 근로자들의 열성적 노동에 의해 X-효율성으로 표출된다.
④ 기업의 생산 과정에는 겉으로 드러나지 않지만, 실제 생산성에 중요한 영향을 미치는 요인이 존재한다.

※ 다음 글을 읽고 이어지는 질문에 답하시오. [5~6]

신용 상태가 우수한 개인이나 기업이 사용하는 새로운 형태의 화폐 신용카드는 자신의 경제 능력을 초과하는 무분별한 소비로 인해 파산이나 사기 등의 범죄를 낳는 불씨가 되기도 한다. 카드빚을 갚기 위해 저질러지는 각종 범죄로 인해 신용카드의 무분별한 사용은 단순한 개인의 빚 차원을 넘어 사회 문제로까지 대두되고 있다.

해가 지날수록 신용카드 발행 수는 늘어나고 있으며, 신용카드 사용이 활성화됨에 따라 우리 사회에는 많은 변화가 일어나고 있다. 긍정적인 면을 보면 사람들 간의 거래가 투명하게 노출됨으로써 신용 사회를 정착시키는 데 크게 일조하였다. 세원(稅源) 노출을 통한 세수(稅收) 확대와 더불어 과거에는 드러나지 않았던 음성적인 거래가 세수로 잡히는 결과를 낳은 것이다. 또 국내 소비를 늘려 경기 활성화에 기여하기도 하였다. 그러나 신용카드 사용이 보편화되면서 신용불량자의 양산이라는 문제를 낳고 있다. 전체 신용불량자 가운데 44.5%에 해당하는 사람이 신용카드 불량자이며, 신용카드 관련 신용불량자는 꾸준히 늘고 있는 추세이다. 또한 신용카드 회사 간의 치열한 경쟁은 무심사 카드 발급과 미성년자 카드 발급으로 이어져 더 큰 문제가 되고 있다.

이런 부정적인 문제가 발생하는 이유를 경제학적 관점에서 살펴보면, 첫 번째는 ㉠ 정보의 비대칭성으로 설명할 수 있다. 신용카드를 신규 발급할 때 신용카드 회사는 가입 희망자의 신용 상태를 정확히 알지 못하지만, 가입 희망자는 자신의 경제력과 신용을 가장 잘 알고 있으며, 대부분 자신이 실제보다 더 신용이 있는 사람이라고 거짓말을 하는 경향을 보인다. 그러므로 신용카드 회사는 신용카드 가입자가 신용을 지킬 수 있는 사람인가에 대한 정보를 알아내려는 노력을 철저히 해야 한다. 그러나 신용카드 회원 수를 늘리려는 신용카드 회사 간의 과당경쟁 분위기 속에서 이러한 기본적인 노력이 제대로 이루어지지 않고 있다. 신용카드를 한 장 발행할 때 드는 비용과 그것으로 인해 얻는 수입을 비교했을 때, 후자가 더 많기 때문이다.

두 번째로는 가입자들의 무분별한 가입 행위를 지적할 수 있다. 대부분의 가입자는 미래 소득을 담보로 현재 소비 지출을 하려는 심리에서 신용카드를 사용하게 된다. 미래 소득이 확실하지 않다면 현재의 소비를 낮추어야 하는데, 그렇지 못한 사람은 결국 빚을 지게 된다.

신용불량자의 양산은 신용카드 회사가 신용불량자가 될 소지가 있는 사람을 사전에 골라내는 제도를 마련했다면 막을 수 있었을 것이다. 또한 신용카드의 무분별한 발급을 정부가 규제했더라면, 또 개인도 자신의 예산 범위 내에서 합리적으로 소비했더라면 신용불량자의 수를 줄일 수 있었을 것이다. 어느 경제학자는 "시장에서 합리적이고 이기적인 인간의 행동만이 경제를 발전시킨다는 이전의 경제학은 일부만 옳다. 이제 중요한 것은 관습, 도덕, 협동심 같은 사회 구성원 간의 신뢰이다."라고 주장한 바 있다. 신용카드의 남발은 바로 사회의 신뢰를 깨는 일이므로 신용카드 회사뿐만 아니라 정부와 개인이 모두 적극적으로 막아야 한다.

05 다음 중 윗글에 사용된 표현 방식으로 적절하지 않은 것은?

① 양면성을 지닌 대상의 부정적 측면을 강조한다.
② 권위 있는 학자의 주장을 인용하여 자신의 주장을 뒷받침한다.
③ 자신의 경험을 바탕으로 현상의 원인을 분석한다.
④ 현상의 문제점을 분석하고, 이에 대한 해결방안을 제시한다.

06 다음 중 밑줄 친 ㉠의 사례에 해당하는 것을 〈보기〉에서 모두 고르면?

보기
ㄱ. 메일함이 일방적으로 전송되는 상업 목적의 정크 메일로 가득 차 업무와 관련된 중요 메일을 받지 못하고 있다.
ㄴ. 중고차 시장에서 소비자는 중고차의 성능에 대해 정확히 알 수 없으므로 가격에 비해 낮은 품질의 중고차를 구매하게 된다.
ㄷ. 고전소설 토끼전을 보면 용왕은 간을 육지에 두고 왔다는 토끼의 말을 믿고 토끼를 육지로 돌려보낸다.
ㄹ. 상품에 대한 지나친 설명은 오히려 구매자에게 부담이 될 수 있으며, 구석력 저하로 인해 구매를 결정하지 못하는 결정장애를 유발하기도 한다.

① ㄱ, ㄷ
② ㄱ, ㄹ
③ ㄴ, ㄷ
④ ㄴ, ㄹ

※ 다음 글을 읽고 이어지는 질문에 답하시오. [7~8]

시장에서 소비자가 상품을 구매하는 것은 해당 재화를 통해 만족감을 얻기 위해서이다. 이 만족감은 소비자가 해당 상품에 부여한 가치이며, 이를 위해 소비자는 일정한 금액을 지불할 용의가 있다. 그런데 소비자와 생산자의 수요와 공급에 의해 결정된 시장 가격(균형 가격)은 일반적으로 소비자가 지불할 용의가 있는 금액과 차이가 있다. 소비자가 만족감을 얻기 위해 해당 상품에 대해 지불할 용의가 있는 금액에서 실제로 지불한 가격을 빼면 그 구매에서 소비자가 얻는 이득이 되는데 이를 소비자잉여라고 한다.

예를 들어 A라는 장난감을 구매하기 위해 갑, 을, 병, 정 네 사람이 시장에 갔다고 하자. 장난감을 구매하는 데 갑은 1만 원, 을은 8천 원, 병은 7천 원, 정은 5천 원을 지불할 용의가 있다. 그런데 장난감의 시장 가격이 7천 원일 경우 소비자잉여는 어떻게 될까?

갑, 을, 병은 장난감의 시장 가격이 본인들이 지불할 용의가 있는 금액보다 같거나 낮기 때문에 장난감을 구매할 것이고, 정은 구매를 포기할 것이다. 이때 갑은 3천 원의 소비자잉여가 발생하고, 을은 1천 원의 소비자잉여가 발생한다. 그리고 병은 지불할 용의가 있는 금액과 장난감의 시장 가격이 같기 때문에 소비자잉여는 발생하지 않는다. 따라서 소비자잉여의 합은 4천 원이 되는 것이다.

소비자잉여와 대응되는 개념으로 생산자잉여가 있다. 생산자잉여는 생산자가 상품을 판매하고 실제로 받은 금액 중 최소한 받아야 하겠다고 생각하는 금액을 초과하는 부분을 뜻한다. 즉, 생산자잉여는 생산자가 시장에서 실제로 받은 금액에서 생산자가 최소한 받아야 하겠다고 생각하는 금액을 뺀 것과 같다.

소비자잉여와 생산자잉여를 합친 것을 총잉여라고 한다. 그런데 소비자잉여가 발생하는 과정에서 소비자가 실제로 지불한 금액과 생산자잉여가 발생하는 과정에서 생산자가 실제로 받은 금액은 동일하기 때문에 총잉여는 소비자가 부여한 가치에서 생산자가 최소한 받아야 하겠다고 생각하는 금액을 뺀 것과 같다.

07 다음 중 윗글의 내용을 참고하여 〈보기〉를 정리할 때 가장 적절한 것은?

> 보기
> • 최대 지불 용의 금액 : WTP(Willingness To Pay)
> • 최소 판매 용의 금액 : WTS(Willingess To Sell)
> • 실제 지불 금액 : P(Price)
> • 소비자잉여 : CS(Consumer's Surplus)
> • 생산자잉여 : PS(Producer's Surplus)
> • 총잉여 : TS(Total Surplus)

① CS = WTP − P
② PS = WTS − P
③ TS = CS − PS
④ TS = WTS − WTP

08 다음 중 A장난감의 시장 가격이 5천 원으로 하락할 경우 소비자잉여의 합은?

① 0원
② 5천 원
③ 8천 원
④ 1만 원

09 다음 명제가 모두 참일 때, 항상 참이 아닌 것은?

- 적극적인 사람은 활동량이 많다.
- 잘 다치지 않는 사람은 활동량이 많지 않다.
- 활동량이 많으면 면역력이 강화된다.
- 적극적이지 않은 사람은 영양제를 챙겨먹는다.

① 적극적인 사람은 잘 다친다.
② 적극적인 사람은 면역력이 강화된다.
③ 영양제를 챙겨먹으면 면역력이 강화된다.
④ 잘 다치지 않는 사람은 영양제를 챙겨먹는다.

10 S사의 영업1팀은 강팀장, 김대리, 이대리, 박사원, 유사원으로 이루어져 있었으나 최근 인사이동으로 인해 팀원 구성에 변화가 일어났고, 자리를 새롭게 배치하려고 한다. 다음 〈조건〉에 따라 배치할 때, 항상 참인 것은?

조건
- 영업1팀의 김대리는 영업2팀의 팀장으로 승진하였다.
- 이번 달 영업1팀에 김사원과 이사원이 새로 입사하였다.
- 같은 팀의 자리는 일렬로 위치해 있으며, 영업1팀은 영업2팀과 마주하고 있다.
- 자리의 가장 안쪽 옆은 벽이며, 반대편 끝자리의 옆은 복도이다.
- 각 팀의 팀장은 가장 안쪽인 왼쪽 끝에 앉는다.
- 이대리는 영업2팀 김팀장의 대각선으로 가장 가까운 자리에 앉는다.
- 박사원의 양옆은 신입사원이 앉는다.
- 김사원의 자리는 이사원의 자리보다 왼쪽에 있다.

① 유사원과 이대리는 서로 인접한다.
② 박사원의 자리는 유사원의 자리보다 왼쪽에 있다.
③ 이사원의 양옆 중 한쪽은 복도이다.
④ 이대리는 강팀장과 서로 인접한다.

11 S사의 임직원들은 출장지에서 묵을 방을 배정받고자 한다. 출장 인원은 대표를 포함한 10명이며, 그중 6명은 숙소 배정표와 같이 미리 배정되었다. 생산팀 장과장, 인사팀 유과장, 총무팀 박부장, 대표 4명이 다음 〈조건〉에 따라 방을 배정받아야 할 때, 항상 참이 아닌 것은?

조건
- 같은 직급은 옆방으로 배정하지 않는다.
- 마주보는 방은 같은 부서 임직원이 배정받을 수 없다.
- 대표의 옆방은 부장만 배정받을 수 있다.
- 빈방은 나란히 있거나 마주보지 않는다.

〈숙소 배정표〉

101호 인사팀 최부장	102호	103호 생산팀 강차장	104호	105호	106호 생산팀 이사원
복도					
112호 관리팀 김부장	111호	110호	109호 총무팀 이대리	108호 인사팀 한사원	107호

① 인사팀 유과장은 105호에 배정받을 수 없다.
② 104호는 아무도 배정받지 않을 수 있다.
③ 111호에는 생산팀 장과장이 묵는다.
④ 총무팀 박부장은 110호에 배정받는다.

12 귀하의 회사에서 한 제품을 개발하여 중국시장에 진출하고자 한다. 귀하의 상사가 3C 분석 결과를 건네며, 사업 계획에 반영하고 향후 해결해야 할 회사의 전략 과제가 무엇인지 정리하여 보고하라는 지시를 내렸다. 다음 중 회사에서 해결해야 할 전략 과제로 적절하지 않은 것은?

〈3C 분석 결과〉

Customer	Competitor	Company
• 전반적인 중국시장은 매년 10% 성장 • 중국시장 내 제품의 규모는 급성장 중임 • 20 ~ 30대 젊은 층이 중심 • 온라인 구매가 약 80% 이상 • 인간공학 지향	• 중국기업들의 압도적인 시장점유 • 중국기업들 간의 치열한 가격경쟁 • A/S 및 사후관리 취약 • 생산 및 유통망 노하우 보유	• 국내시장 점유율 1위 • A/S 등 고객서비스 부문 우수 • 해외 판매망 취약 • 온라인 구매시스템 미흡(보안, 편의 등) • 높은 생산원가 구조 • 높은 기술개발력

① 중국시장의 판매유통망 구축
② 온라인 구매시스템 강화
③ 고객서비스 부문 강화
④ 원가 절감을 통한 가격 경쟁력 강화

13 다음은 미용실에 대한 SWOT 분석 결과이다. 이를 보고 적절한 대응 방안을 고르면?

〈SWOT 분석 결과〉

S(강점)	W(약점)
• 뛰어난 실력으로 미용대회에서 여러 번 우승한 경험이 있다. • 인건비가 들지 않아 비교적 저렴한 가격에 서비스를 제공한다.	• 한 명이 운영하는 가게라 동시에 많은 손님을 받을 수 없다. • 홍보가 미흡하다.
O(기회)	T(위협)
• 바로 옆에 유명한 프랜차이즈 레스토랑이 생겼다. • 미용실을 위한 소셜 네트워크 예약 서비스가 등장했다.	• 소셜 커머스를 활용하여 주변 미용실들이 열띤 가격경쟁을 펼치고 있다. • 대규모 프랜차이즈 미용실들이 잇따라 등장하고 있다.

① ST전략 : 여러 번 대회에서 우승한 경험을 가지고 가맹점을 낸다.
② WT전략 : 여러 명의 직원을 고용해 오히려 가격을 올리는 고급화 전략을 펼친다.
③ SO전략 : 소셜 네트워크 예약 서비스를 이용해 방문한 사람들에게만 저렴한 가격에 서비스를 제공한다.
④ WO전략 : 유명한 프랜차이즈 레스토랑과 연계하여 홍보물을 비치한다.

14 A빵집과 B빵집은 서로 마주보고 있는 경쟁업체이다. 인근상권에는 두 업체만 있으며, 각 매장에 하루 평균 100명의 고객이 방문한다. 고객은 가격변동에 따른 다른 매장으로의 이동은 있으나 이탈은 없다. 두 빵집이 서로 협상할 수 없는 조건이라고 할 때, 다음 중 옳지 않은 것은?

〈A빵집 및 B빵집 고객 방문 추이〉

B빵집 \ A빵집	인상	유지	인하
인상	(20%, 20%)	(30%, −20%)	(45%, −70%)
유지	(−20%, 30%)	(0%, 0%)	(10%, −30%)
인하	(−70%, 45%)	(−30%, 10%)	(−20%, −20%)

※ 괄호 안의 숫자는 A빵집과 B빵집의 매출증가율을 의미 함(A빵집 매출증가율, B빵집 매출증가율)
※ 가격의 인상폭과 인하폭은 동일함

① A빵집과 B빵집 모두 가격을 유지할 가능성이 높다.
② A빵집이 가격을 인상할 때, B빵집이 가격을 유지한다면 A빵집은 손해를 입게 된다.
③ A빵집이 가격을 인상할 때, B빵집은 가격을 유지하는 것보다 인하하는 것이 더 큰 이익을 얻을 수 있다.
④ A빵집이 가격을 유지할 때, B빵집이 가격을 인상한다면 B빵집은 손해를 입게 된다.

15 다음은 S기업의 경영 상황에 대한 설명이다. 이러한 상황적 특성을 고려할 때, S기업에게 가장 효과적인 마케팅 기법은?

> 화장품 제조업체인 S기업은 최근 5년간 자사 이용고객 중 일부 계층에 매출이 집중된 것을 확인하였다. 20~50대에 이르는 남성 및 여성 고객층 중 30대 여성이 발생시키는 매출이 전체 매출의 55%를 차지한다는 것이 소비 데이터 분석결과 밝혀진 것이다. S기업은 이를 토대로 영업이익을 극대화하기 위한 마케팅 전략을 구상 중에 있다.

① 코즈 마케팅   ② 퍼포먼스 마케팅
③ 니치 마케팅   ④ DB 마케팅

16 매일 하루에 한 번 어항에 자동으로 먹이를 주는 기계가 다음과 같이 먹이를 준다. 당일에 줄 먹이의 무게가 0이 되는 날은 먹이를 준 지 13일 차였을 때, 12일 차까지 준 먹이의 무게의 합은?(단, m은 자연수이고, 1일 차는 홀수일이다)

> ㄱ. 첫날 어항에 준 먹이의 무게는 $3m\,\text{kg}$이다.
> ㄴ. 당일에 줄 먹이의 무게는 전날이 홀수일인 경우, 전날 먹이의 무게에 1kg을 더한다.
> ㄷ. 당일에 줄 먹이의 무게는 전날이 짝수일인 경우, 전날 먹이의 무게에서 2kg을 뺀다.

① 46kg   ② 47kg
③ 48kg   ④ 49kg

17 영희는 땅따먹기 놀이에서 다음과 같이 삼각형 모양의 땅을 만들었다. 영희의 땅 모양이 다음과 같으며, 넓이가 $3\sqrt{2}\,\text{cm}^2$일 때, 각도 θ의 크기는?

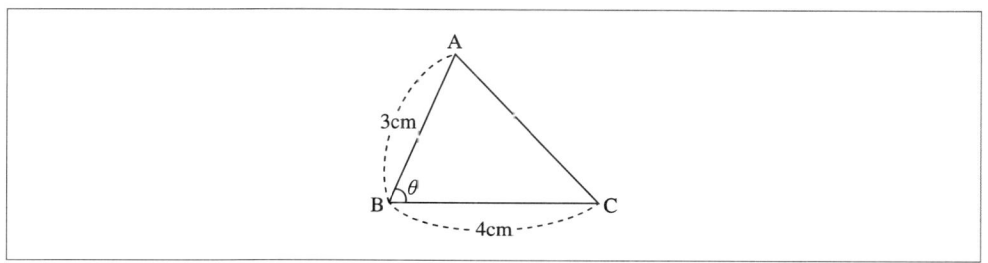

① $\dfrac{\pi}{6}$ ② 1

③ $\dfrac{\pi}{4}$ ④ $\dfrac{2\pi}{3}$

18 a, b, c가 1보다 큰 세 실수이며 $\log_a c : \log_b c = 4 : 1$이라고 할 때, $\log_a b$의 값은?

① 1 ② $\dfrac{3}{2}$

③ 2 ④ 4

19 백화점에서 함께 쇼핑을 한 A~D 4명은 일정 금액 이상 구매 시 추첨을 통해 경품을 제공하는 백화점 이벤트에 응모하였다. 얼마 후 당첨자가 발표되었고, A~D 중 1명이 1등에 당첨되었다. 다음 A~D의 대화에서 1명이 거짓말을 한다고 할 때, 1등 당첨자는?

- A : C는 1등이 아닌 3등에 당첨됐어.
- B : D가 1등에 당첨됐고, 나는 2등에 당첨됐어.
- C : A가 1등에 당첨됐어.
- D : C의 말은 거짓이야.

① A
② B
③ C
④ D

20 6개 축구팀의 경기 대진표가 다음과 같을 때, 토너먼트 경기가 가능한 경우의 수는?

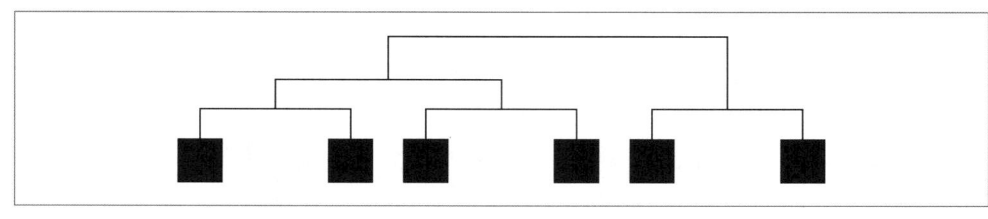

① 16가지
② 36가지
③ 45가지
④ 52가지

21 철수는 이달 초 가격이 30만 원인 에어프라이어를 할부로 구매하였다. 이달 말부터 매달 일정한 금액을 12개월에 걸쳐 갚는다면, 매달 얼마씩 갚아야 하는가?(단, $1.015^{12} = 1.2$, 월이율은 1.5%, 1개월마다 복리로 계산한다)

① 18,000원
② 20,000원
③ 25,000원
④ 27,000원

22 다음 요금표를 기준으로 한 달에 400kWh를 사용했을 때의 전기요금은?

〈주택용 전력(저압) 전기요금표〉

기본요금(원/호)		전력량요금(원/kWh)	
200kWh 이하 사용	910	처음 200kWh까지	93.3
201~400kWh 사용	1,600	다음 200kWh까지	187.9

※ 부가가치세는 총요금의 10%임
※ 국고금단수법에 의하 총합에서 10원 미만은 절사함

① 39,830원
② 56,970원
③ 57,660원
④ 63,620원

23 귀하는 국내 S은행 영업점에서 외환업무 전문상담원으로 근무하고 있다. 다음 환율표를 보고 귀하가 이해한 내용으로 옳지 않은 것은?

〈환율 전광판〉

(단위 : KRW)

구분	매매기준율	현찰		송금	
		사실 때	파실 때	보내실 때	받으실 때
USD	1,191.70	1,212.55	1,170.85	1,203.30	1,180.10
JPY100	1,052.00	1,070.41	1,033.59	1,062.30	1,041.70
EUR	1,344.71	1,362.18	1,317.96	1,358.15	1,331.27
CNY	182.10	194.84	173.00	183.92	180.28

※ 환전수수료 등 기타비용은 발생하지 않는다고 가정함

① 전신환율과 현찰환율 등 거래 환율을 정하는 데 중심이 되는 환율은 매매기준율이다.
② 고객이 은행에서 외화를 원화로 교환할 때에는 전광판의 '파실 때' 환율이 적용된다.
③ 고객이 여행비를 마련하기 위해 달러가 필요하다면, 1달러당 1,212.55원으로 은행에서 환전할 수 있다.
④ 고객이 보유하고 있는 위안화 ¥3,500을 은행에서 엔화로 환전하면, 약 ¥565.67을 받을 수 있다.

CHAPTER 08 | 2019년 하반기 기출복원문제

| 01 | NCS 직업기초능력평가

01 다음 글의 빈칸 ⊙, ⓒ에 들어갈 접속어가 바르게 짝지어진 것은?

> 일반적으로 공황발작이란 극심한 불안을 말한다. 사람은 누구나 생명의 위협을 느끼거나 매우 놀라는 위기상황에서 극심한 불안을 느끼며, 이는 정상적인 생리 반응이다. ___⊙___ 공황장애에서의 공황발작은 아무런 이유 없이 아무 때나 예기치 못하게 반복적으로 발생한다. 공황발작이 발생하게 되면 심장이 두근거리기도 하고 가슴이 답답하고 아플 수도 있으며, 숨쉬기 어렵거나 숨이 막힐 것 같은 기분이 들 수 있다. 또, 구역질이 나거나 복통이 있을 수도 있고, 두통이나 어지러움이 느껴져 기절할 것 같은 느낌이 들고 땀이 나면서 온몸에 힘이 빠지거나 손발이 저릿할 수도 있다. 이러한 여러 가지 증상들이 모두 다 나타날 수도 있고, 이 중에 몇 가지만 나타날 수도 있는데, 특징적으로 이러다 미쳐버릴 것 같거나, 이러다 죽을지도 모른다는 공포감을 느끼게 된다. 특별한 위기상황이나 스트레스 상황이 아닌데도 길을 걷다가, 앉아서 수업을 듣다가, 자려고 누웠다가 공황발작이 발생할 수도 있다. ___ⓒ___ 예기치 못하게 공황발작이 나타나게 되면 다음에 또다시 발작이 생길까 걱정하며 본인 나름의 발작 이유나 결과에 대해 생각하며 행동의 변화가 생기게 된다. 특히 언제 다시 발작이 생길지 몰라 불안해하며, 발작이 생기면 도움을 청할 수 있는 사람과 함께 있으려 한다든지, 혼자 외출을 못하고 집에만 있으려고 해 일상생활이 어려워지는 경우도 많다.

	⊙	ⓒ
①	그리고	하지만
②	그리고	이와 같이
③	그러나	하지만
④	그러나	이와 같이

02 다음 글의 중심 내용으로 가장 적절한 것은?

> 베블런에 의하면 사치품 사용 금기는 전근대적 계급에 기원을 두고 있다. 즉, 사치품 소비는 상류층의 지위를 드러내는 과시소비이기 때문에 피지배계층이 사치품을 소비하는 것은 상류층의 안락감이나 쾌감을 손상한다는 것이다. 따라서 상류층은 사치품을 사회적 지위 및 위계질서를 나타내는 기호(記號)로 간주하여 피지배계층의 사치품 소비를 금지했다. 또한 베블런은 사치품의 가격 상승에도 그 수요가 줄지 않고 오히려 증가하는 이유가 사치품의 소비를 통하여 사회적 지위를 과시하려는 상류층의 소비행태 때문이라고 보았다.
> 그러나 소득 수준이 높아지고 대량 생산에 의해 물자가 넘쳐흐르는 풍요로운 현대 대중사회에서 서민들은 과거 왕족들이 쓰던 물건들을 일상생활 속에서 쓰고 있고 유명한 배우가 쓰는 사치품도 쓸 수 있다. 모든 사람들이 명품을 살 수 있는 돈을 갖고 있을 때 명품의 사용은 더 이상 상류층을 표시하는 기호가 될 수 없다. 따라서 새로운 사회의 도래는 베블런의 과시소비이론으로 설명하기 어려운 소비행태를 가져왔다. 이때 상류층이 서민들과 구별될 수 있는 방법은 오히려 아래로 내려가는 것이다. 현대의 상류층에게는 차이가 중요한 것이지 사물 그 자체가 중요한 것이 아니기 때문이다. 월급쟁이 직원이 고급 외제차를 타면 사장은 소형 국산차를 타는 것이 그 예이다.
> 이와 같이 현대의 상류층은 고급, 화려함, 낭비를 과시하기보다 서민들처럼 소박한 생활을 한다는 것을 과시한다. 이것은 두 가지 효과가 있다. 사치품을 소비하는 서민들과 구별된다는 점이 하나이고, 돈 많은 사람이 소박하고 겸손하기까지 하여 서민들에게 친근감을 준다는 점이 다른 하나이다. 그러나 그것은 극단적인 위세의 형태일 뿐이다. 뽐냄이 아니라 남의 눈에 띄지 않는 겸손한 태도와 검소함으로 자신을 한층 더 드러내는 것이다. 이런 행동들은 결국 한층 더 심한 과시이다. 소비하기를 거부하는 것이 소비 중에서도 최고의 소비가 된다. 다만 그들이 언제나 소형차를 타는 것은 아니다. 차별화해야 할 아래 계층이 없거나 경쟁 상대인 다른 상류층 사이에 있을 때 그들은 마음 놓고 경쟁적으로 고가품을 소비하며 자신을 마음껏 과시한다. 현대사회에서 소비하지 않기는 고도의 교묘한 소비이며, 그것은 상류층의 표시가 되었다. 그런 점에서 상류층을 따라 사치품을 소비하는 서민층은 순진하다고 하지 않을 수 없다.

① 현대의 상류층은 낭비를 지양하고 소박한 생활을 지향함으로써 서민들에게 친근감을 준다.
② 현대의 서민들은 상류층을 따라 겸손한 태도로 자신을 한층 더 드러내는 소비행태를 보인다.
③ 현대의 상류층은 그들이 접하는 계층과는 무관하지 절제를 통해 자신의 사회적 지위를 과시한다.
④ 현대의 상류층은 사치품을 소비하는 것뿐만 아니라 소비하지 않기를 통해서도 자신의 사회적 지위를 과시한다.

03 다음 글의 밑줄 친 ㉠과 같은 현상이 나타나게 된 이유로 적절하지 않은 것은?

> 고려와 조선은 국가적으로 금속화폐의 통용을 추진한 적이 있다. 화폐 주조권을 장악하여 세금을 효과적으로 징수하고 효율적으로 저장하려는 것이 그 목적이었다. 그러나 물품화폐에 익숙한 농민들은 금속화폐를 불편하게 여겼으므로 금속화폐의 유통 범위는 한정되고 끝내는 삼베를 비롯한 물품화폐에 압도당하고 말았다. ㉠ 조선 태종 때와 세종 때에도 동전의 유통을 시도하였지만 실패하였다. 조선 전기 은화(銀貨)는 서울을 중심으로 유통되었는데, 주로 왕실과 관청, 지배층과 상인, 역관(譯官) 등이 이용한 '돈'이었다. 그러나 은화(銀貨)는 고액화폐였다. 그 때문에 서민의 경제생활에서는 여전히 무명 옷감이 화폐의 기능을 담당하였다.
>
> 그러한 가운데서도 농업생산력의 발전과 인구의 증가, 17세기 이후 지방시장의 성장은 금속화폐 통용을 위한 여건이 마련되었음을 뜻하였다. 17세기 전반 이미 개성에서는 모든 거래가 동전으로 이루어지고 있었다. 이러한 여건 아래에서 1678년(숙종 4년)부터 강력한 통용책이 추진되면서 금속화폐가 널리 보급될 수 있었다. 동전인 상평통보 1개는 1푼(分)이었다. 10푼이 1전(錢), 10전이 1냥(兩), 10냥이 1관(貫)이다. 대원군이 집권할 때 주조된 당백전(當百錢)과 1883년 주조된 당오전(當五錢)은 1개가 각각 100푼과 5푼의 가치를 가지는 동전이었다. 동전 주조가 늘면서 그 유통 범위가 경기, 충청지방으로부터 점차 확산되어 18세기 초에는 전국에 미칠 정도였다. 동전을 시전(市廛)에 무이자로 대출하고, 관리의 녹봉을 동전으로 지급하고, 일부 세금을 동전으로 거두어들이는 등의 국가 정책도 동전의 통용을 촉진하였다. 화폐경제의 성장은 상업적 동기를 촉진시키고 경제생활, 나아가 사회생활에 변화를 주었다.
>
> 이러한 가운데 일부 위정자들은 화폐경제로 인한 부작용을 우려했는데 특히 농촌 고리대금업(高利貸金業)의 성행을 가장 심각한 문제로 생각했다. 그래서 동전의 폐지를 주장하는 이도 있었다. 1724년 등극한 영조는 이 주장을 받아들여 동전 주조를 정지하였다. 그런데 당시에 동전은 이미 일상생활로 퍼졌기 때문에 동전의 수요에 비해 공급이 부족한 현상이 일어나 동전주조의 정지는 화폐 유통질서와 상품경제에 타격을 가하였다. 돈이 매우 귀하여 농민과 상인의 교역에 불편을 가져다 준 것이다. 또한 소수의 부유한 상인이 동전을 집중적으로 소유하여 고리대금업(高利貸金業) 활동을 강화함에 따라서 오히려 농민 몰락이 조장되었다. 결국 영조 7년 이후 동전은 다시 주조되기 시작했다.

① 국가가 화폐수요량에 맞추어 원활하게 공급하지 못했기 때문이다.
② 화폐가 주로 일부계층 위주로 통용되었기 때문이다.
③ 백성들이 화폐보다 물품화폐를 선호했기 때문이다.
④ 화폐가 통용될 시장이 발달하지 않았기 때문이다.

04 진희가 자전거 뒷좌석에 동생을 태우고 속력 10km/h로 회사에 간다. 회사 가는 길에 있는 어린이집에 동생을 내려주고, 아까의 1.4배의 속력으로 회사에 가려고 한다. 진희의 집에서 회사까지의 거리는 12km이고, 진희가 8시에 집에서 나와 9시에 회사에 도착했다면, 진희가 어린이집에서 출발한 시간은?

① 8시 25분 ② 8시 30분
③ 8시 35분 ④ 8시 40분

05 S전자 매장의 TV와 냉장고의 판매 비율은 작년 3 : 2에서 올해 13 : 9로 변하였다. 올해 TV와 냉장고의 총판매량이 작년보다 10% 증가하였을 때, 냉장고의 판매량은 작년보다 몇 % 증가하였는가?

① 11.5% ② 12%
③ 12.5% ④ 13%

06 다음은 우리나라의 2018년 하반기 달러, 유로, 엔화의 월별 환율 변동을 나타낸 자료이다. 이에 대한 설명으로 옳은 것은?(단, 변화량은 절댓값으로 비교한다)

〈2018년 하반기 월별 환율 현황〉

구분	원/달러	원/유로	원/100엔
7월	1,205.0	1,300.5	1,034.0
8월	1,180.0	1,320.0	1,012.0
9월	1,112.0	1,350.0	1,048.0
10월	1,141.0	1,350.0	1,049.0
11월	1,142.0	1,400.0	1,060.0
12월	1,154.0	1,470.0	1,080.0

① 유로/달러의 경우 7월의 값이 12월의 값보다 크다.
② 12월의 원/유로 환율은 7월 대비 18% 이상 증가하였다.
③ 8~12월의 전월 대비 원/달러와 원/100엔의 증감 추이는 동일하다.
④ 8~12월의 전월 대비 원/달러 변화량의 최댓값은 원/100엔 변화량의 최댓값보다 작다.

※ 다음은 S은행의 S페이(앱카드) 관련 자주 묻는 질문이다. 이어지는 질문에 답하시오. [7~8]

Q1. S페이(앱카드) 설치 시 기존 S모바일카드는 어떻게 되는 건가요?

S페이는 기존의 S모바일카드의 앱카드 기능을 분리하여 새롭게 리뉴얼하여 제작되었습니다. S페이 이용 시 신규 설치 및 카드 등록이 필요합니다.

Q2. S페이(앱카드) 설치는 어떻게 하나요?

플레이스토어, 앱스토어에서 S페이, S카드 등으로 검색하여 다운로드 가능하며, 쇼핑몰 결제 시 S페이가 설치되어 있지 않다면 결제창 내에서 연동하여 설치가 가능합니다.

Q3. S페이(앱카드) 이용 가능 회원은 어떻게 되나요?

카드 소지자와 스마트폰 명의가 일치하는 회원만 이용이 가능합니다. 또한 S브랜드 개인 / 기업(지정자) / 가족카드 이용대상이며, 스마트폰 명의자 불일치, 기업(공용)카드, 기프트카드이용 회원은 사용할 수 없습니다.

Q4. S페이(앱카드)와 기존 USIM(유심) 모바일카드는 다른가요?

네, 다른 서비스입니다. S페이(앱카드)는 유심 카드와 달리 기존에 사용하던 플라스틱 카드를 등록하여 사용할 수 있습니다. 또한 휴대폰 기종이나 제조사, 통신사 등의 제한이 없어 아이폰 사용자도 이용할 수 있습니다. S페이(앱카드)는 S페이 앱을, 유심 카드는 S모바일카드 앱을 통해 결제하실 수 있습니다.

Q5. 타인 명의의 스마트폰에서는 가입이 안 되나요?

본인 명의의 스마트폰에서만 사용 가능합니다. 타인 명의 스마트폰, 법인명의 스마트폰은 안전한 거래를 위해 가입이 불가합니다.

Q6. 어떤 스마트폰에서 이용할 수 있나요?

IOS 8.0 이상 버전, 안드로이드 4.1 이상 OS가 탑재된 스마트폰에서 이용할 수 있습니다. 단, 3G / 4G 요금제 가입 없이 Wifi 환경에서 오프라인 결제는 불가합니다.

Q7. 등록 카드 수의 제한이 있나요?

카드 등록 수의 제한은 없습니다. 고객님이 소지하신 모든 S은행카드를 등록할 수 있습니다.

07 다음 S페이(앱카드) 설치에 대한 대화 내용으로 적절하지 않은 것은?

① 난 기존에 S모바일카드를 사용했는데, S페이(앱카드)는 새롭게 리뉴얼하여 제작된 건가 봐! 다시 설치해서 카드를 등록해야겠어.
② 맞아. 설치 방법도 생각보다 까다롭지 않은데? 앱스토어에 들어가서 S페이를 검색하면 다운로드가 가능하네!
③ 그런데 리뉴얼했다고 하지만 휴대폰 기종이나 제조사, 통신사 등의 제한이 있는 건 여전히 불편해.
④ 그리고 타인 명의 스마트폰은 안 되고 본인 명의의 스마트폰에서만 사용 가능하니까 나같이 휴대폰 명의가 부모님으로 되어 있으면 가입할 수 없는 거네.

08 S은행 고객상담센터에서 근무하는 귀하는 S페이(앱카드)와 관련한 문의 전화를 받았다. 위의 자주 묻는 질문을 바탕으로 고객의 문의에 답하려고 할 때, 다음 중 답변으로 가장 적절한 것은?

> 고객 : 현재 S모바일카드를 사용하고 있습니다. 앞으로 결제를 S페이로 하려고 하는데 어떻게 해야 하나요?

① 플레이스토어나 앱스토어에서 다운받아 이용 가능하시지만 휴대폰 기종에 따라 제한이 있을 수도 있습니다.
② S페이는 S모바일카드와 분리되어 제작되었습니다. 따라서 S페이를 이용하시려면 신규 설치 후 카드 등록을 해주시면 됩니다.
③ 결제하실 때 S모바일페이로 연동하시면 따로 등록할 필요 없이 S페이로 결제하실 수 있습니다.
④ 보안을 위해 고객님이 소유하고 계신 S카드 중 주로 이용하시는 카드 한 장만 등록이 가능하니, 신중하게 선택하십시오.

09 S은행 콜센터에 근무 중인 귀하에게 B고객으로부터 예금 상품 해지 건이 접수되었다. 상담한 결과 B고객은 1년 전에 M예금에 가입하였으나 불가피한 사정으로 해당 예금 상품을 해지할 계획이며, 중도해지할 경우 만기 시 받을 수 있는 금액과 환급금의 차이가 얼마인지 문의하였다. 귀하가 B고객에게 안내할 금액은?(단, 두 금액 모두 세전 금액을 기준으로 한다)

〈B고객의 M예금 가입내역〉

- 가입기간 : 5년
- 가입금액 : 1백만 원
- 이자지급방식 : 만기일시지급, 단리식
- 기본금리 : 3.0%
- 우대금리 : 0.2%p(중도인출 및 해지 시에는 적용하지 않음)
- 중도해지이율(연 %, 세전)
    - 3개월 미만 : 0.2%
    - 6개월 미만 : 0.3%
    - 12개월 미만 : (기본금리)×10%
    - 18개월 미만 : (기본금리)×30%
    - 24개월 미만 : (기본금리)×40%
- 예금자보호 여부 : 해당

① 103,000원
② 126,000원
③ 151,000원
④ 184,000원

10 A씨는 S은행의 직장인응원적금에 가입하고자 한다. A씨가 우대금리를 제외하고 기본금리로 단리식과 월복리식 두 가지의 만기 시 이자액을 비교하고자 할 때, 만기 시 A씨가 수령하는 이자액이 각각 바르게 연결된 것은? $\left[단, \left(1+\frac{0.02}{12}\right)^{13} ≒ 1.022로 계산한다 \right]$

〈직장인응원적금 상품정보〉

- 상품명 : 직장인응원적금
- 가입자 : A(본인)
- 가입기간 : 12개월
- 가입금액 : 매월 초 100,000원 납입
- 적용금리 : 기본금리(연 2.0%)+우대금리(최대 연 1.2%p)
- 저축방법 : 정기적립식
- 이자지급방식 : 만기일시지급

	단리식	월복리식
①	13,000원	18,000원
②	13,000원	20,000원
③	14,200원	18,000원
④	14,200원	20,000원

11 다음은 지역별 교통사고·화재·산업재해 현황에 대한 자료이다. 이를 그래프로 변환한 것으로 옳지 않은 것은?(단, 비중은 소수점 둘째 자리에서 반올림한다)

〈교통사고·화재·산업재해 건수〉

(단위 : 건)

구분	교통사고	화재	산업재해
서울	3,830	5,890	3,550
인천	4,120	4,420	5,210
경기	4,010	3,220	4,100
강원	1,100	3,870	1,870
대전	880	1,980	1,120
충청	1,240	1,290	2,880
경상	1,480	1,490	2,540
전라	2,180	2,280	2,920
광주	920	980	1,110
대구	1,380	1,490	2,210
울산	1,120	920	980
부산	3,190	2,090	3,120
제주	3,390	2,880	3,530
합계	28,840	32,800	35,140

〈교통사고·화재·산업재해 사망자 수 및 피해금액〉

(단위 : 명, 억 원)

구분	교통사고	화재	산업재해
사망자 수	12,250	21,220	29,340
피해금액	1,290	6,490	1,890

※ 수도권은 서울·인천·경기 지역임

① 교통사고의 수도권 및 수도권 외 지역 발생건수

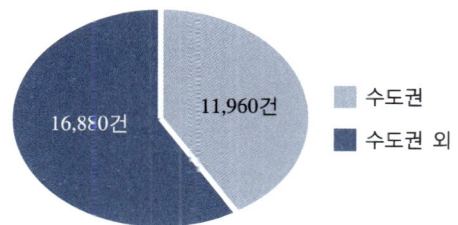

② 화재의 수도권 및 수도권 외 지역 발생건수

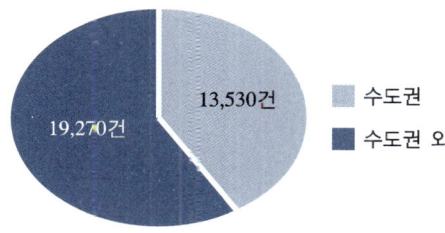

③ 산업재해의 수도권 및 수도권 외 지역 발생건수

④ 피해금액별 교통사고·화재·산업재해 비중

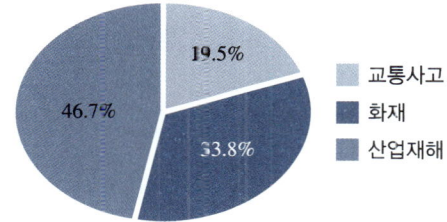

12 다음 명제가 모두 참일 때 항상 참인 것은?

- 아침에 시리얼을 먹는 사람은 두뇌 회전이 빠르다.
- 아침에 토스트를 먹는 사람은 피곤하다.
- 에너지가 많은 사람은 아침에 밥을 먹는다.
- 피곤하면 회사에 지각한다.
- 두뇌 회전이 빠르면 일 처리가 빠르다.

① 아침에 밥을 먹는 사람은 에너지가 많다.
② 두뇌 회전이 느리면 아침에 시리얼을 먹는다.
③ 회사에 가장 일찍 오는 사람은 피곤하지 않다.
④ 회사에 지각하지 않으면 아침에 토스트를 먹지 않는다.

13 S그룹 신입사원인 A ~ E 5명은 각각 영업팀, 기획팀, 홍보팀 중 한 곳에 속해있다. 각 팀은 모두 같은 날, 같은 시간에 회의가 있고, S그룹은 3층과 5층에 회의실이 2개씩 있어서 세 팀이 모두 한 층에서 회의를 할 수는 없다. A ~ E의 진술 중 2명은 참을 말하고 3명은 거짓을 말할 때, 〈보기〉에서 항상 참인 내용을 모두 고르면?

- A : 기획팀은 3층에서 회의를 한다.
- B : 영업팀은 5층에서 회의를 한다.
- C : 홍보팀은 5층에서 회의를 한다.
- D : 나는 3층에서 회의를 한다.
- E : 나는 3층에서 회의를 하지 않는다.

보기
ㄱ. 영업팀과 홍보팀이 같은 층에서 회의를 한다면 E는 기획팀이다.
ㄴ. 기획팀이 3층에서 회의를 한다면, D와 E는 같은 팀일 수 있다.
ㄷ. 두 팀이 5층에서 회의를 하는 경우가 3층에서 회의를 하는 경우보다 많다.

① ㄱ
② ㄴ
③ ㄱ, ㄷ
④ ㄴ, ㄷ

14 일남, 이남, 삼남, 사남, 오남 5형제가 둘러앉아 마피아 게임을 하고 있다. 이 중 1명은 경찰, 1명은 마피아이고, 나머지는 시민이다. 다음 5명의 진술 중 2명의 진술이 거짓일 때 항상 참인 것은? (단, 모든 사람은 진실 또는 거짓만 말한다)

- 일남 : 저는 시민입니다.
- 이남 : 저는 경찰이고, 오남이는 마피아예요.
- 삼남 : 일남이는 마피아예요.
- 사남 : 확실한 건 저는 경찰은 아니에요.
- 오남 : 사남이는 시민이 아니고, 저는 경찰이 아니에요.

① 일남이가 마피아, 삼남이가 경찰이다.
② 오남이가 마피아, 이남이가 경찰이다.
③ 이남이가 마피아, 사남이가 경찰이다.
④ 사남이가 마피아, 삼남이가 경찰이다.

15 A팀과 B팀은 보안등급 상에 해당하는 문서를 나누어 보관하고 있다. 두 팀이 보안을 위해 다음과 같은 규칙에 따라 각 팀의 비밀번호를 지정하였다고 할 때, A팀과 B팀에 들어갈 수 있는 암호배열로 알맞은 것은?

⟨규칙⟩
- 1~9까지의 숫자로 (한 자리 수)×(두 자리 수)=(세 자리 수)=(두 자리 수)×(한 자리 수) 형식의 비밀번호로 구성한다.
- 가운데에 들어갈 세 자리 수의 숫자는 156이며 숫자는 중복 사용할 수 없다. 즉, 각 팀의 비밀번호에 1, 5, 6이란 숫자가 들어가지 않는다.

□ × □□ = 156 = □□ × □
    A팀   B팀

① 39
② 42
③ 43
④ 47

③ 화요일(저녁), 금요일(아침)

| 02 | 직무수행능력평가

01 다음 중 BCG 매트릭스에서 물음표(Question Mark)에 해당하는 사업부는?

① 높은 성장률 – 높은 시장점유율
② 높은 성장률 – 낮은 시장점유율
③ 낮은 성장률 – 높은 시장점유율
④ 낮은 성장률 – 낮은 시장점유율

02 다음 사례와 관련 있는 용어는?

> S온라인 서점에서 올해 매출을 분석해 본 결과 수익의 80%를 차지하는 것은 잘 나가는 베스트셀러 몇 권이 아니라 그 밖의 나머지 책들이었다. 이는 인터넷의 발달로 구매 방법 및 소비문화가 바뀌면서 나타난 현상으로 보인다. 오프라인 서점에서는 공간의 한정성으로 진열할 수 있는 책의 양에 한계가 있었고, 따라서 사람들의 눈에 띌 수 있게 배치할 수 있었던 것은 기존의 인기도서 몇 권뿐이었다. 하지만 온라인 서점의 경우 이러한 공간적 제한을 극복할 수 있었고, 사람들이 자신의 취향을 살려 어떠한 책이든 검색을 통해 접할 수 있게 됨으로써 수많은 '비주류 도서'들이 도서 매출액에 일조할 수 있게 된 것이다.

① 파킨슨 법칙   ② 하인리히 법칙
③ 파레토 법칙   ④ 롱테일 법칙

03 다음 기업의 재무제표 내용에 따라 기업의 부채비율, 총자산이익률(ROA), 총자본회전율이 바르게 짝지어진 것은?

> • 자산 : 140억 원   • 부채 : 60억 원
> • 자본 : 80억 원   • 매출총액 : 168억 원
> • 영업이익 : 40억 원   • 순이익 : 28억 원

	부채비율	ROA	총자본회전율
①	60%	15%	1.5
②	60%	15%	1.2
③	75%	20%	1.2
④	75%	20%	1.5

04 다음 중 빈칸에 들어갈 용어로 바르게 짝지어진 것은?

- ㉠ : 수익이 주가지수나 주식가격의 변동에 연계해서 결정되는 은행판매예금
- ㉡ : 특정 주권의 가격이나 주가지수의 수치에 연계한 증권으로 자산을 우량채권에 투자하여 원금을 보존하고 일부를 주가지수 옵션 등 금융파생 상품에 투자해 고수익을 노리는 금융상품
- ㉢ : 투자 신탁 회사들이 ㉡의 상품을 펀드에 끼워 넣거나 원금을 보존하는 형태의 펀드를 만들어 판매하는 금융상품

	㉠	㉡	㉢
①	ELD	ELS	ELF
②	ELD	ELF	ELS
③	ELW	ELS	ETF
④	ELW	ETF	ELS

05 유동비율 120%, 유동부채 100억 원, 재고자산 40억 원일 때 당좌비율은?

① 70% ② 80%
③ 90% ④ 100%

06 다음 중 VaR(Value at Risk)에 대한 설명으로 옳지 않은 것은?

① VaR은 리스크에 대한 구체적인 수치이다.
② 다른 조건이 동일하면 99% 신뢰수준의 VaR이 95% 신뢰수준의 VaR보다 크다.
③ 각 상품의 분산으로 인해 회사 전체 VaR은 각 상품의 개별 VaR의 합계액보다 크게 나타난다.
④ 1일 동안 VaR이 신뢰구간 95%에서 100억이라면 이 포트폴리오를 보유함으로써 향후 1일 동안에 100억 이상의 손실을 보게될 확률이 5%임을 의미한다.

07 경제활동인구가 1,800명이고 그중에서 실업자가 150명일 때 실업률은?(단, 소수점 둘째 자리에서 반올림한다)

① 8.1%   ② 8.3%
③ 8.5%   ④ 8.7%

08 다음 중 신용도가 낮아 발행자의 채무불이행으로 인한 위험부담 또한 큰 대신 높은 수익률을 제공하는 고수익·고위험의 채권형 펀드는?

① 하이일드 펀드   ② 인덱스 펀드
③ 엄브렐러 펀드   ④ 머니마켓 펀드

09 다음 중 허시와 블랜차드(P. Hersey & K. H. Blanchard)의 상황적 리더십 이론에 대한 설명으로 옳은 것은?

① 부하의 성과에 따른 리더의 보상에 초점을 맞춘다.
② 리더는 부하의 성숙도에 맞는 리더십을 행사함으로써 리더십 유효성을 높일 수 있다.
③ 리더가 부하를 섬기고 봉사함으로써 조직을 이끈다.
④ 리더십 유형은 지시형, 설득형, 거래형, 희생형의 4가지로 구분된다.

10 다음은 S기업의 손익계산서에 대한 자료이다. 이를 참고하여 배당금액을 구하면?

손익계산서	
	2018년 1월 1일부터 12월 31일까지
매출액	?
매출원가	(₩380,000)
매출총이익	?
관리비	(₩30,000)
금융원가	(₩10,000)
법인세비용차감전순이익	?
법인세비용	(₩16,000)
당기순이익	?

- 기초 매출채권 ₩295,000, 기말 매출채권 ₩420,000
- 매출채권회전율 3회
- 배당성향 30%

① ₩135,050 ② ₩190,950
③ ₩205,550 ④ ₩287,950

11 다음은 자산의 일부를 채권으로 보유한 A의 실질화폐수요곡선이다. 점 a는 현재 이자율에서 A의 실질화폐수요를 나타내고 있다. A가 보유한 채권의 시장가격이 하락했을 때, 실질화폐수요량의 이동은 어느 방향으로 이루어지는가?

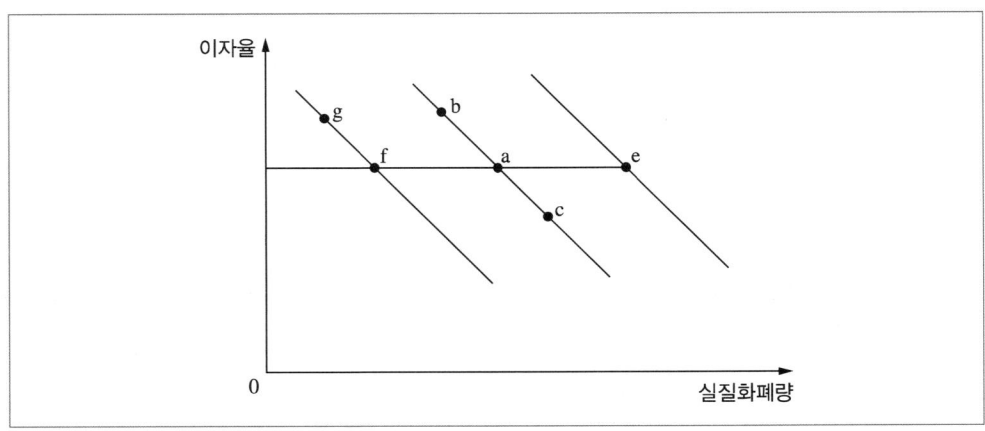

① f ② c
③ e ④ g

12 화폐유통속도가 일정하고, 통화량증가율, 실질경제성장률, 실질이자율이 각각 30%, 20%, 10%라고 가정했을 때, 화폐수량설과 피셔효과를 이용하여 도출한 내용으로 옳은 것은?

① 인플레이션율과 명목이자율은 모두 10%이다.
② 인플레이션율과 명목이자율은 모두 20%이다.
③ 인플레이션율은 10%이고, 명목이자율은 20%이다.
④ 인플레이션율은 10%이고, 명목이자율은 30%이다.

13 다음 중 재무구조가 부실해 회생할 가능성이 없음에도 정부 또는 채권단의 지원을 받아 간신히 파산을 면하고 있는 기업을 가리키는 말로, 좀비기업이라고도 불리는 용어는?

① 중소기업　　　　　　　　② 한계기업
③ 매판기업　　　　　　　　④ 블랙기업

14 다음 중 환율이 일정한 범위에서 변동할 경우에 미리 정한 환율에 따른 금액을 받고 팔 수 있도록 한 파생 금융 상품은?

① 통화옵션　　　　　　　　② 금리스왑
③ 키코　　　　　　　　　　④ 리비드

15 다음 중 정부의 통화 발행에 의한 물가상승의 영향으로 고정 수입 · 현금 · 고정이율채권 따위의 금전적 가치 하락이 세금과 같은 작용을 하거나, 인플레이션에 기인한 양도 소득세를 이르는 용어는?

① 가산세금　　　　　　　　② 올랑드세금
③ 스텔스서금　　　　　　　④ 인플레이션세금

16 다음은 치킨, 햄버거, 맥주가 있는 시장에서 치킨의 공급량이 증가했을 때 햄버거와 맥주의 결과이다. 이를 보고 이해한 내용으로 옳지 않은 것은?

〈공급량 증가에 따른 결과〉

구분	햄버거	맥주
수요	감소	증가
가격	하락	상승

① 치킨의 가격은 감소했을 것이다.
② 햄버거는 치킨의 대체재, 맥주는 치킨의 보완재에 해당된다.
③ 맥주의 거래량은 증가했을 것이다.
④ 치킨과 햄버거의 관계에서 교차탄력성은 0보다 크다.

17 다음에서 설명하는 내용으로 옳지 않은 것은?

> 옵션거래는 주식, 채권, 주가지수 등 특정 자산을 장래의 일정 시점에 미리 정한 가격으로 살 수 있는 권리와 팔 수 있는 권리를 매매하는 거래를 말한다. 시장에서 당일 형성된 가격으로 물건을 사고파는 현물거래나 미래의 가격을 매매하는 선물거래와는 달리 사고팔 수 있는 '권리'를 거래하는 것이 옵션거래의 특징이다.

① 콜옵션은 가격이 예상보다 올랐으면 권리를 행사하고 값이 떨어지면 포기하면 된다.
② 콜옵션은 매도자는 매수자가 옵션 권리를 행사하면 반드시 응해야 할 의무를 진다.
③ 풋옵션을 매수한 사람은 시장에서 해당 상품이 사전에 정한 가격보다 낮은 가격에서 거래될 경우, 비싼 값에 상품을 팔 수 없다.
④ 풋옵션은 해당 상품의 시장 가격이 사전에 정한 가격보다 높은 경우는 권리를 행사하지 않을 권리도 있다.

18 다음 중 현실 자산과 액면 가치가 연동되는 스테이블 코인(Stable Coin)으로 페이스북이 2020년 공개를 목표로 개발 중인 가상화폐는?

① 리브라
② 블록체인
③ 캄테크
④ 비트코인

19 다음 중 수요의 가격탄력성이 가장 높은 경우는?

① 대체재나 경쟁자가 거의 없을 때
② 구매자들이 구매습관을 바꾸기 어려울 때
③ 구매자들이 높은 가격을 쉽게 지각하지 못할 때
④ 구매자들이 대체품의 가격을 쉽게 비교할 수 있을 때

20 다음 중 수직적 통합의 후방통합(Backward Integration)에 대한 설명으로 옳은 것은?

① 제조 기업이 원재료의 공급업자를 인수・합병하는 것을 말한다.
② 제조 기업이 제품의 유통을 담당하는 기업을 인수・합병하는 것을 말한다.
③ 기업이 같거나 비슷한 업종의 경쟁사를 인수하는 것을 말한다.
④ 기업이 기존 사업과 관련이 없는 신사업으로 진출하는 것을 말한다.

CHAPTER 09 | 2019년 상반기 기출복원문제

정답 및 해설 p.049

| 01 | NCS 직업기초능력평가

01 다음 글에서 밑줄 친 ㉠~㉣의 수정 방안으로 옳지 않은 것은?

> 동양의 산수화에는 자연의 다양한 모습을 대하는 화가의 개성 혹은 태도가 ㉠ <u>드러나</u> 있는데, 이를 표현하는 기법 중의 하나가 준법이다. 준법(皴法)이란 점과 선의 특성을 활용하여 산, 바위, 토파(土坡) 등의 입체감, 양감, 질감, 명암 등을 나타내는 기법으로 산수화 중 특히 수묵화에서 발달하였다. 수묵화는 선의 예술이다. 수묵화에서는 먹(墨)만을 사용하기 때문에 대상의 다양한 모습이나 질감을 ㉡ <u>표현하는데</u> 한계가 있다. ㉢ <u>거친 선, 부드러운 선, 곧은 선, 꺾은 선 등 다양한 선을 활용하여 대상에 대한 느낌, 분위기를 표현한다.</u> 이 과정에서 선들이 지닌 특성과 효과 등이 점차 유형화되어 발전된 것이 준법이다.
>
> 준법 가운데 보편적으로 쓰이는 것에는 피마준, 수직준, 절대준, 미점준 등이 있다. 일정한 방향과 간격으로 선을 여러 개 그어 산의 등선을 표현하여 부드럽고 차분한 느낌을 주는 것이 피마준이다. 반면 수직준은 선을 위에서 아래로 죽죽 내려 그어 강하고 힘찬 느낌을 주어 뾰족한 바위산을 표현할 때 주로 사용한다. 절대준은 수평으로 선을 긋다가 수직으로 꺾어 내리는 것을 반복하여 마치 'ㄱ' 자 모양이 겹쳐진 듯 표현한 것이다. 이는 주로 모나고 거친 느낌을 주는 지층이나 바위산을 표현할 때 쓰인다. 미점준은 쌀알 같은 타원형의 작은 점을 연속적으로 ㉣ <u>찍혀</u> 주로 비 온 뒤의 습한 느낌이나 수풀을 표현할 때 사용한다.
>
> 준법은 화가가 자연에 대해 인식하고, 인식의 결과를 표현하는 수단이다. 화가는 준법을 통해 단순히 대상의 외양뿐만 아니라 대상에 대한 자신의 느낌, 인식의 깊이까지 화폭에 그려내는 것이다.

① ㉠ : 문맥의 흐름을 고려하여 '들어나'로 고친다.
② ㉡ : 띄어쓰기가 올바르지 않으므로 '표현하는 데'로 고친다.
③ ㉢ : 문장을 자연스럽게 연결하기 위해 문장 앞에 '그래서'를 추가한다.
④ ㉣ : 목적어와 서술어의 호응 관계를 고려하여 '찍어'로 고친다.

02 다음은 남북한 교통 관련 법규체계를 비교한 자료이다. 이에 대한 〈보기〉의 설명 중 옳은 것을 모두 고르면?

〈남북한 교통 관련 법규체계〉

구분		교통 시설의 건설 관련 법규		교통수단의 운영 관련 법규
도로 부문 관련 법규		도로 건설 관련 법규		도로 운영 관련 법규
	남한	도로법, 고속국도법, 한국도로공사법, 유료도로법, 사도법	남한	도로법, 도로교통법, 교통안전법
	북한	도로법	북한	도로법, 도로교통법, 차량운수법
철도 부문 관련 법규		철도 건설 관련 법규		철도 운영 관련 법규
	남한	철도건설법, 도시철도법	남한	철도안전법, 도시철도법, 항공·철도사고조사에 관한 법률, 철도사업법, 한국철도공사법
	북한	철도법, 지하철도법	북한	철도법, 지하철도법, 철도차량법

보기

ㄱ. 남한의 도로 부문 관련 법규 개수는 북한의 도로 부문 관련 법규 개수의 2배 이상이다.
ㄴ. 자료에 명시된 법규 중 남한과 북한이 동일한 명칭을 사용하는 교통 관련 법규는 총 3개이다.
ㄷ. 북한의 철도 부문 관련 법규 개수는 북한의 교통수단의 운영 관련 법규 개수와 같다.
ㄹ. 남한의 교통 관련 법규 개수는 총 10개 이상이다.

① ㄱ, ㄴ   ② ㄱ, ㄹ
③ ㄴ, ㄷ   ④ ㄴ, ㄹ

03 다음 중 각 문단의 중심 주제로 적절하지 않은 것은?

> (가) 국민권익위원회가 주관하는 '2017년도 공공기관 청렴도 측정조사'에서 1등급 평가를 받아, 2년 연속 청렴도 최우수기관으로 선정되었다. 한국중부발전은 지난 3년 연속 권익위 주관 부패방지 시책평가 최우수기관에 선정됨은 물론, 청렴도 측정에서도 전년도에 이어 1등급 기관으로 재차 선정됨에 따라 명실공히 '청렴 생태계' 조성에 앞장서는 공기업으로 자리매김하였다.
> (나) 보령화력 3호기가 2016년 9월 27일을 기준으로 세계 최초 6,000일 장기 무고장 운전을 달성하였다. 보령화력 3호기는 순수 국산 기술로 설계하고 건설한 한국형 50만 kW 표준 석탄화력 발전소의 효시로서 이 기술을 기반으로 국내에서 20기가 운영 중이며, 지금도 국가 전력산업의 근간을 이루고 있다. 역사적인 6,000일 무고장 운전 달성에는 정기적 교육훈련을 통한 발전 운전원의 높은 기술역량과 축적된 설비개선 노하우가 큰 역할을 하였다.
> (다) 정부 연구개발 국책과제로 추진한 초초임계압 1,000MW급 실증사업을 완료하고, 발전소 국산화와 기술 자립, 해외시장 진출 기반을 마련하였다. 본 기술을 국내 최초로 신보령화력발전소에 적용하여 기존 국내 표준석탄화력 대비 에너지 효율을 높임으로써 연간 약 60만 톤의 온실가스 배출과 약 300억 원의 연료비를 절감하게 되었다. 신보령 건설 이후 발주된 1,000MW급 초초임계압 국내 후속 프로젝트 모두 신보령 모델을 채택함으로써 약 5조 원의 경제적 파급효과를 창출했으며, 본 기술을 바탕으로 향후 협력사와 해외 동반진출을 모색할 계획이다.
> (라) 2016년 11월 인도네시아에서 국내 전력그룹사 최초의 해외 수력발전 사업인 왐푸 수력발전소를 준공하였다. 한국중부발전이 최대 주주(지분 46%)로서 건설관리, 운영 정비 등 본 사업 전반에 걸쳐 주도적 역할을 수행하였으며, 사업 전 과정에 국내 기업이 참여한 대표적인 동반진출 사례로 자리매김하였다. 당사는 약 2,000만 달러를 투자하여 향후 30년간 약 9,000만 달러의 지분투자 수익을 거둬들일 것으로 예상하며, 특히 UN으로부터 매년 24만 톤의 온실가스 저감효과를 인정받고 그에 상응하는 탄소배출권을 확보함으로써 향후 배출권거래제를 활용한 부가수익 창출도 기대하고 있다.

① (가) : 청렴도 평가 1등급 2년 연속 청렴도 최우수기관 달성
② (나) : 보령 3호기 6,000일 무고장 운전, 세계 최장 운전 기록 경신
③ (다) : 국내 최초 1,000MW급 초초임계압 기술의 적용
④ (라) : 인도네시아 왐푸 수력 준공 등 국내외 신사업으로 연간 순이익 377억 원 달성

04 다음 중 신문기사의 내용을 바르게 이해하지 못한 사람은?

○○일보

○○일보 제1,358호 ○○년 ○○월 ○일 안내전화 02-000-0000 www.sdxxx.com

거치기간 1년 못 넘기고, 초기부터 원금·이자 나눠 갚아야…

주택담보대출을 받을 대보다 깐깐한 소득심사를 하는 가계부채 관리대책이 수도권부터 전면 시행된다. 비수도권은 3개월 후부터 적용할 방침이다.

새로운 여신심사 가이드라인은 상환능력 범위에서 처음부터 나눠 갚도록 유도하는 내용이 골자다. 지금까지는 돈 빌리는 사람이 금리를 '고정형 또는 변동형', 상환방식을 '거치형 또는 일시납입형' 등으로 고를 수 있었고, 이에 따라 대출금리가 결정됐다. 이 때문에 집값이 오를 줄 알고 주택을 담보로 돈을 빌린 뒤 이자만 내다가 만기에 원금을 한꺼번에 갚는 방식을 많이 택했다.

새 가이드라인은 집을 담보 가치나 소득에 비해 빌리는 돈이 많거나 소득 증빙을 제대로 못한 경우에는 대출 후 1년 이내부터 빚을 나눠 갚도록 하는 내용을 담고 있다. 집을 사면서 그 집을 담보로 돈을 빌리는 사람도 초기부터 빚을 나눠 갚도록 하는 원칙이 적용된 것이다. 물론 명확한 대출 상환계획이 있는 등 일부 예외에 해당하면 거치식 대출을 받을 수 있다. 아파트 중도금 대출 등 집단대출도 이번 가이드라인 적용에서 예외로 인정된다.

또한 변동금리 제한도 많아진다. 상승가능금리(스트레스금리)를 추가로 고려했을 때 일정 한도를 넘어서는 대출은 고정금리로 유도하거나 아예 대출한도를 넘지 못하게 한다.

어떤 형태의 대출이 가능할지를 알아보려면 은행영업점 창구나 온라인에서 상담을 받으면 된다.

은행권에서는 무작정 대출받기가 어려워지는 것은 아니라고 설명한다. 은행 관계자는 "변동과 고정의 금리 차가 거의 없어 대출 시 다소 불편할지는 몰라도 못 받는 경우는 거의 없을 것"이라며 "실수요자들이 대출받기 어려워지는 부작용은 발생하지 않을 것"이라고 설명했다.

그럼에도 새 여신심사 가이드라인 시행을 앞두고 주택담보대출 증가세는 확연히 둔화한 것으로 나타났다.

… 생략 …

① G과장 : 최근 저금리 기조로 인해서 가계부채가 상당히 많이 늘었다고 하던데, 새로운 여신심사 가이드라인을 적용하면 가계부채 감소에 도움이 되겠군요.
② K차장 : 말도 말게나. 주택담보대출을 받을 때 만기일시상환으로 설정하면 이자만 내면 되었는데 말이야.
③ Y과장 : 맞습니다. 담보 가치나 소득에 비해 많은 대출을 하거나 소득증빙을 제대로 못하면 1년 이내부터 원금을 상환해야 하니 대출을 받으려는 사람도 줄어들 것 같습니다.
④ Q대리 : 네, 이제는 주택담보대출을 신청할 때 까다로운 심사기준으로 인해서 대출받기가 어려워진다니 실수요자들이 피해를 입을까 걱정됩니다.

05 다음 글의 빈칸 ㉠과 ㉡에 들어갈 내용이 바르게 짝지어진 것은?

> 애덤 스미스의 '보이지 않는 손'이라는 가정은 시장에서 개인의 이익추구 활동을 제한하지 않는 것이 전체 이윤을 극대화하는 최선의 방책임을 보여주는 것으로 간주되었다. 그렇다면 다음의 경우는 어떠한가?
> 공동 소유의 목초지에 양을 치기에 알맞은 풀이 자라고 있다고 생각해 보자. 일정 넓이의 목초지에 방목할 수 있는 가축 두수에는 일정한 한계가 있기 마련이다. 즉, '수용 한계'가 존재하는 것이다. 그 목초지에 한 마리를 더 방목시킨다고 해서 다른 가축들이 갑자기 죽거나 병에 걸리는 것은 아니다. 하지만 목초지의 수용 한계를 넘어 양을 키울 경우, 목초가 줄어들어 그 목초지에서 양을 키워 얻을 수 있는 전체 생산량이 줄어든다. 나아가 수용 한계를 과도하게 초과할 정도로 사육 두수가 늘어날 경우 목초지 자체가 거의 황폐화된다.
> 예를 들어 수용 한계가 양 20마리인 공동 목초지에서 4명의 농부가 각각 5마리의 양을 키우고 있다고 해 보자. 그 목초지의 수용 한계에 이미 도달한 상태이지만, 그중 한 농부가 자신의 이익을 늘리고자 방목하는 양의 두수를 늘리려 한다. 그러면 5마리를 키우고 있는 농부들은 목초지의 수용 한계로 인하여 기존보다 이익이 줄어들지만, 두수를 늘린 농부의 경우 그의 이익이 기존보다 조금 늘어난다. 손실을 만회하기 위해 다른 농부들도 사육 두수를 늘리고자 할 것이다. 이러한 상황이 장기화될 경우 _____㉠_____ 이와 같이 애덤 스미스의 '보이지 않는 손'에 시장을 맡겨 둘 경우 _____㉡_____ 결과가 나타날 것이다.

① ㉠ : 농부들의 총이익은 기존보다 증가할 것이다.
　㉡ : 한 사회의 공공 영역이 확장되는
② ㉠ : 농부들의 총이익은 기존보다 감소할 것이다.
　㉡ : 한 사회의 전체 이윤이 감소하는
③ ㉠ : 농부들의 총이익은 기존보다 감소할 것이다.
　㉡ : 한 사회의 전체 이윤이 유지되는
④ ㉠ : 농부들의 총이익은 기존과 동일하게 될 것이다.
　㉡ : 한 사회의 전체 이윤이 유지되는

※ 다음과 같이 일정한 규칙으로 수를 나열할 때, 빈칸에 들어갈 수로 알맞은 것을 고르시오. [6~8]

06

| −6 50 18 10 −54 ( ) 162 |

① −18
② −1
③ 2
④ 32

07

| 3.5 3.7 3.95 4.25 4.6 ( ) |

① 4.85
② 5
③ 5.25
④ 6

08

| 8 5 2　7 ( ) 2　10 3 6 |

① 6
② 5
③ 4
④ 3

09 연봉 실수령액을 구하는 식이 다음과 같을 때, 연봉이 3,480만 원인 A씨의 실수령액은?(단, 십 원 단위 미만은 절사한다)

- (연봉 실수령액)=(월 실수령액)×12
- (월 실수령액)=(월 급여)−(국민연금+건강보험료+고용보험료+장기요양보험료+소득세+지방세)
- (국민연금)=(월 급여)×4.5%
- (건강보험료)=(월 급여)×3.12%
- (고용보험료)=(월 급여)×0.65%
- (장기요양보험료)=(건강보험료)×7.38%
- (소득세)=68,000원
- (지방세)=(소득세)×10%

① 30,944,400원
② 31,078,000원
③ 31,203,200원
④ 32,150,800원

10 다음은 국가 및 연도별 주택용 전기요금과 월간 전기사용량에 대한 자료이다. 이에 대한 설명으로 옳지 않은 것은?

〈국가 및 연도별 주택용 전기요금〉

(단위 : 원/kWh)

구분	2016년	2017년	2018년
한국	200	192	187
미국	138	132	128
프랑스	248	246	250
일본	268	278	277

〈국가 및 연도별 월간 주택용 전기사용량〉

(단위 : kWh/가구)

구분	2016년	2017년	2018년
한국	320	335	369
미국	364	378	397
프랑스	355	366	365
일본	362	341	357

※ (가구당 월간 전기요금)=(주택용 전기요금)×(월간 주택용 전기사용량)

① 2017년에 주택용 전기요금이 가장 높은 국가의 같은 해 월간 주택용 전기사용량은 두 번째로 적다.
② 2016 ~ 2018년 주택용 전기요금이 가장 낮은 국가의 월간 주택용 전기사용량은 네 국가 중 가장 많다.
③ 한국의 2016년 가구당 월간 전기요금이 2017년보다 높다.
④ 프랑스의 2017년 월간 주택용 전기사용량은 같은 해 일본의 월간 주택용 전기사용량의 5% 이상이다.

※ S기업은 정보보안을 위해 직원의 컴퓨터 암호를 다음과 같은 규칙으로 지정해두었다. 이어지는 질문에 답하시오. [11~13]

〈규칙〉

1. 비밀번호는 임의의 세 글자로 구성하며, 다음의 규칙에 따라 지정한다.
   - 자음
     - 국어사전 배열 순서에 따라 알파벳 소문자(a, b, c, …)로 치환하여 사용한다.
     - 쌍자음일 경우, 먼저 쓰인 순서대로 알파벳을 나열한다.
     - 받침으로 사용되는 ㅈ음의 경우 대문자로 구분한다.
   - 모음
     - 국어사전 배열 순서에 따라 숫자(1, 2, 3, …)로 치환하여 사용한다.
2. 비밀번호의 마지막 음절 뒤에 한 자리 숫자를 다음의 규칙에 따라 지정한다.
   - 각 음절에 사용된 모음에 해당하는 숫자를 모두 더한다.
   - 모음에 해당하는 숫자의 합이 두 자리 이상일 경우엔 각 자릿수를 다시 합하여 한 자릿수가 나올 때까지 더한다.
   - '-'을 사용하여 단어와 구별한다.

11 김사원 컴퓨터의 비밀번호는 '자전거'이다. 다음 중 이를 암호로 바르게 치환한 것은?

① m1m3ca5-9 ② m1m5Ca5-2
③ n1n5ca3-9 ④ m1m3Ca3-7

12 이대리 컴퓨터의 비밀번호는 '마늘쫑'이다. 다음 중 이를 암호로 바르게 치환한 것은?

① g1c19FN9L-2 ② g1C11fN3H-6
③ g1c16FN2N-1 ④ g1c19Fn9L-2

13 다음 중 조사원 컴퓨터의 암호 'e5Ah9Bl21-8'을 바르게 풀이한 것은?

① 매운탕 ② 막둥이
③ 떡볶이 ④ 떡붕어

14 A~D 4명이 빨간색, 파란색, 노란색, 초록색 4가지 색상의 모자, 티셔츠, 바지를 입고 있다. 다음 〈조건〉을 참고할 때, 항상 참인 것은?

> **조건**
> - 한 사람이 입고 있는 모자, 티셔츠, 바지의 색깔은 서로 겹치지 않는다.
> - 각각의 색깔과 의상은 한 벌씩밖에 없다.
> - A는 빨간색을 입지 않았다.
> - C는 초록색을 입지 않았다.
> - D는 노란색 티셔츠를 입었다.
> - C는 빨간색 바지를 입었다.

① A의 모자는 초록색이다.
② B의 바지는 초록색이다.
③ D의 바지는 노란색이다.
④ B의 모자와 D의 바지의 색상은 서로 같다.

15 A~E 5명이 100m 달리기를 했다. 기록 측정 결과가 나오기 전에 그들끼리의 대화를 통해 순위를 예측해 보려고 한다. 그들의 대화는 다음과 같고, 이 중 1명이 거짓말을 하고 있다고 할 때, A~E의 순위로 옳은 것은?

> - A : 나는 1등이 아니고, 3등도 아니야.
> - B : 나는 1등이 아니고, 2등도 아니야.
> - C : 나는 3등이 아니고, 4등도 아니야.
> - D : 나는 A와 B보다 늦게 들어왔어.
> - E : 나는 C보다는 빠르게 들어왔지만, A보다는 늦게 들어왔어.

① C-A-E-B-D
② C-E-B-A-D
③ E-A-B-C-D
④ E-C-B-A-D

02 직무수행능력평가

01 다음 중 세계적인 기술력으로 만든 상품임에도 불구하고 세계적인 표준은 무시하며, 자국 시장만을 생각한 표준과 규격을 사용하여 국제적으로 고립되는 현상은?

① ADD 증후군
② 갈라파고스 증후군
③ 파랑새 증후군
④ 닌텐도 증후군

02 다음 중 복리를 전제로 하여 원금이 두 배가 되는 데 걸리는 시간을 계산하는 방법으로, 72를 연간 복리수익률로 나누면 원금이 두 배가 되는 기간과 같아진다는 법칙은?

① 70의 법칙
② 그레셤의 법칙
③ 파레토 법칙
④ 지브라의 법칙

03 다음 중 중국 기업과 사업 분야가 바르게 짝지어진 것으로 옳지 않은 것은?

① ZTE - 전자제품 제조 및 판매
② 텐센트 - 인터넷 서비스 및 게임 서비스
③ 화웨이 - 인터넷 검색 엔진
④ 완다 그룹 - 미디어 및 관광 산업

04 다음 중 미국의 고전학자 폴 우드러프가 공동체 안에서의 보상과 분배 문제를 그리스 신화에 빗대어 명명한 것으로, 요즘 기업에 만연하는 성과주의의 폐해를 언급할 때 등장하는 용어는?

① 아이아스의 딜레마
② 트롤리 딜레마
③ 유동성 딜레마
④ 트리핀 딜레마

05 다음 중 애플리케이션, SNS 등 디지털 플랫폼에서 노동력이 거래되는 근로 형태는?

① 그림자 노동
② 플랫폼 노동
③ 워크셰어링
④ 네트워크 노동

06 다음은 콜금리 변화 추이에 대한 그래프이다. (가) ~ (다)에서 나타날 수 있는 경제현상으로 옳은 것을 〈보기〉에서 모두 고르면?(단, 콜금리 이외 요인은 고려하지 않는다)

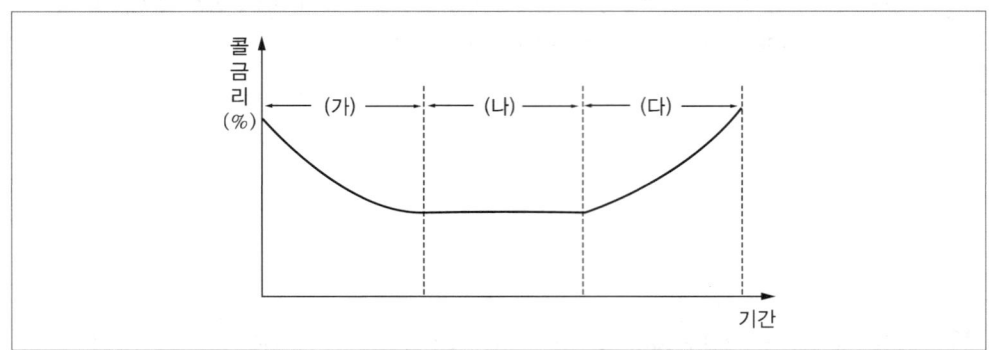

보기
ㄱ. (가)에서는 기업의 신규 투자가 점차 증가할 것이다.
ㄴ. (나)에서는 경기가 위축되는 현상이 지속될 것이다.
ㄷ. (다)에서는 시중 통화량이 점차 줄어들 것이다.
ㄹ. (다)에서는 은행 대출 이율이 점차 낮아질 것이다.

① ㄱ, ㄴ
② ㄱ, ㄷ
③ ㄴ, ㄷ
④ ㄴ, ㄹ

07 다음 중 특정 주권의 가격이나 주가지수의 수치에 연계한 증권으로, 자산을 우량채권에 투자하여 원금을 보존하고 일부를 주가지수 옵션 등 금융파생 상품에 투자해 고수익을 노리는 금융상품은?

① 주가지수연계펀드(ELF)
② 주가연계증권(ELS)
③ 주가지수연동예금(ELD)
④ 주식워런트증권(ELW)

08 다음 중 핀테크에 대한 설명으로 옳지 않은 것은?

① 새로운 IT기술의 등장을 그 배경으로 하고 있다.
② 하드웨어, 앱 등을 기반으로 한 간편결제 서비스가 출시되고 있다.
③ 플랫폼과 관계없이 다양한 사업자들의 공정한 경쟁이 보장되고 있다.
④ 금융(Finance)과 기술(Technology)이 결합한 서비스를 가리키는 말이다.

09 다음 중 〈보기〉의 사례에 해당하는 영역을 찾아 바르게 짝지어진 것은?

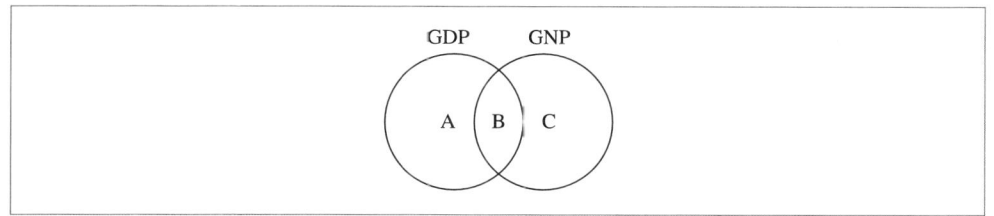

보기
ㄱ. 영국 시민권자인 민호는 우리나라 기업에 근무하며 300만 원의 월급을 받는다.
ㄴ. 부산에 사는 지영이는 외국인을 대상으로 게스트하우스를 운영한다.
ㄷ. 외국인 용병 니콜라이는 국내 야구 구단과 재계약을 맺었다.
ㄹ. 성진이는 미국의 IT회사에 취직하여 지난달에 출국했다.

	A	B	C
①	ㄱ, ㄷ	ㄴ	ㄹ
②	ㄱ, ㄷ	ㄹ	ㄴ
③	ㄷ	ㄱ, ㄴ	ㄹ
④	ㄷ	ㄴ	ㄱ, ㄹ

10 다음 중 기관투자자들이 투자 기업의 의사결정에 적극 참여해 주주와 기업의 이익 추구, 성장, 투명한 경영 등을 이끌어 내는 것을 목적으로 2016년 국내에서 시행된 자율지침은?

① 출구전략
② 오퍼레이션 트위스트
③ 섀도보팅
④ 스튜어드십코드

11 다음 중 단기투자에 대한 설명으로 옳지 않은 것은?

① 헤지펀드는 주가의 중·단기 실적을 두루 고려해 장·단기 모두에 투자하는 식으로 포트폴리오를 구성하여 위험은 분산시키고 수익률은 극대화한다.
② 헤지펀드는 조세회피 지역에 위장거점을 설치하고 파생금융상품을 교묘히 조합해 자금을 운영하는 투자 신탁으로 국제금융시장을 교란시키는 요인이 되기도 한다.
③ 스폿펀드는 3개월, 6개월 등 일정 기간 내에 정해 놓은 목표수익률이 달성되면 조기상환되는 상품이다.
④ 뮤추얼펀드가 소수의 고액투자자를 대상으로 하는 반면, 헤지펀드는 다수의 소액투자자를 대상으로 공개모집한다.

12 다음은 환율 추세에 대한 그래프이다. 이와 같은 추이가 계속된다고 할 때, 합리적인 경제 행위에 해당하는 것을 〈보기〉에서 모두 고르면?(단, 외화는 미 달러화이며, 환율 이외의 요인은 고려하지 않는다)

보기
ㄱ. 보유하고 있는 외화의 환전은 최대한 늦춘다.
ㄴ. 해외 송금을 하기 위한 환전은 최대한 늦춘다.
ㄷ. 해외 출장 후 남은 외화는 귀국 즉시 원화로 바꾼다.
ㄹ. 수입 대금을 지불하기 위한 환전은 가능한 일찍 한다.

① ㄱ, ㄴ ② ㄱ, ㄹ
③ ㄴ, ㄷ ④ ㄴ, ㄹ

13 다음은 지원이가 아르바이트를 한 내용이다. 이를 기업의 영업활동으로 가정할 때, 기업 회계기준에 의하여 순이익을 계산한 것으로 옳은 것은?

여름방학 초부터 용돈을 마련하기 위해 가지고 있던 돈 6만 원과 부모님께 빌린 돈 4만 원을 자금으로 휴대전화 고리 10만 원어치를 구매하여 판매를 시작하였다. 하루 동안 판매 활동과 직접적으로 관련된 내용을 노트에 적어 보았다.

① 10,000원 ② 15,000원
③ 20,000원 ④ 25,000원

14 다음 중 경영진 교체시기에 앞서 부실자산을 한 회계년도에 모두 반영함으로써 잠재부실이나 이익 규모를 있는 그대로 드러내는 회계기법은?

① 빅배스 ② 어닝서프라이즈
③ 윈도드레싱 ④ 분식회계

15 다음 중 경영전략과 경영조직에 대한 설명으로 옳은 것은?
① 포터의 가치사슬 모형에 의하면 마케팅, 재무관리, 생산관리, 인적자원관리는 본원적 활동이다.
② BCG 매트릭스에서는 시장의 성장률과 절대적 시장 점유율을 기준으로 사업을 평가한다.
③ 제조업체에서 부품의 안정적 확보를 위해 부품회사를 인수하는 것은 전방통합에 해당하며, 제품 판매를 위해 유통회사를 인수하는 것은 후방통합에 해당한다.
④ 기계적 조직은 유기적 조직에 비해 집권화 정도와 공식화 정도가 모두 강하다.

16 다음 중 경기불황이 심해짐에 따라 물가수준이 하락 시 경제주체들이 소유한 화폐의 실질가치가 증가하게 되어 소비 및 총수요가 증대되는 효과는?

① 롤링 효과 ② 피구 효과
③ 구글 효과 ④ 아마존 효과

17 다음 중 2014년 미국의 최대 전자상거래업체인 아마존에서 내놓은 음성인식 인공지능(AI)비서로, 179달러짜리 원통형 스피커 '에코'를 사서 설치하면 목소리로 각종 가전기기나 난방, 조명 등을 작동할 수 있는 것은?

① 시리
② 씽큐
③ 빅스비
④ 알렉사

18 다음 중 한국은행의 정책을 관리하는 기구는?

① 중앙경제위원회
② 국민경제자문회의
③ 금융통화위원회
④ 정책금융공사

19 다음은 경제 지표 추이에 대한 그래프이다. 이와 같은 추이가 계속된다고 할 때, 나타날 수 있는 현상으로 옳은 것을 〈보기〉에서 모두 고르면?(단, 지표 외 다른 요인은 고려하지 않는다)

보기
ㄱ. KOSPI 지수 추이를 볼 때, 기업은 주식시장을 통한 자본 조달이 어려워질 것이다.
ㄴ. 이자율 추이를 볼 때, 은행을 통한 기업의 대출 수요가 증가할 것이다.
ㄷ. 환율 추이를 볼 때, 수출제품의 가격 경쟁력이 강화될 것이다.

① ㄱ
② ㄴ
③ ㄱ, ㄷ
④ ㄴ, ㄷ

CHAPTER 10 | 2018년 하반기 기출복원문제

| 01 | NCS 직업기초능력평가

01 S기업에서는 단일제품을 주문받은 수량만 생산하여 판매한다. 법인세율이 20%의 단일세율일 때, 다음 자료를 참고하여 2018년도 공헌이익률을 구하면?

〈2018년도 회계 현황〉

(단위 : 원)

매출액	3,000,000	제품단위당 변동원가	800
총고정원가	275,000	세후이익	260,000

① 20% ② 25%
③ 30% ④ 35%

02 S기업은 문구류 제조 회사로 K볼펜, A만년필, P연필을 생산하고 있으며, 각각 전체 판매수량에서 20%, 20%, 60%를 차지한다. 고정원가가 7,300,000원이라고 할 때, 다음 자료를 참고하여 제품별 손익분기점 판매량을 구하면?

〈제품별 원가 현황〉

(단위 : 원)

구분	K볼펜	A만년필	P연필
제품단위당 판매가격	6,500	36,000	2,500
제품단위당 변동원가	2,000	10,000	500

	K볼펜	A만년필	P연필
①	100개	200개	600개
②	200개	100개	600개
③	200개	200개	600개
④	200개	200개	500개

03 연봉이 3,500만 원인 무역회사에 다니고 있는 갑은 샌드위치 가게를 창업하기로 결정하고, 창업계획서를 다음과 같이 작성해 보았다. 1년 동안의 수익을 비교해 볼 때, 무역회사를 다니는 것과 창업을 하는 것 중에 어떤 선택이 얼마나 더 이익인가?

■ 샌드위치 가게 창업계획
- 식당 매장 임차비용 : 보증금 8천만 원, 월세 90만 원
- 샌드위치 1개 판매가격 : 6,000원
- 샌드위치 1개 판매비용 : 2,000원
- 1일 평균 판매량 30개(월 28일 운영)
- 갑이 S은행에 보유한 금액 : 5천만 원(S은행 정기예금 연이율 2.5%)
- 갑은 S은행에 보유한 금액과 대출금을 보증금에 사용

■ 비고
- 갑은 창업 시 3천만 원 대출(S은행 대출이자 연이율 4%)
- 회사를 다닐 시 보유한 금액은 예금함

① 무역회사를 다니는 것이 977만 원 이익이다.
② 샌드위치 가게를 하는 것이 892만 원 이익이다.
③ 샌드위치 가게를 하는 것이 865만 원 이익이다.
④ 무역회사를 다니는 것이 793만 원 이익이다.

04 경현이는 반려동물로 고슴도치와 거북이를 한 마리씩 키우고 있다. 주말을 맞아 집에 놀러온 영수랑 고슴도치와 거북이를 경주시켜 결승점에 들어오는 시간을 맞히는 내기를 하였다. 영수는 거북이, 경현이는 고슴도치의 완주시간을 맞혔다고 할 때, 반려동물들이 경주한 거리는?

<반려동물 완주 예상시간>

구분	고슴도치	거북이
경현	30초	2분
영수	25초	2.5분

※ 고슴도치의 속력은 3m/분, 거북이는 고슴도치 속력의 $\frac{1}{5}$ 임

① 1.5m ② 1.7m
③ 1.9m ④ 2.1m

※ 다음과 같이 일정한 규칙으로 수를 나열할 때, 빈칸에 들어갈 수로 알맞은 것을 고르시오. [5~13]

05 −5 5 9 −9 −1 ( ) 13

① 2　　　　　　　　　② 1
③ −1　　　　　　　　④ −2

06 84 80 42 20 21 ( ) 10.5 1.25

① 7　　　　　　　　　② 6
③ 5　　　　　　　　　④ 4

07 7 8 13 38 ( ) 788

① 160　　　　　　　　② 161
③ 162　　　　　　　　④ 163

08 $\frac{14}{3}$ 12 34 ( ) 298 892 2,674

① 90　　　　　　　　　② 100
③ 110　　　　　　　　④ 120

09 57 45 36 ( ) 18 9

① 30　　　　　　　　　② 29
③ 28　　　　　　　　　④ 27

10 92 103 107 115 ( ) 127

① 110　　　　　　　　② 112
③ 118　　　　　　　　④ 122

11

| 2 5 7 3 6 9 4 7 ( ) |

① 11　　　　　　　　　　　② 13
③ 24　　　　　　　　　　　④ 28

12

| 426　414　390　354　306　( ) |

① 246　　　　　　　　　　② 256
③ 276　　　　　　　　　　④ 286

13

| 13　19　30　51　87　( ) |

① 140　　　　　　　　　　② 143
③ 150　　　　　　　　　　④ 153

14 다음은 S은행에서 환율우대 50%를 기준으로 제시한 환율이다. K씨가 2주 전 엔화와 달러로 환전한 금액은 800,000엔과 7,000달러였고, 그때보다 환율이 올라 다시 원화로 환전했다. 2주 전 엔화 환율은 998원/100엔이었고, K씨가 오늘 엔화와 달러를 원화로 환전한 후 얻은 수익이 같다고 할 때, 2주 전 미국 달러 환율은?

〈통화별 환율 현황〉

(단위 : 원)

구분	매매기준율	현찰	
		팔 때	살 때
미국 USD	1,120.70	1,110.90	1,130.50
일본 JPY 100	1,012.88	1,004.02	1,021.74
유럽연합 EUR	1,271.66	1,259.01	1,284.31
중국 CNY	167.41	163.22	171.60

① 1,102.12원/달러　　　　　② 1,104.02원/달러
③ 1,106.12원/달러　　　　　④ 1,108.72원/달러

15 다음 글을 읽고 이해한 내용으로 적절하지 않은 것은?

> 2008년 서브프라임 모기지(Sub-prime Mortgage)로 인해 미국의 은행이 위기를 맞이하면서 금융위기가 전 세계로 확산되었고, 미국은 양적완화를 통해 경제를 회복하려 했다. 최근 미국의 GDP 성장률이 오르고 실업률 수준이 낮아지자 미국은 현재 출구전략을 추진 중에 있다. 그렇다면 여기서 양적완화와 출구전략은 무엇일까?
> 양적완화는 중앙은행이 정부의 국채나 다른 금융 자산 등을 매입하여 시장에 직접 유동성을 공급하는 정책을 말한다. 이는 중앙은행이 기준금리를 조절하여 간접적으로 유동성을 조절하던 기존 방식과 달리, 시장에 직접적으로 통화를 공급하여 시장의 통화량 자체를 늘림으로써 침체된 경기를 회복하고 경기를 부양시키려는 통화 정책이다.
> 간접적으로 통화량을 늘리는 기존의 방식으로는 금리 인하, 재할인율 인하, 지급준비율 인하 등의 방법이 있다. 재할인율 인하는 중앙은행이 시중은행에 빌려주는 자금의 금리를 낮춰 유동성을 조절하는 것이며, 지급준비율 인하는 예금은행이 중앙은행에 예치해야 하는 법정지급준비금의 비율을 낮춰 시장의 통화량을 늘리는 것이다.
> 이러한 방법으로도 효과를 기대할 수 없을 때 중앙은행은 시중에 있는 다양한 금융자산을 매입해 직접 돈을 시장에 공급하는 양적완화 정책을 시행할 수 있다. 중앙은행이 국채와 회사채 등을 매입하고, 그 매입에 사용된 돈을 직접적으로 시장에 흘러가게 만들어서 경기를 부양하는 것이다.
> 양적완화를 통해 어느 정도 경기가 회복되었다면 출구전략을 실행할 수 있다. 출구전략은 경기 부양을 위해 취하였던 각종 정책을 정상화하는 것을 말한다. 경기가 회복되는 과정에서 시장에 유동성이 과도하게 공급될 경우 물가가 높아지고 현금 가치가 하락하여 인플레이션과 같은 부작용을 초래할 수 있는데, 이때 출구전략을 활용하여 이러한 정책의 부작용을 최소화할 수 있다.
> 출구전략은 통화량 공급 정책을 반대로 실행하되 비교적 영향력이 적은 재할인율, 지급준비율을 먼저 인상하여 시장을 살핀 뒤에 기준금리를 인상해야 한다. 출구전략을 성급하게 추진하여 금리를 너무 빠르게 인상하면, 오히려 기업의 투자가 위축되고 소비가 억제되어 경기가 다시 위축될 수 있기 때문이다.

① 양적완화와 출구전략은 모두 시장경제를 안정시키기 위한 정책이다.
② 미국이 현재 출구전략을 추진하는 이유는 미국의 경기가 회복되었다고 생각하기 때문이다.
③ 한국은행이 시중은행에 대한 금리를 인상하면 금융기관의 매출 및 투자가 감소할 것이다.
④ 금리, 재할인율, 지급준비율은 통화량과 비례 관계라고 생각할 수 있다.

16 S사의 영업팀과 홍보팀에서 근무 중인 9명의 사원 A~I는 워크숍을 가려고 한다. 다음 〈조건〉에 따라 한 층당 4개의 객실로 이루어져 있는 호텔을 1층부터 3층까지 사용한다고 할 때, 항상 참인 것은?(단, 직원 1명당 하나의 객실을 사용하며, 2층 이상인 객실의 경우 반드시 엘리베이터를 이용해야 한다)

> **조건**
> - 한 층에는 반드시 두 팀이 묵어야 한다.
> - 202호는 현재 공사 중이라 사용할 수 없다.
> - 영업팀 A사원은 홍보팀 B, E사원과 같은 층에 묵는다.
> - 3층에는 영업팀 C, D, F사원이 묵는다.
> - 홍보팀 G사원은 같은 팀 H사원의 바로 아래층 객실에 묵는다.
> - I사원은 101호에 배정받았다.

① 영업팀은 총 5명의 직원이 워크숍에 참석했다.
② 홍보팀 G사원은 2층에 묵는다.
③ 영업팀 C사원의 객실 바로 아래층은 빈 객실이다.
④ 엘리베이터를 이용해야 하는 사람의 수는 영업팀보다 홍보팀이 더 많다.

| 02 | 직무수행능력평가

01 다음 중 현재의 직장이 마음에 들지 않아 발생하는 실업은?

① 마찰적 실업
② 계절적 실업
③ 구조적 실업
④ 경기적 실업

02 다음 중 주택담보대출뿐만 아니라 신용대출, 자동차 할부금 등을 포함한 전체 대출금의 원금과 이자가 연간 총소득에서 차지하는 비율인 총부채원리금상환비율을 나타내는 약자는?

① DST
② DSR
③ LTV
④ DTI

03 다음 중 탄화수소가 풍부한 퇴적암에서 개발·생산되는 천연가스로, 기술 발달을 통해 신에너지원으로 급부상하고 있는 천연가스는?

① 셰일가스
② 타이트가스
③ 메테인가스
④ 수소

04 다음은 보스턴컨설팅그룹에서 개발한 BCG 매트릭스로, 상대적 시장점유율과 시장성장률을 기준으로 사업의 성격을 유형화하여 사업 포트폴리오를 분석하는 모형이다. 다음 중 (가)에 들어갈 용어로 옳은 것은?

① 별(Star)
② 물음표(Question Mark)
③ 자금젖소(Cash Cow)
④ 개(Dog)

05 다음 중 고도화된 알고리즘과 빅데이터를 활용하여 포트폴리오 관리를 수행하는 온라인 자산관리 서비스를 나타내는 용어는?

① 프라이빗 뱅커　　　　　② 로보어드바이저
③ 퀀트　　　　　　　　　④ 펀드매니저

06 다음 중 상품에 대한 고객의 구매를 의도적으로 줄임으로써 적절한 수요를 창출하는 마케팅 전략은?

① 앰부시마케팅　　　　　② 노이즈마케팅
③ 마이크로마케팅　　　　④ 디마케팅

07 다음 중 영화 아이언맨에 등장하는 아이언맨의 인공지능 비서 이름은?

① 스타크　　　　　　　　② 페퍼
③ 자비스　　　　　　　　④ 워 머신

08 다음 중 삼성에서 개발한 스마트폰 등에 탑재된 인공지능의 이름은?

① 시리　　　　　　　　　② 코타나
③ 어시스턴트　　　　　　④ 빅스비

09 다음 중 고객 수요의 작은 변동이 제조업체에 전달되면서 정보가 왜곡되고, 확대되는 현상을 나타내는 용어는?

① 승수효과 ② 채찍효과
③ 구축효과 ④ 분수효과

10 다음 중 적은 돈을 장기간 저축하는 습관의 중요성을 나타내는 말로, 하루에 4,000원을 30년간 꾸준히 저축하면 약 2억 원의 목돈을 만들 수 있다는 경제 용어는?

① 카페라테 효과 ② 아메리카노 효과
③ 핫초코 효과   ④ 카페모카 효과

11 다음 중 주식편입비율을 70% 이상 유지하여 고수익을 추구하는 주식형 펀드는?

① 안정형 펀드   ② 안정성장형 펀드
③ 성장형 펀드   ④ 자산배분형 펀드

12 임대료가 저렴했던 구도심에 유동인구가 늘어나고 대규모 프랜차이즈점이 들어서면서 임대료가 상승하고, 그 결과 소규모 가게와 주민들이 임대료를 감당하지 못해 다른 곳으로 밀려나는 현상으로, 2000년대 이후 서울의 상수동, 경리단길 등에서 이 현상을 찾아볼 수 있다. 다음 중 이러한 현상을 나타내는 용어는?

① 도심재개발 ② 교외화
③ 젠트리피케이션 ④ 투어리스티피케이션

13 다음 중 '자원의 저주'라고 불리기도 하며, 천연자원의 개발로 급성장한 국가가 자원수출에 따른 부작용으로 인해 경제가 침체되는 현상을 나타내는 용어는?

① 병목현상 ② 경제공황
③ 에콰도르병 ④ 네덜란드병

14 다음 중 세계 각국의 국제 간 금융거래에서 기준금리로 활용되는 금리는?

① 리비드 ② 코픽스
③ 콜금리 ④ 리보금리

15 다음 중 브룸(Vroom)의 기대이론에 대한 설명으로 옳지 않은 것은?

① 개인의 노력은 성과에 대한 기대에 의해 좌우된다.
② 다른 사람과 비교했을 때 노력과 그에 대한 보상이 공평해야 한다.
③ 개인의 동기화 정도는 기대, 수단, 유인가에 따라 결정된다.
④ 성과에 대한 신념이 없다면 더 이상 노력하지 않을 것이다.

16 다음 중 스마트폰 앱을 통해 소비자의 계좌에서 판매자의 계좌로 돈을 이체하는 방식으로 결제가 이루어지는 결제 시스템은?

① 실시간 계좌이체
② 체크카드 결제
③ 폰뱅킹
④ 앱투앱 결제

17 다음 빈칸에 들어갈 용어로 알맞은 것은?

> 1960년대 베트남전쟁이 일어났던 시기에 당시 베트남전쟁을 계속해야 한다고 주장했던 미국의 정치파를 동물에 빗대어 _____로 부르기 시작했고, 이는 전쟁 이후에도 미국에서 정치·외교적으로 급진적이고 강력한 세력을 나타내는 말로 쓰이고 있다.

① 올빼미파
② 독수리파
③ 매파
④ 비둘기파

18 다음 중 한 상품의 가격이 변화할 때, 해당 상품에 대한 수요량이 어떻게 변화하는지를 나타내는 지표는?

① 대체탄력성　　　　　　　　② 공급탄력성
③ 소득탄력성　　　　　　　　④ 가격탄력성

19 다음 중 보험사가 가진 보험리스크, 금리리스크, 신용리스크 등 각종 위험을 정밀하게 측정해 이에 적합한 규모의 자기자본을 보유하도록 함으로써 보험회사의 재무건전성을 높이는 제도는?

① RAAS　　　　　　　　　　② RBC
③ ALM　　　　　　　　　　　④ RADARS

20 다음 중 10cm 이내의 가까운 거리에서 다양한 무선 데이터를 주고받는 비접촉식 통신 기술은?

① WLAN　　　　　　　　　　② 블루투스
③ NFC　　　　　　　　　　　④ MST

CHAPTER 11 2018년 상반기 기출복원문제

| 01 | 직무수행능력평가

01 다음 중 자본자산가격결정모형(CAPM)에 대한 설명으로 옳지 않은 것은?

① 세금과 거래비용이 존재한다.
② 투자자들의 투자기간은 단일기간이다.
③ 투자자들은 기대효용을 극대화하고자 하는 위험회피자이다.
④ 투자자들은 투자대상의 미래수익률 확률분포에 대하여 동질적으로 예측한다.

02 다음 중 포트폴리오의 구성자산 수를 증가시킴에 따라 제거할 수 없는 체계적 위험(Systematic Risk)에 해당되는 것은?

① 기업의 경영성과 위험
② 경영진의 교체 위험
③ 신제품 개발의 성패 위험
④ 국제 환율 위험

03 다음 중 최저임금제에 대한 설명으로 옳은 것은?

① 최저임금제는 가격상한제의 한 예이다.
② 최저임금제와 노동시장에서의 실업률과는 관련성이 없다.
③ 최저임금이 높을수록 취업 준비생은 보호를 받을 수 있다.
④ 근로계약 중 최저임금에 미치지 못하는 금액을 임금으로 정하는 경우 무효가 된다.

04 다음은 재화의 특성에 따른 분류이다. 빈칸에 들어갈 재화에 대한 설명으로 옳지 않은 것은?

〈재화의 특성에 따른 분류〉

구분	경합성	비경합성
배제성	㉠	㉡
비배제성	㉢	㉣

① ㉠에 해당하는 재화는 일반적으로 기업이 생산한다.
② ㉡에 해당하는 재화는 공유지의 비극현상이 나타나기 쉽다.
③ ㉢의 사례로는 혼잡한 무료 고속도로 등이 있다.
④ ㉣에 해당하는 재화는 무임승차 현상이 발생한다.

05 재산이 900만 원인 지혜는 500만 원의 손실을 볼 확률이 $\frac{3}{10}$이고, 손실을 보지 않을 확률이 $\frac{7}{10}$이다. 보험회사는 지혜가 일정 금액을 보험료로 지불하면 손실 발생 시 손실 전액을 보전해주는 상품을 판매하고 있다. 지혜의 효용함수가 $U(X) = \sqrt{X}$이고 기대효용을 극대화한다고 할 때, 지혜가 보험료로 지불할 용의가 있는 최대금액은?

① 21만 원　　　　　　　　② 27만 원
③ 171만 원　　　　　　　 ④ 729만 원

06 다음 재무상태표를 바탕으로 계산한 경영비율 중 옳지 않은 것은?

재무상태표(2017년 12월 31일 현재)

유동자산	100억	부채	100억
현금	50억	유동부채	50억
매출채권	30억	비유동부채	50억
재고자산	20억		
비유동자산	100억	자본	100억
유형자산	60억	자본금	40억
무형자산	40억	자본잉여금	30억
		이익잉여금 (당기순이익 10억 포함)	30억
자산총계	200억	부채와 자본총계	200억

① 유동비율은 50%이다.
② 당좌비율은 160%이다.
③ 자기자본비율은 50%이다.
④ 총자산순이익률(ROA)은 5%이다.

07 다음 중 재무비율에 대한 설명으로 옳지 않은 것은?

① 이자보상비율은 순이익을 이자비용으로 나누어 산출한다.
② 레버리지 비율을 통해 기업의 채무불이행 위험을 평가할 수 있다.
③ 재고자산회전율이 산업평균보다 높은 경우 재고부족으로 인한 기회비용이 나타난다.
④ 유동성 비율은 단기에 지급해야 할 기업의 채무를 갚을 수 있는 기업의 능력을 측정하는 것이다.

08 다음은 경제학에서 범하기 쉬운 오류를 나열한 것이다. 각각의 경우 어떠한 오류를 범했는가?

> ㉠ 우산 판매량이 증가하면 세탁소의 수입이 증가한다.
> ㉡ 개인이 부자가 되기 위해서는 저축을 많이 해야 하듯이, 이번 금융위기를 극복하기 위해서는 세계 각국의 경제주체들은 재정을 절약하여야 한다.

	㉠	㉡
①	인과의 오류	구성의 오류
②	인과의 오류	강조의 오류
③	구성의 오류	인과의 오류
④	구성의 오류	강조의 오류

09 다음은 통화량과 이자율의 관계를 설명한 내용이다. 빈칸 (가) ~ (다)에 들어갈 용어가 바르게 짝지어진 것은?

> 통화당국이 이자율을 조절하기 위해 통화량을 증가시키면 단기적으로 명목이자율은 하락하게 되는데 이를 ___(가)___ 효과라고 한다. 그러나 이자율 하락은 투자를 증가시키므로 국민소득이 증대되고 이는 화폐수요를 증가시켜 명목이자율은 다시 상승하게 되는데 이를 ___(나)___ 효과라고 부른다. 또한 통화량이 증가하여 기대인플레이션이율이 상승하고 물가가 상승하면 명목이자율이 상승하는데 이를 ___(다)___ 효과라고 한다.

① 유동성 - 소득 - 피셔
② 유동성 - 피셔 - 소득
③ 소득 - 유동성 - 피셔
④ 피셔 - 소득 - 유동성

10 다음 중 시장이자율과 채권가격에 대한 설명으로 옳은 것은?

① 다른 조건은 동일하다고 가정할 경우 표면이자율이 높을수록 이자율의 변동에 따른 채권가격의 변동률이 크다.
② 만기일 채권가격은 액면가와 항상 일치한다.
③ 채권가격은 시장이자율과 같은 방향으로 움직인다.
④ 만기가 정해진 상태에서 이자율 하락에 따른 채권가격 상승폭과 이자율 상승에 따른 채권가격 하락폭은 항상 동일하다.

11 다음 내용을 바탕으로 빈칸 ㉠, ㉡에 들어갈 용어가 바르게 짝지어진 것은?

> 은행과 보험회사, 은행과 증권회사 등 업종이 다른 금융기관들끼리의 업무제휴가 활발히 이루어지는 현상은 ___㉠___ 때문이다. 반면, 은행 간의 합병은 규모가 커짐에 따라 평균 비용이 낮아지는 효과인 ___㉡___ 때문이다.

	㉠	㉡
①	범위의 경제	규모의 경제
②	규모의 경제	범위의 경제
③	규모의 경제	규모의 불경제
④	범위의 경제	네트워크 외부성

12 다음 빈칸 ㉠ ~ ㉢에 들어갈 경제 용어가 바르게 짝지어진 것은?

> 구매력평가이론(Purchasing Power Parity Theory)은 모든 나라의 통화 한 단위의 구매력이 같도록 환율이 결정되어야 한다는 것이다. 구매력평가이론에 따르면 양국통화의 ___㉠___ 은 양국의 ___㉡___ 에 의해 결정되며, 구매력평가이론이 성립하면 ___㉢___ 은 불변이다.

	㉠	㉡	㉢
①	실질환율	물가수준	명목환율
②	명목환율	경상수지	실질환율
③	실질환율	경상수지	명목환율
④	명목환율	물가수준	실질환율

13 다음 중 빠른 시대 변화에 대응하기 위해 비정규 프리랜서 근로 형태가 확산되는 경제 현상은?

① 긱 이코노미　　② 핑크슬립
③ ASP　　④ SaaS

14 다음 중 온디맨드 경제에 해당되지 않는 것은?

① 프리랜서　　② 카카오 택시
③ 에어비앤비　　④ P2P 대출

15 다음 중 대출을 받으려는 사람의 소득 대비 전체 금융부채의 원리금 상환액 비율을 말하는 것으로, 연간 총부채 원리금 상환액을 연간 소득으로 나눠 산출하는 것은?

① DTI　　② LTV
③ DSR　　④ CDS

16 다음 중 시스템리스크 예방대책 마련, 파생금융상품 규제 강화, 금융소비자 보호장치 신설, 대형 금융회사들에 대한 각종 감독·규제책 신설을 골자로 한 법으로 시스템리스크 예방을 위해 시장의 금융안정감시위원회(FSOC)를 신설한 것은?

① 사베인즈 – 옥슬리법　　② 글래스 – 스티걸법
③ 잡스법　　④ 도드 – 프랭크법

PART 3
주요 금융권 NCS 기출복원문제

CHAPTER 01 2025년 주요 금융권 NCS 기출복원문제
CHAPTER 02 2024년 주요 금융권 NCS 기출복원문제

CHAPTER 01 | 2025년 주요 금융권 NCS 기출복원문제

정답 및 해설 p.070

| 하나은행

01 다음 글의 중심 내용으로 가장 적절한 것은?

> H은행이 은행권 최초로 인공지능 기술을 이용한 '기술력 기반 ML 모형'을 개발했다. 이를 통해 H은행은 기존의 재무제표 기반으로 진행했던 중소기업의 신용평가 방법에서 벗어나, 2014년부터 기술신용평가에서 축적된 중소기업의 정보 및 보유 기술을 기반으로 성장 가능성을 평가할 수 있게 되었다.
> AI 학습데이터인 기술력 기반 ML 모형은 기업이 보유한 기술과 관련한 정보, 예를 들면 특허 및 기술 인증뿐만 아니라 기술 인력, 기술개발 현황, 기술 사업화 역량 등을 활용하여 해당 기업이 현재 보유한 기술들을 바탕으로 미래에 얼마나 성장할 수 있을지에 대해 평가한다. 즉, 재무제표를 통해서는 알 수 없었던 기업의 미래의 신용을 평가할 수 있게 된 것이다.
> H은행은 기술력 기반 ML 모형으로 기업의 기술 평가 데이터를 분석하여 리스크 측면에서 설명 가능한 항목을 구별하고 변동성이 낮은 항목을 학습해 평가 결과의 안정성을 확보했다. 이를 통해 기업의 미래 신용도에 긍정 및 부정 영향을 미치는 요인이 무엇인지 파악이 가능하게 되었다.

① 은행권 최초로 중소기업의 기술력을 평가하다.
② 인공지능 기술을 통해 기업의 미래를 평가하다.
③ 은행권 최초로 인공지능 기술을 신용평가에 도입하다.
④ 인공지능 기술을 통해 기업평가에 안정성을 확보하다.

02 다음 글을 읽고 〈보기〉의 빈칸에 들어갈 내용으로 가장 적절한 것을 고르면?

> H은행이 금융권 최초로 퇴직연금 가입 투자자의 '로보어드바이저 일임운용 서비스'를 시작하였다. 이는 투자자의 분석을 통해 맞춤형 포트폴리오를 생성한 뒤, 컴퓨터 알고리즘을 통해 고객이 어떤 상품에 투자하면 좋을지 판단해 개인형 IRP 적립금을 일임운용하는 금융서비스이다.
> 로보어드바이저 일임운용 서비스는 개인형 IRP 가입자가 이용할 수 있으며, 매년 추가로 납입한 가입자부담금 중 연간 900만 원에 한해 가입자 동의 시 일임이 가능하다.
> H은행은 고객이 장기적으로 더 편리하고 더 안정적으로 노후 소득재원을 확보하고 관리할 수 있도록 이 금융서비스를 도입했다고 말하며, 이후에도 보다 혁신적인 금융서비스를 고객에게 제공할 수 있도록 지속적으로 개발하겠다고 밝혔다.

보기

'로보어드바이저 일임운용 서비스'란 _____ 알고리즘이 자동으로 개인형 IRP 적립금을 투자 관리해 안정적인 노후 소득재원을 확보해주는 서비스이다.

① 투자 금액에 맞춰
② 투자 흐름에 맞춰
③ 투자자 성향에 맞춰
④ 투자자 소득에 맞춰

03 다음은 H은행 369 정기예금의 상품설명서이다. 이에 대한 설명으로 옳지 않은 것은?

<369 정기예금>

구분	내용
상품특징	• 3개월마다 높은 금리로 갈아탈 수 있는 옵션 보너스 제공 • 입출금과 거치식 예금의 장점만을 모은 편리하고 유용한 상품 • 내집 마련, 결혼 등 기쁜 날 해지 시 해당 기간별 고시 이율 적용
가입대상	• 실명의 개인 또는 개인사업자
예금종류	• 정기예금
가입기간	• 1년제
최저가입금액	• 3백만 원 이상(단, 인터넷뱅킹 및 스마트폰뱅킹은 최저 1만 원 이상)
이자지급방법	• 만기일시지급식
금리	• 예치 경과 기간에 따라 적용 (단위 : %) | 구분 | 3개월(중도해지) | 6개월(중도해지) | 9개월(중도해지) | 1년 | | 금리(연율) | 1.0 | 1.1 | 1.2 | 2.5 |
일부해지	• 가입기간 중 만기해지 포함 총 3회 분할인출 가능(중도해지금리 적용) • 분할해지 후 예금 잔액이 3백만 원 이상인 경우에만 가능
부가서비스	• 기쁜 날 서비스 : 자녀 결혼 등 목돈 필요로 중도해지 시, 가입 당시의 경과 기간별 금리 적용 지급 • 해지예약 서비스 : 신청 시 제일 먼저 돌아오는 3개월 해당 일에 자동해지 후 연결계좌 입금(연결계좌는 본인 명의 요구불통장만 가능하며, 해지예약 서비스를 통한 분할중도해지 불가)

① 중도해지를 이용할 수 있는 최대 횟수는 2회이다.
② 가입기간이 3개월 경과할 때마다 금리가 변경되는 상품이다.
③ 가입금액이 2백만 원인 고객은 일부해지 서비스를 이용할 수 없다.
④ 중도해지 신청 시 적용되는 금리는 제일 먼저 돌아오는 3개월에 해당하는 금리이다.

04 다음은 H은행 신혼부부전세론의 상품설명서이다. 이에 대한 설명으로 옳은 것은?

〈신혼부부전세론〉

구분	내용
상품특징	• 신혼부부 또는 결혼예정자를 대상으로 한국주택금융공사의 보증서를 담보로 하여 임차보증금의 90% 이내에서 주택의 전세(반전세 포함)자금을 지원하는 상품
대출대상	• 주택임대차계약을 체결한 국민인 거주자로 다음의 조건을 모두 충족하는 경우(임차보증금액 수도권 7억 원, 지방 5억 원을 초과하는 경우 대출 불가) – 현재 배우자와의 혼인기간이 7년 이내인 신혼부부 또는 보증신청일로부터 3개월 이내에 결혼하기로 한 결혼예정자 – 임차보증금의 5% 이상 지급한 만 19세 이상의 세대주 – 세대주와 동일세대를 이루고 있는 세대원 중 다음 하나에 해당하는 자 : 배우자, 직계존비속 및 그의 배우자, 신청인 및 배우자의 형제자매, 배우자의 직계존비속 및 그의 배우자
대상주택	• 공부상(등기부등본 등) 주거용 주택(미등기 주택도 가능)
대출한도	• 최대 2억 원 범위 내 다음 중 적은 금액 – 임차보증금의 90% 이내 – 신청인(배우자 포함) 연간소득의 최대 4.5배 이내
대출기간	• 전세계약 만기일 범위 내 최장 2년 • 최대 20년까지 1년 단위로 연장 가능 • 대출만기 시 자동연장되지 않으며, 임대차계약내용 변경(종료) 및 신용도에 따라 연장이 제한될 수 있으므로 반드시 만기 1개월 전에 대출받은 영업점 사전 상담 권장
대출신청시기	• 신규 : 임대차계약서상 잔금지급일과 주민등록전입일 중 빠른 날로부터 3개월 이내 • 갱신 : 주민등록전입일로부터 3개월 이상 경과하고 계약갱신일로부터 3개월 이내(계약갱신일 이전에도 보증신청 가능)
상환방식	• 만기일시상환, 원(리)금균등분할상환
이자납입	• 이자 매월 후취

① 수도권의 대출 가능 금액은 지방보다 높다.
② 신혼부부전세론의 최대 대출 가능 한도는 1억 3천만 원이다.
③ 주민등록전입을 하지 않은 경우 기존 전세대출의 갱신이 불가하다.
④ 신청자인 세대주가 배우자와 동일세대를 이루고 있지 않다면 대출이 불가하다.

05 다음은 A지점에서 B지점까지 가는 도로망이고, 오른쪽이나 아래로만 이동할 수 있다. C지점이 공사로 인하여 통행이 불가능할 때, A지점에서 B지점까지 가는 경로의 경우의 수는?

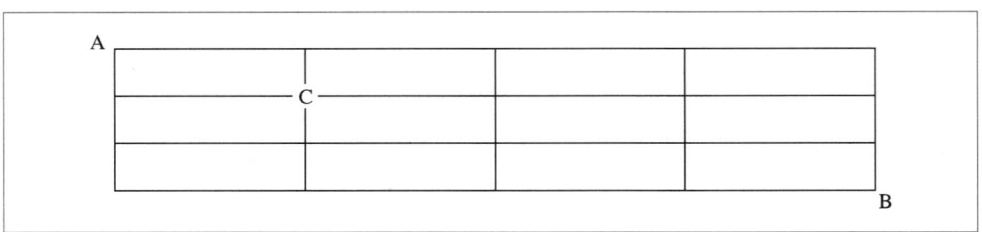

① 15가지 ② 20가지
③ 25가지 ④ 30가지

06 A와 B는 각각 1,000만 원을 가지고 2가지 종목에 500만 원씩 다음과 같이 투자하였다. 총수익을 토대로 수익률을 산정할 때, 수익률이 더 높은 사람과 두 사람의 수익률 차이는?

- A의 투자 결과
  - 첫 번째 종목에서 1차 +20%, 2차 -10%의 변동이 있었다.
  - 두 번째 종목에서 1차 -10%, 2차 +30%의 변동이 있었다.
- B의 투자 결과
  - 첫 번째 종목에서 1차 -10%, 2차 +10%의 변동이 있었다.
  - 두 번째 종목에서 1차 +10%, 2차 -10%의 변동이 있었다.

	높은 수익자	수익률 차이		높은 수익자	수익률 차이
①	A	11.5%p	②	A	13.5%p
③	B	11.5%p	④	B	13.5%p

※ 다음은 H기업 제품의 2024년 분기별 평균 판매 실적에 대한 자료이다. 이어지는 질문에 답하시오.
[7~8]

⟨2024년 H기업 제품의 분기별 평균 판매 실적⟩

구분	출고단가(원)	판매수량(천 개)	할인율(%)	원가율(%)
1분기	12,000	40	25	60
2분기	15,000	30	20	60
3분기	10,000	50	0	65
4분기	14,000	50	0	50

※ (실제 판매단가)=(출고단가)×[1−(할인율)]
※ (매출액)=(실제 판매단가)×(판매수량)
※ (매출원가)=(매출액)×(원가율)
※ (매출총이익)=(매출액)−(매출원가) (단, 원가율은 실제 판매단가 기준으로 적용)

| 하나은행

07 제시된 자료를 참고할 때, H기업의 2024년 연간 매출액은?

① 18.6억 원 ② 18.8억 원
③ 19.0억 원 ④ 19.2억 원

| 하나은행

08 제시된 자료를 참고할 때, H기업의 2024년 연간 매출총이익은?

① 7.64억 원 ② 7.82억 원
③ 8.05억 원 ④ 8.13억 원

09 다음 중 4P 전략에 대한 설명으로 옳지 않은 것은?

① 가격(Price)은 기업이 제품을 생산하는 데 들어가는 비용만을 고려하여 결정한다.
② 유통(Place)은 제품이나 서비스가 고객에게 전달되는 모든 경로와 장소를 의미한다.
③ 4P 전략은 마케팅 믹스 전략으로, 각 요소가 상호작용하여 고객의 구매 결정에 영향을 미친다.
④ 제품(Product) 요소에는 품질, 디자인, 브랜드, 서비스 등 고객에게 제공되는 모든 혜택이 포함된다.

10 H은행에서 열린 국제 콘퍼런스에 대하여 A ~ E는 서로의 참석 여부를 다음과 같이 진술하였다. 참석하지 않은 2명은 항상 거짓을 말하고, 참석한 3명은 항상 참을 말할 때, 콘퍼런스에 참석하지 않은 2명은?

- A : B와 D 중 1명만 콘퍼런스에 참석했다.
- B : E는 콘퍼런스에 참석하였다.
- C : B는 콘퍼런스에 참석하지 않았다.
- D : B와 E는 모두 콘퍼런스에 참석하지 않았다.
- E : A는 콘퍼런스에 참석하지 않았다.

① A, C 　　　　　　　　　② B, D
③ B, E 　　　　　　　　　④ C, D

11 다음은 H은행을 분석한 자료이다. 이때 활용된 분석 기법은?

〈H은행 분석 결과〉

구분	분석 결과
요소 1	• 금융기관에 대한 정부 정책, 규제, 감독 강화가 지속되고 있음. 디지털 금융 확산에 따라 개인정보 보호, 자금세탁방지 등 새로운 규제 환경이 등장하고 있으며, 정부의 핀테크 육성 정책, 금융혁신지원 특별법 등은 H은행의 진출과 성장에 기회인 동시에 규제 준수의 부담으로 작용함 • 정부의 디지털 전환 촉진 정책과 금융산업 혁신 지원은 H은행에 긍정적이지만, 각종 규제는 진입장벽이 될 수 있음
요소 2	• 금리, 환율, 경기 변동, 인플레이션 등 환경이 은행의 수익성과 리스크에 직접적인 영향을 미침 • 디지털 뱅킹 성장으로 기존 오프라인 점포 운영비 절감과 비대면 금융서비스 확대에 따른 신규 수익모델 창출이 가능하지만, 경기 침체 시 대출 부실 등 리스크 존재 • 금융시장 경쟁 심화, 빅테크 기업의 금융 진출 등으로 수익성 압박이 증대
요소 3	• 모바일・비대면 금융서비스에 대한 소비・수요 증가, 젊은 층을 중심으로 디지털 금융 선호도 높아짐 • 고령층이나 디지털 소외계층에 대한 접근성 문제, 금융소비자 보호에 대한 사회적 요구도 증가 • 개인정보 보호, 신뢰성, 투명성 등 사회적 가치 실현이 중요한 이슈로 부상
요소 4	• AI, 빅데이터, 클라우드, 블록체인 등 첨단 IT기술이 H은행 핵심 경쟁력으로 작용 • AI 기반 가상 은행원, 자동화된 신분증 검사, 빅데이터 활용 맞춤형 금융서비스, 개방형 API를 통한 외부 서비스 연계가 가능해짐 • 사이버 보안, 데이터 보호, 신기술 도입 속도 등이 경쟁 우위를 좌우함

① 3C 분석
② PEST 분석
③ 5 Force 분석
④ 가치사슬 분석

12 H사원은 휴대폰 요금제를 변경하려고 한다. 다음 자료를 참고할 때, H사원이 변경할 요금제로 가장 적절한 것은?

⟨H사원의 최근 3달간 서비스 이용량⟩

구분	데이터 이용량	통화 이용량	문자 이용량
1월	32GB	752분	78건
2월	19GB	816분	132건
3월	33GB	571분	63건

⟨가입 가능한 요금제 목록⟩

구분	통신사	요금	데이터 제공량	통화 제공량	문자 제공량	프로모션
A요금제	X	84,000원	무제한	무제한	무제한	-
B요금제	X	79,000원	30GB	1,000분	500건	-
C요금제	Y	65,000원	30GB	800분	무제한	통신사 변경 시 10% 할인
D요금제	Y	56,000원	25GB	700분	600건	통신사 변경 시 10% 할인

⟨H사원의 요금제 선택 조건⟩

- H사원은 현재 X통신사를 3년 째 이용 중이다.
- X통신사와 Y통신사 모두 2년 이상 장기 이용 고객에게 25%의 요금 할인을 제공한다.
- 최근 3개월간의 이용량 평균보다 적게 제공하는 요금제는 선택하지 않는다.
- 모든 사항을 고려하여 한 달 요금이 가장 낮은 요금제를 선택한다.
- 한 달에 내야 할 요금이 같을 경우, 데이터 제공량이 더 많은 요금제를 선택한다.

① A요금제
② B요금제
③ C요금제
④ D요금제

13 다음은 외래 진료 시 환자가 부담하는 비용에 대한 자료이다. 〈보기〉에 제시된 금액이 요양급여비용 총액이라고 할 때, 세 사람의 본인부담금 총액은?(단, 모든 지역은 의약분업을 실시하고 있다)

〈외래 진료 시 본인부담금〉

구분		본인부담금 비율
의료 급여기관	상급종합병원	(진찰료 총액)+(나머지 진료비의 60%)
	종합병원	요양급여비용 총액의 45%(읍, 면지역), 50%(동지역)
	일반병원	요양급여비용 총액의 35%(읍, 면지역), 40%(동지역)
	의원	요양급여비용 총액의 30%
	※ 단, 65세 이상인 경우(의약분업 실시 지역) – 요양급여비용 총액이 25,000원 초과 : 요양급여비용 총액의 30% 부담 – 요양급여비용 총액이 20,000원 초과 25,000원 이하 : 요양급여비용 총액의 20% 부담 – 요양급여비용 총액이 15,000원 초과 20,000원 이하 : 요양급여비용 총액의 10% 부담 – 요양급여비용 총액이 15,000원 이하 : 1,500원 부담	
약국		요양급여비용 총액의 30%
	※ 단, 65세 이상인 경우(처방전에 의한 의약품조제 시) – 요양급여비용 총액이 12,000원 초과 : 요양급여비용 총액의 30% 부담 – 요양급여비용 총액이 10,000원 초과 12,000원 이하 : 요양급여비용 총액의 20% 부담 – 요양급여비용 총액이 10,000원 이하 : 1,000원 부담	

※ 요양급여비용이란 다음 범위에 해당하는 요양 서비스의 비용을 말한다.
1. 진찰·검사
2. 약제(藥劑)·치료재료의 지급
3. 처치·수술 및 그 밖의 치료
4. 예방·재활
5. 입원
6. 간호
7. 이송(移送)

보기

㉠ 67세 디○○씨가 Q동 종합병원에서 재활을 받은 진료비는 21,500원이다.
㉡ 34세 김□□씨가 P읍 의원에서 진찰을 받은 비용은 12,000원, 처방전을 받아 약국에서 조제한 약제비 총액은 10,000원이다.
㉢ 60세 초△△씨가 M면 일반병원에서 진료를 받은 비용은 25,000원, 처방전을 받아 약국에서 조제한 약제비 총액은 60,000원이다.

① 39,650원
② 38,600원
③ 37,650원
④ 36,600원

※ 다음 글의 내용으로 적절하지 않은 것을 고르시오. [14~15]

| 지역농협 6급(70문항)

14

> 금리상승과 환율의 큰 변동성, 대내외적으로 불확실한 정치 상황 등으로 인해 은행권의 관리 부담을 줄이기 위해 연기되었던 '스트레스 완충자본' 제도가 시행될 예정이다.
> 스트레스 완충자본이란 예외적이지만 발생할 수 있는 사건이나 금리, 환율, 성장률과 관련한 위기상황을 추정하여 금융시스템의 잠재적 취약성을 판단하는 위기상황분석(스트레스 테스트)을 거쳐 보통주자본비율 하락 수준에 따라 최대 2.5%p의 추가자본 적립의무를 부과하는 것이다.
> 만일 은행이 이를 준수하지 못한다면, 이익배당, 상여금 지급 등에 규제를 받게 된다. 다만, 독자적으로 자본을 보강하기 어렵거나 위기상황 시 정부의 손실보전 의무가 있는 산업은행과 수출입은행, 기업은행은 적용대상에서 배제되며, 새롭게 설립된 인터넷전문은행의 경우는 2년간의 유예기간을 거친 후 적용된다.
> 물론 이전에도 금융당국은 일정기간마다 은행에 스트레스 테스트를 시행해 손실흡수능력을 평가해 왔지만 그 결과가 미흡하더라도 해당 은행에 직접적인 조치를 취할 법적 근거가 없었다. 그러나 스트레스 완충자본 제도가 도입된다면 이제 법적 근거가 마련되는 셈이다.
> 이로써 은행은 예상치 못한 위기 상황이 발생하더라도 정상적인 기능을 지속할 수 있는 자본을 확충하게 되었다. 하지만 당장 은행 입장으로선 추가로 자본을 적립하여야 하는 부담을 지게 되어 원활한 자금 공급이 어려울 것으로 예측된다. 실제로 최근 경기 악화로 인해 중소기업을 시작으로 연체율이 증가해 은행권은 기업 대출 관리 중에 있어 해당 제도가 도입된다면 기업 대출의 문턱은 더 높아질 것으로 보인다.

① 스트레스 완충자본 제도는 모든 은행에 적용되지 않는다.
② 스트레스 완충자본 제도는 미래의 위기에 대응하는 대비책이다.
③ 스트레스 완충자본 제도는 은행에 당장의 자금 관리를 어렵게 한다.
④ 스트레스 완충자본 제도의 도입으로 은행의 손실흡수능력을 평가할 수 있게 되었다.
⑤ 스트레스 완충자본 제도가 시행된다면 은행의 중소기업 대출은 기존보다 어려워질 것이다.

15

ESG 경영이란 기업이 비재무적 가치인 환경 보호와 사회적 기여도를 고려하고 지배구조를 개선하여 이를 재무적 가치와 통합해 장기적인 성장을 이루고 리스크를 관리해 나가며 지속 가능한 경영을 추구하는 방식을 말한다.

환경적으로는 탄소 배출을 감축하거나 친환경 기술을 개발하는 등 환경오염과 기후변화에 대응할 수 있으며, 사회적으로는 장애인 등 사회적인 약자를 지원한다거나 지역사회에 공헌하는 등 사회적인 책임을 실천할 수 있다. 이는 투명하고 공정한 경영을 추구하고 주주의 권리를 보호하고, 윤리적인 의사결정 체계를 구축하는 등의 방식을 통해 지배구조를 개선하는 방식으로 이루어진다.

이러한 경영방식은 기업의 수익적인 측면을 우선하지 않기 때문에 기업의 이윤 창출에 단기적으로는 부정적인 영향을 미칠 수 있다. 하지만 ESG 경영으로 기업은 지속 가능한 성장과 리스크 감소로 수익률 향상을 기대할 수 있으며, 환경적 그리고 사회적으로 책임을 다하는 모습은 기업 이미지를 향상시킴으로써 소비자와 투자자 모두에게 신뢰를 쌓아 결과적으로 수익률 향상으로 이어질 수 있다. 이러한 기업환경 개선은 장기적인 이윤뿐 아니라 단기적으로도 비용 절감, 내부 조직문화 개선 등 기업 발전에 큰 효용을 불러오고 있다.

예를 들어 친환경적인 가치를 가진 전기차의 배터리를 생산하는 기업인 L사는 자사 소유의 차량을 모두 친환경 차량으로 교체하는 것은 물론, 폐배터리 폐기 문제성을 인지하고 이에 대한 대응책으로 폐배터리 재활용 법인을 운영하기로 결정하였다. 또한 개발도상국의 배터리 주요 원자재를 생산하는 과정에서 아동 노동착취가 행해진 것을 인지하고 이를 직접 실사하며 후속 조치를 취하는 등 자사의 직접적인 잘못이 아님에도 불구하고 책임을 지는 모습을 보여 기업 이미지 강화에 성공하였다.

이처럼 ESG 경영은 이제 단순히 따르고 지켜야 할 가치 판단의 기준을 넘어서 기업의 생존과 직결된 핵심 전략으로 위치하고 있다.

① ESG 경영은 단기적으로 볼 때 기업의 발전을 저해한다.
② ESG 경영이란 기업의 비재무적인 요소를 개선해 나가는 경영방식을 말한다.
③ ESG 경영은 소비자와 투자자들이 기업을 판단하는 데 긍정적인 영향을 준다.
④ ESG 경영은 앞으로 선택사항이 아닌 필수사항으로 기업의 존립에 영향을 줄 것이다.

16 다음 제시된 글을 읽고, 이어질 문장을 논리적 순서대로 바르게 나열한 것은?

> 농업생명자원에 생명공학기술을 도입하여 부가가치를 만들어 내는 신산업인 그린바이오산업은 농업, 종자, 미생물, 곤충, 천연물, 의약품 등 다양한 분야를 포함하는 신성장동력 산업으로 주목받고 있다.

(가) 예를 들어 전통 식품 소재나 생물체에서 유래한 물질을 활용하여 새로운 물질을 만들어 내거나 친환경 바이오 소재를 개발하는 것도 그린바이오산업의 한 분야이다.
(나) 우리나라 역시 2022년부터 그린바이오 사업의 일환으로 작물 재배와 품종 개량 연구를 통해 건강 기능성 성분 극대화 재배 매뉴얼을 개발 중에 있으며, 기존 품종보다 재배 가치가 높은 종자 지식 재산권을 확보해 궁극적으로 누구나 쉽게 개인 건강에 필요한 맞춤 식물 재배가 가능한 환경을 만드는 것을 목표로 하고 있다.
(다) 특히 현재 인류가 직면한 문제인 지구온난화로 인한 기후변화, 각종 전염병, 세계 인구 증가 추세 속에서 그린바이오산업을 통해 식량 생산성을 향상시켜 안정적인 식량 공급 체계를 구축할 수 있을 뿐만 아니라, 고령화 사회로 접어들면서 급증하는 의료비 부담을 줄이기 위한 헬스케어 서비스 역시 그린바이오산업을 통해 대응할 수 있을 것이라 기대되고 있다.

① (가) - (나) - (다)
② (가) - (다) - (나)
③ (나) - (가) - (다)
④ (다) - (가) - (나)
⑤ (다) - (나) - (가)

17 어떤 일을 A가 혼자 하면 15일, B가 혼자 하면 10일, C가 혼자 하면 30일이 걸린다. A~C 3명이 함께 일하면 일을 끝내는 데 며칠이 걸리는가?

① 4일 ② 5일
③ 6일 ④ 7일
⑤ 8일

18 농도 40%의 소금물 150g과 농도 20%의 소금물 100g을 모두 섞은 후 가열하여 50g의 물을 증발시켰을 때, 최종 소금물의 농도는?

① 30% ② 35%
③ 40% ④ 45%
⑤ 50%

19 A씨는 N은행의 만기일시지급식 예금에 가입하였다. 원금 100만 원을 3년간 단리로 예금하고 96,000의 이자를 받았다면, 해당 상품의 연 이율은?

① 3.0% ② 3.1%
③ 3.2% ④ 3.4%

20 1부터 10까지의 정수가 적힌 공 10개 중에서 첫 번째는 2의 배수, 두 번째는 3의 배수가 나오도록 공을 뽑을 확률은?(단, 뽑은 공은 다시 넣는다)

① $\dfrac{5}{18}$ ② $\dfrac{3}{20}$
③ $\dfrac{1}{7}$ ④ $\dfrac{5}{24}$

21 다음은 N국의 연도별 민간투자사업방식에 따른 사업 현황에 대한 자료이다. 이에 대한 설명으로 옳지 않은 것은?

⟨수익형 민간투자사업(BTO) 현황⟩

구분	사업 개수(개)	사업 투입 인원(천 명)	사업 비용(백만 원)	사업 평균수익률(%)
2017년	60	100	1,000	5
2018년	70	150	1,100	4
2019년	77	140	1,200	3
2020년	30	50	500	-4
2021년	45	55	700	1
2022년	70	120	1,000	7
2023년	60	60	600	6
2024년	85	180	900	2

⟨임대형 민간투자사업(BTL) 현황⟩

구분	사업 개수(개)	사업 투입 인원(천 명)	사업 비용(백만 원)	사업 평균수익률(%)
2017년	270	1,700	15,000	2
2018년	300	2,000	16,000	1
2019년	400	2,600	18,000	4
2020년	200	1,000	7,500	-2
2021년	270	1,300	10,000	-1
2022년	150	1,600	12,000	5
2023년	200	2,300	11,500	4
2024년	300	2,200	14,500	-3

① BTO 사업에서 사업 비용의 전년 대비 증가율이 가장 큰 해는 2024년이다.
② BTO 사업과 BTL 사업 모두 사업 개수의 전년 대비 증가율이 가장 큰 해는 2022년이다.
③ BTL 사업에서 사업 평균수익률이 가장 낮은 해의 전년 대비 사업 비용 증가율은 25% 이상이다.
④ BTL 사업에서 사업 개수당 사업 비용이 가장 큰 해의 사업 평균수익률은 흑자를 기록하였다.
⑤ BTO 사업에서 사업 개수당 사업 투입 인원이 가장 많은 해의 전년 대비 사업 비용 증가율은 10%이다.

22 다음은 8개국을 대상으로 조사한 국가별 자살률과 행복지수에 대한 자료이다. 이에 대한 설명으로 옳지 않은 것은?(단, 제시된 국가만을 대상으로 해석한다)

⟨8개 국가별 자살률⟩

(단위 : 명)

구분	북아메리카		아시아			유럽			
	미국	캐나다	대한민국	일본	중국	러시아	독일	영국	프랑스
2020년	7.4	5.1	26.9	14.5	17.8	10.5	8.4	9.4	5.5
2021년	7.1	5.0	25.7	13.7	17.2	11.1	8.1	9.1	5.6
2022년	7.2	4.8	26.0	14.8	22.1	12.3	8.5	9.5	5.1
2023년	7.0	5.2	25.2	14.2	22.0	11.5	7.6	9.4	5.3
2024년	7.3	5.5	27.3	15.5	21.9	15.7	7.7	9.3	5.8

※ 자살률 : 인구 10만 명당 자살한 사람의 수

⟨8개 국가별 행복지수⟩

(단위 : 점)

구분	북아메리카		아시아			유럽			
	미국	캐나다	대한민국	일본	중국	러시아	독일	영국	프랑스
2020년	7.4	7.5	6.7	7.5	5.3	5.2	6.1	7.1	5.5
2021년	7.7	8.1	7.4	7.7	4.8	4.5	5.4	7.5	5.7
2022년	8.1	7.8	7.2	6.5	5.1	4.1	5.7	7.3	6.1
2023년	7.8	7.7	7.3	7.4	5.5	3.9	6.8	7.4	5.9
2024년	7.4	7.2	7.5	7.4	5.4	4.3	6.4	7.8	6.3

※ 행복지수 : 개인이 자신의 삶에 대해 느끼는 주관적인 만족감이나 행복의 정도를 10점 만점으로 측정하는 지수

① 자살률의 연도별 증감 추이가 대한민국과 동일한 국가는 3곳이다.
② 2022년 아시아 국가의 평균 행복지수는 2023년 유럽 국가의 평균 행복지수보다 높다.
③ 2021년 캐나다와 프랑스의 자살한 사람의 수가 동일하다면 인구는 캐나다가 더 많다.
④ 2020 ~ 2024년 평균 행복지수가 가장 높은 국가와 2022 ~ 2024년 평균 자살률이 가장 낮은 국가는 동일하다.
⑤ 2020년 행복지수가 가장 낮은 국가의 2020 ~ 2024년 평균 자살률은 2023년 북아메리카 국가의 자살률의 합보다 크다.

23 다음은 연도별 OECD 주요국의 보건통계에 대한 자료이다. 이에 대한 설명으로 옳은 것은?(단, 제시된 자료들은 연도별로 같은 시점에 측정되었다)

〈연도별 국민 천 명당 임상 의사 수〉

(단위 : 명)

구분	대한민국	일본	미국	독일	칠레	뉴질랜드	OECD 평균
2020년	3.1	3.8	5.8	3.8	2.7	3.4	3.4
2021년	2.3	4.0	5.2	3.8	2.4	3.5	3.5
2022년	2.7	3.7	6.1	3.8	3.1	3.3	3.4
2023년	2.5	4.2	5.5	3.7	2.9	3.2	3.6
2024년	2.6	4.1	5.4	3.7	2.8	3.2	3.7

※ (국민 천 명당 임상 의사 수)=(국내 전체 임상 의사 수)÷(국민 천 명)

〈연도별 국민 천 명당 임상 간호사 수〉

(단위 : 명)

구분	대한민국	일본	미국	독일	칠레	뉴질랜드	OECD 평균
2020년	10.1	11.1	14.5	9.8	6.4	20.7	10.0
2021년	9.4	10.4	15.1	11.8	5.5	19.4	9.9
2022년	9.1	9.5	14.9	10.4	7.1	18.8	9.7
2023년	8.6	10.8	15.2	9.9	6.8	20.1	10.1
2024년	8.8	9.1	14.5	10.7	8.1	19.9	9.8

※ (국민 천 명당 임상 간호 인력 수)=(국내 전체 임상 간호사 수)÷(국민 천 명)

〈연도별 종합병원당 병상 수〉

(단위 : 명)

구분	대한민국	일본	미국	독일	칠레	뉴질랜드	OECD 평균
2020년	12.3	11.1	4.9	14.4	5.5	10.4	4.2
2021년	12.5	12.0	5.2	14.0	5.7	10.4	4.1
2022년	12.7	12.1	5.5	14.2	5.4	10.4	3.8
2023년	12.9	11.4	5.4	13.7	5.9	10.4	3.9
2024년	12.8	11.7	5.1	13.5	6.1	10.4	4.3

※ (종합병원당 병상 수)=(종합병원 전체 병상 수)÷(국내 종합병원 수)

① 2023년에 국내 전체 임상 의사 수가 가장 많은 국가는 국내 전체 임상 간호사 수도 가장 많았다.
② 2022년 독일의 전년 대비 종합병원당 병상 수의 증가율은 같은 해 대한민국의 전년 대비 종합병원당 병상 수의 증가율보다 높다.
③ 2021년 일본의 인구가 대한민국의 인구보다 2배 많다면 일본의 전체 임상 의사 수는 대한민국의 임상 의사 수보다 ⅘배 이상 많다.
④ 2020년부터 2024년까지 뉴질랜드의 인구수가 변하지 않았다면 같은 기간 동안 뉴질랜드 종합병원 전체 병상 수도 동일하다.
⑤ 2022년 대한민국의 임상 의사 수 대비 간호사 수는 2021년 독일의 임상 의사 수 대비 간호사 수보다 많다.

| 지역농협 6급(60문항)

24 다음은 N국의 출산율과 이혼율에 대한 자료이다. 이에 대한 설명으로 옳지 않은 것은?

〈N국의 출산율과 이혼율〉

(단위 : 명, 건)

구분	출산율	신생아 수	이혼율	이혼 건수
2017년	1.17	460,000	2.1	100,000
2018년	1.05	400,000	2.2	110,000
2019년	0.98	380,000	2.3	115,000
2020년	0.92	370,000	2.1	100,000
2021년	0.84	365,000	2.0	90,000
2022년	0.81	360,000	1.95	90,000
2023년	0.78	350,000	1.75	85,000
2024년	0.72	340,000	1.85	90,000

※ 출산율 : 가임기 여성 1명이 평생 동안 낳을 것으로 예상되는 평균 신생아 수
※ 이혼율 : 인구 1,000명당 이혼 건수

① 2022년의 전체 인구는 전년 대비 증가하였다.
② 이혼율이 증가한 해에는 이혼 건수도 증가하였다.
③ 인구 1,000명당 신생아 수는 2018년이 2022년보다 적다.
④ 이혼 건수가 가장 많이 증가한 해에 신생아 수는 가장 많이 감소하였다.

25 N은행의 A ~ D 4개 부서는 내일 있을 부서별 회의에서 필요한 사항을 충족하도록 회의실을 예약하고자 한다. 회의실 현황과 부서별 회의 정보가 다음과 같을 때, 부서별로 예약할 회의실이 바르게 연결된 것은?

〈회의실 현황〉

구분	최대수용인원	화이트보드	빔 프로젝터	화상회의 시스템	이용가능시간
가	9명	×	○	×	09:00 ~ 16:00
나	6명	○	×	○	10:00 ~ 14:30
다	8명	○	×	×	10:00 ~ 17:00
라	8명	×	×	○	11:30 ~ 19:00
마	10명	×	○	×	08:30 ~ 12:00

〈부서별 회의 정보〉

- 각 부서는 서로 다른 회의실을 예약한다.
- A부서는 총 8명이며, 전원 회의에 참석할 예정이다. 빔 프로젝터를 이용할 예정이며, 오전과 오후로 세션을 나누어 동일한 회의실을 2시간씩 사용하고자 한다.
- B부서는 총 7명이며, 전원이 회의에 참석하여 오후 4시부터 2시간 동안 싱가폴 지부와 화상회의를 진행할 예정이다.
- C부서는 총 10명이며, 3명은 출장으로 인해 불참할 예정이다. 회의는 오전 11시부터 2시간 동안 진행될 예정이며, 회의 시 화이트보드를 사용하고자 한다.
- D부서는 총 4명이며, 전원이 회의에 참석하여 빔 프로젝터를 이용하여 오전 중 3시간 반 동안 신상품 사전협의 회의를 진행하고자 한다.

	부서	회의실		부서	회의실
①	A	마	②	B	가
③	C	나	④	C	다
⑤	D	라			

26 제시된 명제가 모두 참일 때, 다음 중 반드시 참인 것은?

- 클래식을 좋아하는 사람은 고전을 좋아한다.
- 사진을 좋아하는 사람은 운동을 좋아한다.
- 고전을 좋아하지 않는 사람은 운동을 좋아하지 않는다.

① 사진을 좋아하는 사람은 고전을 좋아한다.
② 클래식을 좋아하지 않는 사람은 운동을 좋아한다.
③ 고전을 좋아하는 사람은 운동을 좋아하지 않는다.
④ 운동을 좋아하는 사람은 클래식을 좋아하지 않는다.

27 A~F 6명이 6층짜리 빌딩에 입주하려고 한다. 다음 〈조건〉을 만족할 때, 6명이 빌딩에 입주하는 방법의 경우의 수는?

조건
- A와 C는 고소공포증이 있어서 3층 위에서는 살 수 없다.
- B는 높은 경치를 좋아하기 때문에 6층에 살려고 한다.
- F는 D보다, D는 E보다 높은 곳에 살려고 한다.
- 각 층에는 1명씩만 거주한다.

① 2가지 ② 4가지
③ 6가지 ④ 8가지

※ 다음 글을 읽고 이어지는 질문에 답하시오. [28~29]

채권은 어떤 사람이 다른 사람에게 특정 행위를 요구할 수 있는 권리이다. 이 특정 행위를 급부라고 하고, 특정 행위를 해야 할 의무를 채무라고 한다. 채무자가 채권을 가진 이에게 급부를 이행하면 채권에 대응하는 채무는 소멸한다. 급부는 재화나 서비스 제공인 경우가 많지만 그 외의 내용일 수도 있다.

민법상의 권리는 여러 가지가 있는데, 계약 없이 법률로 정해진 요건의 충족으로 발생하기도 하지만 대개 계약의 효력으로 발생한다. 계약이란 권리 발생 등에 관한 당사자의 합의로, 계약이 성립하면 합의 내용대로 권리 발생 등의 효력이 인정되는 것이 원칙이다. 당장 필요한 재화나 서비스는 그 제공을 급부로 하는 계약을 성립시켜 확보하면 되지만 미래에 필요할 수도 있는 재화나 서비스라면 계약을 성립시킬 수 있는 권리를 확보하는 것이 유리하다. 이를 위해 '예약'이 활용된다. 일상에서 예약이라고 할 때와 법적인 관점에서의 예약은 구별된다. ㉠ 기차 탑승을 위해 미리 돈을 지불하고 승차권을 구입하는 것을 '기차 승차권을 예약했다.' 라고도 하지만, 이 경우는 예약에 해당하지 않는 계약이다. 법적으로 예약은 당사자들이 합의한 내용대로 권리가 발생하는 계약의 일종으로, 재화나 서비스 제공을 급부 내용으로 하는 다른 계약인 '본계약'을 성립시킬 수 있는 권리 발생을 목적으로 한다.

예약은 예약상 권리자가 가지는 권리의 법적 성질에 따라 두 가지 유형으로 나뉜다. 첫째는 채권을 발생시키는 예약이다. 이때 내용은 '예약상 권리자의 본계약 성립요구에 대해 상대방이 승낙하는 것'이다. 회사의 급식 업체 공모에 따라 여러 업체가 신청한 경우 그중 한 업체가 선정되었다고 회사에서 통지하면 예약이 성립한다. 이때 선정된 업체가 급식을 제공하고 대금을 받기로 하는 본계약체결을 요청하면 회사는 이에 응할 의무를 진다. 둘째는 예약 완결권을 발생시키는 예약이다. 이 경우 예약상 권리자가 본계약을 성립시키겠다는 의사를 표시하는 것만으로 본계약이 성립한다. 가족 행사를 위해 식당을 예약한 사람이 식당에 도착하여 예약 완결권을 행사하면 곧바로 본계약이 성립하므로 식사 제공이라는 급부에 대한 계약상의 채권이 발생한다.

예약에서 예약상의 급부나 본계약상의 급부가 이행되지 않는 문제가 생길 수 있는데, 예약의 유형에 따라 발생 문제의 양상이 다르다. 일반적으로 급부가 이행되지 않아 채권자에게 손해가 발생한 경우 채무자는 자신의 고의나 과실에서 비롯된 것이 아님을 증명하지 못하는 한 채무 불이행 책임을 진다. 이로 인해 채무의 내용이 바뀌는데, 원래의 급부의 내용이 무엇이든 채권자의 손해를 돈으로 물어야 하는 손해 배상 채무로 바뀐다.

만약 타인이 고의나 과실로 예약상 권리자가 가진 권리 실현을 방해했다면 예약상 권리자는 그에게도 책임을 물 수 있다. 법률에 의하면 누구든 고의나 과실에 의해 타인에게 피해를 끼치는 행위를 하고 그 행위의 위법성이 인정되면 불법행위 책임이 성립하여 가해자는 피해자에게 손해를 돈으로 배상할 채무를 지기 때문이다. 다만 예약상 권리자에게 예약 상대방이나 방해자 중 누구라도 손해 배상을 하면 다른 한쪽의 배상 의무도 사라진다. 이는 급부 내용이 동일하기 때문이다.

| MG새마을금고 지역본부

28 다음 중 윗글을 읽고 이해한 내용으로 적절하지 않은 것은?

① 불법행위의 책임은 계약의 당사자 사이에 국한된다.
② 급부가 이행되면 채무자의 채권자에 대한 채무가 소멸된다.
③ 예약상 권리자는 본계약상 권리의 발생 여부를 결정할 수 있다.
④ 재화나 서비스 제공을 대상으로 하는 권리 외에 다른 형태의 권리도 존재한다.

| MG새마을금고 지역본부

29 다음 중 밑줄 친 ㉠에 대해 이해한 내용으로 가장 적절한 것은?

① 기차 탑승은 채권에 해당하고 돈을 지불하는 행위는 그 채권의 대상인 급부에 해당한다.
② 기차에 탑승하지 않는 것은 승차권 구입으로 발생한 채권에 대응하는 의무를 포기하는 것이다.
③ 기차 승차권을 미리 구입하는 것은 계약을 성립시키면서 채권의 행사 시점을 미래로 정해 두는 것이다.
④ 승차권 구입은 계약 없이 법률로 정해진 요건을 충족하여 서비스를 제공받을 권리를 발생시키는 행위이다.

30 다음 글의 제목으로 가장 적절한 것은?

> 시장경제는 국민 모두가 잘 살기 위한 목적을 달성하고자 수단으로써 선택한 나라 살림의 운영 방식이다. 그러나 최근에 재계, 정계, 그리고 경제 관료 사이에 벌어지고 있는 시장경제에 대한 논쟁은 마치 시장경제 그 자체가 목적인 것처럼 왜곡되고 있다. 국민들이 잘 살기 위해서는 경제가 성장해야 한다. 그러나 경제가 성장했는데도 다수의 국민들이 잘 사는 결과를 가져오지 못하고 경제적 강자들의 기득권을 확대 생산하는 결과만을 가져온다면 국민들은 시장경제를 버리고 대안적 경제 체제를 찾을 것이다. 그렇기 때문에 시장경제를 유지하기 위해서는 성장과 분배의 균형이 중요하다.
> 시장경제는 경쟁을 통해서 효율성을 높이고 성장을 달성한다. 경쟁의 동기는 사적인 이익을 추구하는 인간의 이기적 속성에서 기인한다. 국민 각자는 모두가 함께 잘 살기 위해서가 아니라 내가 잘 살기 위해서 경쟁을 한다. 모두가 함께 잘 살기 위한 공동의 목적을 달성하고자 하는 수단으로 시장경제를 선택한 것이지만, 개개인은 이기적인 동기로 시장에 참여하는 것이다. 이와 같이 시장경제는 개인과 공동의 목적이 서로 상반되는 모순인 것이 그 본질이다. 그래서 시장경제가 제대로 운영되기 위해서는 국가의 소임이 중요하다.
> 시장경제에서 국가가 할 일을 크게 세 가지로 나누어 볼 수 있다. 첫째는 경쟁을 유도하는 시장 체제를 만드는 것이고, 둘째는 공정한 경쟁이 이루어지도록 시장 질서를 세우는 것이며, 셋째는 경쟁의 결과로 얻은 성과가 모두에게 공평하게 분배되도록 조정하는 것이다. 최근에 벌어지고 있는 시장경제의 논쟁은 국가의 세 가지 역할 중에서 논쟁의 주체들이 자신의 이해관계에 따라서 선택적으로 시장경제를 왜곡하고 있다. 경쟁에서 강자의 위치를 확보한 재벌들은 경쟁 촉진을 주장하면서 공정경쟁이나 분배를 말하는 것은 반시장적이라고 매도한다. 정치권은 인기 영합의 수단으로 그리고 일부 노동계는 이기적 동기로 분배를 주장하면서 분배의 전제가 되는 성장을 위해 필요한 경쟁을 훼손하는 모순된 주장을 한다. 경제 관료들은 자신의 권력을 강화하기 위한 부처의 이기적인 관점에서 경쟁촉진과 공정경쟁 사이를 갈팡질팡하고 있다. 그러면서도 분배에 대해서 말하는 것은 금기시한다. 모두가 자신들의 기득권을 위해서 선택적으로 왜곡하고 있다.
> 경쟁은 원천적으로 공정성을 보장하지 못한다. 서로 다른 능력이 주어진 천부적인 차이는 물론이고, 물려받는 재산과 환경의 차이로 인하여 출발선에서부터 불공정한 경쟁이 시작된다. 그럼에도 불구하고 경쟁은 창의력을 가지고 노력하는 사람에게 성공을 가져다주는 체제이다. 그래서 출발점이 다를지라도 노력과 능력에 따라 성공의 기회가 제공되도록 보장하는 차원에서 공정경쟁이 중요하다.
> 또한 경쟁은 분배의 공평성을 보장하지 못한다. 경쟁의 결과는 경쟁에 참여한 모든 사람들의 노력의 결과로 이루어진 것이지, 승자만의 노력으로 이루어진 것은 아니다. 경쟁의 결과가 승자에 의해서 독점된다면 국민들은 경쟁의 참여를 거부할 수밖에 없다. 그래서 경쟁에 참여한 모두에게 공평한 분배가 이루어지는 것이 중요하다.

① 시장경제에서의 국가의 역할
② 시장경제에서의 개인 상호 간의 경쟁
③ 시장경제에서의 개인과 경쟁의 상호 관계
④ 시장경제에서의 경쟁의 양면성과 그 한계

31 다음 글에 대한 내용으로 적절하지 않은 것은?

유전자는 지구상의 모든 생물이 가지고 있는 것으로, 생물의 유전 형질을 결정하는 유전 정보의 기본 단위이다. 머리카락의 색, 키, 외모, 건강 등 생물의 모든 요소는 유전자에 담겨 있어 일종의 생물 설계도라고 불린다. 그런데 이 설계도에 작은 오류가 생긴다면 질병이 생기거나 신체 기능에 여러 문제가 발생할 수 있다. 대표적인 경우가 혈우병, 다운 증후군 등의 유전병이며, 통상적인 치료법으로는 완치하기 어려운 특징을 가진다. 그러나 최근에는 유전자 편집 기술을 통해 이러한 질병들을 고칠 수 있을 것으로 예상되어 의학・과학계에서 뜨거운 이슈로 떠오르고 있다.

유전자 가위라고도 불리는 유전자 편집 기술은 세포 속에 유전 정보를 담고 있는 DNA(디옥시리보핵산)에서 문제가 되는 부분을 핵산 분해 효소를 활용하여 제거한 뒤, 인공적으로 편집하여 더하거나 대체하는 유전자 조작 기술이다. 기존의 유전자 편집 기술은 특정한 염기서열을 선택적으로 식별하고, 그 부위의 DNA의 이중사슬을 절단하는 효소를 사용하는 제한효소법(ZFN, TALEN 등)을 사용하였다. 그러나 이는 DNA의 특정 부위를 절단하기 위해 각각의 표적 서열에 맞는 단백질(엔도뉴클레이즈)을 새로 설계하여 제작해야 하고 단백질을 직접 조작하는 방식으로 인해 적용할 수 있는 표적이 제한적이다. 또한 제작이 복잡하며 시간과 비용이 많이 드는 단점이 있다. 하지만 최근 새로운 유전자 가위 기술인 크리스퍼(CRISPR)가 개발되어 이러한 문제점이 상당 부분 해결됨에 따라 크리스퍼는 유전 공학의 혁명이라고 불리고 있다.

크리스퍼는 세균의 면역 시스템에서 착안한 유전자 편집 도구로 가이드 RNA(gRNA)와 Cas9 단백질을 활용한다. gRNA는 원하는 표적 DNA 서열을 정확히 인식하고 DNA를 자르는 효소인 Cas9을 이동시킨다. gRNA의 안내를 받아 이동한 Cas9 효소는 목표 위치의 DNA 이중사슬을 정확히 절단하고, 절단된 DNA는 세포의 복구 과정을 통해 유전자 삽입, 삭제, 변형을 할 수 있도록 한다. 기존에는 유전자를 자르기 위해 목표 위치에 맞는 효소가 일일이 필요했던 반면, 크리스퍼 방식은 변환이 쉬운 gRNA만 바꾸면 다양한 위치의 DNA를 정확히 자를 수 있을 뿐만 아니라 다양한 생물종의 DNA를 쉽게 편집할 수 있다.

이러한 유전자 편집 기술의 활용 범위는 매우 넓다. 대표적으로 유전병이 생기는 원인 유전자를 제거하고 정상 유전자로 고친다면 병의 원인을 없앨 수 있을 것이다. 농업 분야에서도 병충해에 강한 벼, 가뭄을 잘 견디는 옥수수, 영양소가 더 풍부한 토마토 등 무궁무진한 활용이 기대된다. 물론 유전자 편집 기술이 항상 긍정적인 결과만을 가져오지는 않는다. 원하는 부분을 고쳐도 예기치 않은 돌연변이가 생길 수 있으며, 사람의 유전자를 마음대로 바꾸는 것이 옳은 일인지에 대한 윤리적 정당성 문제도 있다. 과학자들은 기술을 안전하게 사용하기 위한 방법을 연구하고, 사회의 다양한 의견을 듣고 있다.

아직 해결해야 할 과제도 많지만, 유전자 편집 기술이 가져올 변화와 가능성은 무궁무진하다. 앞으로 이 기술이 인류의 삶과 건강에 어떤 영향을 미칠지 우리는 계속해서 관심을 가지고 지켜볼 필요가 있다.

① Cas9 효소는 DNA의 표적 이중사슬을 탐색하고 절단한다.
② 유전자 편집 기술은 활용 범위가 넓지만 돌연변이의 가능성이 있다.
③ 크리스퍼 방식으로 다수의 DNA 염기서열을 편집하려면 gRNA만 바꿔주면 된다.
④ 크리스퍼 방식은 기존의 유전자 가위 기술에 비해 유전자 편집 기술 적용 범위가 넓다.

32 M금고 K지점 직원 18명의 기존 평균 나이는 42세이다. K지점은 최근 신입사원을 2명 채용하여 평균 나이가 40세가 되었다. 신입사원 2명의 나이가 2살 차이라면, 신입사원 중 더 어린 사람의 나이는?

① 21세 ② 23세
③ 25세 ④ 27세

33 M금고에서는 올해 고객만족도 조사를 통해 갑 ~ 병지점 세 곳 중 최고의 지점을 뽑으려고 한다. 인터넷 설문 응답자 5,500명 중 '잘 모르겠다.'를 제외한 응답자의 비율이 67%일 때, 갑지점을 택한 응답자의 수는?(단, 인원은 소수점 첫째 자리에서 반올림한다)

〈고객만족도 조사 현황〉

(단위 : %)

구분	갑지점	을지점	병지점	합계
응답률		23	45	100

※ 응답률은 '잘 모르겠다.'를 제외한 응답자 간의 비율임

① 1,119명 ② 1,139명
③ 1,159명 ④ 1,179명

34 A과장은 M금고의 신용대출 상품에 가입하려고 한다. 다음의 〈조건〉을 만족할 때, A과장이 첫 달에 지불해야 하는 월 상환액은?

조건
- 가입자명 : A(본인)
- 대출금액 : 1억 원
- 대출기간 : 1년
- 상환방법 : 만기일 일시상환
- 대출이율 : 4.5%

① 335,000원 ② 375,000원
③ 390,000원 ④ 400,000원

35 제시된 명제가 모두 참일 때 다음 중 항상 참인 것은?

- 스포츠를 좋아하는 사람은 음악을 좋아한다.
- 그림을 좋아하는 사람은 독서를 좋아한다.
- 음악을 좋아하지 않는 사람은 독서를 좋아하지 않는다.

① 그림을 좋아하는 사람은 음악을 좋아한다.
② 음악을 좋아하는 사람은 독서를 좋아하지 않는다.
③ 스포츠를 좋아하지 않는 사람은 독서를 좋아한다.
④ 독서를 좋아하는 사람은 스포츠를 좋아하지 않는다.

36 M기업은 사업 계획 보고를 위해 국내 신재생에너지 산업에 대한 SWOT 분석을 진행하였다. 다음 〈보기〉에서 SWOT 전략과 경영 전략이 바르게 연결되지 않은 것을 모두 고르면?

〈국내 신재생에너지 산업에 대한 SWOT 분석 결과〉

구분	분석 결과
강점(Strength)	• 해외 기관과의 협업을 통한 풍부한 신재생에너지 개발 경험 • 에너지 분야의 우수한 연구개발 인재 확보
약점(Weakness)	• 화석연료 대비 낮은 전력 효율성 • 도입 필요성에 대한 국민적 인식 저조
기회(Opportunity)	• 신재생에너지에 대한 연구가 세계적으로 활발히 추진 • 관련 정부부처로부터 충분한 예산 확보
위협(Threat)	• 신재생에너지 특성상 설비 도입 시의 높은 초기 비용 발생

보기

ㄱ. SO전략 – 개발 경험을 통해 쌓은 기술력을 바탕으로 향후 효과적인 신재생에너지 산업 개발 가능
ㄴ. ST전략 – 우수한 연구개발 인재를 활용하여 초기 비용 감축방안 연구 추진
ㄷ. WO전략 – 확보한 예산을 토대로 우수한 연구원 채용
ㄹ. WT전략 – 세계의 신재생에너지 연구를 활용한 전력 효율성 개선

① ㄱ, ㄴ ② ㄱ, ㄷ
③ ㄴ, ㄷ ④ ㄷ, ㄹ

37 다음은 2025년 M사 상반기 승진자 선발 방식에 대한 자료이다. A ~ E주임 5명 중 1명을 승진시키고자 할 때, 승진할 직원은?

〈2025년 상반기 승진자 선발 방식〉

- 승진후보자 중 평가점수가 가장 높은 순서대로 승진한다.
- 평가점수는 100점 만점으로 평가한다. 단, 가점을 합산하여 100점을 초과할 수 있다.
- 평가점수는 분기실적(40), 부서동화(30), 성실고과(20), 혁신기여점(10) 항목별 점수의 총합에 연수에 따른 가점을 합산하여 산정한다.
- 각 연수 이수자에게는 다음 표에 따라 가점을 부여한다. 단, 1명의 승진후보자가 받을 수 있는 가점은 5점을 초과할 수 없다.
- 동점자가 발생한 경우, 분기실적 점수와 성실고과 점수의 합이 높은 직원을 우선한다.

〈연수별 가점〉

(단위 : 점)

구분	혁신선도	조직융화	자동화적응	대외협력
가점	2	1	4	3

〈승진후보자 항목별 평가점수〉

(단위 : 점)

구분	분기실적	부서동화	성실고과	혁신기여	이수한 연수
A주임	29	28	12	4	조직융화
B주임	32	29	12	5	혁신선도
C주임	35	21	14	3	자동화적응, 대외협력
D주임	28	24	18	3	-
E주임	30	23	16	7	자동화적응

① A주임 ② B주임
③ D주임 ④ E주임

※ 다음 글을 읽고 이어지는 질문에 답하시오. [38~39]

(가) 한국거래소 단일 체제로 운영되었던 국내 주식시장이 넥스트레이드의 출범으로 복수 거래 시장 체제로 바뀌게 되었다. 이는 자본시장 인프라 경쟁체제 도입을 통한 시장 선진화와 투자자 효용증대를 위한 것으로 업계 관계자들은 이를 두고 이전보다 거래비용과 처리속도, 주문방식, 거래시간 등 인프라 환경이 투자자에게 유리하게 바뀔 수 있을 것이라며 넥스트레이드의 출범에 대해 긍정적으로 보고 있다.

(나) 먼저 투자자의 시장 접근성과 거래편의성을 향상시키기 위한 정규시장 전후로 거래시간이 확대된다. 정규시장보다 1시간 일찍 개장하는 프리마켓(08:00 ~ 08:50)과 정규시장 폐장 후 경쟁접속매매 방식으로 거래되는 애프터마켓(15:40 ~ 20:00)이 도입되어 현행 거래소의 거래시간에서 5시간 30분 확대된 12시간 동안 거래가 가능해진 것이다. 이러한 애프터마켓의 도입으로 해외 투자자가 해당 국가의 낮에 우리 주식을 거래할 수 있게 됨으로써 해외 투자자의 국내시장 접근성이 용이해져 야간시장 유동성 증가도 기대되고 있다.

(다) 또한 넥스트레이드는 새로운 호가 유형인 '중간가호가(Mid Point Order)'와 '스톱지정가호가(Stop Limit Order)'를 제공하겠다고 밝혔다. 중간가호가란 최우선매수・매도호가의 중간 가격(산술평균 가격)으로 매매하고자 하는 주문을 말하며, 이를 통해 안정적이고 풍부한 유동성이 확보될 것으로 기대된다. 스톱지정가호가란 시장가격이 투자자가 사전에 설정한 가격(Stop Price)에 도달하는 경우 지정가호가로 매매하도록 전환되는 주문을 말한다. 다만, 두 호가 모두 넥스트레이드에서만 가능하며, 프리・애프터마켓 운영시간이 아닌 기존 정규시장에서만 사용이 가능하다.

(라) 이와 더불어 거래소 경쟁체제로 인해 기존 대비 투자비용을 절감할 수 있을 것으로 기대된다. 넥스트레이드가 거래소 경쟁체제 확립과 투자자 편익 향상을 위해 거래소보다 20 ~ 40% 낮은 수수료를 제공하겠다고 밝혔기 때문이다. 거래유형에 구분 없이 일률적으로 수수료를 부과하던 기존의 방식을 탈피해 기존 호가 잔량을 이용하여 거래를 체결하는 '테이커(Taker)'에는 기존 거래소 대비 80% 수준인 0.00182%를 부과하고, 시장에 유동성을 공급하는 '메이커(Maker)'에게는 이보다 더 낮은 0.00134%의 수수료를 부과하는 등 투자자 친화적인 수수료방식으로 진행할 예정이다.

38 다음 중 윗글의 대한 내용으로 가장 적절한 것은?

① 기존에는 국내 주식시장이 독점으로 운영되어 투자자들에게 불리했다.
② 애프터마켓의 도입 전에는 해외 투자자가 우리나라 주식을 거래할 수 없었다.
③ 중간가호가와 스톱지정가호가는 넥스트레이드에서만 할 수 있는 매매 주문이다.
④ 거래소 경쟁체제의 도입으로 모든 거래소에서 거래유형에 따라 부과되는 수수료가 상이해졌다.

39 윗글에서 〈보기〉의 문장이 들어갈 위치로 가장 적절한 곳은?

> **보기**
> 이에 대해 넥스트레이드 측은 "우리나라도 시간의 문제일 뿐, 언젠가는 24시간 주식거래체계를 갖추어야 국내 및 해외 투자자 니즈를 만족시키고, 글로벌 경쟁에서 뒤떨어지지 않을 것"이라고 덧붙였다.

① (가) 문단의 뒤
② (나) 문단의 뒤
③ (다) 문단의 뒤
④ (라) 문단의 뒤

※ 다음 글을 읽고 이어지는 질문에 답하시오. [40~41]

<전자상거래 등에서의 소비자보호에 관한 법률>

제13조(신원 및 거래조건에 대한 정보의 제공) 제6항
통신판매업자는 재화 등의 정기결제 대금이 증액되거나 재화 등이 무상으로 공급된 후 유료 정기결제로 전환되는 경우에는 그 증액 또는 전환이 이루어지기 전 대통령령으로 정하는 기간 내에 그 증액 또는 전환의 일시, 변동 전후의 가격 및 결제방법에 대하여 소비자의 동의를 받고, 증액 또는 전환을 취소하거나 해지하기 위한 조건·방법과 그 효과를 소비자에게 고지하여야 한다.

제21조의2(온라인 인터페이스 운영에 있어서 금지되는 행위) 제1항
전자상거래를 하는 사업자 또는 통신판매업자는 온라인 인터페이스(웹사이트 또는 모바일 앱 등의 소프트웨어로서 소비자와 사업자 사이의 매개체를 말한다)를 운영하는 경우 다음 각 호의 어느 하나에 해당하는 행위(다크 패턴)를 하여서는 아니 된다.
1. 사이버몰을 통하여 소비자에게 재화 등의 가격을 알리는 표시·광고의 첫 화면에서 소비자가 그 재화 등을 구매·이용하기 위하여 필수적으로 지급하여야 하는 총금액(재화 등의 가격 외에 재화 등의 제공을 위하여 필수적으로 수반되는 비용까지 포함한 것을 말한다) 중 일부 금액만을 표시·광고하는 방법으로 소비자를 유인하거나 소비자와 거래하는 행위. 다만, 총금액을 표시·광고할 수 없는 정당한 사유가 있고 그 사유를 총리령으로 정하는 바에 따라 소비자에게 알린 경우는 제외한다.
2. 재화 등의 구매·이용, 회원가입, 계약체결 등이 진행되는 중에 소비자에게 다른 재화 등의 구매·이용, 회원가입, 계약체결 등에 관한 청약의사가 있는지 여부를 묻는 선택항목을 제공하는 경우 소비자가 직접 청약의사 여부를 선택하기 전에 미리 청약의사가 있다는 표시를 하여 선택항목을 제공하는 방법으로 소비자의 다른 재화 등의 거래에 관한 청약을 유인하는 행위
3. 소비자에게 재화 등의 구매·이용, 회원가입, 계약체결 또는 구매취소, 회원탈퇴, 계약해지(이하 "구매 등"이라 한다)에 관한 선택항목을 제시하는 경우 그 선택항목들 사이에 크기·모양·색깔 등 시각적으로 현저한 차이를 두어 표시하는 행위로서 다음 각 목의 어느 하나에 해당하는 경우
   가. 소비자가 특정 항목만을 선택할 수 있는 것처럼 잘못 알게 할 우려가 있는 행위
   나. 소비자가 구매 등을 하기 위한 조건으로서 특정 항목을 반드시 선택하여야만 하는 것으로 잘못 알게 할 우려가 있는 행위
4. 정당한 사유 없이 다음 각 목의 어느 하나에 해당하는 방법으로 소비자의 구매취소, 회원탈퇴, 계약해지 등을 방해하는 행위
   가. 재화 등의 구매, 회원가입, 계약체결 등의 절차보다 그 취소, 탈퇴, 해지 등의 절차를 복잡하게 설계하는 방법
   나. 재화 등의 구매, 회원가입, 계약체결 등의 방법과는 다른 방법으로만 그 취소, 탈퇴, 해지 등을 할 수 있도록 제한하는 방법
5. 소비자가 이미 선택·결정한 내용에 관하여 그 선택·결정을 변경할 것을 팝업창 등을 통하여 반복적으로 요구하는 방법으로 소비자의 자유로운 의사결정을 방해하는 행위. 다만, 그 선택·결정의 변경을 요구할 때 소비자가 대통령령으로 정하는 기간 이상 동안 그러한 요구를 받지 아니하도록 선택할 수 있게 한 경우는 제외한다.

40 다음 중 윗글에 대한 내용으로 가장 적절한 것은?

① 통신판매업자는 일정 기간 무상으로 재화 등이 제공되었다가 기간 경과 후 유료 정기결제로 전환되어 결제가 이루어졌을 경우, 그 즉시 소비자에게 고지하여야 한다.
② 소비자가 특정 재화 등의 계약체결을 진행하는 도중 다른 재화 등에 대하여 추가 설명하며 이에 대한 청약 의사가 있는지를 묻는 등 추가 선택항목을 제공하고 이로 유인하는 행위를 하여서는 안 된다.
③ 회원가입과 재화 등의 구매는 모바일과 PC 모두 가능하지만, 탈퇴와 재화 등의 구매취소는 PC에서만 가능하도록 하는 것은 모두 위법사항이다.
④ 소비자가 이미 선택한 항목에 대해 다른 선택지로 변경하는 것이 더 유리하다고 광고하는 창은 소비자가 일정 기간 동안 해당 내용을 보지 않겠다고 선택할 수 있는 경우 반복적으로 제시할 수 있다.

41 윗글을 참고할 때, 다음 〈보기〉 중 다크 패턴에 해당하는 것을 모두 고르면?

> **보기**
> ⊙ 소비자가 구매를 진행하는 최종 단계에서 부가가치세나 구매수수료 등을 고지하여 소비자가 예상하지 못했던 비용이 추가되는 경우
> ⓒ 소비자가 특정 제품을 구매하려고 할 때, 해당 제품과 함께 사용하면 좋을 제품들에 대한 추가 선택항목들을 자동적으로 선택하여 표시한 경우
> ⓒ 회원가입 클릭 버튼은 화면 상단에 크게 표시한 반면, 회원탈퇴는 복잡한 경로를 거쳐 찾기 힘들도록 표시한 경우
> ⓔ 소비자가 이미 선택을 마쳤음에도 불구하고 그 선택을 변경하도록 유인하는 일회성 팝업창을 띄워 유인하는 경우

① ⊙, ⓒ
② ⓒ, ⓔ
③ ⊙, ⓒ, ⓒ
④ ⊙, ⓒ, ⓒ, ⓔ

※ 다음은 I퇴직연금의 상품설명서이다. 이어지는 질문에 답하시오. [42~43]

〈I퇴직연금〉

- I퇴직연금은 65세 정년퇴직한 사람만 퇴직 후 연금을 수령할 수 있다(정년퇴직일은 65세가 된 해 마지막 날임).
- I퇴직연금은 가입일로부터 매월 소득의 10%를 납입하여야 하며, 정년퇴직 시 납입을 중단하고 매월 1,200,000원을 지급받는다.
- I퇴직연금 상품은 정년퇴직일에 일시금으로 받을 수 있는 옵션이 있는데, 이는 납입기간이 30년 이상이거나, 총 납입금액이 2억 원 이상인 경우에만 가능하다.
- I퇴직연금은 정년퇴직일 이후 공모펀드, ETF, 예금 중 하나에 실물이전이 가능하며, 실물이전 후 상품의 리스크에 따른 추정 수익률은 다음과 같다.

구분	추정 수익률
공모펀드	• 30% 확률로 이전금의 30% 상승 • 20% 확률로 이전금의 20% 상승 • 50% 확률로 이전금의 10% 하락
ETF	• 15% 확률로 이전금의 100% 상승 • 25% 확률로 이전금의 50% 상승 • 55% 확률로 이전금의 30% 하락 • 5% 확률로 이전금의 50% 하락
예금	• 100% 확률로 이전금의 5% 상승

※ 기대 수익률은 상품별 추정 수익률의 확률 가중 평균하여 백분율로 표시한 것임
- 실물이전은 퇴직연금 납입액의 50%를 이전할 수 있으며 단 1회만 할 수 있다.
- 실물이전을 통해 선택한 상품의 가입기간은 5년이며, 5년 만기 후 해당 상품에 특성에 따른 금액을 일시금으로 수령한다. 단, 이 기간 동안 연금액은 수령하지 못한다.
- 실물이전을 하지 않은 채 연금을 받다가 사망하여 퇴직연금 총 납입금이 수령액보다 많다면, 잔여 납입금을 일시불로 상속할 수 있다. 이 경우 상속세는 5%이다.

42 다음 중 I퇴직연금 상품에 대한 설명으로 옳지 않은 것은?

① I퇴직연금에서 실물이전할 경우, 기대 수익률이 가장 높은 상품은 공모펀드이다.
② I퇴직연금을 40세에 가입하고 월 소득이 800만 원일 때, 정년퇴직일에 일시금으로 수령할 수 있다.
③ 월 소득이 600만 원인 사람이 I퇴직연금에 20년간 가입 후 정년퇴직을 하여 10년간 연금을 수령하였다면, 납입금과 수령액은 동일하다.
④ I퇴직연금 납입금이 5천만 원이고 실물이전을 하지 않은 상태에서 30개월간 연금을 받다 사망한 경우, 상속 가능한 실제 금액은 1,330만 원이다.

43 다음은 A씨의 급여상황 및 노후대책 계획이다. A씨가 정년퇴직 후 얻을 수 있는 최대금액은?(단, 금액은 연금 수령액과 실물이전 투자 수익을 모두 반영한다)

- 26세에 취업한 A씨는 65세에 정년퇴직을 하며, 연봉은 5년 단위로 재협상한다. 재협상 시 A씨의 연봉은 600만 원씩 상승한다.
- A씨의 최초 월급은 200만 원이며 그 외 수입은 없다.
- A씨는 36세에 I퇴직연금 상품에 가입할 예정이며, 정년퇴직까지 I퇴직연금을 유지할 예정이다.
- A씨는 76세에 실물이전을 진행할 예정이다.
- A씨는 85세 끝까지 연금을 받을 예정이다.

① 2억 8,800만 원
② 2억 9,250만 원
③ 2억 9,412만 원
④ 3억 5,302만 원

※ 다음은 혁신바우처 사업에 대한 설명이다. 이어지는 질문에 답하시오. [44~45]

<혁신바우처 사업>

1. 사업 목적
   최근 3년간 평균 매출액이 120억 원 이하인 제조 소기업을 대상으로 컨설팅, 기술지원, 마케팅 3가지 분야에서 분야당 최대 1개의 프로그램을 이용할 수 있도록 바우처 형태로 제공하는 사업

2. 지원 내용
   최근 3년간 평균 매출액 규모에 따라서 정부 지원 비율을 최소 45%에서 최대 85% 범위 내에서 차등하여 적용(정부 지원금 최대 한도는 5천만 원)

구분	정부 지원 비율(%)	자기부담 비율(%)
3억 원 이하	85	15
3억 원 초과 10억 원 이하	75	25
10억 원 초과 50억 원 이하	65	35
50억 원 초과 120억 원 이하	45	55

3. 세부 내용

구분	프로그램	지원 내용	한도(백만 원)
컨설팅	경영 기술전략	• 생산·품질관리, 기술사업화 전략, 노무, 인사, 조직, 세무, 재무, 회계, 경영전략, 구조개선 및 사업전환, 영업전략 • 노동법 대응(최저임금제, 근로시간 등)	15
	제조혁신 추진전략	• 스마트공장 진단 및 실용화, 활성화, 고도화를 위한 전략 수립	15
기술지원	시제품 제작	• 디자인 목업, 제품 형상 구현(샘플금형, 비금형, 정밀 미세가공, 섬유, 식품)	30
	시스템 및 시설구축	• 생산관리 정보화, 기술유출방지 시스템, 연구시설, 스마트공장 구축, 공정설계, 생산정보 디지털화 지원 등	20
	기술이전 및 지식재산권 획득	• 기술이전에 필요한 기술료 지원 지식재산권(IP) 획득 지원(분쟁대응 포함)	15
	제품 시험·인증	• 하드웨어(성능, 안전성, 신뢰성, 조달품 적합, 유해물질 분석, 자가품질검사), 소프트웨어(보안해킹, 웹/앱) • 제품 또는 품질 관련 국내인증 취득 등	15
마케팅	디자인 개선	• 제품 디자인, 포장 디자인 등	15
	브랜드 지원	• CI디자인개발, BI개발, 브랜드 스토리·슬로건 등	20
	홍보 지원	• 온라인(광고, 홍보영상, 홈페이지 등) 및 오프라인 매체(방송, 신문, 옥외광고, 홍보물 제작 등)를 활용한 제품홍보	20

4. 지원 제외 대상
   • 금융기관으로부터 불량거래처로 규제 중이거나 국세 및 지방세 체납이 확인된 기업
     ※ 단, 신용회복위원회의 프리워크아웃, 개인워크아웃 제도에서 채무조정합의서를 체결한 경우, 법원의 개인회생 제도에서 변제계획인가를 받거나 파산면책 선고자, 회생인가를 받은 기업, 재기컨설팅 신청기업은 지원 가능
   • 그 외 개별 지원 프로그램에서 지원 제외 대상으로 열거한 기업
   • 신청 시 동 사업을 수행(바우처 잔액 보유) 중인 기업

44 다음 중 혁신바우처 사업에 대한 설명으로 옳지 않은 것은?

① 한 기업이 브랜드 지원 프로그램과 홍보 지원 프로그램을 동시에 이용하는 것은 제한된다.
② 경영 기술전략, 시제품 제작, 홍보 지원 프로그램을 이용하면 최대 6천 5백만 원까지 지원받을 수 있다.
③ 스마트공장화에 관심이 있는 제조 소기업은 제조혁신 추진전략과 시스템 및 시설구축 프로그램을 이용하는 것이 유리하다.
④ 최근 3년 평균 매출액이 4억 원인 제조 소기업에 지급된 혁신바우처 정부 지원금이 3천만 원이면 자가부담금은 1천만 원이다.

45 다음 중 혁신바우처 지원 제외 대상에 해당하지 않는 기업은?

① 주 업종은 소매업이나 제조업을 영위 중인 A기업
② 국세와 지방세의 체납은 없지만 공공요금의 체납이 확인된 B기업
③ 신용회복위원회의 프리워크아웃 제도를 통해 채권자와 채무를 조정 중인 C기업
④ 동 사업의 컨설팅 분야와 기술지원 분야에서 바우처를 지원받아 프로그램을 이용 중인 상태에서 마케팅 분야에서의 지원을 신청한 D기업

※ 다음은 I기업 직원의 5월 소득 및 지출에 대한 자료이다. 이어지는 질문에 답하시오(단, I기업의 직원은 제시된 6명뿐이다). [46~47]

〈I기업 직원의 5월 소득 관련 자료〉

구분	월 기본급	근속연수	근무지	비고
A사원	2,230천 원	2년	서울	-
B대리	2,750천 원	4년	경기	-
C대리	3,125천 원	5년	경기	장애 1급
D과장	3,500천 원	6년	인천	-
E차장	3,780천 원	10년	인천	-
F부장	4,200천 원	14년	세종	장애 5급

※ 월 급여 책정 원칙 : (월 기본급)+[근속급여(근속연수)×(100천 원)]+(직위 급여)+(근무지 급여)+(장애 급여)
• 직위 급여(천 원) : 사원(50), 대리(70), 과장(100), 차장(150), 부장(200)
• 근무지 급여(천 원) : 서울(0), 경기(30), 인천(50), 세종(100)
• 장애 급여(천 원) : 1급(250), 2급(200), 3급(150), 4급(100), 5급(50), 6급(30)

〈I기업 직원의 5월 지출 관련 자료〉

(단위 : 원)

구분	식비	주거비	통신비	세금	교육비	기타	합계
A사원	420,000	735,000	150,000	340,000	250,000	550,000	2,445,000
B대리	550,000	800,000	150,000	415,000	100,000	650,000	2,665,000
C대리	750,000	580,000	200,000	500,000	300,000	963,000	3,293,000
D과장	950,000	873,000	150,000	350,000	800,000	1,155,000	4,278,000
E차장	1,150,000	967,000	150,000	515,000	1,330,000	830,000	4,942,000
F부장	1,450,000	875,000	200,000	465,000	1,400,000	925,000	5,315,000

〈I기업 직원의 5월 기타 지출 항목 중 세부 자료〉

(단위 : 원)

구분	잡화비	여행비	금융상품 투자		업무비	합계
			예금	적금		
A사원	100,000	150,000	100,000	100,000	100,000	550,000
B대리	100,000	250,000	150,000	100,000	50,000	650,000
C대리	203,000	260,000	200,000	200,000	100,000	963,000
D과장	200,000	800,000	50,000	100,000	5,000	1,155,000
E차장	230,000	200,000	100,000	200,000	100,000	830,000
F부장	105,000	100,000	500,000	200,000	20,000	925,000

46 다음 중 위 자료에 대한 설명으로 옳지 않은 것은?

① I기업 직원들의 5월 소득 평균은 450만 원 이상이다.
② I기업 직원들 중 5월 소득에서 5월 지출을 뺀 금액이 가장 많은 사람은 C대리이다.
③ I기업 직원들 중 근속연수가 가장 짧은 직원의 5월 소득과 5월 지출은 각각 250만 원 이하이다.
④ I기업 직원들의 5월 지출은 각각 200만 원 이상이며, 이들의 평균 5월 지출은 350만 원 이상이다.

47 다음 중 I기업 전체 직원의 금융상품 투자금액에서 각 직원이 차지하는 비율을 바르게 나타낸 그래프는?

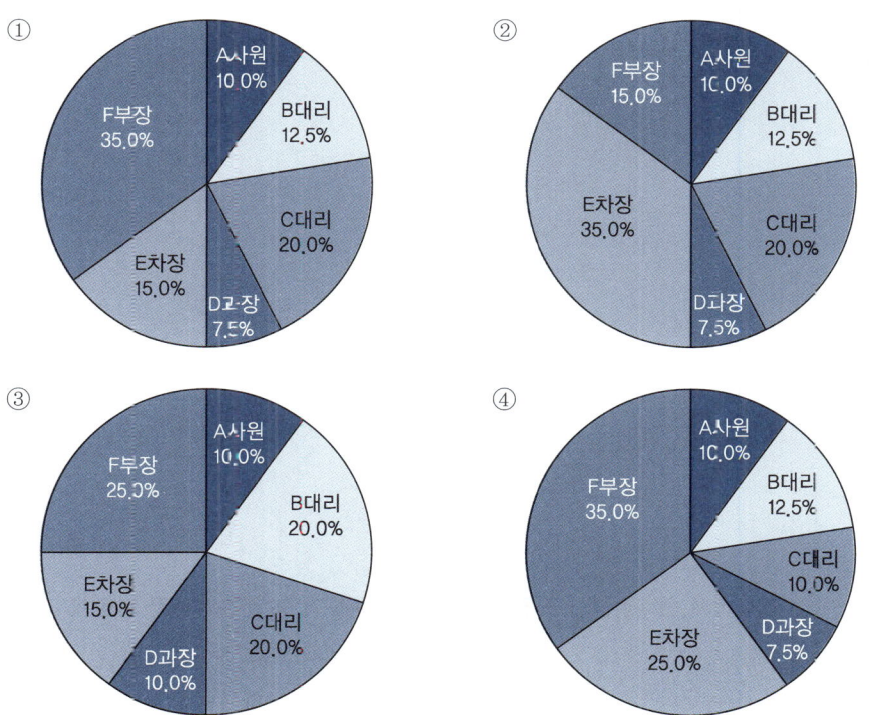

※ 다음은 2024년 세계 주요 국가의 경제 지표에 대한 자료이다. 이어지는 질문에 답하시오. [48~49]

<2024년 세계 주요 국가의 경제 지표>

구분	국민총소득 (억 USD)	국내총생산 (억 USD)	소비자물가 상승률(%)	경제성장률(%)	수출액 (억 USD)	수입액 (억 USD)
미국	110,000	175,000	3.5	6.3	98,000	88,000
캐나다	74,500	140,000	3.7	2.7	65,000	73,000
멕시코	42,000	48,000	14.7	−0.4	13,000	18,000
중국	135,000	151,000	5.2	3.1	99,000	73,500
러시아	74,000	73,000	17.1	−1.1	20,500	24,500
프랑스	72,400	97,600	6.3	2.1	60,700	12,400
영국	60,700	84,300	5.7	1.6	44,500	31,300
이집트	22,000	27,000	3.2	−1.2	13,000	5,000
호주	57,200	77,400	5.8	−1.3	45,200	18,000

※ [무역의존도(%)] = [(수출액)+(수입액)] ÷ (국내총생산) × 100

IBK기업은행

48 다음 중 위 자료에 대한 설명으로 옳지 않은 것은?(단, 제시된 국가 이외는 고려하지 않는다)

① 2024년 세계 주요 국가들은 모두 소비자물가가 상승하였다.
② 국내총생산이 세 번째로 높은 국가는 경제성장률 역시 세 번째로 높다.
③ 국민총소득 상위 3곳의 국내총생산 합은 나머지 국가들의 국내총생산 합보다 많다.
④ 수출액과 수입액의 차이가 세 번째로 큰 국가는 소비자물가 상승률이 5% 이하이다.

IBK기업은행

49 다음 중 위 자료에서 국내총생산 상위 3곳을 무역의존도가 높은 순서대로 바르게 나열한 것은?

① 중국 – 캐나다 – 미국   ② 중국 – 미국 – 캐나다
③ 미국 – 중국 – 캐나다   ④ 미국 – 캐나다 – 중국

※ 다음은 I은행의 승진 규정과 대리 직급 승진 대상자의 평가 점수에 대한 자료이다. 이어지는 질문에 답하시오. [50~51]

〈I은행의 승진 규정〉
- 승진 대상자는 업무실적, 팀워크, 전문성, 성실성을 평가한다.
- 평가 항목별 점수는 100점을 만점으로 한다.
- 최종 평가 점수는 평가 항목별 점수에서 다음의 가중치를 반영하여 합산한다.

(단위 : %)

구분	업무실적	팀워크	전문성	성실성
가중치	40	15	25	20

- 최종 평가 점수가 동일할 경우, 업무실적과 전문성 점수의 평균이 더 높은 사람을 선정한다(단, 가중치는 반영하지 않는다).

〈대리 직급 승진 대상자 개별 평가 점수〉

(단위 : 점)

구분	업무실적	팀워크	전문성	성실성
A주임	60	90	84	98
B주임	70	86	84	96
C주임	91	76	96	53
D주임	84	92	76	80

| IBK기업은행

50 다음 중 I은행 승진 규정에 따라 대리로 진급하는 사람은?

① A주임　　　　　　　　　　② B주임
③ C주임　　　　　　　　　　④ D주임

| IBK기업은행

51 I은행은 특별 프로젝트를 진행하기 위해 제시된 승진 대상자들 중 1명을 대리로 진급시켜 팀장 직책을 부여하려 한다. 승진 규정을 다음과 같이 변경할 때, 팀장이 되는 사람은?

- 최종 평가 점수는 평가 항목별 점수에서 다음의 가중치를 반영하여 합산한다.

(단위 : %)

구분	업무실적	팀워크	전문성	성실성
가중치	15	30	40	15

- 최종 평가 점수가 동일할 경우, 팀워크와 전문성 점수의 평균이 더 높은 사람을 선정한다(단, 가중치는 반영하지 않는다).

① A주임　　　　　　　　　　② B주임
③ C주임　　　　　　　　　　④ D주임

※ 다음은 IBK 부모급여우대적금의 상품설명서이다. 이어지는 질문에 답하시오. [52~53]

〈IBK 부모급여우대적금〉

구분	세부내용
가입대상	• 실명의 개인(단, 개인사업자 및 외국인 비거주자 제외) • 1인 1계좌
상품유형	• 정기적금(자유적립식)
가입방법	• 신규 및 해지 : 영업점, 비대면 채널(i_ONE Bank)
가입금액	• 최소 1만 원 이상, 월 50만 원 이내(만 원 단위)
계약기간	• 1년제
이자지급시기	• 만기일시지급식(만기 또는 중도해지 요청 시 이자를 지급)
기본이자율	• 연 2.5%
우대이자율	• 최고 연 4.0%p(계약기간 동안 다음 조건을 충족하고, 만기해지 시 우대이자율 제공) ① 부모급여나 아동수당을 6개월 이상 입금받는 경우 : 연 2.0%p 　(부모 또는 자녀 명의 당행 입출금식 통장으로 입금 시) ② 주택청약종합저축 신규 가입 후 만기시점까지 보유한 경우 : 연 1.0%p 　(부모 또는 자녀 명의 가입 시) ③ 한부모가족 지원대상자 : 연 1.0%p 　(부모 또는 자녀 명의 한부모가족 증명서를 제출한 경우) • 가족 실적합산 | 구분 | 내용 | | --- | --- | | 가족등록 | • 적금 가입자 기준으로 가족(1명)을 등록할 수 있으며, 부모 – 자녀 관계만 1 : 1로 등록 가능 • 등록하는 가족 1명은 IBK 부모급여우대적금 가입 필수 아님 • 등록방법 : 가족관계 확인서류를 지참하여 영업점 방문 | | 실적합산 | • 가족등록 후 계약기간 중 충족된 실적은 합산하여 우대이자율 제공 (적금 가입과 우대조건을 충족한 고객의 명의가 달라도 합산하여 실적 인정) |
만기 후 이자율	• 만기 시점 이후 예치된 기간에만 적용 – 만기 후 1개월 이내 : (기본이자율)×50% – 만기 후 1개월 초과 6개월 이내 : (기본이자율)×30% – 만기 후 6개월 초과 : (기본이자율)×20%
중도해지이자율	• 납입기간 경과 비율[(경과일수)÷(계약일수)×100)]에 따라 차등 적용 – 납입기간 경과비율 10% 미만 : (기본이자율)×5% – 납입기간 경과비율 10% 이상 20% 미만 : (기본이자율)×10% – 납입기간 경과비율 20% 이상 40% 미만 : (기본이자율)×20% – 납입기간 경과비율 40% 이상 60% 미만 : (기본이자율)×40% – 납입기간 경과비율 60% 이상 80% 미만 : (기본이자율)×60% – 납입기간 경과비율 80% 이상 : (기본이자율)×80% • 중도해지이자율의 최저 이자율은 연 0.1%
계약해지방법	• 영업점 및 비대면 채널(i_ONE Bank)을 통해 해지 가능 • 만기자동해지 서비스 신청 가능

52 다음은 행원과 고객의 상담 내용이다. 고객의 문의에 대한 행원의 답변으로 옳지 않은 것은?

행원 : 안녕하세요. IBK 예금몰 상담원 ○○○입니다. 무엇을 도와드릴까요?
고객 : 안녕하세요. 제가 지인으로부터 IBK기업은행 적금 중 아동수당 관련하여 우대금리를 받을 수 있다고 추천을 받았는데 문의사항이 있어서 전화 드렸습니다.
행원 : 네, 고객님. 혹시 IBK 부모급여우대적금 말씀하시는 걸까요?
고객 : 네, 맞아요. 해당 상품에 가입하기 위한 특별한 조건이 있을까요?
행원 : ① 네, 고객님. IBK 부모급여우대적금 상품의 경우 부모와 자녀 간 실적을 공유하여 부모급여나 아동수당을 수급하는 분들에 한해 가입이 가능한 자유적립식 적금 상품입니다.
고객 : 부모와 자녀 간 실적을 공유한다는 것은 무슨 의미인가요?
행원 : ② 부모와 자녀 간 가족등록이 된 경우 적금 가입을 하신 분 이외에 등록된 부모님이나 자녀분이 우대이자율 조건을 충족하시면 적금 가입을 하신 분의 실적으로 합산되는 것을 의미합니다.
고객 : 그러면 만약 제가 부모우대적금에 가입을 하고, 제 딸의 명의로 된 IBK기업은행 통장에 아동수당이 6개월 이상 지급된다면 제가 가입한 적금에서 해당 우대이자율을 받을 수 있는 건가요?
행원 : ③ 네, 그렇습니다. 이러한 가족 실적합산을 적용받으시기 위해서는 반드시 가족등록이 필요하며, 가족관계 확인서류를 지참하여 영업점을 방문해 주셔야 합니다.
고객 : 감사합니다. 한 가지 더 궁금한 것이 있는데, 혹시 해당 적금에는 얼마나 많이 입금할 수 있나요?
행원 : ④ IBK 부모급여우대적금의 경우 1년제 상품입니다. 월마다 최대 50만 원씩 입금하실 수 있으므로 최대 입금액은 600만 원입니다.
고객 : 감사합니다. 조만간 관련 서류 챙겨서 영업점 방문하도록 하겠습니다.
행원 : 네, 감사합니다. 고객님의 방문을 기다리도록 하겠습니다. IBK 예금몰 상담원 ○○○이었습니다.

53 다음과 같은 상황에서 A고객이 받을 수 있는 최고 이자율은?

6살 아들이 있는 내국인 A고객은 IBK기업은행 영업점에 방문하여 자신의 명의로 IBK 부모급여우대적금에 가입하였으며 동시에 자신의 아들과 가족등록을 완료하였다. 가입 당시 A고객의 아들은 IBK기업은행의 통장에 8개월 동안 아동수당을 받고 있었으며, 아들의 명의로 주택청약종합저축을 가입하여 계속 유지하였다. A고객은 적금에 매월 10만 원씩 입금하였고 9개월 동안 유지하다가 중도해지하였다.

① 연 0.1% ② 연 1.5%
③ 연 2.0% ④ 연 3.3%

54 다음 글의 내용으로 적절하지 않은 것은?

> 기획재정부가 외환시장 구조개선 방안으로 국내 외환시장의 개장시간을 연장하게 되면서 국내 외환시장이 27년 만에 큰 변화를 맞이하게 되었다. 기존에는 오후 3시 30분에 마감되어 환율이 멈췄던 외환거래가 다음 날 새벽 2까지 대폭 연장되면서 원/달러 환율도 계속하여 변동하게 된 것이다.
>
> 이를 통해 국내외 투자자들의 환전 편의성은 늘리고 거래비용은 줄일 수 있게 되었다. 특히 국내 주식의 구매를 원하는 해외 투자자들이 RFI(Registered Foreign Investor, 등록 외국인 투자자) 자격을 갖추었을 경우 국내 금융회사 또는 외국 금융기관을 통해 미 달러화를 원화로의 실시간 환전이 가능해졌다. 따라서 새벽 2시까지 실시간 환율로 거래할 수 있어 매수 가능 주식 수가 증가할 것으로 기대되고 있다. 다만 이는 원/달러 환율에만 국한된 것으로, 원화와 이종통화 간의 거래시간은 이전과 동일하게 운영된다.
>
> 이와 같은 변화로 금융감독위원회는 새로운 회계 처리 기준을 마련하였는데, 이는 사실상 익일인 자정부터 새벽 2시까지 발생한 외환거래를 당일자로 회계 처리하는 것이다. 다만 결산일은 예외로 둔다.

① 국내 외환시장의 개장시간 연장으로 달러의 종가는 새벽 2시의 가격으로 봐야 할 것이다.
② 원화와 엔화 및 유로화 간의 거래 마감시간은 기존과 동일한 오후 3시 30분까지 운영된다.
③ 국내 외환시장의 개장시간 연장은 국내 투자자보다 해외 투자자들에게 더 큰 편의성을 가져다줄 것으로 보인다.
④ 국내 외환시장의 개장시간 연장으로 기존에는 오후 3시 30분 이후부터 동일한 환율로 이루어졌던 거래가 실시간 환율에 따라 거래가 가능해졌다.

55 다음 글을 읽고 추론한 내용으로 적절하지 않은 것은?

> 과거에는 공공 서비스가 경합성과 배제성이 모두 약한 사회 기반 시설 공급을 중심으로 제공되었다. 이런 경우 서비스 제공에 드는 비용은 주로 세금을 비롯한 공적 재원으로 충당한다. 하지만 복지와 같은 개인 단위 공공 서비스에 대한 사회적 요구가 증가함에 따라 관련 공공 서비스의 다양화와 양적 확대가 이루어지고 있다. 이에 따라 정부의 관련 조직이 늘어나고 행정 업무의 전문성 및 효율성이 떨어지는 문제점이 나타나기도 한다. 이 경우 정부는 정부 조직의 규모를 확대하지 않으면서 서비스의 전문성을 강화할 수 있는 민간 위탁 제도를 도입할 수 있다. 민간 위탁이란 공익성을 유지하기 위해 서비스의 대상이나 범위에 대한 결정권과 서비스 관리의 책임을 정부가 갖되, 서비스 생산은 민간 업체에 맡기는 것이다.
>
> 민간 위탁은 주로 다음과 같은 몇 가지 방식으로 운용되고 있다. 가장 일반적인 것은 '경쟁 입찰 방식'이다. 이는 일정한 기준을 충족하는 민간 업체 간 경쟁 입찰을 거쳐 서비스 생산자를 선정, 계약하는 방식이다. 공원과 같은 공공 시설물 관리 서비스가 이에 해당한다. 이 경우 정부가 직접 공공 서비스를 제공할 때보다 서비스의 생산 비용이 절감될 수 있고 정부의 재정 부담도 경감될 수 있다. 다음으로는 '면허 발급 방식'이 있다. 이는 서비스 제공을 위한 기술과 시설이 기준을 충족하는 민간 업체에 정부가 면허를 발급하는 방식이다. 자동차 운전면허 시험, 산업 폐기물 처리 서비스 등이 이에 해당한다. 이 경우 공공 서비스가 갖춰야 할 최소한의 수준은 유지하면서도 공급을 민간의 자율에 맡겨 공공 서비스의 수요와 공급이 탄력적으로 조절되는 효과를 얻을 수 있다. 또한 '보조금 지급 방식'이 있는데, 이는 민간이 운영하는 종합 복지관과 같이 안정적인 공공 서비스 제공이 필요한 기관에 보조금을 주어 재정적으로 지원하는 것이다.

① 과거 공공 서비스는 주로 공적 재원에 의해 운영됐다.
② 정부로부터 면허를 받은 민간 업체는 보조금을 지급받을 수 있다.
③ 서비스 생산을 민간 업체에 맡김으로써 공공 서비스의 전문성을 강화할 수 있다.
④ 공공 서비스의 양적 확대에 따라 행정 업무 전문성이 떨어지는 부작용이 나타난다.

56 제시된 명제가 모두 참일 때, 다음 중 반드시 참인 것은?

- 근대화는 전통 사회의 생활양식에 큰 변화를 가져온다.
- 생활양식의 급격한 변화로 전통 사회의 고유성을 잃는다.
- 전통 사회의 고유성을 유지한다면 문화적 전통을 확립할 수 있다.

① 전통 사회의 생활양식이 변했다면 근대화가 이루어진 것이다.
② 근대화가 이루어지지 않는다면 전통 사회의 고유성을 유지할 수 있다.
③ 문화적 전통이 확립되지 않는다면 전통 사회의 생활양식은 급격하게 변한다.
④ 전통 사회의 고유성을 유지한다면 생활양식의 변화 없이 문화적 전통을 확립할 수 있다.

57 K은행 직원 A ~ E 5명이 자신들의 직급에 대하여 다음과 같이 이야기하고 있다. 이들은 각각 사원, 대리, 과장, 차장, 부장이다. 1명의 말만 진실이고 나머지 사람들의 말은 모두 거짓이라고 할 때, 진실을 말한 사람은?(단, 직급은 사원 – 대리 – 과장 – 차장 – 부장 순이다)

- A : 나는 사원이고, D는 사원보다 직급이 높아.
- B : E가 차장이고, 나는 차장보다 낮은 직급이지.
- C : A는 과장이 아니고, 사원이야.
- D : E보다 직급이 높은 사람은 없어.
- E : C는 부장이고, B는 사원이야.

① A
② B
③ C
④ D

58 다음은 2022년 카타르 월드컵과 2026년 북중미 월드컵 진행 방식에 대한 설명이다. 두 월드컵에서 진행되는 경기의 수의 합은?

〈2022년 카타르 월드컵 진행 방식〉
- 총 32개국이 참여하여 8개 조에 4개국씩 조별리그를 진행하며, 조별리그는 풀리그 형식(4개국이 서로 한 번씩 경기)으로 진행한다.
- 조별리그 상위 2개국씩 16강에 진출하며, 16강부터 결승까지 본선 토너먼트를 진행한다.
- 4강에서 패배한 국가끼리 3, 4위전을 진행한다.

〈2026년 북중미 월드컵 진행 방식〉
- 총 48개국이 참여하여 12개 조에 4개국씩 조별리그를 진행하며, 조별리그는 풀리그 형식(4개국이 서로 한 번씩 경기)으로 진행한다.
- 조별리그 상위 2개국씩은 32강에 우선 진출하며, 각 조 3위 중 승점, 골득실 등 성적이 좋은 3개 국가가 32강에 진출한다.
- 32강부터 결승까지 본선 토너먼트를 진행한다.
- 4강에서 패배한 국가끼리 3, 4위전을 진행한다.

① 167경기
② 168경기
③ 169경기
④ 170경기

59 다음은 국가별 환율 및 K은행 창구에서의 외화 송금수수료이다. 창구에서 100,000엔을 일본으로 3번 송금할 때, 지불해야 하는 당발송금수수료는? (단, 전신료는 건당 8,000원이며, 환전수수료 및 사후관리수수료는 없다고 가정한다)

〈국가별 환율〉

구분	미국	일본	독일	중국
환율	1,300원/달러	8.6원/1엔	1,400원/유로	180원/위안

〈K은행 창구에서의 외화 송금수수료〉

(단위 : 원/건)

송금액	송금수수료	
	국내	국외
미화 500달러 상당액 이하	5,000	5,000
미화 500달러 상당액 초과 미화 2,000달러 상당액 이하	10,000	5,000
미화 2,000달러 상당액 초과 미화 5,000달러 상당액 이하	15,000	5,000
미화 5,000달러 상당액 초과 미화 10,000달러 상당액 이하	20,000	5,000
미화 10,00달러 상당액 초과 미화 20,000달러 상당액 이하	20,000	10,000
미화 20,000달러 상당액 초과	25,000	10,000

※ (당발송금수수료)=(건당 외화 송금수수료)+(건당 전신료)+(건당 사후관리수수료)

① 23,000원
② 29,000원
③ 33,000원
④ 39,000원

60 다음은 서울시 자치구의 부동산 임대 계약 조건에 대한 자료이다. K기업 직원들 중 주거비를 가장 적게 지불한 사람은?(단, 차를 소유한 직원은 계약 당시부터 현재까지 소유하고 있으며, 거주기간 동안 비용의 변동은 없다고 가정한다)

〈서울시 자치구의 임대 계약 조건〉

(단위 : 천 원)

구분	전세	월세		관리비	추가금
	보증금	보증금	월 납부금		
영등포구	500,000	450,000	500	50	차량 1대당 10
금천구	450,000	330,000	450	40	–
동작구	500,000	400,000	550	30	–
관악구	400,000	300,000	500	20	–
서초구	500,000	500,000	800	70	차량 1대당 20
강남구	550,000	500,000	800	100	차량 1대당 20
송파구	540,000	500,000	600	30	차량 1대당 20
강동구	490,000	450,000	500	30	차량 1대당 10
마포구	470,000	450,000	600	50	–
은평구	450,000	380,000	500	50	–

※ 보증금 : 계약 시 1회 납부
※ 월 납부금, 관리비, 추가금 : 월 1회 납부
※ 관리비와 추가금은 전세와 월세 모두 납부하여야 함

〈K기업 직원들의 대화〉

- A직원 : 난 영등포구에서 전세로 계약하여 30년간 거주하고 했어. 차는 보유하고 있지 않아.
- B직원 : 난 은평구에서 월세로 계약하여 20년간 거주하고 했어. 차는 2대 보유하고 있어.
- C직원 : 난 강동구에서 전세로 계약하여 25년간 거주하고 했어. 차는 1대 보유하고 있어.
- D직원 : 난 금천구에서 월세로 계약하여 30년간 거주하고 했어. 차는 1대 보유하고 있어.

① A직원
② B직원
③ C직원
④ D직원

CHAPTER 02 | 2024년 주요 금융권 NCS 기출복원문제

정답 및 해설 p.087

| KB국민은행

01 다음 글의 내용으로 적절하지 않은 것은?

> 이제 은행은 단순히 금융에서 그치는 것이 아닌 이를 넘어서 비금융 영역에서도 다양한 서비스를 제공하고 있다. 대표적으로 KB국민은행의 'KB스타뱅킹'을 들 수 있다.
> KB스타뱅킹은 KB국민은행의 핵심 플랫폼으로 금융 및 비금융 영역에서 다양한 서비스를 제공하여 플랫폼 경쟁력을 더하고 있으며, 현재 월간활성고객(MAU) 1,240만 명을 넘어선 금융권 슈퍼앱으로 자리 잡았다. 또한 KB스타뱅킹은 KB금융그룹 계열사의 70여 개의 서비스를 한 번에 제공하고 있어 고객의 편의성도 높였다.
> KB스타뱅킹이 제공하는 금융 서비스인 'KB모임통장 서비스(구 KB국민총무 서비스)'는 고객이 별도로 계좌를 추가 개설하는 번거로운 과정을 없앨 수 있도록 기존에 사용하던 입출금계좌를 모임통장으로 변환할 수 있게 하였다.
> 또한 KB모임통장을 등록한 고객에게는 이를 손쉽게 관리할 수 있도록 KB스타뱅킹 홈화면 하단에 별도의 공간을 제공해 고객 편의성을 높였다. 이를 클릭하면 모임통장 전용화면으로 즉각 연결돼 모임 구성원을 초대할 수 있음은 물론, 정기회비 설정과 거래내역 확인까지 손쉽게 처리할 수 있다.
> KB스타뱅킹이 제공하는 비금융 서비스에서는 KB국민은행의 알뜰폰 브랜드 KB Liiv M(KB리브모바일)과 연계해 KB스타뱅킹에서 한 번에 가입할 수 있는 'KB스타뱅킹 요금제 LTE 15GB+'를 출시했다.
> 해당 요금제는 KB스타뱅킹에서만 가입·개통할 수 있으며, 이를 이용하고 싶은 고객은 다른 채널에 들어갈 필요 없이 KB스타뱅킹 내 테마별 서비스 중 '통신'에서 편리하게 가입 가능하다. 최대 24개월 동안 전용 할인 쿠폰이 매달 1회 제공되며, 최대 할인을 받게 되면 저렴한 가격인 월 2만 200원에 통신 서비스를 이용할 수 있다.

① KB스타뱅킹 앱을 통해 KB금융그룹 각 계열사 앱을 별도 설치 없이 서비스 이용이 가능하다.
② KB국민은행 신규고객이 KB모임통장 서비스를 이용하기 위해서는 별도로 계좌 개설 과정이 필요하다.
③ KB모임통장을 이용하는 고객은 별도로 모임원들에게 연락할 필요 없이 KB스타뱅킹 앱에서 모임원을 초대할 수 있다.
④ KB스타뱅킹 요금제를 이용하는 고객은 2년 동안 최대 2만 200원의 통신요금을 절감할 수 있다.

02 다음 문단을 논리적 순서대로 바르게 나열한 것은?

(가) 이러한 관리 방식에 따른 차이에도 불구하고 공동주택에서 자치관리를 하느냐, 위탁관리를 하느냐는 이론적인 측면이 강한 것이 현실이다. 공동주택의 대형화 및 고급화와 더불어 단지 내 시설, 설비의 복잡화와 첨단화로 인해 공동주택 관리를 아웃소싱할 것인가에 대한 의사결정은 과거에 비해 그 중요성이 증가하고 있다.

(나) 반면이 위탁관리 방식은 입주자대표회의가 공동주택 위탁관리를 업(業)으로 하는 주택관리업자에게 위탁관리 수수료를 지급하고 관리사무소의 운영권 전반을 맡기는 도급 방식이다. 주택관리업자는 관리사무소장과 관리 직원을 공동주택 관리사무소에 투입하여 운영한다.

(다) 우리나라 주택시장에서의 가장 대표적인 주택 유형은 공동주택이다. 1990년대 이전 양적 공급 확대 정책에 의해 공급된 공동주택은 노후화와 더불어 단지 내 각종 시설 등의 기능적 부재 문제를 겪고 있다. 이에 따라 입주민들의 쾌적성 및 안전성 확보를 위한 공동주택 관리의 중요성이 높아지고 있다.

(라) 공동주택 관리는 두 가지 방식으로 제도화되어 있으며, 어떤 관리 방식을 택하느냐에 따라 공동주택 관리의 효율성과 효과성에 미치는 영향이 달라진다. 결과적으로 공동주택 관리 서비스의 품질과 입주민들이 부담하는 관리비에 직접적인 영향을 미칠 가능성이 크다.

(마) 이러한 관리 방식에는 입주자대표회의가 공동주택을 직접 운영하는 자치관리 방식이 있으며, 다른 하나로는 주택관리업자에게 관리업무를 아웃소싱하는 형태인 위탁관리 방식이 있다. 자치관리 방식에서는 입주자대표회의가 관리사무소장을 자치관리기구의 대표자로 선임하고 관리 직원을 고용하여 관리 업무를 입주민이 스스로 결정하고 집행한다.

① (가) - (나) - (다) - (라) - (마)
② (나) - (라) - (마) - (다) - (가)
③ (다) - (라) - (마) - (나) - (가)
④ (다) - (마) - (나) - (가) - (라)

※ 다음 자료를 보고 이어지는 질문에 답하시오. [3~4]

보증회사의 회계팀 소속인 A사원은 신용보증과 관련된 온라인 고객상담 게시판을 담당하여 고객들의 문의사항을 해결하는 업무를 하고 있다.

■ 보증심사등급 기준표

CCRS 기반	SBSS 기반	보증료율
K5		1.1%
K6	SB1	1.2%
K7		1.3%
K8	SB2	1.4%
K9	SB3	1.5%
K11	SB5	1.7%

■ 보증료율 운용체계

① 보증심사등급별 보증료율		• CCRS 적용 기업(K5~K11) • SBSS 적용 기업(SB1~SB5)
② 가산요율	보증비율 미충족	0.2%p
	일부 해지 기준 미충족	0.4%p
	장기분할해지보증 해지 미이행	0.5%p
	기타	0.1~0.6%p
③ 차감요율	0.3%p	• 장애인기업(장애인 고용 비율이 5% 이상인 기업) • 창업초기기업(창업한 지 만 1년이 되지 않은 기업)
	0.2%p	녹색성장산업 영위기업, 혁신형 중소기업 중 혁신역량 공유 및 전파 기업, 고용창출 기업, 물가 안정 모범업소로 선정된 기업
	0.1%p	혁신형 중소기업, 창업 5년 이내 여성기업, 전시 대비 중점관리업체, 회계투명성 제고기업
	기타	경쟁력 향상, 창업지원 프로그램 대상 각종 협약 보증
④ 조정요율	차감	최대 0.3%p

• 가산요율과 차감요율은 중복 적용이 가능하며, 조정요율은 상한선 및 하한선을 넘는 경우에 대해 적용
• (최종 적용 보증료율)=①+②-③±④=0.5%(하한선)~2.0%(상한선)
 (단, 대기업의 상한선은 2.3%로 함)
※ (보증료)=(보증금액)×(최종 적용 보증료율)×(보증기간)÷365

03 A사원은 온라인 상담 게시판에 올라와 있는 어느 고객의 상담 요청을 확인하였다. 요청한 내용에 따라 보증료를 계산한다면 해당 회사의 보증료는 얼마인가?(단, 1백만 원 미만은 절사한다)

〈고객 상담 게시판〉

[1 : 1 상담 요청]
제목 : 보증료 관련 문의 드립니다.

안녕하십니까.
수도권에서 소기업을 운영하고 있는 사업자입니다.
보증료를 계산하는 데 어려움이 있어 문의를 남깁니다.
현재 우리 회사의 보증심사등급은 SBSS 기준 SB3 등급에 해당됩니다.
그리고 보증비율은 일부 해지 기준 미충족 상태이며 작년에 혁신형 중소기업으로 지정되었습니다.
보증금액은 100억 원이고, 보증기간은 3개월(90일)로 요청 드립니다.

① 3,800만 원 ② 4,000만 원
③ 4,200만 원 ④ 4,400만 원

04 A사원은 다음 자료를 토대로 3개 회사의 보증료를 검토하게 되었다. 이 회사들의 보증료를 모두 계산하였을 때, 보증료가 높은 순서대로 3개 회사를 나열한 것은?(단, 주어진 내용 이외의 것은 고려하지 않는다)

구분	대기업 여부	심사등급	가산요율	특이사항	보증금액	보증기간
가	○	SB5	• 보증비율 미충족 • 장기분할해지보증 해지 미이행	-	150억	365일
나	○	K11	• 일부 해지 기준 미충족	• 녹색성장산업 영위기업	150억	365일
다	×	K7	-	• 장애인기업 • 고용창출 기업	100억	219일

① 가-나-다 ② 가-다-나
③ 나-가-다 ④ 나-다-가

※ 다음은 K회사의 여비규정에 대한 자료이다. 이어지는 질문에 답하시오. [5~6]

<국내여비 정액표>

구분		대상	가군	나군	다군
운임	항공운임		실비(1등석/비지니스)	실비(2등석/이코노미)	
	철도운임		실비(특실)		실비(일반실)
	선박운임		실비(1등급)	실비(2등급)	
	자동차운임	버스운임	실비		
		자가용승용차운임	실비		
일비(1일당)			2만 원		
식비(1일당)			2만 5천 원	2만 원	
숙박비(1박당)			실비	실비(상한액 : 서울특별시 7만 원, 광역시·제주도 6만 원, 그 밖의 지역 5만 원)	

<실비 단가(1일당 상한액)>

구분	가군	나군	다군
항공운임	100만 원	50만 원	
철도운임	7만 원		3만 원
선박운임	50만 원	20만 원	
버스운임	1,500원		
자가용승용차운임	20만 원		
숙박비	15만 원	–	–

05 지난주 출장을 다녀온 A부장의 출장 내역이 다음과 같을 때, A부장이 받을 수 있는 최대 여비는?

〈A부장 출장 내역〉

- 2박 3일 동안 가군으로 출장을 간다.
- 항공은 첫째 날과 셋째 날에 이용한다.
- 철도는 첫째 날과 둘째 날에 이용한다.
- 자가용은 출장 기간 동안 매일 이용한다.

① 315만 5천 원 ② 317만 원
③ 317만 5천 원 ④ 318만 원

06 영업팀 3명이 각각 다른 군으로 출장을 갈 때, 영업팀이 받는 총여비는?

〈영업팀 출장 내역〉

- 1박 2일 동안 출장을 간다.
- 비용은 최대로 받는다.
- 항공은 첫째 날에 이용한다.
- 선박은 둘째 날에 이용한다.
- 기차는 출장 기간 동안 매일 이용한다.
- 버스는 출장 기간 동안 매일 이용한다.
- 자가용은 출장 기간 동안 매일 이용한다.
- 나군은 서울에 해당한다.
- 다군은 제주도에 해당한다.

① 485만 9천 원 ② 488만 6천 원
③ 491만 6천 원 ④ 497만 9천 원

07 다음은 2023년 9 ~ 12월의 원/100엔 환율 변동을 나타난 그래프이다. 이에 대한 설명으로 옳지 않은 것은?

① 원/100엔 환율이 가장 높은 달은 2023년 12월이다.
② 원/100엔 환율이 가장 낮은 달은 2023년 11월이다.
③ 원/100엔 환율이 가장 큰 폭으로 증가한 시기는 2023년 9월과 2023년 10월 사이이다.
④ 원/100엔 환율이 가장 큰 폭으로 감소한 시기는 2023년 10월과 2023년 11월 사이이다.

08 다음은 2023년 9월과 2023년 12월의 원/달러 환율이다. 2023년 9월에 100만 원을 달러로 환전하고 2023년 12월에 다시 원화로 환전했을 때, 손해를 보는 금액은 얼마인가?(단, 환전수수료는 고려하지 않는다)

〈원/달러 환율〉

구분	2023년 9월	2023년 12월
환율	1,327원/달러	1,302원/달러

※ 단, 원화에서 달러로 환전할 때에는 소수점 둘째 자리에서 반올림하고, 달러에서 원화로 환전할 때에는 백의 자리에서 반올림함

① 17,000원
② 19,000원
③ 21,000원
④ 23,000원

09 다음 글의 내용으로 적절하지 않은 것은?

현재 전해지는 조선 시대의 목가구는 대부분 조선 후기의 것들로 단단한 소나무, 느티나무, 은행나무 등의 곧은결을 기둥이나 쇠목으로 이용하고, 오동나무, 느티나무, 먹감나무 등의 늘결을 판자로 사용하여 자연스런 나뭇결의 재질을 살렸다. 또한 대나무 혹은 엇갈리거나 소용돌이 무늬를 이룬 뿌리 부근의 목재 등을 활용하여 자연스러운 장식이 되도록 하였다.
조선 시대의 목가구는 대부분 한옥의 온돌에서 사용되었기에 온도와 습도 변화에 따른 변형을 최대한 방지할 수 있는 방법이 필요하였다. 그래서 단단하고 가느다란 기둥재로 면을 나누고, 기둥재에 홈을 파서 판재를 끼워 넣는 특수한 짜임과 이음의 방법을 사용하였으며, 꼭 필요한 부위에만 접착제와 대나무 못을 사용하여 목재가 수축 · 팽창하더라도 뒤틀림과 휘어짐이 최소화될 수 있도록 하였다. 조선 시대 목가구의 대표적 특징으로 언급되는 '간결한 선'과 '명확한 면 분할'은 이러한 짜임과 이음의 방법에 기초한 것이다. 짜임과 이음은 조선 시대 목가구 제작에 필수적인 방법으로, 겉으로 드러나는 아름다움은 물론 보이지 않는 내부의 구조까지 고려한 격조 높은 기법이었다.
한편 물건을 편리하게 사용할 수 있게 해주며, 목재의 결합부위나 모서리에 힘을 보강하는 금속 장석은 장식의 역할도 했지만 기능상 반드시 필요하거나 나무의 질감을 강조하려는 의도에서 사용되어, 조선 시대 목가구의 절제되고 간결한 특징을 잘 살리고 있다.

① 조선 시대 목가구는 온도와 습도 변화에 따른 변형을 방지할 방법이 필요했다.
② 금속 장석은 장식의 역할도 했지만, 기능상 필요에 의해서도 사용되었다.
③ 나무의 곧은결을 기둥이나 쇠목으로 이용하고, 늘결을 판재로 사용하였다.
④ 접착제와 대나무 못을 사용하면 목재의 수축과 팽창이 발생하지 않게 된다.
⑤ 목재의 결합부위나 모서리에 힘을 보강하기 위해 금속 장석을 사용하였다.

10
평균 점수가 80점 이상이면 우수상을, 85점 이상이면 최우수상을 받는 시험이 있다. 현재 갑돌이는 70점, 85점, 90점을 받았고 나머지 1과목의 시험만을 남겨 놓은 상태라고 할 때, 갑돌이가 최우수상을 받으려면 몇 점 이상을 받아야 하는가?

① 85점
② 90점
③ 95점
④ 100점
⑤ 80점

11 다음 자료를 통해 기초생활수급자로 선정할 수 없는 경우를 고르면?

가. 기초생활수급자 선정 기준
  - 부양의무자가 없거나, 부양의무자가 있어도 부양능력이 없거나 또는 부양을 받을 수 없는 자로서 소득인정액이 최저생계비 이하인 자
    ※ 부양능력 있는 부양의무자가 있어도 부양을 받을 수 없는 경우란 부양의무자가 교도소 등에 수용되거나 병역법에 의해 징집·소집되어 실질적으로 부양을 할 수 없는 경우와 가족관계 단절 등을 이유로 부양을 거부하거나 기피하는 경우 등을 가리킴

나. 매월 소득인정액 기준
  - (소득인정액)=(소득평가액)+(재산의 소득환산액)
  - (소득평가액)=(실제소득)−(가구특성별 지출비용)
    1) 실제소득 : 근로소득, 사업소득, 재산소득
    2) 가구특성별 지출비용 : 경로연금, 장애수당, 양육비, 의료비, 중·고교생 입학금 및 수업료

다. 가구별 매월 최저생계비

1인	2인	3인	4인	5인	6인
42만 원	70만 원	94만 원	117만 원	135만 원	154만 원

라. 부양의무자의 범위
  - 수급권자의 배우자, 수급권자의 1촌의 직계혈족 및 그 배우자, 수급권자와 생계를 같이 하는 2촌 이내의 혈족

① 유치원생 아들 둘과 함께 사는 A는 재산의 소득환산액이 12만 원이고, 구멍가게에서 월 100만 원의 수입을 얻고 있으며 양육비로 월 20만 원씩 지출하고 있다.
② 부양능력이 있는 근로소득 월 60만 원의 조카와 살고 있는 B는 실제소득 없이 재산의 소득환산액이 36만 원이며, 의료비로 월 30만 원을 지출한다.
③ 중학생이 된 두 딸을 혼자 키우고 있는 C는 재산의 소득환산액이 24만 원이며 근로소득으로 월 80만 원이 있지만, 두 딸의 수업료로 각각 월 11만 원씩 지출하고 있다.
④ 외아들을 잃은 D는 어린 손자 2명과 부양능력이 있는 며느리와 함께 살고 있다. D는 근로소득이 월 80만 원, 재산의 소득환산액이 48만 원이며 의료비로 월 15만 원을 지출하고 있다.
⑤ 군대 간 아들 둘과 함께 사는 고등학생 딸을 둔 E는 재산의 소득환산액이 36만 원이며 월 평균 60만 원의 근로소득을 얻고 있지만, 딸의 수업료로 월 30만 원을 지출하고 있다.

12 다음 글의 밑줄 친 단어 중 한글 맞춤법상 띄어쓰기가 옳지 않은 것은?

> 농림축산검역본부는 전국 공항 및 항만 등에서 국가를 위해 공헌한 검역탐지견이 민간 입양을 통해 새 가족을 만나 남은 삶을 행복하게 보낼 수 있도록 하겠다고 전했다.
> 검역탐지견은 전국 공항 및 항만 등에서 국내 반입이 금지된 축산물과 식물류 등을 찾아내는 작업을 해왔으며 마리당 연간 5,000건 이상의 반입금지 물품을 찾아내고 있다.
> 이처럼 국가를 위해 공헌한 검역탐지견은 은퇴 시기인 만 8세에 다다르거나, 능력 저하, 훈련탈락 등 더 이상 검역 탐지 업무가 불가능한 상황이 되면 민간 입양을 통해 제2의 삶을 시작하게 된다.
> 민간 입양은 분기 별로 연 4회 실시되며 입양을 원하는 가정은 농림축산검역본부 홈페이지에 올라온 안내문에 따라 입양을 신청할 수 있다. 입양 가정은 동물보호단체와 함께 2개월간 공평하고 투명한 서류 및 현장심사를 통해 선정되며, 선정이 끝나면 분기 말 마지막 주에 입양이 진행된다.
> 또한 농림축산검역본부는 입양 이후에도 매년 '홈커밍데이'를 개최해 민간에 입양된 검역탐지견과 그 가족을 초청하고 있으며, '해마루 반려동물 의료재단'과 업무협약을 맺어 진료비 30% 할인 등을 제공하고 있다.

① 새 가족
② 만 8세
③ 제2의
④ 분기 별

13 지영이의 생일을 맞이하여 민지, 재은, 영재, 정호는 함께 생일을 축하하고, 생일 케이크를 나눠 먹기로 하였다. 지영이가 다섯 조각으로 자른 케이크의 크기는 서로 다르며 각자 케이크 한 조각씩을 먹었다고 할 때, 먹은 케이크의 크기가 작은 순서대로 바르게 나열한 것은?

> • 생일 주인공이 가장 큰 조각의 케이크를 먹었다.
> • 민지의 케이크 조각은 가장 작지도 않고, 두 번째로 작지도 않다.
> • 재은이의 케이크 조각은 지영이의 케이크 조각보다 작지만, 민지의 케이크 조각보다는 크다.
> • 정호의 케이크 조각은 민지의 케이크 조각보다는 작지만, 영재의 케이크 조각보다는 크다.

① 지영 – 재은 – 민지 – 영재 – 정호
② 정호 – 재은 – 민지 – 영재 – 지영
③ 영재 – 정호 – 민지 – 재은 – 지영
④ 영재 – 재은 – 민지 – 정호 – 지영

14 다음은 N기관에 대한 SWOT 분석 결과이다. SWOT 분석 결과를 바탕으로 한 〈보기〉의 전략 중 적절한 것을 모두 고르면?

〈N기관에 대한 SWOT 분석 결과〉

강점(Strength)	약점(Weakness)
• 공공기관으로서의 신뢰성 • 국토의 종합적 이용·개발	• 국토개발로 인한 환경파괴 • 정부 통제 및 보수적 조직문화
기회(Opportunity)	위협(Threat)
• 정부의 해외 개발 사업 추진 • 환경친화적 디지털 신도시에 대한 관심 확대	• 환경보호 단체, 시민 단체와의 충돌 • 건설 경기 위축 및 침체

보기

ㄱ. 공공기관으로서의 높은 신뢰도를 바탕으로 정부의 해외 개발 사업에 적극적으로 참여한다.
ㄴ. 침체된 건설 경기를 회복하기 위해 비교적 개발이 진행되지 않은 산림, 해안지역 등의 개발을 추진한다.
ㄷ. 환경파괴를 최소화하면서도 국토를 효율적으로 이용할 수 있는 환경친화적 신도시를 개발한다.
ㄹ. 환경보호 단체나 시민 단체에 대한 규제 강화를 통해 공공기관으로서의 역할을 수행한다.

① ㄱ, ㄴ
② ㄱ, ㄷ
③ ㄴ, ㄷ
④ ㄴ, ㄹ

15 M펀드는 A, B, C주식에 각각 30%, 20%, 50%를 투자하였다. 매입가에서 A주식이 20%, B주식이 40%씩 각각 오르고, C주식이 20% 하락했다면, 이 펀드는 몇 %의 이익을 보았는가?

① 2%   ② 4%
③ 6%   ④ 8%

16 M은행은 다음과 같은 예·적금 상품을 판매하고 있다. 고객의 요청 사항이 제시된 바와 같을 때, 추천할 상품으로 가장 적절한 것은?

〈M은행 예·적금 상품〉

구분	특징
스마트폰 적금	• 가입기간 : 6 ~ 12개월 • 가입금액 : 매일 핸드폰으로 1,000원씩 자동입금 • 복잡한 우대금리 조건이 없는 스마트폰 전용 적금
나라지킴이 적금	• 가입기간 : 24개월 • 가입금액 : 최대 50만 원 • 군인인 경우에만 들 수 있음
우리 아이 정기예금	• 가입기간 : 12 ~ 36개월 • 가입금액 : 처음 예치 시 1,000만 원 이상 • 우대금리 : 신규 고객으로 한정하며, 최초 통장 개설 시 200만 원 이상 예치금이 있어야 함
우리 집 만들기 예금	• 가입기간 : 12 ~ 24개월 • 가입금액 : 제한 없음 • 우대금리 : 해당 은행 계열사 카드 전월 실적 30만 원 이상 은행 신규 고객을 대상으로 하며, 통장에 300만 원 이상 보유해야 함

저는 이번에 M은행 금융상품에 가입하고자 합니다. 가입기간은 24개월로 하고 싶습니다. 저는 M은행 계열사 카드를 매달 40만 원씩 쓰고 있고 통장에 500만 원 정도 있습니다. 현재 M은행에 가입한 이력이 없습니다. 제대는 이미 오래전에 했고요, 지금 나이는 30살입니다. 가입금액은 월 10만 원씩 넣고 싶습니다.

① 스마트폰 적금   ② 나라지킴이 적금
③ 우리 아이 정기예금   ④ 우리 집 만들기 예금

※ 다음은 M금고에서 근무하는 직원들의 대화 내용과 M금고 신입행원 직무 교육 자료의 일부이다. 이어지는 질문에 답하시오. [17~18]

〈K사원과 P대리의 대화 내용〉

K사원 : P대리님, 요즘 영업 실적이 좋지 않아서 고민입니다.
P대리 : 그렇군요. 어떤 이유에서일까요?
K사원 : 아무래도 적립식 예금 상품의 신규 거래 가입 실적이 조금 부진한 듯합니다.
P대리 : 잘 파악하고 있네요. 그렇다면 고객에게 _____ ㉠ _____
K사원 : 역시 P대리님이십니다. 조언 감사합니다.
P대리 : 아니에요. 우수한 성적으로 직무 교육 과정을 통과한 K사원이니 잘할 수 있을 겁니다.

〈M금고 예금 신규 거래 절차 교육 자료〉

…

- 고객정보를 전산에 등록하거나 변경한다.
- 신규 거래 시 필요한 서류를 징구하여 확인한다.
- 고객 유형을 파악하여 유형별 실명 확인 방법에 따라 실명을 확인한다.
- 작성한 통장이나 증서에 고객의 인감 또는 서명날인을 받는다.
- 신규 거래되는 예금의 통장이나 증서를 작성한다.

…

17 다음 중 ㉠에 들어갈 말로 적절하지 않은 것은?

① 자유적립식 예금이 상대적으로 입출금이 자유로운 통장보다 이자가 높고, 수시로 입금하거나 중도인출이 가능하다는 점을 강조하여 권유해 보는 건 어떨까요?

② 기준금리가 떨어지고 있을 때, 서둘러 적립식 예금을 가입해야 조금이라도 높은 금리로 이자를 수령할 수 있음을 강조하여 가입을 권유해 보는 건 어떨까요?

③ 고객의 직업군에 특화된 금융 상품을 추천하는 등 상품별 특징을 잘 살펴 고객에게 적합한 생애주기별 특화 상품을 추천해 보는 건 어떨까요?

④ 적립식 예금의 경우 월 저축금을 약정한 납입일보다 지연하면 소정의 입금지연이자가 차감되므로 자동이체를 통해 정기 적립하도록 권유해 보는 건 어떨까요?

18 신입행원 직무 교육 당시 K사원은 교육을 담당하고 있던 P대리로부터 예금의 신규 거래 절차에 대해서 배우게 되었다. K사원은 부진했던 영업 실적을 고조하기 위해 교육 내용을 활용하여 예금 신규 거래를 진행하려고 한다. 다음은 K사원이 교육 자료를 도식화한 표이다. (C)에 들어갈 내용으로 옳은 것은?

① 고객정보를 전산에 등록하거나 변경한다.
② 신규 거래되는 예금의 통장이나 증서를 작성한다.
③ 작성한 통장이나 증서에 고객의 인감 또는 서명날인을 받는다.
④ 신규 거래 시 필요한 서류를 징구하여 확인한다.

※ 다음은 비-REM수면과 REM수면에 대한 글이다. 이어지는 질문에 답하시오. [19~20]

수면은 피로가 누적된 심신을 회복하기 위해 주기적으로 잠을 자는 상태를 의미한다. 수면은 '비-REM수면'과 급속한 안구 운동을 동반하는 'REM(Rapid Eye Movement)수면'이 교대로 나타난다. 일반적으로 비-REM수면 이후 REM수면이 진행된다. 비-REM수면은 4단계로 진행되면서 깊은 잠에 빠져들게 되는 수면이다. 이러한 수면의 양상은 수면 단계에 따라 달리 측정되는 뇌파로 살펴볼 수 있다. (가)
먼저 막 잠이 들기 시작하는 1단계 수면 상태에서 뇌는 '세타파'를 내보낸다. 세타파란 옅은 잠을 자는 상태에서 나타나는 뇌파로, 이때는 언제든 깰 수 있을 정도의 수면 상태이다. 이 단계는 각성 상태에서 수면으로 넘어가는 과도기적 상태로 뇌파가 각성 상태보다 서서히 느려진다.
2단계 수면에서는 세타파 사이사이에 '수면방추'와 'K-복합체'라는 독특한 뇌파의 모습이 보인다. 수면방추는 세타파 중간마다 마치 실이 감겨 있는 것처럼 촘촘한 파동의 모습인데, 분당 2~5번 정도 나타나며 수면을 유지시켜 주는 역할을 한다. K-복합체는 2단계 수면에서 나타나는데, 세타파 사이사이에 아래위로 갑자기 삐죽하게 솟아오르는 모습을 보인다. 실험에 의하면 K-복합체는 수면 중 갑작스러운 소음이 날 때 활성화된다. (나)
깊은 수면의 단계로 진행되면 뇌파 가운데 가장 느리고 진폭이 큰 '델타파'가 나타난다. 3단계와 4단계는 '델타파'의 비중에 따라 구별된다. 보통 델타파의 비중이 20~50%일 때는 3단계로, 50%를 넘어서 더 깊은 수면에 빠지는 상태가 되면 4단계로 본다. 때문에 4단계 수면은 '서파수면(Slow-wave-sleep)'으로도 알려져 있다. (다)
서파수면은 대뇌의 대사율과 혈류량이 각성 수준의 75%까지 감소되는 깊은 잠의 상태이고, REM수면은 잠에 빠져 있음에도 정신 활동이 이루어지는 상태이다. 때문에 서파수면 상태에 있는 사람을 깨우면 정신을 못 차리고 비틀거리며 혼란스러워 하고, REM수면 상태의 사람을 깨우면 금세 각성 상태로 돌아온다. (라)
자극에 반응을 하지 않을 정도의 비-REM수면은 온전한 휴식을 통해 진정한 심신의 회복을 가져다준다. 자면서도 정신 활동이 이루어지는 REM수면은 인간의 뇌의 활동이나 학습에도 도움을 준다. 비-REM수면이든 REM수면이든 문제가 생기면 인간의 활동은 영향을 받게 된다.

| 하나은행

19 다음 중 윗글의 주된 내용 전개 방식으로 가장 적절한 것은?

① 현상의 과정을 단계별로 나누어 설명하고 있다.
② 현상에 대한 다양한 관점을 비교·분석하고 있다.
③ 구체적인 사례를 통해 관련 현상을 설명하고 있다.
④ 새로운 시각으로 현상을 분석하는 이론을 소개하고 있다.

| 하나은행

20 다음 중 〈보기〉의 문장이 들어갈 위치로 가장 적절한 곳은?

보기
이를 통해 이것은 잠자는 사람이 깨는 것을 방지해 주는 역할을 하여 깊은 수면을 유도함을 알 수 있다.

① (가) ② (나)
③ (다) ④ (라)

21 A와 B가 직선 트랙을 달리려고 한다. A는 속력 180m/min으로 4분 동안 달린 후 2분 동안 제자리에서 쉬고, B는 속력 225m/min으로 8분 동안 달린 후 2분 동안 제자리에서 쉰다고 한다. A가 30분 먼저 출발하고 그 후에 B가 같은 시작점에서 뒤따라 출발할 때, A와 B가 처음으로 만나는 곳은 시작점으로부터 몇 m 떨어진 곳인가?

① 8,400m
② 9,600m
③ 10,800m
④ 12,000m

22 고등학생 8명이 래프팅을 하러 여행을 떠났다. 보트는 3명, 5명씩 두 팀으로 나눠 타기로 했다. 이때 8명 중 반장과 부반장은 서로 다른 팀이 된다고 할 때, 8명이 두 팀으로 나눠 타는 경우의 수는?(단, 반장과 부반장은 각각 1명이다)

① 15가지
② 18가지
③ 30가지
④ 32가지

23 다음은 각 국가의 환율 및 미화환산율에 대한 자료이다. 이에 대한 설명으로 옳지 않은 것은?(단, 소수점 셋째 자리에서 반올림한다)

〈국가별 환율 및 미화환산율〉

구분	매매기준가(원)	구입 가격(원)	판매 가격(원)	미화환산율
미국(USD)	1,377	1,401.10	1,352.90	1.00
일본(100엔)	878.67	894.05	863.29	0.64
중국(CNY)	189.7	199.19	180.22	( )
영국(GBP)	1,721.94	1,755.86	1,688.02	1.25
호주(AUD)	( )	918.58	883.08	0.65

※ (구입 가격)=(매매기준가)×[1+(환전수수료율)]
　(판매 가격)=(매매기준가)×[1−(환전수수료율)]

① 중국의 미화환산율은 0.14이다.
② 호주의 매매기준가는 895.05원이다.
③ 미국과 일본의 구입할 때의 환전수수료율은 같다.
④ 판매할 때의 환전수수료율이 가장 낮은 국가는 중국이다.

※ 다음은 H은행의 청년도약계좌의 상품설명서와 A씨의 가입 정보이다. 이어지는 질문에 답하시오.
[24~25]

<H은행 청년도약계좌>

구분	내용

가입대상	• 가입일 현재 만 19세 이상 만 34세 이하인 자(병적증명서를 통해 병역 의무를 이행한 기록이 확인되는 경우, 현재 연령에서 병역을 이행한 기간을 최대 6년 제외한다)
	• 개인소득이 다음 기준을 만족하는 자(단, 육아휴직급여, 육아휴직수당, 병사 봉급을 제외한 비과세소득을 제외한다)
	  - 직전년도 총급여액이 7,500만 원 이하인 자
	  - 직전 과세기간의 종합소득과세표준에 합산되는 종합소득금액이 6,300만 원 이하인 자
	• 가입일 현재 직전 과세기간의 가구소득이 직전년도 기준중위소득의 250% 이하인 자
	• 가입일이 속한 과세기간의 직전 3개 과세기간 중 1회 이상 금융소득종합과세대상자에 해당하지 않는 자

가입기간	• 5년
가입금액	• 1천 원 이상 70만 원 이하(1천 원 단위)
적립한도	• 매월 1천 원 이상 70만 원 이하(1천 원 단위) • 연 840만 원 이하(가입일 기준으로 1년)
이자지급방법	• 만기일시지급식, 단리식 적립방법 • 자유적립식
기본금리	• 연 4.5%(세전)
우대금리	• 최대 연 1.5%p(세전) { 우대금리 표 }

구분	우대금리	내용
급여(가맹점대금) 이체	연 0.6%p	해당 예금 가입 후 만기 전전월말 기준, 본인 명의 H은행 입출금통장을 통해 36회 이상 급여 입금 또는 가맹점(결제) 대금 입금 실적 보유(건당 50만 원 이상, 월 1회 인정)
카드 결제	연 0.2%p	해당 예금 가입 후 만기 전전월말 기준, 본인 명의 H은행 입출금통장을 통해 36회 이상 월 10만 원 이상의 H은행 카드 결제 실적 보유(신용/체크카드)
목돈마련 응원	연 0.1%p	해당 예금 가입일로부터 직전 1년간 적금 또는 예금 상품을 미보유한 경우(청년희망적금, 청년내일저축계좌, 청년도약계좌, 주택청약종합저축 예외)
마케팅 동의	연 0.1%p	해당 예금 가입 전 H은행 상품, 서비스 마케팅 동의 항목을 모두 동의한 경우
소득 플러스	최대 연 0.5%p	해당 예금 가입신청 및 가입 후 1년 주기로 심사한 개인소득금액의 소득요건 충족* 횟수에 따라 우대금리 제공 1회 : 0.1%p, 2회 : 0.2%p, 3회 : 0.3%p, 4회 : 0.4%p, 5회 : 0.5%p

비고	*소득요건 충족 기준은 다음과 같다.
	  - 총급여 2,400만 원 이하
	  - 종합소득 1,600만 원 이하
	  - 연말정산소득 1,600만 원 이하
	• 본 상품은 청년의 중장기 자산형성 지원을 위한 금융상품으로 비과세 혜택을 제공하는 적립식 상품이다.
	• 본 상품에 가입 후 만기 전에 나이를 초과하였어도, 중도해지하지 않았다면 가입일 당시 나이를 기준으로 금리를 적용한다.

⟨A씨 청년도약계좌 가입 정보⟩

- 가입일 기준 만 36세이다.
- 부사관으로서 3년간 복무한 병역 의무 이행 기록이 있다.
- 가입일 직전 과세기간의 종합소득과세표준 합산 종합소득금액은 연 6,000만 원이다.
- 가입일 직전 과세기간의 가구소득이 직전년도 기준중위소득의 200%이며, 가입일 기준 전체 과세기간 동안 금융소득종합과세대상자에 해당된 기록이 존재하지 않았다.
- 만기일까지 H은행 입출금통장에 월 150만 원 이상의 급여가 들어올 것이다.
- 만기일까지 H은행 신용카드로 월 15만 원 이상 고정 지출이 있을 예정이다.
- 가입일 기준 H은행의 K적금 상품에 가입 중이다.
- H은행 상품·서비스 마케팅 동의 항목에 동의하지 않은 항목이 있다.
- 가입일 당시 총급여는 연 2,300만 원이며, 매년 100만 원씩 증가할 예정이다

| 하나은행

24 A씨의 청년도약계좌 가입 정보를 근거로 할 때, 만기일에 적용받는 금리는?

① 연 4.5% ② 연 5.5%
③ 연 6%   ④ 가입할 수 없다.

| 하나은행

25 A씨가 이달 초에 청년도약계좌에 가입하면서 500,000원을 납입한 후 매월 초 500,000원씩 납입할 때, 가입 정보에 따라 만기일에 A씨가 받을 수 있는 원리금은?

① 30,000,000원   ② 33,431,250원
③ 34,193,750원   ④ 34,575,000원

26 다음 제시된 문장 뒤에 이어질 문단을 논리적 순서대로 바르게 나열한 것은?

정부가 유기농, 무농약 등 '친환경인증'을 취득하고 농산물을 재배한 농가에 지급하던 정부 지원금을 7년 만에 상향하기로 결정했다.
(가) 또한 최근 심각한 이상기후와 농자재 가격의 상승 등의 이유로 친환경농업 지속이 어려운 상황을 고려하여 친환경농업의 지속가능성 유지를 위해 유기지속 단가 지원금도 상향 조정하기로 결정하는 등 기후변화와 환경오염에 대응해 농업에 대한 정책 지원을 강화하기로 하였다.
(나) 친환경농업이란 합성농약, 화학비료, 항생제 등의 화학재료를 일절 사용하지 않고 농산물을 재배하는 '유기인증' 농업과 합성농약은 일절 사용하지 않으나 화학비료는 최소한으로 사용하여 농산물을 재배하는 '무농약인증' 농업을 말한다.
(다) 이에 정부는 탄소중립을 실현하고 환경보전을 강화하여 지속가능한 미래지향적 농업을 형성하기 위한 목적으로 두 재배 방식의 활성화를 위해 친환경농업 직불 단가를 최대 50% 상향하기로 결정하였다.

① (가) - (나) - (다)
② (가) - (다) - (나)
③ (나) - (가) - (다)
④ (나) - (다) - (가)
⑤ (다) - (나) - (가)

27 다음 글의 내용으로 적절하지 않은 것은?

> 농림 및 산림 상황의 관측과 홍수, 가뭄 등 자연재해에 대한 대응을 목적으로 농촌진흥청, 산림청, 우주항공청이 공동으로 개발 중인 국내 최초 농림위성을 운영 및 관리하는 농업위성센터의 개소식이 열려 농업분야에서의 위성시대 시작을 알렸다.
> 농업위성센터는 지상국의 위성운영시스템인 농림위성을 운영 및 관리하며, 위성정보를 처리, 저장, 관리 및 활용하는 대국민 자료 서비스 업무를 수행한다. 이를 통해 주요 농작물의 생육과 재배면적 등 작황, 농경지 이용 변화 등을 상시 관측해 그 정보들이 식량안보 및 수급 안정 등 정책과 농업현장에 활용될 수 있도록 돕는다.
> 또한 농림위성은 120km 관측 폭, 5m 해상도로 지구 표면을 관측해 3일이면 전국을 촬영할 수 있으며, 단기간에 연속적인 영상정보를 취합할 수 있으므로 식생이나 농업환경 변화 및 전 국토의 농·산림의 실시간 파악도 가능하다. 따라서 농경지 토양 및 농업용 물 자원 현황, 가뭄, 홍수, 산불, 병해충 등 기후변화 및 자연재해에 신속한 대응이 가능할 것으로 기대된다.

① 농림위성을 통해 산불의 이동 경로의 예측이 가능하다.
② 농림위성을 통해 각 농작물의 작황 상황 파악이 가능하다.
③ 농림위성을 통해 어느 농산물의 재배가 유리한지 알 수 있다.
④ 농림위성을 통해 수급 안정이 필요한 농산물이 무엇인지 알 수 있다.
⑤ 농림위성을 통해 육안 조사 없이도 주요 농작물 재배 관측이 가능하다.

④ NH 전월세대출, 전세

29 다음 중 B고객의 조건에 가장 유리한 상품과 계약 유형은?

> 무주택자인 B고객은 만 30세로 자녀가 없는 신혼부부이며, 부부합산 소득은 7천 8백만 원이다. B고객은 신혼집 계약을 위해 NH농협에서 전세 및 월세 대출을 진행하려고 하며, 전세 및 월세 대출 외 필요한 금액은 고정금리 연 4%의 일반 신용대출로 진행하려고 한다. B고객은 2년 동안 아파트를 임대할 예정이며 해당 아파트는 전세 및 월세 모두 가능하고 전세의 경우 3억 원이며, 월세의 경우 보증금 2억 원에 월시 70만 원이다.

① NH 청년대출, 전세
② 아낌e 보금자리대출, 전세
③ 아낌e 보금자리대출, 월세
④ NH 전월세대출, 전세
⑤ NH 전월세대출, 월세

30 다음은 2023년 상반기와 2024년 상반기의 N국 주요 경제 지표를 나타낸 자료이다. 이에 대한 설명으로 옳은 것은?

〈N국 주요 경제 지표〉

구분	2023년 상반기	2024년 상반기
실업률	3.2%	3.5%
소비자물가지수	5.1%	3.8%
기준금리	3.5%	3.0%
GDP	2,100조 원	2,250조 원

① 2023년 상반기 대비 2024년 상반기 실업률의 증가율은 10% 이상이다.
② 2023년 상반기 대비 2024년 상반기 소비자물가지수(CPI)의 감소율은 25% 이상이다.
③ 2023년 상반기 대비 2024년 상반기 기준금리의 감소율은 15% 이상이다.
④ 2023년 상반기 대비 2024년 상반기 N국 주요 경제 지표는 모두 감소했다.
⑤ 2023년 상반기 대비 2024년 상반기 GDP 증가액은 120조 원이다.

31 다음 글의 내용에 대한 추론으로 적절하지 않은 것은?

> 지난해 경북 봉화군은 농기계임대사업소를 설치해 1,279농가에 6,135건의 농기계를 임대함으로써 농업의 인력난 해소와 더불어 농작업 편의성을 높였다.
> 올해는 무인 안내기 이른바 '키오스크'를 설치한 농기계임대사업소를 새롭게 확장 이전해 농업인 스스로 필요로 하는 농기계를 임대, 출고, 결제할 수 있는 편리한 서비스를 제공하고 있다. 이를 통해 농업인은 간편하게 농기계 임대를 진행할 수 있어 이전보다 대기하는 시간이 크게 감소하였음은 물론, 스마트폰 앱을 이용해 실시간으로 농기계 재고를 확인하고 예약할 수 있는 서비스까지 제공하고 있어 효율적 이용이 가능해졌다.
> 또한 KT인공지능(AI) 기술인 '보이스봇' 서비스를 도입하여 분주한 농업인들이 휴일 및 야간에 구애받지 않고 24시간 전화 상담 및 예약을 가능하게 하고 있으며, 농업인들이 임대한 농기계를 안전하게 사용할 수 있도록 이에 맞는 교육도 제공하고 있다.
> 봉화군은 앞으로도 지역 내 농업인들이 필요로 하는 농기계를 추가 구입해 지역 내 농업인들이 임대 농기계를 편하게 이용할 수 있도록 힘쓸 것은 물론, 경제적 어려움을 겪고 있는 농업인들에게는 저렴하게 임대할 수 있도록 하겠다고 밝혔다.

① 각 지역 농업 환경 특성에 따라 필요로 하는 농기계가 다를 수 있다.
② 농업에 부족한 인력을 농기계가 대신하고 있어, 농업에서 농기계의 사용은 불가피하다.
③ 지난해에는 직원을 통해서만 농기계 임대가 가능해 농기계 임대하기까지 많은 시간이 소요되었다.
④ 이전에는 실시간 농기계 재고 확인이 어려워 농기계임대사업소에 도착하더라도 바로 임대가 어려운 경우가 발생했다.
⑤ 올해는 농기계임대사업소를 직접 방문하지 않고도 임대농기계를 예약하고 현장에서 바로 사용할 수 있다.

32 다음 글의 내용으로 적절하지 않은 것은?

> 사과를 포함한 일부 과일 가격이 계속하여 상승하는 가운데, 농식품부는 비록 올해 2월에는 눈, 비가 자주 내린 기상상황 탓에 참외의 수확량이 적었지만, 최근 생육환경이 나아져 4월에 열린 과실량이 5월에 함께 공급될 것으로 예상돼, 특히 5월부터는 참외 수확량이 작년 수준만큼 회복될 것이라고 보인다고 하였다.
> 또한 올 여름 수박의 출하 면적이 지난해와 비교해 볼 때 소폭 상승해 생장기 기상상황이 안정적이라면, 수박 공급량 역시 작년과 비슷할 것으로 판단된다고 하였다. 이밖에도 토마토의 경우 생육이 회복하고 있어 긍정적으로 전망되지만, 멜론의 경우 재배면적이 작년보다 감소해 공급량이 줄어들 것으로 예상되고 있다. 사과 역시 햇과일이 나올 때까지는 계속하여 가격이 상승세를 유지할 것으로 보이지만, 여름에는 사과보다는 참외와 수박이 더 많이 소비되는 경향이 있어 사과보다는 참외와 수박의 가격이 체감 물가로 이어질 것으로 보인다고 하였다.
> 이에 농식품부는 제철 과일 및 채소의 생육관리를 위해 농업인에 기술지도를 늘리고, 농작물 생장관리를 위한 영양제를 저렴하게 공급하겠다며, 농가에서도 농산물의 생육관리를 위해 수박은 15도 이상으로 참외는 30도 이하로 유지하는 등 각 과일 및 채소 재배환경에 맞는 적절한 온도 조절과 환기에 신경써달라고 당부했다.

① 과일 및 야채의 체감 물가와 수확량은 반비례한다.
② 5월에 비가 자주 내린다면, 참외 수확량은 적을 것이다.
③ 소비자 입장에서의 사과의 체감 물가는 증가할 것이다.
④ 여름 제철 과일이라 하더라도, 각 과일 생장기에 따른 적절한 재배 온도는 다를 수 있다.
⑤ 참외, 수박, 토마토, 사과의 경우 올해 긍정적인 전망이 예상되는 반면, 멜론의 경우 그렇지 않다.

33 다음은 농협법에 대한 기사이다. 이에 대한 내용으로 가장 적절한 것은?

> 최근 농협법 개정안의 통과 여부에 대한 관심이 쏟아지고 있다. 이 개정안이 통과된다면 농협 금융지주는 농협중앙회에 명칭사용료 명목으로 매출액의 최대 5%를 지불하여야 한다.
> 이에 대해 일각에서는 농협금융의 설립 목적과 취약한 농촌 상황을 고려하면, 해당 개정안이 통과되어야 한다고 주장하지만, 반대쪽 입장에서는 다른 금융지주들의 명칭사용료가 0.1~0.3% 수준인 것을 고려할 때 이는 타사 대비 최대 30배 가까운 수준의 비용을 지불하는 것이라며 우려하고 있다.
> 금융권에 의하면, 농협금융은 2012년 창사 이후 매년 매출액의 2.5%를 명칭사용료 명목으로 농협중앙회에 지불해왔고, 2016년 농협법에 따라 명칭사용료가 농업지원사업비로 그 명칭이 변경되었지만 비율은 이전과 동일한 2.5% 그대로였다고 밝혔다.
> 이로 인해 농협중앙회는 작년에 농협금융으로부터 4,927억 원을, 그 전년에는 4,505억 원을 명칭사용료 명목으로 거둬들였는데, 이는 전년 대비 약 9.4% 증액된 수치로, 이와 비교하여 농협금융의 당기순이익은 작년에 2조 2,343억 원, 전년에 2조 2,309억 원으로 약 0.2% 증가해 큰 차이가 보이지 않고 있다.

① 농협법 개정안이 통과된다면, 명칭사용료 금액이 이전보다 2배 증액된다.
② 농협금융의 명칭사용료 수준이 타사 대비 높은 이유는 농협금융의 설립 목적과 취약한 농촌 상황에 있다.
③ 농협금융이 농협은행에 지불하고 있는 명칭사용료는 창사 이후 매년 증가하고 있다.
④ 농협금융이 명칭사용료로 지불하는 금액은 증가하는 반면, 농협금융의 실적은 감소하고 있다.
⑤ 지금과 같은 상황에서 농협법 개정안이 통과된다면 농협금융의 실적은 후퇴될 것이다.

34 다음 문단을 논리적 순서대로 바르게 나열한 것은?

> (가) 왜냐하면 눈과 자율신경을 통한 인간의 정신적·생리적 삶의 리듬은 일별, 월별로 변화하는 주광에 영향을 받기 때문이다.
> (나) 인공광은 변화하는 주광과 달리 시간의 제약 없이 빛의 밝기를 원하는 대로 조절할 수 있지만, 인간의 건강과 안락감에 부정적 영향을 미치는 측면을 간과할 수 없다.
> (다) 우리가 전등이라고 부르는 인공광은 빛의 조도 조절, 야간 조명, 기후나 기상에 따른 변화 등에 대처하기 위해서 필요하다.
> (라) 하지만 인공광은 생리적 반응에 있어서 자연광과 일치하지 않기 때문에 인간의 시각적 적응 능력을 필요로 하며, 자연 채광이 차단된 밀폐된 공간에서는 상황 판단에 혼란을 일으키기 쉽다는 단점이 있다.

① (나) – (가) – (다) – (라)
② (나) – (다) – (가) – (라)
③ (다) – (나) – (가) – (라)
④ (다) – (라) – (나) – (가)
⑤ (라) – (가) – (나) – (다)

| NH농협은행 6급

35 A와 B는 1.2km 떨어진 직선거리의 양 끝에서부터 12분 동안 마주 보고 달려 한 지점에서 만났다. B는 A보다 1.5배 더 빠르다고 할 때, A의 속도는?

① 28m/분
② 37m/분
③ 40m/분
④ 48m/분
⑤ 53m/분

| NH농협은행 6급

36 다음은 2017 ~ 2023년 우리나라 지진 발생 현황에 대한 자료이다. 이에 대한 설명으로 옳은 것은?

〈우리나라 지진 발생 현황〉

구분	지진 횟수	최고 규모
2017년	42회	3.3
2018년	52회	4.0
2019년	56회	3.9
2020년	93회	4.9
2021년	49회	3.8
2022년	44회	3.9
2023년	492회	5.8

① 지진 횟수가 증가할 때 지진의 최고 규모도 커진다.
② 2020년에는 2019년보다 지진이 44회 더 발생했다.
③ 2017년 이후 지진 발생 횟수가 꾸준히 증가하고 있다.
④ 2020년에 일어난 규모 4.9의 지진은 2017년 이후 우리나라에서 발생한 지진 중 가장 강력한 규모이다.
⑤ 2023년에 발생한 지진 횟수는 2017년부터 2022년까지의 평균 지진 횟수에 비해 약 8.8배 급증했다.

37 다음 명제가 모두 참일 때, 빈칸에 들어갈 명제로 가장 적절한 것은?

> 전제1. 창의적인 문제해결을 하기 위해서는 브레인스토밍을 해야 한다.
> 전제2. 브레인스토밍을 하기 위해서는 상대방의 아이디어를 비판해서는 안 된다.
> 결론. _____

① 상대방의 아이디어를 비판하지 않으면 창의적인 문제해결이 가능하다.
② 상대방의 아이디어를 비판하지 않으면 브레인스토밍을 할 수 있다.
③ 브레인스토밍을 하면 창의적인 문제해결이 가능하다.
④ 창의적인 문제해결을 하기 위해서는 상대방의 아이디어를 비판해서는 안 된다.
⑤ 브레인스토밍을 하지 않으면 상대방의 아이디어를 비판해도 된다.

38 다음 명제가 모두 참일 때, 반드시 참인 명제는?

> • 갑과 을 앞에 감자칩, 쿠키, 비스킷이 놓여 있다.
> • 세 가지의 과자 중에는 각자 좋아하는 과자가 반드시 있다.
> • 갑은 감자칩과 쿠키를 싫어한다.
> • 을이 좋아하는 과자는 갑이 싫어하는 과자이다.

① 갑은 좋아하는 과자가 없다.
② 갑은 비스킷을 싫어한다.
③ 을은 비스킷을 싫어한다.
④ 갑과 을이 같이 좋아하는 과자가 있다.
⑤ 갑과 을이 같이 싫어하는 과자가 있다.

| NH농협은행 6급

39 A~E 5명은 각각 월~금요일 중 하루씩 돌아가며 당직을 선다. 이 중 2명이 거짓말을 하고 있다고 할 때, 이번 주 수요일에 당직을 서는 사람은?

- A : 이번 주 화요일은 내가 당직이야.
- B : 나는 수요일 당직이 아니야. D가 이번 주 수요일 당직이야.
- C : 나와 D는 이번 주 수요일 당직이 아니야.
- D : B는 이번 주 목요일 당직이고, C는 다음 날인 금요일 당직이야.
- E : 나는 이번 주 월요일 당직이야. 그리고 C의 말은 모두 사실이야.

① A
② B
③ C
④ D
⑤ E

| NH농협은행 6급

40 해외지사에서 근무 중인 직원들 중 업무성과가 우수한 직원을 선발하여 국내로 초청하고자 한다. 다음의 자료를 참고하여 각국 직원들이 국내에 도착하는 순서를 바르게 나열한 것은?

〈각국 해외지사 직원들의 비행 스케줄〉

구분	출발지 기준 이륙 시각	비행 시간 (출발지 → 대한민국)
독일(뮌헨)	2024년 11월 6일(수) 오후 04:20	11시간 30분
인도(뉴델리)	2024년 11월 6일(수) 오후 10:10	8시간 30분
미국(뉴욕)	2024년 11월 6일(수) 오전 07:40	14시간

〈동일 시점에서의 각국의 현지 시각〉

국가(도시)	현지 시각
대한민국(서울)	2024년 11월 6일(수) 오전 06:20
독일(뮌헨)	2024년 11월 5일(화) 오후 11:20
인도(뉴델리)	2024년 11월 6일(수) 오전 03:50
미국(뉴욕)	2024년 11월 5일(화) 오후 05:20

① 독일 – 인도 – 미국
② 독일 – 미국 – 인도
③ 미국 – 독일 – 인도
④ 인도 – 독일 – 미국
⑤ 인도 – 미국 – 독일

41 다음 글의 내용으로 가장 적절한 것은?

> 대출심사는 금융기관이 대출 신청자의 신용도와 상환 능력을 평가하는 중요한 과정으로 이 과정에서는 신청자의 소득, 직업, 자산, 부채, 신용 이력 등 다양한 요소를 종합적으로 고려한다. 최근에는 인공지능(AI)과 빅데이터 기술을 활용하여 더욱 정확하고 신속한 심사가 가능해졌으며, 이러한 기술의 도입으로 과거에는 파악하기 어려웠던 비정형 데이터까지 분석할 수 있게 되어, 심사의 정확도가 크게 향상되었다.
>
> 대출심사의 주요 목적은 금융기관의 리스크를 관리하고 건전한 대출 포트폴리오를 유지하는 것이다. 심사 결과에 따라 대출 승인 여부, 대출 한도, 이자율 등이 결정되며, 일반적으로 신용점수가 높고 안정적인 소득이 있는 신청자는 더 유리한 조건으로 대출을 받을 수 있다. 그러나 최근에는 신용점수 외에도 소득대비 대출비율(LTI; Lone To Income ratio), 총부채상환비율(DTI; Debt To Income ratio) 등 다양한 대안적 지표들을 활용하여 신청자의 상환 능력을 평가하는 추세이다.
>
> 많은 금융기관들은 대출심사 과정에서 신청자의 상환 의지와 능력을 판단하기 위해 면담을 실시하기도 한다. 면담 과정을 통해 신청자의 재무 상황과 대출 목적에 대해 더 자세히 파악할 수 있으며, 일부 기관에서는 비대면 화상 면담 시스템을 도입하여 신청자의 편의성을 높이고 있다.
>
> 대출심사는 금융기관뿐만 아니라 대출 신청자에게도 중요한 과정이다. 신청자는 자신의 재무 상황을 객관적으로 평가받고, 적절한 대출 상품을 선택하는 데 도움을 받을 수 있다. 또한, 일부 금융기관에서는 대출 거절 시 그 이유를 상세히 설명하고 개선 방안을 제시하여 신청자의 재무 건전성 향상을 돕고 있다.
>
> 최근에는 환경, 사회, 지배구조(ESG) 요소를 대출심사에 반영하는 금융기관들이 늘어나고 있다. 이는 기업의 지속가능성과 사회적 책임을 평가하여 장기적인 리스크를 관리하고자 하는 노력의 일환이다.

① 대출심사에서 신용점수는 여전히 유일한 평가 기준으로 사용되고 있다.
② 모든 금융기관은 대출 거절 시 그 이유와 개선 방안을 상세히 제공하고 있다.
③ ESG 요소의 반영은 대출심사의 객관성을 떨어뜨리는 요인으로 작용하고 있다.
④ 일부 금융기관에서는 비대면 화상 면담 시스템을 도입하여 신청자의 편의성을 높이고 있다.

42 다음 글의 내용으로 적절하지 않은 것은?

> 통화정책은 중앙은행이 경제 안정과 성장을 위해 통화량과 금리를 조절하는 정책이다. 통화정책의 주요 목표는 물가안정, 고용 증대, 경제성장 촉진 등이다. 이를 위해 중앙은행은 기준금리 조정, 지급준비율 변경, 공개시장조작 등의 수단을 활용하여 통화정책을 실행한다.
>
> 기준금리 조정은 가장 대표적인 통화정책 수단이다. 금리를 낮추면 대출이 늘어나고 소비와 투자가 증가하여 경기가 활성화되지만, 인플레이션이 발생할 위험이 있다. 반대로 금리를 올리면 대출과 투자가 줄어들어 경기가 위축되지만, 물가안정에 도움이 된다.
>
> 지급준비율은 은행이 예금의 일정 비율을 중앙은행에 예치해야 하는 비율이다. 이 비율을 높이면 은행의 대출 여력이 줄어들어 통화량이 감소하고, 낮추면 대출 여력이 늘어나 통화량이 증가한다. 공개시장조작은 중앙은행이 국채 등을 매매하여 시중 통화량을 조절하는 방법이다. 국채를 매입하면 시중에 유동성이 공급되어 통화량이 늘어나고, 매각하면 통화량이 줄어든다.
>
> 최근에는 전통적인 통화정책 수단 외에도 양적완화, 포워드 가이던스 등 비전통적 수단도 활용되고 있다. 양적완화는 중앙은행이 대규모로 자산을 매입하여 시중에 유동성을 공급하는 정책이며, 포워드 가이던스는 중앙은행이 미래의 통화정책 방향을 미리 제시하여 시장의 기대를 관리하는 정책이다.
>
> 통화정책의 효과는 즉각적으로 나타나지 않고 시차를 두고 나타나며, 그 영향력은 경제 상황에 따라 다르게 나타날 수 있다. 따라서 중앙은행은 경제 지표를 면밀히 분석하고 미래 전망을 고려하여 신중하게 정책을 결정해야 한다.

① 양적완화와 포워드 가이던스는 비전통적 통화정책 수단의 예시이다.
② 지급준비율을 높이면 은행의 대출 여력이 늘어나 통화량이 증가한다.
③ 통화정책의 주요 목표에는 물가안정, 고용 증대, 경제성장 촉진 등이 포함된다.
④ 기준금리를 낮추면 대출과 투자가 증가하여 경기가 활성화되지만, 인플레이션 위험이 있다.

43 다음 제시된 문장 뒤에 이어질 문단을 논리적 순서대로 바르게 나열한 것은?

> 주요국 다국적 기업이 글로벌 최저한세 제도가 도입되면서 국책은행들은 자문 용역을 발주하는 등 대책을 강구하는 데 몰두하고 있다.
>
> (가) 해당 제도가 적용되는 기업은 연결 재무제표상 매출액이 7억 5,000만 유로 이상인 곳으로 약 200여 개가 대상이며, 2025년부터 법인세가 부과될 방침이다.
> (나) 하지만 기획재정부는 2026년까지 전환기 적용면제 특례 규정을 적용하여 매출액·이익, 이익 대비 법인세 비중, 초과이익 요건 중 하나 이상을 충족한 기업에는 비록 올해부터 시행되는 제도지만 추가세액 납부 의무를 2026년까지 면제해주겠다고 밝혔다.
> (다) 글로벌 최저한세 제도란 우리나라에 모회사를 두는 다국적 기업의 해외 자회사가 현지 최저한 세율인 15%에 미치지 못하는 세금을 납부하면 지주사 등 모기업에서 추가 세액을 납부하도록 하는 것이다.

① (가) - (나) - (다) ② (가) - (다) - (나)
③ (다) - (가) - (나) ④ (다) - (나) - (가)

44 다음은 I은행의 2019 ~ 2023년 인터넷뱅킹 이용 실적 및 이용 금액에 대한 자료이다. 이에 대한 설명으로 옳지 않은 것은?

〈인터넷뱅킹 이용 실적〉

(단위 : 만 건)

구분	2019년	2020년	2021년	2022년	2023년
계(이체+대출)	248	260	278	300	334
모바일뱅킹	177	190	214	238	272
이체	247.9	259.7	277.5	299.3	333.1
대출	0.1	0.3	0.5	0.7	0.9

〈인터넷뱅킹 이용 금액〉

(단위 : 억 원)

구분	2019년	2020년	2021년	2022년	2023년
계(이체+대출)	96,164	121,535	167,213	171,762	197,914
모바일뱅킹	19,330	27,710	40,633	44,658	57,395
이체	95,677	120,398	165,445	169,368	195,151
대출	487	1,137	1,768	2,394	2,763

① 2020 ~ 2023년 동안 전년 대비 전체 인터넷뱅킹 이용 실적과 이용 금액 모두 매년 증가하였다.
② 2019 ~ 2023년 동안 전체 인터넷뱅킹 이용 실적 중 모바일뱅킹 이용 실적은 매년 70% 이상이었다.
③ 2019 ~ 2023년 동안 전체 인터넷뱅킹 이용 금액 중 모바일뱅킹 이용 금액은 매년 30% 미만이었다.
④ 2020 ~ 2023년 동안 전년 대비 인터넷뱅킹 대출 이용 실적 건수당 대출 금액은 매년 증가하였다.

45 I회사의 기획팀 부장 2명, 대리 2명, 주임 3명, 사원 2명이 회의실을 이용하고자 한다. 다음 〈조건〉에 따라 자리에 앉을 수 있는 경우의 수는?

조건
- 스크린의 맞은편에는 부장이 앉는다.
- 스크린과 가장 가까운 자리 중 하나는 노트북을 연결해야 하므로 앉을 수 없다.
- 대리 2명은 부장과 가장 가까운 자리에 앉는다.
- 사원은 대리 바로 옆에 앉아야 한다.

① 480가지
② 960가지
③ 2×9!가지
④ $\dfrac{11!}{2}$ 가지

46 다음은 2023년 7 ~ 12월의 미국, 중국, 일본의 환율에 대한 자료이다. 이에 대한 설명으로 옳은 것은?

〈2023년 7 ~ 12월 미국·중국·일본 환율〉

구분	2023년 7월	2023년 8월	2023년 9월	2023년 10월	2023년 11월	2023년 12월
미국 (원/달러)	1,308	1,346	1,357	1,375	1,331	1,329
중국 (원/위안)	188	191	192	193	190	192
일본 (원/엔)	9.27	9.3	9.19	9.2	8.88	9.23

① 2023년 8 ~ 12월 동안 미국의 전월 대비 환율은 꾸준히 상승하였다.
② 2023년 8 ~ 12월 동안 중국과 일본의 전월 대비 환율의 증감 추이는 같다.
③ 2023년 7 ~ 12월 동안 위안화 대비 엔화는 항상 20엔/위안 이상이다.
④ 2023년 7월 대비 12월의 환율 증가율이 가장 큰 국가는 미국이다.

47 다음은 I회사의 승진 규정과 승진후보자 정보이다. 이에 따를 때, 2024년 현재 직급이 대리인 직원은?

〈승진 규정〉
- 2023년까지 근속연수가 3년 이상인 자를 대상으로 한다.
- 출산휴가 및 병가 기간은 근속연수에서 제외한다.
- 평가연도 업무평가 점수가 80점 이상인 자를 대상으로 한다.
- 평가연도 업무평가 점수는 직전연도 업무평가 점수에서 벌점을 차감한 점수이다.
- 벌점은 결근 1회당 -10점, 지각 1회당 -5점이다.
- 직급은 사원 → 주임 → 대리 → 과장 순으로 높아진다.

〈승진후보자 정보〉

구분	근무기간	작년 업무평가	근태현황 지각	근태현황 결근	기타
A사원	1년 4개월	79점	1회	-	-
B주임	3년 1개월	86점	-	1회	출산휴가 35일
C대리	7년 1개월	89점	1회	1회	병가 10일
D과장	10년 3개월	82점	-	-	-

① A사원
② B주임
③ C대리
④ D과장

48 다음은 IBK기업은행의 채권 상품인 'IBK2024특판중금채'에 대한 상품설명서이다. 이에 대한 설명으로 옳은 것은?

〈IBK2024특판중금채〉

구분	세부사항
상품특징	• 우대조건이 쉬운 특판 거치식 상품 • 중소기업금융채권
상품과목	• 일시예치식, 채권
가입금액	• 1인당 1백만 원 이상 10억 원 이내(원 단위)
가입대상	• 실명의 개인(법인사업자, 외국인 비거주자 제외) ※ 계좌 수 제한 없음
계약기간	• 1년, 2년, 3년

금리	• 기본금리
	  - 12개월 : 연 3.74%
	  - 24개월 : 연 3.62%
	  - 36개월 : 연 3.62%
	• 우대금리 : 아래 조건 중 하나 이상을 충족하고 만기해지하는 경우 최대 연 0.2%p
	  (1) 최초신규고객
	    ㄱ. 실명등록일로부터 3개월 이내
	    ㄴ. 가입일 직전월 기준 6개월간 총수신평잔 0원
	  (2) 마케팅 동의
	    가입 시점에 상품서비스 마케팅 문자 수신이 동의 상태인 경우(기존 미동의 고객이 계좌신규 이후 동의한 경우는 불가)
	  (3) 'IBK청년희망적금' 만기해지고객
	    가입 시점에 IBK청년희망적금 만기해지 이력을 보유한 경우(중도해지 및 특별중도해지 인정 불가)

이자지급방법	• 만기일시지급식 • 만기 (후) 또는 중도해지 요청 시 이자를 지급
가입방법	• 영업점, i-ONE 뱅크
유의사항	• 비과세종합저축 가입 가능 • 계약기간 만료일 이후의 이자는 과세됨

① 가입 가능한 계좌 수의 제한은 없으며, 가입 가능한 금액은 계좌당 1백만 원 이상 10억 원 이내이다.
② 해당 상품은 법인사업자와 외국인의 가입은 불가능한 상품이다.
③ 해당 상품에 가입 시 적용받을 수 있는 최대 금리는 연 3.94%이다.
④ 최초 상품 가입일에 마케팅을 미동의한 고객은 최대 우대금리 혜택을 적용받을 수 없다.

49 다음은 IBK기업은행의 예금상품인 'IBK 내사업처음통장'에 대한 상품설명서이다. 이에 대한 설명으로 옳은 것은?

〈IBK 내사업처음통장〉

구분	내용
상품특징	• 계좌 개설일로부터 최대 3년까지 잔액 500만 원 이하 금액에 대해 연 3.0% 금리 제공 (500만 원 초과 금액에 대해 연 0.1% 고시금리 적용)
가입금액	• 제한없음
가입대상	• 사업자등록증상의 사업개시일로부터 1년 이내 법인 및 개인사업자 • 사업자번호별 1개 계좌만 가입 가능
계약기간	• 제한없음
이자지급식 주기	• 예금의 이자는 매년 3월, 6월, 9월, 12월 3번째 주 토요일에 계산하여 그다음 일에 원금에 더함
이자지급방법	• 예금이자는 최초입금일(또는 지난 원가일)부터 원가일(또는 지급일) 전날까지를 이자계산으로 하고 매일 최종잔액을 평균하여 해당 이자율을 적용 및 계산
기타	• 법인은 영업점 창구에서 가입 가능 • 공동명의, 임의단체 가입 불가 • 양수도 불가
기본금리	• 연 0.1%

우대금리	• 통장 개설일로부터 3년 응당 도래일까지 잔액에 따른 우대금리 제공
	  - 500만 원 이하 : 연 3.0%(기본금리 포함)
	  - 500만 원 초과 : 연 0.1%(기본금리 적용)
	• 해당 기본금리와 우대금리는 변경될 수 있으며, 변경일로부터 변경이자율이 적용됨

① 한 사업자가 가입 가능한 계좌 수는 1개이다.
② 계좌 개설일로부터 3년이 경과하면 가입금액에 상관없이 이자 지급이 제한된다.
③ 생애 최초 창업을 시작한 사업자가 사업개시일로부터 1년 이내에 한해 가입 가능한 상품이다.
④ 500만 원을 초과하는 금액에 대해서는 우대금리 연 0.1%p를 포함해 연 3.1%의 우대금리를 제공한다.

50 다음은 I자동차 대리점에 근무하는 직원 5명의 2024년 2분기 자동차 판매 대수 및 판매 총액에 대한 자료이다. 성과급 지급 기준이 다음 〈조건〉과 같을 때, 직원들이 받는 성과급은 총 얼마인가?

〈2024년 2분기 자동차 판매 대수 및 판매 총액〉

구분	자동차 판매 대수	자동차 판매 총액
권○○	7대	9천 6백만 원
김○○	12대	1억 4천만 원
류○○	4대	9천만 원
오○○	6대	2억 2천만 원
표○○	1대	4천 8백만 원

조건

- 자동차 판매 대수에 따른 등급 및 자동차 판매 총액에 따른 등급은 다음과 같다.

〈자동차 판매 대수 및 판매 총액 등급표〉

구분	자동차 판매 대수	자동차 판매 총액
A^+	10대 이상	2억 5천만 원 이상
A	7대 이상 10대 미만	1억 5천만 원 이상 2억 5천만 원 미만
B	5대 이상 7대 미만	1억 원 이상 1억 5천만 원 미만
C	2대 이상 5대 미만	5천만 원 이상 1억 원 미만
D	2대 미만	5천만 원 미만

- 자동차 판매 대수 등급과 자동차 판매 총액 등급이 모두 B등급 이상일 때, 자동차 판매 총액 등급에 따라 성과급을 차등 지급한다.
  - B등급 : 자동차 판매 총액의 2%
  - A등급 : 자동차 판매 총액의 3%
  - A^+등급 : 자동차 판매 총액의 5%

① 868만 원
② 904만 원
③ 940만 원
④ 976만 원

※ 다음은 기존주택 전세임대주택에 대한 자료이다. 이어지는 질문에 답하시오. [51~52]

<기존주택 전세임대주택>

구분	내용
임대기간	• 2년(최대 20년 거주 가능하며, 최초 임대기간 경과 후 2년 단위로 최대 9회 재계약) • 신혼부부Ⅱ에 해당하는 경우, 2회 재계약으로 최대 6년 거주 가능하며, 자녀가 있는 경우 2회 추가 계약을 통해 최대 10년 거주 가능

면적	• 국민주택규모(전용 85m^2 이하)이며, 다음과 같은 경우 예외로 함
	  - 1인 가구일 경우 60m^2 이하
	  - 공고일 기준 태아 포함 세 명 이상의 다자녀 가구일 경우 85m^2 초과 가능

종류	• 단독주택, 다가구주택, 공동주택, 주거용 오피스텔

구분	내용			
지원한도액	• 기존주택, 신혼부부Ⅰ, 신혼부부Ⅱ로 구분하여 차등 적용			
	구분	기존주택	신혼부부Ⅰ	신혼부부Ⅱ
	지원한도액	1억 3,000만 원/호	1억 4,500만 원/호	2억 4,000만 원/호
	실지원금액	최대 1억 2,350만 원/호 (지원한도액의 95%)	최대 1억 3,775만 원/호 (지원한도액의 95%)	최대 1억 9,200만 원/호 (지원한도액의 80%)
	입주자부담금	지원한도액 범위 내 전세보증금의 5% 해당액은 입주자 부담 (단, 신혼부부Ⅱ의 경우 지원한도액 범위 내 전세보증금의 20% 부담)		
	보증금한도액	최대 3억 2,500만 원/호 (지원한도액의 250%)	최대 3억 6,250만 원/호 (지원한도액의 250%)	최대 6억 원/호 (지원한도액의 250%)

구분	내용	
신청자격	• 기존주택, 신혼부부Ⅰ, 신혼부부Ⅱ로 구분하여 차등 적용 - 기존주택 유형	
	구분	대상
	1순위	생계·의료 수급자, 한부모가족, 주거지원 시급가구, 만 65세 이상 고령자, 가구당 월평균소득 70% 이하 장애인
	2순위	가구당 월평균소득 50% 이하, 가구당 월평균소득 100% 이하 장애인
	- 신혼부부Ⅰ·Ⅱ 유형	
	구분	대상
	1순위	공고일 기준 임신 및 출산·입양 등으로 미성년 자녀가 있는 신혼부부 및 예비신혼부부, 만 6세 이하 자녀가 있는 한부모가족
	2순위	자녀가 없는 신혼부부 및 예비신혼부부
	3순위	만 6세 이하 자녀가 있는 혼인가구

구분	내용			
소득 및 자산보유기준	• 소득기준 및 자산기준을 초과할 경우 신청자격이 주어지지 않음 - 소득기준 : 전년도 도시근로자 가구당 월평균소득			
	구분	50%	70%	100%
	1인 가구	1,741,482원	2,438,075원	3,482,964원
	2인 가구	2,707,856원	3,790,998원	5,415,712원
	3인 가구	3,599,325원	5,039,054원	7,198,649원
	4인 가구	4,124,234원	5,773,927원	8,248,467원
	5인 가구	4,387,536원	6,142,550원	8,775,071원

구분		내용
소득 및 자산보유기준	– 자산기준	
	총자산 / 기존주택	세대구성원 전원이 보유하고 있는 총자산가액 합산기준 2억 4,100만 원 이하
	총자산 / 신혼부부	세대구성원 전원이 보유하고 있는 총자산가액 합산기준 3억 4,500만 원 이하
	자동차	세대구성원 전원이 보유하고 있는 개별 자동차가액 3,708만 원 이하 (단, 자동차를 보유하지 않는 경우 해당 항목은 자산 산정에서 제외한다)

| IBK기업은행

51 다음의 기존주택 전세임대주택 신청자 A ~ D 중 유형에 관계없이 우선순위 2순위에 해당하는 사람은?

〈기존주택 전세임대주택 신청자〉

구분	유형	가구 구성	가구당 월평균소득	비고
A	신혼부부 Ⅰ	3인 가구	1,876,735원	만 5세, 만 3세 자녀가 있는 한부모가족
B	기존주택	1인 가구	2,257,385원	만 70세의 고령자
C	신혼부부 Ⅰ	2인 가구	4,437,586원	자녀가 없는 예비신혼부부
D	신혼부부 Ⅰ	4인 가구	6,678,032원	만 4세, 만 2세 자녀가 있는 혼인가구

① A ② B
③ C ④ D

| IBK기업은행

52 다음은 기존주택 전세임대주택의 신청자격이 주어지지 않은 사람의 정보이다. 신청자격이 주어지지 않은 이유로 가장 적절한 것은?

- 만 12세, 만 8세의 자녀가 있는 4인 혼인가구
- 월평균소득 4,057,786원인 기존주택 유형
- 총자산가액 3억 3,000만 원
- 자가용이 없어 대중교통 이용 중

① 한부모가족이 아니다.
② 가구당 월평균소득 3,790,998원을 초과하였다.
③ 총자산가액 2억 4,100만 원을 초과하였다.
④ 자동차를 보유하지 않아 정확한 자산 산정이 불가능하다.

53 다음 중 아이디어 발상 기법인 고든법에 대한 설명으로 옳지 않은 것은?

① 진행자는 해결할 과제를 최대한 구체적으로 참가자에게 제시한다.
② 진행자는 회의 중에 참가자들의 아이디어를 주제와 결합시켜 검토한다.
③ 습관적 사고의 틀을 벗어나기 위해 참가자끼리의 비판은 허용되지 않는다.
④ 고든법에 참가하는 사람들은 가급적 다양한 전공의 사람들을 모으는 것이 좋다.

54 다음은 A ~ E 5개 등산로의 길이, 평균 등산 속도, 완주 시간에 대한 자료이다. 가장 짧은 등산로와 완주 시간이 가장 짧은 등산로를 바르게 짝지은 것은?

〈등산로별 길이, 평균 등산 속도, 완주 시간〉

구분	길이	평균 등산 속도	완주 시간
A		3.6km/h	3시간 20분
B	16km	3.2km/h	
C	14.3km	3.9km/h	
D	12.35km	3.8km/h	3시간 15분
E		3.5km/h	3시간 30분

	가장 짧은 등산로	가장 짧은 완주 시간
①	A	C
②	A	D
③	D	A
④	D	D

55 다음 글의 내용으로 가장 적절한 것은?

> 미국의 사회이론가이자 정치학자인 로버트 엑셀로드의 저서 『협력의 진화』에서 언급된 팃포탯(Tit for Tat) 전략은 '죄수의 딜레마'를 해결할 가장 유력한 전략으로 더욱 잘 알려져 있는 듯하다.
>
> 죄수의 딜레마는 게임 이론에서 가장 유명한 사례 중 하나로, 두 명의 실험자가 참여하는 비제로섬 게임(Non Zero-sum Game)의 일종이다. 두 명의 실험자는 각각 다른 방에 들어가 심문을 받는데, 둘 중 하나가 배신하여 죄를 자백한다면 자백한 사람은 즉시 석방되는 대신 나머지 한 사람이 10년을 복역하게 된다. 다만 두 사람 모두가 배신하여 죄를 자백할 경우는 5년을 복역하며, 두 사람 모두 죄를 자백하지 않는다면 각각 6개월을 복역하게 된다.
>
> 죄수의 딜레마에서 실험자들은 개인에게 있어 이익이 최대화된다는 가정 아래 움직이기 때문에 결과적으로는 모든 참가자가 배신을 선택하는 결과가 된다. 즉, 자신의 최대 이익을 노리려던 선택이 오히려 둘 모두에게 배신하지 않는 선택보다 나쁜 결과를 불러오는 것이다.
>
> 팃포탯 전략은 1979년 엑셀로드가 죄수의 딜레마를 해결하기 위해 개최한 1·2차 리그 대회에서 우승한 프로그램의 짧고 간단한 핵심전략이다. 캐나다 토론토 대학의 심리학자인 아나톨 라포트 교수가 만든 팃포탯은 상대가 배신한다면 나도 배신을, 상대가 의리를 지킨다면 의리로 대응한다는 내용을 담고 있다. 이 단순한 전략을 통해 팃포탯은 총 200회의 거래에서 유수의 컴퓨터 프로그램을 제치고 우승을 차지할 수 있었다.
>
> 대회가 끝난 후 엑셀로드는 참가한 모든 프로그램들의 전략을 '친절한 전략'과 '비열한 전략'으로 나누었는데, 친절한 전략으로 분류된 팃포탯을 포함해 대체적으로 친절한 전략을 사용한 프로그램들이 좋은 성적을 냈다는 사실을 확인할 수 있었다. 그리고 그중에서도 팃포탯이 두 차례 모두 우승할 수 있었던 것은 비열한 전략을 사용하는 프로그램에는 마찬가지로 비열한 전략으로 대응했기 때문임을 알게 되었다.

① 엑셀로드가 만든 팃포탯은 죄수의 딜레마에서 우승할 수 있는 가장 유력한 전략이다.
② 죄수의 딜레마에서 자신의 이득이 최대로 나타나는 경우는 죄를 자백하지 않는 것이다.
③ 엑셀로드는 리그 대회를 통해 팃포탯과 같은 대체로 비열한 전략을 사용하는 프로그램이 좋은 성적을 냈다는 사실을 알아냈다.
④ 팃포탯 전략이 우승한 것은 비열한 전략에 마찬가지로 비열하게 대응했기 때문이다.

56 다음 글에서 '최적통화지역 이론'과 관련하여 고려하지 않은 것은?

> 최적통화지역은 단일 통화가 통용되거나 여러 통화들의 환율이 고정되어 있는 최적의 지리적인 영역을 지칭한다. 여기서 최적이란 대내외 균형이라는 거시 경제의 목적에 의해 규정되는데, 대내 균형은 물가 안정과 완전 고용, 대외 균형은 국제수지 균형을 의미한다.
> 최적통화지역 개념은 고정환율 제도와 변동환율 제도의 상대적 장점에 대한 논쟁 속에서 발전하였다. 최적통화지역 이론은 어떤 조건에서 고정환율 제도가 대내외 균형을 효과적으로 이룰 수 있는지 고려했다.
> 초기 이론들은 최적통화지역을 규정하는 가장 중요한 경제적 기준을 찾으려 하였다. 먼델은 노동의 이동성을 제시했다. 노동의 이동이 자유롭다면 외부 충격이 발생할 때 대내외 균형 유지를 위한 임금 조정의 필요성이 크지 않을 것이고 결국 환율 변동의 필요성도 작을 것이다. 잉그램은 금융시장 통합을 제시하였다. 금융시장이 통합되어 있으면 지역 내 국가들 사이에 경상수지 불균형이 발생했을 때 자본 이동이 쉽게 일어 날 수 있을 것이며 이에 따라 조정의 압력이 줄어들게 되므로 지역 내 환율 변동의 필요성이 감소하게 된다는 것이다. 이러한 주장들은 결국 고정환율 제도 아래에서도 대내외 균형을 달성할 수 있는 조건들을 말해 주고 있는 것이다.
> 이후 최적통화지역 이론은 위의 조건들을 종합적으로 판단하여 단일 통화 사용에 따른 비용 – 편익 분석을 한다. 비용보다 편익이 크다면 최적통화지역의 조건이 충족되며 단일 통화를 형성할 수 있다. 단일 통화 사용의 편익은 화폐의 유용성이 증대된다는 데 있다. 단일 화폐의 사용은 시장 통합에 따른 교환의 이익을 증대시킨다는 것이다. 반면에 통화정책 독립성의 상실이 단일 통화 사용에 따른 주요 비용으로 간주된다. 단일 통화의 유지를 위해 대내 균형을 포기해야 하는 경우가 발생하기 때문이다. 이 비용은 가격과 임금이 경직될수록, 전체 통화지역 중 일부 지역들 사이에 서로 다른 효과를 일으키는 비대칭적 충격이 클수록 증가한다. 가령 한 국가에는 실업이 발생하고 다른 국가에는 인플레이션이 발생하면, 한 국가는 확대 통화정책을, 다른 국가는 긴축 통화 정책을 원하게 되는데, 양 국가가 단일 화폐를 사용한다면 서로 다른 통화정책의 시행이 불가능하기 때문이다. 물론 여기서 노동 이동 등의 조건이 충족되면 비대칭적 충격을 완화하기 위한 독립적 통화정책의 필요성은 감소한다. 반대로 두 국가에 유사한 충격이 발생한다면 서로 다른 통화정책을 택할 필요가 줄어든다. 이 경우에는 독립적 통화정책을 포기하는 비용이 감소한다.

① 시장 통합으로 인한 편익의 계산 방식
② 환율 변동을 배제한 경상수지 조정 방식
③ 화폐의 유용성과 시장 통합 사이의 관계
④ 단일 화폐 사용에 따른 비용을 증가시키는 조건

57 다음은 대학생 300명을 대상으로 한 달 평균 생활비를 조사한 자료이다. 이에 대한 설명으로 옳은 것은?

〈대학생 300명 한 달 평균 생활비〉
(단위 : 명)

구분	누적도수
0원 이상 20만 원 미만	23
20만 원 이상 40만 원 미만	89
40만 원 이상 60만 원 미만	173
60만 원 이상 80만 원 미만	279
80만 원 이상 100만 원 미만	298
100만 원 이상	300

① 한 달 생활비가 많을수록 불필요한 지출이 많다.
② 한 달 생활비가 100만 원 이상인 학생의 수가 가장 많다.
③ 한 달 생활비가 60만 원 이상인 학생의 수는 전체의 50%를 넘는다.
④ 한 달 생활비가 20만 원 이상 40만 원 미만인 학생의 수는 40만 원 이상 60만 원 미만인 학생의 수보다 적다.

58 A ~ F 6명이 일렬로 된 6개의 좌석에 다음 〈조건〉과 같이 앉아 있다. 좌석은 왼쪽부터 1번으로 시작하는 번호가 매겨져 있고 C가 4번에 앉아 있다면, 항상 옳은 것은?

조건
- D와 E는 사이에 3명을 두고 있다.
- A와 F는 인접할 수 없다.
- D는 F보다 왼쪽에 있다.
- F는 C보다 왼쪽에 있다.

① A는 C보다 오른쪽에 앉아 있다.
② E는 C보다 오른쪽에 앉아 있다.
③ E는 A보다 왼쪽에 앉아 있다.
④ D는 B보다 왼쪽에 앉아 있다.

59. 월요일부터 금요일까지 소연이를 포함한 5명의 직원들이 1명씩 돌아가며 사무실 청소를 하기로 했다. 다음 〈조건〉을 바탕으로 지현이가 월요일에 청소를 한다면 승혜는 언제 청소하는가?

조건
- 주희는 월, 화, 수요일에는 청소를 할 수 없다.
- 지현이와 승혜는 수요일에 청소를 할 수 없다.
- 지영이는 금요일에 청소를 할 것이다.

① 월요일   ② 화요일
③ 수요일   ④ 목요일

60. S외식업체는 고객전용 주차장의 공간이 협소하여 외부 주차장을 활용하려고 한다. 외부 주차장을 이용하는 방식은 월 임대료를 내고 사용하는 방법과 주차권을 발행하여 계산하는 방법이 있다. 어떠한 방법이 더 경제적이며, 그 차액은 얼마인가?

■ 외부 주차장 이용방법
1) 월 임대료 납부 시 : 월 1,500만 원 1회 납부, 주차 대수 무관
2) 주차권 발행 시 : 1회 주차권 3시간 이용 가능, 주차권 1장당 3,000원 납부

■ 요일별 방문고객 현황

구분	월요일	화요일	수요일	목요일	금요일	토요일	일요일
방문고객 수(평균)	150명	180명	170명	175명	250명	400명	450명
차량보유비율	62%	55%	50%	68%	80%	92%	88%

※ 휴무일을 고려하여 1개월을 4주와 동일한 것으로 간주함
※ 방문고객 수 및 차량보유비율은 지난 1년간 수집한 통계치를 근거로 작성됨
※ 방문고객 1명당 1장의 주차권을 제공함

	더 경제적인 방법	차액
①	월 임대료 납부	920,000원
②	월 임대료 납부	1,320,000원
③	주차권 발행	920,000원
④	주차권 발행	1,320,000원

앞선 정보 제공! 도서 업데이트

언제, 왜 업데이트될까?

도서의 학습 효율을 높이기 위해 자료를 추가로 제공할 때!
공기업·대기업 필기시험에 변동사항 발생 시 정보 공유를 위해!
공기업·대기업 채용 및 시험 관련 중요 이슈가 생겼을 때!

01 시대에듀 도서 www.sdedu.co.kr/book 홈페이지 접속

02 상단 카테고리 「도서업데이트」 클릭

03 해당 기업명으로 검색

참고자료, 시험 개정사항 등 정보 제공으로 학습효율을 높여 드립니다.

시대에듀
금융권 필기시험
시리즈

알차다!
꼭 알아야 할 내용을
담고 있으니까

친절하다!
핵심내용을 쉽게
설명하고 있으니까

명쾌하다!
상세한 풀이로 완벽하게
익힐 수 있으니까

핵심을 뚫는다!
시험 유형과 흡사한
문제를 다루니까

"신뢰와 책임의 마음으로 수험생 여러분에게 다가갑니다."

"농협" 합격을 위한 시리즈

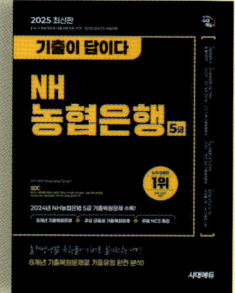

농협 계열사 취업의 문을 여는
Master Key!

※도서의 이미지 및 구성은 변동될 수 있습니다.

2025 하반기

| NCS 핵심이론 및 대표유형 무료 PDF · 온라인 모의고사 무료쿠폰

기출이 답이다

신한은행

SLT

정답 및 해설

편저 | SDC(Sidae Data Center)

SDC
SDC는 시대에듀 데이터 센터의 약자로 약 30만 개의 NCS·적성 문제 데이터를
바탕으로 최신 출제경향을 반영하여 문제를 출제합니다.

8개년 기출복원문제 — 주요 금융권 기출복원문제 + 무료 NCS 특강

출제영역별 유형풀이 TIP으로 필기시험 대비!
8개년 기출복원문제로 기출유형 완전 분석!

PART 2

기출복원문제

정답 및 해설

CHAPTER 01 | 2025년 상반기 기출복원문제

01	02	03	04	05	06	07	08	09	10	11	12	13	14	15	16	17	18	19	20
⑤	③	②	⑤	②	③	②	⑤	①	②	①	③	④	②	⑤	④	④	③	③	③

01 정답 ⑤

제시문은 DID 기술을 적용한 모바일 주민등록증의 발급이 가능해짐에 따라 이로 인한 장점들이 무엇인지에 대해 다루고 있다. 모바일 주민등록증을 개인 스마트폰에 저장해 사용할 수 있다는 편의성과 선택적으로 정보를 제공하고, 정보를 암호화해 분산 저장함으로써 개인정보의 유출이나 부정사용 및 위변조를 방지할 수 있는 보안성에 대해 말하고 있다. 따라서 ⑤가 가장 적절한 제목이다.

오답분석

① 모바일 주민등록증의 발급이 최초의 모바일 신분 확인 방법인지는 제시문을 통해 알 수 없다.
② DID 기술의 도입으로 데이터의 분산 저장뿐만 아니라 데이터의 암호화도 가능해졌으므로 글 전체를 포괄하는 제목으로 보기에는 어렵다.
③ 제시문은 기존 신분증의 문제점에 대해 다루기보다는 DID 기술을 활용한 모바일 주민등록증의 발급이 가능해졌고 이 기술에 대한 설명과 이로 인한 장점은 무엇인지에 대해 초점이 맞춰져 있으므로 글의 제목으로 보기에는 어렵다.
④ 개인정보의 선택적 제공이 가능해진 것은 DID 기술의 도입으로 인한 장점 중 한 가지이므로 글 전체를 포괄하는 제목은 아니다.

02 정답 ③

우리나라 연금제도는 1층(국민연금), 2층(퇴직연금), 3층(개인연금)의 연금 3층 피라미드 형태로 보장체계를 갖추고 있다.

03 정답 ②

각자의 여행 경비는 다음과 같다.
- A : $(300 \times 1,400) + (4,000 \times 200) + 80,000 = 1,300,000$원
- B : $(250 \times 1,550) + (500 \times 1,850) = 1,312,500$원
- C : $(100 \times 1,400) + (500 \times 900) + (15,000 \times 40) + 100,000 = 1,290,000$원
- D : $(350 \times 1,550) + (1,800 \times 200) + (450 \times 900) = 1,307,500$원
- E : $(150 \times 1,400) + (100 \times 200) + (400 \times 1,850) + (2,000 \times 40) + 200,000 = 1,250,000$원

따라서 가장 많은 여행 경비를 지출한 사람은 B이다.

04 정답 ⑤

신한 SOL뱅크 애플리케이션은 쏠야구 우대금리를 받기 위해서 반드시 필요하지만, 만기 전전영업일까지만 응원 팀 설정을 완료하면 해당 우대금리를 받을 수 있다. 따라서 최대 우대금리를 받기 위해서 반드시 신한 SOL뱅크를 통해 가입해야 하는 것은 아니다.

오답분석
① 가입대상은 실명의 개인 및 개인사업자로 1인 1계좌 개설이 가능하다.
② 1982 전설의 적금은 30만 좌의 한도가 있으며, 3차에 걸쳐 10만 좌씩 판매되므로 가입하는 고객이 많을 경우 가입이 불가능할 수 있다.
③ 한 달 최대 불입금은 30만 원이며 계약기간은 12개월이므로, 최대 불입할 수 있는 원금은 30×12=360만 원이다.
④ 기본금리는 연 3.0%이며, 카드 우대의 우대금리는 연 4.2%p, 쏠야구 우대의 우대금리는 연 0.5%p이므로 적용금리는 최대 연 3.0+4.2+0.5=7.7%이다.

05 정답 ②

고객별 우대금리 적용사항은 각각 다음과 같다.

구분	카드 우대	쏠야구 우대	우대금리
A고객	신한은행 체크카드 결제 실적 6개월 미만(+0%p)	신한 SOL뱅크를 통한 응원 팀 설정 불가능(+0%p)	+0%p
B고객	두 가지 조건에 모두 만족하므로 높은 이자율 조건을 하나만 적용(+4.2%p)	신한 SOL뱅크를 통한 응원 팀 미설정(+0%p)	+4.2%p
C고객	첫 번째 조건은 결제 실적이 부족하며, 두 번째 조건은 신용카드만 해당하므로 적용 불가(+0%p)	신한 SOL뱅크를 통한 응원 팀 설정 완료(+0.5%p)	+0.5%p
D고객	첫 번째 조건 만족(+3.5%p)	신한 SOL뱅크를 통한 응원 팀 설정 완료(+0.5%p)	+4.0%p
E고객	적금 11개월 차에 중도해지하여 우대금리 적용 불가(+0%p)		+0%p

따라서 가장 높은 우대금리를 적용받는 고객은 B고객이다.

06 정답 ③

[3번 알림창]이 출력되기 위해서는 포인트 적립 기간이고, 적립 대상이지만, 적립금이 0원 이하여야 한다.

07 정답 ②

먼저 첫 번째 식을 통해 z값을 구하면 다음과 같다.
$x+y+z=26$
→ $z=26-x-y$
이를 바탕으로 두 번째 식과 세 번째 식에 대입하면 다음과 같다.

- 두 번째 식
  $2x-y+3z=22$
  → $2x-y+3(26-x-y)=22$
  → $2x-y+78-3x-3y=22$
  → $-x-4y=-56$
  ∴ $x+4y=56$

- 세 번째 식
  $x+4y-z=50$
  → $x+4y-(26-x-y)=50$
  → $x+4y-26+x+y=50$
  ∴ $2x+5y=76$

그러므로 다음과 같은 연립방정식이 성립한다.
$\begin{cases} x+4y=56 & \cdots \text{㉠} \\ 2x+5y=76 & \cdots \text{㉡} \end{cases}$

㉠에 따라 $x=56-4y$이므로 이를 ㉡에 대입하면 다음과 같다.
$2(56-4y)+5y=76$

→ $112-8y+5y=76$
→ $-3y=-36$
∴ $y=12$

도출된 y값을 바탕으로 나머지 미지수의 해를 구하면 다음과 같다.
∴ $x=8$, $y=12$, $z=6$
따라서 $x \times y \div z = 8 \times 12 \div 6 = 16$이다.

08 정답 ⑤

먼저 세 번째 조건에 따라 3팀은 3호실에 위치하고, 네 번째 조건에 따라 8팀과 2팀은 4호실 또는 8호실에 각각 위치한다. 이때, 두 번째 조건에 따라 2팀과 5팀은 앞뒤로 나란히 위치해야 하므로 결국 2팀과 5팀이 각각 8호실과 7호실에 나란히 위치하고, 4호실에는 8팀이 위치한다. 그리고 첫 번째 조건에 따라 1팀과 7팀은 1호실 또는 5호실에 각각 위치하는데, 마지막 조건에서 4팀은 1팀과 5팀 사이에 위치한다고 하였으므로 4팀이 5팀 바로 앞의 6호실에 위치하고, 1팀은 5호실에 위치한다. 이에 따라 1호실에는 7팀이 위치하고, 바로 뒤 2호실에는 6팀이 위치한다. 이를 종합하여 기획 1~8팀의 사무실을 배치하면 다음과 같다.

창고	입구	계단
기획 7팀		기획 1팀
기획 6팀	복도	기획 4팀
기획 3팀		기획 5팀
기획 8팀		기획 2팀

따라서 기획 4팀과 기획 6팀은 복도를 사이에 두고 마주하는 것을 알 수 있다.

오답분석
① 창고 뒤에는 기획 7팀의 사무실이 위치하며, 기획 1팀의 사무실은 계단 쪽 라인에 위치한다.
② 기획 3팀과 기획 5팀은 복도를 사이에 두고 마주한다.
③ 기획 2팀의 사무실은 8호실에 위치한다.
④ 기획 7팀과 기획 8팀은 창고 쪽의 라인에 위치한다.

09 정답 ①

ESG가 기업의 환경, 사회적 책임과 지배구조의 개선을 통한 지속가능한 발전을 추구하는 것이라면, SDG란 지속가능한 발전을 위해 유엔이 제정한 목표로, 정부, 비영리단체, 시민 모두가 추구해야 한다.

오답분석
ㄴ. 기업이 ESG 경영으로 환경적 책임을 다한다면 이는 SDG의 기후변화와 대응, 해양생태계 보존, 육상생태계 보호에 해당하고, 사회적 책임을 다한다면 이는 양질의 일자리와 경제성장에 해당하며, 투명한 지배구조 개선에 최선을 다한다면 이는 평등, 정의에 해당한다. 따라서 ESG와 SDG는 서로 반대된 것이 아닌 같은 목표를 추구한다는 것을 알 수 있다.
ㄷ. 기업이 환경적 책임을 다해 탄소배출 감축과 친환경 기술을 도입하는 것은 기후변화에 대한 대응이므로 이는 SDG의 목표 중 기후변화와 대응과 일맥상통한다.
ㄹ. 기업이 ESG 경영을 추구하는 것은 기업의 신뢰성과 투명성을 높이기 위한 것으로, ESG 경영과 SDG의 목표들은 서로 상반된 것이 아닌 상호보완적인 관계를 가지고 있기 때문에 기업이 SDG의 목표들을 실천한다면 이는 소비자와 투자자로부터 신뢰를 받을 수 있는 기회가 될 것이다.

10 정답 ②

전체 매출 중 가장 큰 값을 출력하려면 숫자 데이터가 있는 범위(B2:D5)에서 가장 큰 값을 구하는 ● 함수를 사용해야 한다. 따라서 「●(B2:D5)」가 옳은 수식이다.

11 정답 ①

베이시스(Basis)는 선물가격에서 현물가격을 차감한 값으로 베이시스가 양수이면 콘탱고, 음수이면 백워데이션이다.

오답분석

② · ③ 콘탱고는 선물가격이 현물가격보다 높은 현상으로 선물이 고평가된 정상시장을 의미한다. 이때, 선물매도자는 고평가된 가격에 매도 계약을 체결함으로써 수익을 얻을 가능성이 있다.
④ 정상시장에서는 선물가격이 현물가격보다 높으나, 백워데이션이 발생할 경우 일시적으로 선물가격이 현물가격보다 낮게 형성될 수 있다.
⑤ 백워데이션은 결제월이 멀어질수록 선물가격이 낮아지는 현상을 의미한다.

12 정답 ③

제시된 자료에는 2024년 11월까지의 가입자 수만 나와 있으므로 2024년에 국민연금 지역가입자 수가 최종적으로 감소했는지 알 수 없다.

오답분석

① 국민연금 임의가입자 수는 2024년 11월까지 계속해서 수치가 증가하고 있으므로 해마다 증가하고 있다.
② 2023년 임의가입자 수의 전년 대비 증가율을 구하면 $\frac{327,723-296,757}{296,757} \times 100 ≒ 10.4\%$이다.
④ 가입자 집단 중 지속적으로 수가 증가하고 있는 집단은 사업장가입자, 임의가입자, 임의계속가입자 3개이다.
⑤ 자료를 통해 2021 ~ 2023년 국민연금 지역가입자 수는 감소하는 추세임을 알 수 있다.

13 정답 ④

- 사업장가입자 : $13,459,240 \times 1.1 - 13,835,005 = 970,159$명
- 지역가입자 : $7,691,917 \times 1.1 - 7,310,178 ≒ 1,150,930$명
- 임의가입자 : $327,723 \times 1.1 - 334,480 ≒ 26,015$명
- 임의계속가입자 : $345,292 \times 1.1 - 363,143 ≒ 16,678$명

14 정답 ②

입력키워드가 "나의 적금 확인"일 경우 첫 번째 조건 판단에서 No, 두 번째 조건 판단에서 Yes에 해당하므로 출력되는 x는 적금 확인 서비스 메뉴이며 노란색으로 출력된다.

15 정답 ⑤

이스라엘과 이란의 충돌이 발생하면 유가가 상승하게 되어 상대적으로 저렴한 석탄의 수요량이 늘게 될 것이므로, 석유의 수요량은 감소하게 될 것임을 예측할 수 있다.

오답분석

① 탄소배출권 거래는 기업 간 이루어지는 반면, 탄소배출권 ETF를 통한 투자는 개인도 거래가 가능한 영역이다. 하지만 둘 사이의 상관관계는 제시문을 통해 알 수 없다.
② 개인이 직접적으로 탄소배출권을 거래하는 것이 불가능하기에 이에 대한 대체 수단으로 현재는 탄소배출권 ETF를 통해 개인의 거래가 이루어지고 있다. 하지만 만일 개인의 탄소배출권 거래가 허용된다면 탄소배출권 ETF를 통한 투자 분위기가 어떻게 될지는 제시문을 통해 알 수 없다.
③ 유가가 상승하게 되면 석유의 수요량은 줄고, 상대적으로 저렴한 석탄의 수요량이 증가하게 될 것이다. 따라서 석탄 가격이 상승할 것으로 예상할 수 있다.
④ 이스라엘과 이란의 충돌이 발생하면 유가가 상승하게 되어 이에 대한 대체재로 석탄의 수요량이 증가하게 될 것이다. 하지만 석탄의 공급량이 어떻게 변화하게 될지는 제시문을 통해 알 수 없다.

16 정답 ④

ISA 상품은 계좌에서 손실이 발생할 경우 이익과 상계하여 세금부담을 줄일 수 있다.

[오답분석]
① 상품유형별 특징을 고려하여 상황에 맞게 선택이 가능하다.
② 중도인출은 가능하나, 인출 이후 재입금은 불가하다.
③ 상품만기까지 세금을 내지 않고 연기할 수 있어 복리 효과를 누릴 수 있다.
⑤ ISA 상품은 다양한 금융상품에 투자가 가능하다.

17 정답 ④

[4번 알림창]이 출력되기 위해서는 회원이 인증되었고, 유효 회원으로 확인되었으며 이벤트 가능 시간이지만, 추천 이벤트가 없어야 한다.

18 정답 ③

C학생의 평균 성적과 전체 평균 성적의 차이를 구하려면 C학생의 점수 범위(B4:D4)의 평균값을 구하는 ■ 함수와, 전체 점수 범위(B2:D5)에서 평균값을 구하는 ■ 함수를 인수로 하여 인수 간의 차를 구하는 ◇ 함수를 사용해야 한다.
따라서 「◇(■(B4:D4),■(B2:D5))」가 옳은 수식이다.

19 정답 ③

ㄴ. 물가안정목표제 중 '신축적 운영'에 따르면, 통화신용정책은 중기적 시계에서의 물가안정목표 달성을 저해하지 않는 범위 내에서 신축적으로 운영하므로 통화신용정책을 엄격히 운영하여 일관성을 강화해야 한다는 추론은 적절하지 않다.
ㄷ. 금융안정에 대한 고려 중 '거시건전성 정책과의 조화'에 따르면, 금융불균형 누적 억제를 위해서는 통화신용정책과 거시건전성 정책 중 후자를 더 강조하는 것이 아니라 양자를 조화롭게 운영하는 것을 강조하고 있다.

[오답분석]
ㄱ. 물가안정목표제 중 '중기적 운영 시계'에 따르면, 소비자물가는 통화신용정책 외의 일시적・불규칙적 요인과 함께 파급시차에 의해서도 변동이 있을 수 있다.
ㄹ. 금융안정에 대한 고려 중 '금융안정 점검'에 따르면, 정기적인 금융안정 상황 점검・평가・공표는 금융불균형의 과도한 누적을 방지하므로 적절한 추론이다.

20 정답 ③

- BPS(주당순자산)=기업의 순자산÷발행주식수
- PER(주가수익비율)=주가÷주당순이익
- PBR(주가순자산비율)=주가÷주당순자산
- ROE(자기자본이익률)=당기순이익÷자기자본

PBR이 1.5이므로 주가÷20,000=1.5이다. 따라서 주가는 30,000원이다.
PER이 15이므로 30,000÷주당순이익=15이며, 주당순이익은 2,000원이다.
BPS가 20,000원이므로 1,000억÷발행주식수=20,000원이며, 발행주식수는 500만 주이다.
따라서 당기순이익은 발행주식수×주당순이익이므로 500만×2,000원=100억 원이다.

CHAPTER 02 | 2024년 하반기 기출복원문제

01	02	03	04	05	06	07	08	09	10	11	12	13	14	15	16	17	18	19	20
④	②	⑤	⑤	①	②	⑤	⑤	④	③	③	③	④	④	④	③	④	②	⑤	③

01 정답 ④

기존에 없던 금융투자에 대한 소득서가 '금융투자소득세 도입'을 통해 생겨나면서 새로운 세원을 마련할 기회가 열렸고, 금융투자 상위 1%에 해당하는 투자자들에게서 세금을 걷으며 부의 재분배 효과를 기대할 수 있었으나, '금융투자소득세의 폐지'로 민생이 아닌 부의 양극화를 가져오며 동시에 새로운 세원을 막아버리는 결과를 초래했다.

오답분석

① 제시문에 따르면 금융투자소득세 폐지가 '부자감세'라고 하였고, 금융투자소득세는 전체 투자자의 상위 1%에 해당하는 투자자들에게 부과되는 제도라고 하였다.
② 두 번째 문단에 따르면 금융투자소득세는 국내 금융투자소득은 연간 5,000만 원 이상, 해외 투자소득은 연간 250만 원 이상일 때 부과된다.
③ 두 번째 문단에 따르면 해외 주식에 대한 공제한도는 250만 원으로 국내 주식인 5,000만 원에 비해 낮기 때문에 발생할 수 있을 것으로 예측되는 현상이다.
⑤ 금융투자소득세는 국내의 경우 금융투자소득이 연간 5,000만 원 이상일 때 부과된다. 따라서 수익률이 20%라면 투자원금은 최소 $5,000 \div 0.2 = 25,000$만 원을 초과해야 한다.

02 정답 ②

2023과 2024년의 총 학자금 대출 신청건수를 구하면 다음과 같다.
- 2023년 : $1,921+2,760+2,195+1,148+1,632+1,224=10,880$건
- 2024년 : $2,320+3,588+2,468+1,543+1,927+1,482=13,328$건

따라서 2024년 총 학자금 대출 신청건수는 2023년 대비 $\frac{13,328-10,880}{10,880} \times 100 = 22.5\%$ 증가하였다.

오답분석

① 학자금 총 대출금액은 (대출 신청건수)×(평균 대출금액)으로 구할 수 있으므로 2024년 대구와 부산의 학자금 총 대출금액을 구하면 다음과 같다.
  - 대구 : $2,320 \times 688 = 1,596,160$만 원
  - 부산 : $2,468 \times 644 = 1,589,392$만 원
  따라서 2024년 학자금 총 대출금액은 대구가 부산보다 많다.
③ 대전의 2024년 학자금 평균 대출금액은 376만 원으로 전년인 235만 원 대비 $\frac{376}{235} = 1.6$배 증가하였다.
④ 학자금 대출 신청건수가 가장 많은 지역은 2023년은 2,760건으로 인천이고, 2024년도 3,588건으로 인천이다.
⑤ 2023년 총 학자금 대출 신청건수는 10,880건으로 그중 광주 지역이 차지하는 비율은 $\frac{1,632}{10,880} \times 100 = 15\%$이다.

03 정답 ⑤

리디노메이션을 할 경우 지하경제의 자금이 빠르게 실물경제로 넘어와 양성화되는 효과를 기대할 수 있다.

[오답분석]
① 리디노메이션이란 액면가를 조정한다는 의미로 화폐가치는 유지하되 단위는 낮추는 화폐개혁이다.
② 리디노미네이션은 소비 심리 변화와 경제활동 편의성 증가로 인해 소비 활성화 및 경기부양 효과를 기대할 수 있다.
③ 화폐단위 축소로 인해 회계 및 재무제표 작성이 간소화되고, 국제적으로 원화의 위상이 상승한다.
④ 가격 조정이 비례적으로 일어나지 않거나, 화폐단위 변경으로 인한 불안감으로 인해 물가가 상승할 우려가 있다.

04 정답 ⑤

특별중도해지는 상품 가입일 이후 발생한 긴급자금 마련일 경우에만 적용되는 서비스이다.

[오답분석]
① 가입기간이 6개월인 고객이 정기적립식 방식을 택했을 경우 적용되는 기본금리는 연 2.5%이고, 자유적립식을 택했을 때의 금리는 여기서 연 0.50%p가 차감된 연 2.0%이므로 전자가 후자보다 약 $2.5 \div 2.0 = 1.25$배 더 높다.
② 모범납세자 우대금리를 적용받기 위해서는 만기해지 전에 모범납세자 증명서상의 유효기간이 경과하지 않은 모범납세자 증명서를 영업점에 제출하여야 한다.
③ 우대금리는 가입기간이 12개월 이상인 경우 적용받는 혜택이므로, 가입기간이 '1년 이하'가 아닌 '1년 미만'인 고객이 우대금리 혜택을 적용받을 수 없다고 하는 것이 옳다.
④ 특별중도해지 시 우대금리를 적용받으려면 해당 우대금리가 신규시점에 확정된 것이어야 하며, 신규시점에 조건충족 시 확정될 수 있는 우대금리는 장기고객, 신규금액, 비대면채널 항목으로 최대 연 0.3%p이다.

05 정답 ①

A씨의 조건을 바탕으로 기본금리와 우대금리를 구하면 다음과 같다.
- 기본금리(48개월 자유적립식) : $3.15 - 0.5 = 2.65\%$
- 우대금리 : 총 0.4%p
  - 비대면채널 : $+0.1\%p$
  - 신규금액 : $+0.1\%p$
  - 모범납세자 : $+0.2\%p$

A씨는 40개월 차에 주택구입을 목적으로 해지하였고, 사유발생일로부터 3개월 이내에 증빙서류를 제출하였으므로 특별중도해지에 해당한다. 이 경우 신규시점에 적용된 기본금리에 최초 신규시점에 확정된 우대금리를 포함하여 적용하므로 가입 38개월 차에 제출하여 받은 모범납세자 우대금리는 제외된다. 따라서 최종금리는 $2.65 + 0.2 =$ 연 2.85%이다.

06 정답 ⑤

보이스피싱 등 사기에 따라 송금한 경우는 착오송금 반환제도를 신청할 수 없다.

07 정답 ⑤

a	n
$\frac{1}{4}$	28
$2 \times \frac{1}{4} + 2 = \frac{5}{2}$	$\frac{1}{2} \times 28 = 14$
$2 \times \frac{5}{2} + 2 = 7$	$\frac{1}{2} \times 14 = 7$

∴ $7+7=14$

08 정답 ⑤

제시문은 생성형 AI 기술이 창작, 의료 등 다양한 분야에서 가져온 긍정적인 변화와 함께 허위 정보 확산, 딥페이크 문제, 직업 대체 가능성 등 여러 사회적 문제를 언급하고 있다. 그러나 이러한 문제점에도 불구하고 생성형 AI가 가진 잠재력과 이를 책임감 있게 활용해야 할 필요성을 강조하며 글을 마무리하고 있다. 따라서 이 글의 주제는 '생성형 AI의 가능성과 책임감 있는 활용의 중요성'이다.

09 정답 ④

- 의자 6개에 5명이 앉는 경우의 수 : $_6P_5 = 6 \times 5 \times 4 \times 3 \times 2 = 720$가지
- 여학생이 이웃하여 앉는 경우의 수 : $5! \times 2 = (5 \times 4 \times 3 \times 2 \times 1) \times 2 = 240$가지

따라서 구하고자 하는 경우의 수는 $720 - 240 = 480$가지이다.

10 정답 ③

A사원의 3박 4일간 교통비, 식비, 숙박비를 계산하면 다음과 같다.

- 교통비 : $39,500 + 38,150 = 77,650$원
- 식비 : $(8,500 \times 3 \times 2) + (9,100 \times 3 \times 2) = 105,600$원
- 숙박비
  - 가 : $(75,200 \times 3) \times 0.95 = 214,320$원
  - 나 : $(81,100 \times 3) \times 0.90 = 218,970$원
  - 다 : $(67,000 \times 3) = 201,000$원

A사원은 숙박비가 가장 저렴한 다 숙소를 이용하므로 숙박비는 201,000원이다.
따라서 A사원의 출장 경비는 총 $77,650 + 105,600 + 201,000$원$= 384,250$원이다.

11 정답 ③

IF 함수의 수식은 =IF(조건식,식이 참일 때 돌려줄 값,식이 거짓일 때 돌려줄 값)이고 AND 함수의 수식은 =AND(조건1,조건2, …)이며, 조건들이 모두 만족되면 TRUE를 반환하고, 하나라도 만족되지 않으면 FALSE를 반환한다.
따라서 [E3] 셀에 들어갈 올바른 수식은 =IF(AND(C2>=80,D2>=80),"합격","불합격")이다.

12 정답 ③

제시된 조건에 따라 직원 A~H가 앉을 수 있는 경우는 'A-B-D-E-C-F-H-G'이다. 여기서 D와 E의 자리를 서로 바꿔도 모든 조건이 성립하고, 'A-G-H'와 'D-E-C'의 자리를 바꿔도 모든 조건이 성립한다. 따라서 경우의 수는 총 2×2=4가지이다.

13 정답 ④

[1번 알림창]은 정지된 계정일 경우 출력되는 것이다.

14 정답 ④

로보어드바이저는 투자의 판단근거, 투자자의 궁금점 등에 대한 개별상담이 어렵고 언어표현 능력이 부족하다는 단점이 있다.

15 정답 ④

상품명이 'A'로 끝나는 제품의 실제 판매량의 값의 평균을 구하는 수식은 ♡(A2:A5,"*A",C2:C5)이다.

16 정답 ③

첫 번째로 1965년 경제학자이자 노벨상 수상자인 게리 베커에 대한 내용으로 이야기를 도입하며 베커가 주장한 '시간의 비용' 개념을 소개하는 (라) 문단이 위치하고, (라) 문단을 보충하는 내용으로 베커의 '시간의 비용이 가변적'이라는 개념을 언급한 (가) 문단, 베커와 같이 시간의 비용이 가변적이라고 주장한 경제학자 린더의 주장을 소개한 (다) 문단, 마지막으로 베커와 린더의 공통적 전제인 사람들에게 주어진 시간이 고정된 양이라는 사실과 기대수명이 늘어남으로써 시간의 가치가 달라질 것이라는 내용의 (나) 문단 순으로 나열하는 것이 적절하다.

17 정답 ④

유가증권 인수 및 투자 업무, 환매조건부채권 매매, 지급보증 업무 등은 은행의 부수업무에 해당한다.

18 정답 ②

평가표 협동심 점수(C2:C4) 중 가장 높은 점수인 87과 가장 낮은 점수인 65의 합인 152가 표시되므로 선택지 중에서 출력값이 가장 작다.

[오답분석]
① 평가표 평균(F2:F4) 중 1번째로 큰 값인 81.5와 1번째로 작은 값인 77.5의 합인 159가 표시된다.
③ 이름이 '김'으로 시작하는 직원들의 평가표 평균(F2:F4)의 합인 77.5+81.5=159가 표시된다.
④ 이름이 '석'으로 끝나는 직원들의 평가표 평균(F2:F4)의 합인 77.5+77.5=155가 표시된다.
⑤ 팀원들의 성실성(B2:B4) 평균과 적극성(D2:D4) 평균의 합인 85.3+67.6=152.9가 표시된다.

19 정답 ⑤

ㄱ. 2022년 대비 2024년 의사 수의 증가율은 $\frac{11.40-10.02}{10.02}\times100 ≒ 13.77\%$이며, 간호사 수의 증가율은 $\frac{19.70-18.60}{18.60}\times100$
≒5.91%이다. 따라서 의사 수의 증가율은 간호사 수의 증가율보다 13.77−5.91=7.86%p 높다.

ㄷ. 2015~2019년 동안 의사 1명당 간호사 수를 구하면 다음과 같다.

- 2015년 : $\frac{11.06}{7.83} ≒ 1.41$명
- 2016년 : $\frac{11.88}{8.45} ≒ 1.40$명
- 2017년 : $\frac{12.05}{8.68} ≒ 1.38$명
- 2018년 : $\frac{13.47}{9.07} ≒ 1.48$명
- 2019년 : $\frac{14.70}{9.26} ≒ 1.58$명

따라서 2019년의 의사 1명당 간호사 수가 약 1.58명으로 가장 많다.

ㄹ. 2018~2021년까지 간호사 수 평균은 $\frac{13.47+14.70+15.80+13.00}{4} ≒ 15.49$만 명이다.

오답분석

ㄴ. 2016~2024년 동안 전년 대비 의사 수 증가량이 2천 명 이하인 해는 2019년이다. 따라서 2019년의 의사와 간호사 수의 차이는 14.70−9.26=5.44만 명이다.

20 정답 ③

인증서 인증 과정을 거치지 못하였을 때, [4번 알림창]이 출력된다.

오답분석

① 수취 계좌가 존재하지 않을 때, [2번 알림창]이 출력된다.
② 이체 한도를 초과하였을 때, [3번 알림창]이 출력된다.
④ 은행 업무 시간이 아닐 때, [1번 알림창]이 출력된다.
⑤ 인증서 인증 과정을 거쳤을 때, [5번 알림창]이 출력되며, 계좌 송금 진행이 가능하다.

CHAPTER 03 | 2024년 상반기 기출복원문제

01	02	03	04	05	06	07	08	09	10	11	12	13	14	15	16	17	18	19	20
⑤	②	⑤	③	④	⑤	③	②	⑤	③	④	⑤	④	③	⑤	②	④	③	①	⑤

01 정답 ⑤

재산이 많은 사람은 약간의 세율 변동에도 큰 영향을 받는다. 따라서 '영향이 크기 때문에'로 수정해야 한다.

02 정답 ②

방카슈랑스는 수수료가 저렴하며, 은행직원의 안내로 쉽게 가입할 수 있지만, 전문 보험설계사의 상담을 받기 어렵다.

03 정답 ⑤

은진이가 예상한 '브라질, 불가리아, 이탈리아, 루마니아'는 서로 대결할 수 없으며 수린이가 예상한 팀은 은진이가 예상한 팀과 비교했을 때, '스웨덴과 독일'이 다르다. 그러므로 '불가리아와 스웨덴 또는 불가리아와 독일', '루마니아와 스웨덴 또는 루마니아와 독일'이 대결함을 알 수 있다. 여기서 민수가 예상한 팀에 루마니아와 독일이 함께 있으므로, '루마니아와 스웨덴', '불가리아와 독일'이 대결함을 알 수 있다. 또한 수린이가 예상한 팀과 비교했을 때, 이탈리아 대신에 스페인이 있으므로 '이탈리아와 스페인'이 대결함을 알 수 있다.
따라서 네덜란드와 상대할 팀은 브라질이다.

04 정답 ③

알.쏠 적금의 36개월 기본금리는 연 3.2%로 A씨가 최대로 기본금리를 받을 수 있는 상품이다.

[오답분석]
① · ② A씨의 희망 가입기간보다 짧다.
④ A씨의 희망 가입기간에 포함되지만, 기본금리는 연 2.9%로 가장 높지 않다.
⑤ 기본금리는 최대이지만, 가입기간이 A씨의 희망 가입기간보다 짧다.

05 정답 ④

우대금리를 최대로 적용한 연이율이 가장 높은 적금을 찾고, 최대 연이율을 적용한 원리합계를 구하면 다음과 같다.
- 청년 처음 적금 : 3.5+3.0=6.5%
- 2024 프로야구 적금 : 2.5+1.7=4.2%
- 알.쏠 적금 : 3.0+1.3=4.3%
- 정기 적금 : 2.7%
- 스마트 적금 : 3.6%

청년 처음 적금의 연이율이 최대이므로 B씨는 청년 처음 적금에 가입하고, 만기 시 B씨가 받는 원리합계는 연이율 6.5% 단리로 적용한다.

[월이율(r)]=$\dfrac{0.065}{12}$ 이므로 원리합계(S)를 구하는 식은 다음과 같다.

$S=(250,000\times12)+\left(250,000\times\dfrac{12\times13}{2}\times\dfrac{0.065}{12}\right)$
$=3,000,000+105,625$
$=3,105,625$

따라서 구하고자 하는 원리합계는 3,105,625원이다.

06 정답 ⑤

가계대출과 기업대출 모두 금리인하요구권을 갖는다.

07 정답 ③

[F21] 셀은 차△△의 국어, 수학, 영어의 평균 점수 순위이므로, 평균 점수 순위를 구하는 수식으로 =◇(E21,$E$2:$E$21)가 들어가야 한다.

오답분석
① [E21] 셀이 [E2:E21]의 평균보다 클 때 1을 출력하고 작거나 같을 때 0을 출력하는 함수다.
② [E21] 셀이 [E2:E21]의 최솟값일 때 0을 출력하고 아닐 때 1을 출력하는 함수다.
④ [B21:D21]의 최댓값이 [B2:D2]에서 몇 번째로 큰 값인지 구하는 함수다.
⑤ [E21] 셀이 [E2:E21]에서 네 번째 수 이하의 수일 때 1을 출력하고, 아닐 때 0을 출력하는 함수다.

08 정답 ②

네 번째 문단에 언급된 손 모양이 생겨나는 과정을 통해 추론할 수 있는 내용이다.

오답분석
① 몸의 상처가 회복되는 것은 세포의 재생과 관련이 있으므로 적절하지 않은 추론이다.
③ 아포토시스를 이용한 항암제는 e미 유전자 변형으로 생겨난 암세포의 죽음을 유발하므로 적절하지 않은 추론이다.
④ 화학약품은 유전자 변형을 일으키고 오히려 아포토시스가 일어나는 과정을 방해하므로 적절하지 않은 추론이다.
⑤ 아포토시스는 염증을 발생시키지 않으므로 적절하지 않은 추론이다.

09 정답 ⑤

ㄱ. 면적이 넓은 유형의 주택일수록 공사 완료 후 미분양된 민간부문 주택이 많은 지역은 인천, 경기 두 곳이다.

ㄴ. 부산의 공사 완료 후 미분양된 민간부문 주택 중 면적이 $60 \sim 85\text{m}^2$에 해당하는 주택이 차지하는 비중은 $\frac{161}{350} \times 100 = 46\%$로, 면적이 85m^2를 초과하는 주택이 차지하는 비중인 $\frac{119}{350} \times 100 = 34\%$보다 10%p 이상 높다.

ㄷ. 면적이 60m^2 미만인 공사 완료 후 미분양된 민간부문 주택 수 대비 면적이 $60 \sim 85\text{m}^2$에 해당하는 공사 완료 후 미분양된 민간부문 주택 수의 비율은 광주는 $\frac{28}{16} \times 100 = 175\%$이고, 울산은 $\frac{54}{36} \times 100 = 150\%$이므로 광주가 울산보다 높다.

10 정답 ③

ⅰ) 연봉 3천만 원인 S사원의 월 수령액은 3천만 원÷12=250만 원이고 월평균 근무시간은 200시간이므로 시급은 250만 원÷200=12,500원이다.

ⅱ) S사원이 평일에 야근한 시간은 2+3+3+2=10시간이므로 야근수당은 (12,500+5,000)×10=175,000원이다.

ⅲ) S사원이 주말에 특근한 시간은 3+5=8시간이므로 특근수당은 (12,500+10,000)×8=180,000원이다.

따라서 식대는 야근 및 특근수당에 포함되지 않으므로 S사원의 한 달간 야근 및 특근수당의 총액은 175,000+180,000=355,000원이다.

11 정답 ④

S은행 100세 플랜 적금상품은 예금자보호가 적용되는 상품이나, 예금자보호법에 따라 S은행에 있는 고객의 모든 예금보호대상 금융상품에 적용되므로 다른 상품과 구별하여 보호받는다는 것은 고객의 이해를 돕기 위한 설명으로 옳지 않다.

12 정답 ⑤

해당 적금의 만기시점 세전금리는 기본금리에 우대금리를 가산해 구한다.

기본금리는 상품설명서 내 [만기금리] → [기본금리] 항목에서 확인할 수 있는데, A고객의 계약기간이 5년이므로 연 3.00%임을 확인할 수 있다.

우대금리는 A고객의 상담내역에서 [우대금리] 중 우대조건 항목에 해당하는 것이 있는지 비교한 후, 해당하는 항목의 우대금리를 모두 합하면 된다.

- 우대조건 ① : A고객은 S은행과 이전에 거래한 적이 없으며, 해당 적금상품만을 가입하였으므로 우대조건에 해당하지 않는다.
- 우대조건 ② : A고객은 배우자와 함께 가입하였고, 신규금액이 10만 원 이상이므로 우대조건에 해당한다.
- 우대조건 ③ : A고객은 매월 20만 원씩 납입, 계약기간 5년이고 만기까지 연체 없이 납입할 예정이므로 우대조건에 해당한다.
- 우대조건 ④ : A고객은 행원의 추천에 따라 「S은행 100세 플랜 연금」을 신규로 가입하여 6개월 이상 보유할 예정이므로 우대조건에 해당한다.
- 우대조건 ⑤ : A고객은 S은행에 방문하여 행원과 해당 적금에 대해 상담을 받아 계약하였으므로, 우대조건에 해당하지 않는다.

따라서 우대조건 ②·③·④를 충족하였으므로 우대금리는 0.1+0.2+0.2=0.5%p이며 A씨가 만기시점에 받을 수 있는 세전금리는 3.00+0.5=3.50%이다.

13 정답 ④

파손면책 동의서를 작성하지 않았을 경우, [4번 알림창]이 출력된다.

오답분석
① 가로, 세로, 높이의 합이 80cm을 초과하였을 경우, [1번 알림창]이 출력된다.
② 소포 무게가 20kg를 초과하였을 경우, [2번 알림창]이 출력된다.
③ 물품가액이 50만 원 미만일 경우, [3번 알림창]이 출력된다.
⑤ 모든 과정을 거쳐 택배 예약 서비스를 성공했을 경우, [5번 알림창]이 출력된다.

14 정답 ③

을이 오전 7시 30분에 일어나고, 갑이 오전 6시 30분 전에 일어나면 갑이 이길 수도 있고 질 수도 있다.
예 갑이 6시 29분에 일어나면 6+2+9>7+3+0 → 17>10이므로 갑이 진다.

오답분석
① 갑이 오전 6시 정각에 일어나면 을이 오전 7시 정각에 일어나도 갑의 합산 결과가 6으로 이긴다.
② 4개의 숫자를 합산하여 제일 큰 수를 만들 때는 을은 오전 7시 59분으로 21, 갑은 오전 6시 59분으로 20이다. 따라서 을이 오전 7시 59분에 일어나면 을은 반드시 진다.
④ 갑과 을이 정확히 1시간 간격으로 일어나면 뒤에 두 자리는 같다. 따라서 앞의 숫자가 작은 갑이 이기게 된다.
⑤ ④에서 1시간 차이가 났을 땐 1 차이로 갑이 이겼으나, 10분 차이가 나는 50분 간격으로 일어나면 1시간 차이가 났을 때보다 을은 10분 빨리 일어나게 되어 1의 차이가 없어진다. 따라서 갑과 을은 비기게 된다.

15 정답 ⑤

뱅크런이 발생하면 원화가치가 하락하여 금융소비자뿐만 아니라 정부 등에서도 대출금을 회수하려고 하기 때문에 시중에 유통되는 통화량이 급격하게 감소하여 디플레이션이 발생할 수 있다.

16 정답 ②

화장품과 등산복 가격의 합은 260,000원이다. 가맹점이기 때문에 10% 할인이 되어 234,000원이 되고, 포인트 2만 점을 사용할 수 있기 때문에 214,000원을 결제해야 한다. 5개월 할부이기 때문에 수수료율 12%에 해당되며 할부수수료를 정리하면 다음과 같다.

(단위 : 원)

구분	이용원금	할부수수료	할부잔액
1회차	42,800	214,000원×(0.12÷12)=2,140	171,200
2회차	42,800	171,200원×(0.12÷12)=1,712	128,400
3회차	42,800	128,400원×(0.12÷12)=1,284	85,600
4회차	42,800	85,600원×(0.12÷12)=856	42,800
5회차	42,800	42,800원×(0.12÷12)=428	0
합계	214,000	6,420	-

따라서 S대리가 지불할 총금액은 214,000+6,420=220,420원이다.

17 정답 ④

세 번째 문단에서 '상품에 응용된 과학·기술이 복잡해지고 첨단화되면서 상품 정보에 대한 소비자의 정확한 이해도 기대하기 어려워졌다.'는 내용을 통해 적절한 내용임을 알 수 있다.

18 정답 ③

아동수당 제도 첫 도입에 따라 초기에 아동수당 신청이 한꺼번에 몰릴 것으로 예상되어 연령별 신청기간을 운영한다. 그러므로 만 5세 아동은 7월 1~5일 사이에 접수를 하거나 연령에 관계없는 7월 6일 이후에 신청하는 것으로 안내하는 것이 적절하다.

[오답분석]
(라)·(마) 아동수당 관련 신청서 작성요령이나 수급 가능성 등 자세한 내용은 아동수당 홈페이지에서 확인 가능한데, 어떤 홈페이지로 접속해야 하는지 안내를 하지 않았으므로 옳지 않은 답변이다.

19 정답 ①

영국의 2022년 1분기 고용률은 2021년보다 하락했고, 2022년 2분기에는 1분기의 고용률이 유지되었다.

[오답분석]
② • 2022년 2분기 OECD 전체 고용률 : 65.0%
  • 2023년 2분기 OECD 전체 고용률 : 66.3%

따라서 2023년 2분기 OECD 전체 고용률의 전년 동분기 대비 증가율은 $\frac{66.3-65}{65} \times 100 = 2\%$이다.

③·⑤ 제시된 자료를 통해 확인할 수 있다.
④ 2023년 1분기 고용률이 가장 높은 국가인 독일의 고용률은 74.0%이고, 가장 낮은 국가인 프랑스의 고용률은 64.0%이다. 따라서 두 국가의 고용률의 차이는 74-64=10%p이다.

20 정답 ⑤

'요리'를 p, '설거지'를 q, '주문받기'를 r, '음식 서빙'을 s라고 하면 '$p \to \sim q \to \sim s \to \sim r$'이 성립한다. 따라서 항상 참이 되는 진술은 ⑤이다.

CHAPTER 04 | 2023년 기출복원문제

※ 상황판단 평가는 정답 및 해설이 제공되지 않습니다.

01	02	03	04	05	06	07	08	09	10	11	12	13	14	15	16	17	18		
④	④	⑤	④	⑤	②	③	③	②	②	④	⑤	③	⑤	⑤	④	③	③		

01 정답 ④

제시문에 따르면 항구에 도착하기 전에 정어리들이 죽는 문제를 해결하기 위해 노르웨이 어부들은 수조에 메기를 풀어놓았고, 정어리들은 도망다니며 끊임없이 움직여 살아남았다. 따라서 노르웨이 어부들은 ④와 달리 보다 많은 정어리가 신선한 상태로 살아남아 높은 가격을 받음으로써 얻는 이익의 증가량이 메기가 일부 정어리를 잡아먹어 발생하는 손실을 상쇄하고도 남을 것이라고 확신했을 것이다.

오답분석

① 제시문 내 '환경의 새로운 강자'와 토인비의 주장인 '가혹한 조건'은 역경이 도리어 발전의 기폭제가 될 수 있다는 점에서 일맥상통한다.
② '메뚜기 효과'는 메뚜기가 어디로 튈지 알 수 없는 것처럼, 오염으로 인한 피해가 전 세계 어떤 지역에서 어느 정도로 나타날지 전혀 예측할 수 없음을 비유한 표현이다.
③ '메기 효과'와 '메뚜기 효과'는 으도성, 예상 가능성, 결과의 긍정성 혹은 부정성 등에 있어 정반대를 의미한다.
⑤ 다수의 기업들은 조직의 정체 현상 극복, 생산성 개선, 동기부여 효과, 즉 '메기 효과'를 기대하며 조직 구성원 사이의 경쟁 구도를 일부러 조성한다. 그러나 의도적인 경쟁 구도 조성으로 스트레스가 감내 가능한 수준을 넘어서게 되어 도리어 조직의 발전이 저해된다면, 이는 예상하지 못한 역효과를 초래했다는 점에서 일종의 '메뚜기 효과'가 나타난 것으로 볼 수 있다.

02 정답 ④

퇴직소득은 비경상소득에 해당한다.

> 소득
> • 정의 : 가구의 실질적인 자산의 증가를 가져온 모든의 현금 및 현물의 수입을 의미한다.
> • 구분
>   – 경상소득 : 일상적인 경제활동을 통해 얻게 되는 소득으로, 정기적·상시적이고 재현 가능성이 높은 소득
>   [예] 근로소득, 사업소득, 재산소득, 이전소득 등
>   – 비경상소득 : 일정하지 않고 확실하지 않으며, 일시적으로 발생하는 소득
>   [예] 퇴직소득, 경조소득 등

03 정답 ⑤

영국 1파운드를 구매하기 위해 필요한 원화는 $1,670 \times 1.02 = 1,703.4$원이다.

따라서 600,000원으로 살 수 있는 영국 파운드는 $\dfrac{600,000}{1,703.4} ≒ 352.24$파운드이다.

04 정답 ④

500달러를 원화로 환전할 때, 환전수수료는 1.75%이므로 500×1,310×(1-0.0175)=643,537.5원이다.

따라서 643,537.5원을 베트남 동으로 환전할 때, 환전수수료는 10%이므로 $643,537.5 \times \frac{100}{6 \times 1.1} ≒ 9,750,568$동이다.

05 정답 ⑤

시장 내 경쟁이 가장 치열한 업체는 동일 혜택을 제공하는 카드 수가 가장 많은 E카페로, E카페의 혜택 제공 기간은 2년(24개월)이다.

[오답분석]
① B서점의 경우 E카페보다 동일 혜택을 제공하는 카드 수가 적지만, 혜택 제공 기간은 더 길다.
② 선호도 점수 가장 높은 혜택은 C통신사의 '매월 통신요금 10% 할인' 혜택이다.
③ 매월 모든 업체가 부담해야 하는 혜택 비용이 동일하다면, 혜택에 대한 총부담 비용이 가장 큰 업체는 혜택 제공 기간이 가장 긴 B서점이다.
④ 혜택 제공 기간이 가장 긴 업체는 B서점이지만, 선호도 점수가 가장 높은 업체는 C통신사이다.

06 정답 ②

제시문의 '이 서비스'는 리볼빙(Revolving)이다.
ㄱ. 리볼빙 서비스를 이용할 때 잔고가 설정된 최소 결제비율보다 적을 경우 연체 처리된다. 따라서 고객은 결제계좌의 잔고가 최소 결제금액 이상을 유지하도록 관리해야 연체 상황을 피할 수 있다.
ㄷ. 장기적인 이월이 반복되면 원금과 이자가 급증하게 되어 채무를 불이행, 신용불량 평가, 개인신용 평가점수 하락, 리볼빙 연장 이용 불가 등을 초래해 고액의 채무를 한꺼번에 갚아야 하는 위험이 발생할 수 있다. 따라서 필요한 기간과 범위 내에서 제한적으로 이용하되, 가능한 한 약정결제 비율을 높게 설정해 다음 달로 이월되는 부채를 줄이는 것이 바람직하다.

[오답분석]
ㄴ. 리볼빙 서비스를 이용하면 대금을 일시불로 결제해야 하는 부담이 없기에 자금 유동성 확보가 가능하지만, 이용 수수료율이 평균 15~20% 정도로, 신용카드 할부 이자율보다 상대적으로 높다. 따라서 리볼빙은 이월 금액을 고금리로 대출하는 계약으로 볼 수 있다.
ㄹ. 리볼빙 잔액이 지나치게 커지면 고객의 입장에서는 수수료 부담이 커져 상환 불가능 상황이 발생하고, 카드회사 입장에서도 재정 부실화를 겪을 수 있다. 이에 따라 재무건전성 악화에 대비한 충당금 적립 등 위험 관리 비용의 증가를 초래해 카드회사는 수익성에 악영향을 받게 된다.
ㅁ. '약정결제 비율 40%, 매달 사용액 250만 원' 등의 조건에서 첫째 달의 채무잔액은 250만 원-(250만 원×40%)=150만 원이고, 둘째 달에는 240만 원으로 급증한다. 즉, '(해당 월의 이월 원금)=(사용액)-[(사용액)×(약정결제 비율)]'의 공식을 도출할 수 있고, 다음과 같이 첫째 달의 이월 원금은 둘째 달에 결제금액에 가산됨(250+150)을 알 수 있다.

(단위 : 만 원)

구분	결제금액	이월 원금
첫째 달	250×40%=100	250-100=150
둘째 달	(250+150)×40%=160	(250+150)-160=240

위 계산 방식을 ㅁ의 경우에 적용해보면 다음과 같다.

(단위 : 만 원)

구분	결제금액	이월 원금
첫째 달	280×20%=56	280-56=224
둘째 달	(280+224)×20%=100.8	(280+224)-100.8=403.2
셋째 달	(280+403.2)×20%=136.64	(280+403.2)-136.64=546.56

따라서 약정결제 비율이 20%이고, 매달 카드 사용액이 평균 280만 원이라고 할 때 결제금액과 이월 원금을 계산하면 셋째 달 경과 후의 이월 원금 잔액은 약 546만 원 이상이다.

리볼빙(Revolving)
- 정의 : 'Revolving'은 기한이 지나 한 바퀴 회전하듯 다시 시작한다는 의미로, 리볼빙은 신용카드 이용 금액의 일정 비율만 갚으면 나머지 금액은 다음 결제 대상으로 연장함으로써 이용자를 연체자로 분류하지 않고 계속해서 카드를 사용할 수 있게 하는 제도이다. 우리말로 흔히 '회전결제 방식'이라 부르기도 하는데, 표준약관상 명칭은 '일부결제금액 이월약정'이다.
- 구분
  - 정률식 리볼빙 : 일정 비율만큼 결제
  - 정액식 리볼빙 : 일정 금액을 결제

07 정답 ③

제시문의 '가입요건 - (2)'를 살펴보면, 다주택자인 경우에도 보유주택 합산가격이 9억 원 이하이면 가입요건이 충족됨을 확인할 수 있다. 3년 이내에 1주택 처분이 조건인 것은 보유주택 합산가격이 9억 원을 초과하는 경우이다.

08 정답 ③

- B고객 : 단독소유일 경우 주택소유자가 만 60세 이상이어야 하는데, B고객은 만 57세이므로 가입요건을 충족하지 못한다.
- D고객 : 임대사업을 목적으로 보유한 주택은 보유주택 수에 포함되므로, 총주택가액은 14억 원으로 9억 원을 초과하여 가입요건을 충족하지 못한다.
- E고객 : 만 60세 이상이며, 2개 주택가액이 9억 원이므로 요건에 부합하나, 20m² 이하의 아파트는 주택으로 보므로 총주택가액은 10억 원으로 9억 원을 초과하여 가입요건을 충족하지 못한다.

[오답분석]
- A고객 : 만 60세 이상이며, 주택가액 9억 원 이하의 1주택을 보유하고 있으므로 가입대상이 된다.
- C고객 : 부부 중 연장자가 만 60세 이상(부부 공동소유)이며, 총주택가액이 9억 원 미만이므로 가입대상이 된다.

09 정답 ②

제시문에 따르면 무차별곡선은 효용을 측정할 수 없다고 보며, 서수적 효용의 개념을 토대로 소비자 이론을 설명한다.
따라서 ②는 서수적 효용이 아닌 기수적 효용(Cardinal Utility)에 대한 설명이므로 적절하지 않다.

[오답분석]

① 제시문에 나타난 그래프와 달리 서로 다른 무차별곡선이 교차하는 경우를 가정해 보자. A와 B는 같은 곡선 위에 있기에 동일한 효용을 제공하고, B와 C도 같은 곡선 위에 있기에 동일한 효용을 준다. 그렇다면 A와 C의 효용도 같아야 한다(A=B이고, B=C → A=C). 그러나 C는 A보다 더 바깥에 있어 더 많은 소비를 할 수 있으므로 C와 A가 주는 효용이 같을 수는 없다(A≠C). 즉, 서로 다른 무차별곡선이 교차하게 되면 논리적 모순이 발생한다. 또한 제시문에서 서로 다른 두차별곡선은 서로 교차하지 않는다고 설명하였다. 따라서 ①의 진술처럼 무차별곡선은 '소비가 적은 것보다는 많은 것을 선호한다.'는 가정을 전제로 함을 알 수 있으며, 서로 다른 무차별곡선이 교차할 경우에는 '소비가 적은 것보다는 많은 것을 선호한다.'는 가정과 모순된다.

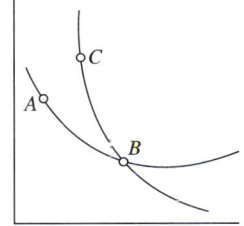

③ 제시문에 따르면 무차별곡선은 몇 가지의 재화가 소비자에게 주는 효용이 같은 수량끼리 묶은 조합을 나타내는 곡선을 의미한다. 이때 '무차별'은 그 곡선 위 점들의 집합으로 이루어진 조합이 실현되면 어느 조합이나 소비자에게 같은 만족을 주기 때문에 차별이 없다는 의미이다.

④ 제시문에 따르면 무차별곡선은 원점에서 떨어질수록 효용 수준이 높아진다. 또한 그래프에서 Y재의 소비량은 일정하고 X재의 소비량이 증가할 경우(점 B에서 점 C로 이동할 경우) 효용은 종전의 수준(IDC_B)보다 높은 수준(IDC_A)으로 이동한다. 즉, 원점으로부터의 거리가 상대적으로 더 먼 IDC_A는 IDC_B보다 효용 수준이 높은 무차별곡선이다.

⑤ 제시문에 따르면 무차별곡선은 우하향으로 기울어진 형태를 취하게 된다. 이는 한 재화의 소비량이 감소(증가)하면 동일한 만족을 유지하기 위해 다른 재화의 소비량이 증가(감소)해야 하기 때문이다.

10 정답 ②

5명 중에서 3명을 순서와 상관없이 뽑을 수 있는 경우의 수는 $_5C_3 = \dfrac{5 \times 4 \times 3}{3 \times 2 \times 1} = 10$가지이다.

11 정답 ④

제시문의 핵심 내용은 '미국의 양적완화로 인한 경제가치의 변화와 그에 따른 우리 경제의 변화요인'이고 선택지의 주 내용은 우리 경제의 변화 추이이므로 이에 따른 명제를 설정한다. 즉, 핵심 명제는 '미국이 양적완화를 중단하면 미국 금리가 상승한다.'에 따른 우리 경제의 변동 사항으로, '우리나라 금리가 상승하고 가계부채 문제가 심화되며 국내소비는 감소한다.'이다.
'우리나라 경제는 대외 의존도가 높기 때문에 경제의 주요지표들이 개선되기 위해서는 수출이 감소하면 안 된다.'를 전제로 도출한 명제인 '수출이 증가하지 않으면 지표들이 개선되지 않는다.'와 '달러 환율이 하락하면 우리나라의 수출이 감소한다.'를 통합하면 '달러 환율이 하락하면 지표들이 개선되지 않는다.'가 되기 때문에 이의 대우인 '우리나라 경제의 주요지표들이 개선되었다면 우리나라의 달러 환율이 하락하지 않았을 것이다.'는 반드시 참이 된다.

오답분석

① 제시문의 '달러화의 가치가 하락하면 우리나라 달러 환율도 하락한다.'와 '우리나라의 달러 환율이 하락하면 우리나라의 수출이 감소한다.'에 상반되므로 참이 아니다.
② 제시문의 명제인 '미국이 양적완화를 중단하면 가계부채 문제가 심화된다.'의 역이므로 반드시 참이라고 할 수 없다.
③ 제시문의 명제인 '우리나라에 대한 외국인 투자가 증가하면 경제의 전망이 어두워진다.'와 어긋나므로 참이 아니다.
⑤ 제시문의 이(易)이므로 반드시 참이 될 수 없다.

12 정답 ⑤

우선 1인 가구를 대상으로 하는 든든적금이 제외된다. 또한 1년 안에 중도해지를 하더라도 금리가 2.5% 이상인 상품을 원하므로 가족적금과 알쏠적금이 제외된다. 그러므로 쏠쏠적금과 우수적금의 우대금리를 적용한 중도해지 시 최종 적용금리를 비교하면 다음과 같다.

구분	기본금리	우대금리	최종 적용금리
쏠쏠적금	3.8%	• 예금통장 보유 : 0.5%p • 월 급여통장 보유 : 1.3%p • 자동이체 6건 : 0.6%p(∵ 최대 3건)	6.2%
우수적금	2.8%	• 예금통장 보유 : 1.5%p • 자동이체 6건 : 2.4%p	6.7%

따라서 고객에게 추천해 줄 가장 적절한 상품은 '우수적금'이다.

13 정답 ③

고객은 만 30세에 1인 가구이므로 쏠쏠적금과 가족적금은 가입할 수 없다. 그러므로 고객이 가입할 수 있는 알쏠적금, 든든적금, 우수적금의 우대금리를 적용하여 최종 적용금리를 비교하면 다음과 같다.

구분	기본금리	우대금리	최종 적용금리
알쏠적금	4.4%	• 예금통장 보유 : 0.5%p • 자동이체 3건 : 0.9%p • 10년 가입 : 0.8%p	6.6%
든든적금	3.5%	• 예금통장 보유 : 1.1%p • 자동이체 3건 : 0.4%p(∵ 최대 2건)	5.0%
우수적금	2.8%	• 예금통장 보유 : 1.5%p • 자동이체 3건 : 1.2%p	5.5%

따라서 직원이 고객에게 추천해 줄 상품으로 가장 적절한 것은 '알쏠적금'이다.

14 정답 ⑤

확정기여형(DC) 및 개인형(IRP) 퇴직연금은 〈예금자보호법〉에 따른 예금보호 대상 금융상품으로, 운용되는 적립금에 대하여 다른 보호상품과는 별도로 1인당 5,000만 원까지(운용되는 금융상품 판매회사별 보호상품 합산) 보호된다. 그러나 확정급여형(DB) 퇴직연금은 〈예금자보호법〉에 따른 예금보험공사의 보호 대상에서 제외된다.

[오답분석]

① DB형은 연금운용 회사가, DC형은 근로자 각자가 퇴직연금을 운용하는 방식이다. IRP형은 소득이 있다면 누구나 자율로 가입할 수 있는 유형이며, DB·DC형 퇴직연금을 쌓던 중에 퇴사하면 IRP 계좌로 이어받아 계속 적립·운용할 수 있다.
② 확정기여형 퇴직연금 제도의 가입자는 적립금의 운용방법을 스스로 정할 수 있고, 반기마다 1회 이상 적립금의 운용 방법을 변경할 수 있다(근로자퇴직급여 보장법 제21조 제1항).
③ 확정급여형 퇴직연금은 55세 이상으로서 가입기간이 10년 이상인 가입자에게 지급하여야 하며, 이 경우 연금의 지급기간은 5년 이상이어야 한다(근로자퇴직급여 보장법 제17조 제1항 제1호).
④ 다음 각 호의 어느 하나에 해당하는 사람은 개인형 퇴직연금 제도를 설정할 수 있다(근로자퇴직급여 보장법 제24조 제2항).
  1. 퇴직급여 제도의 일시금을 수령한 사람
  2. 확정급여형 퇴직연금 제도, 확정기여형 퇴직연금 제도 또는 중소기업퇴직연금기금 제도의 가입자로서 자기의 부담으로 개인형 퇴직연금 제도를 추가로 설정하려는 사람
  3. 자영업자 등 안정적인 노후소득 확보가 필요한 사람으로서 대통령령으로 정하는 사람

15 정답 ⑤

㉠ ROA(총자산이익률) : 기업이 총자산으로 순이익을 얼마나 창출하였는가 판단하는 척도로서, 높을수록 양호한 것으로 해석한다. 따라서 당기순이익을 자산총액으로 나누어 구한다.

$$\frac{당기순이익}{자산총액} \times 100 = \frac{55조\ 6,000억\ 원}{448조\ 4,000억\ 원} \times 100 ≒ 12.40\%$$

㉡ PER(주가수익비율) : 주가가 실제 기업의 가치에 비해 고평가 또는 저평가되어 있는지 여부를 판단할 때 활용하는 대표적인 지표로서, 현재 주가를 주당순이익(EPS)으로 나누어 구한다. 따라서 EPS가 많을수록 당연히 PER이 낮아지므로 PER 수치가 낮을수록 긍정적이며, 이는 투자 회수 기간이 짧아짐을 의미한다.

$$EPS = 8,298원\left(≒ \frac{55조\ 6,000억\ 원}{6,700,000,000주}\right) \rightarrow PER = \frac{현재\ 주가}{EPS} = \frac{75,000원}{8,298원} ≒ 9.04배$$

㉢ PBR(주가순자산비율) : 주가가 그 회사의 1주당 순자산의 몇 배인가를 나타내는 지표로서, 장부상의 가치로 회사 청산 시 주주가 배당받을 수 있는 자산의 가치(청산가치)를 의미한다. 기업의 주가를 주당순자산(BPS)으로 나누어 구한다. PBR이 낮을수록 자산가치가 저평가되었다고 볼 수 있다. PER이 기업의 수익성 측면에서 주가를 판단하는 지표라면, PBR은 기업의 재무구조 측면에서 주가를 판단하는 지표이다.

$$BPS = 52,955원\left(≒ \frac{354조\ 8,000억\ 원}{6,700,000,000주}\right) \rightarrow PBR = \frac{현재\ 주가}{BPS} = \frac{75,000원}{52,955원} ≒ 1.42배$$

16 정답 ④

ⅰ) 출금 : S은행 자동화기기 이용·영업시간 외 10만 원 이하 → 500원
ⅱ) 이체 : S은행 자동화기기 이용·다른 은행으로 송금·영업시간 외 10만 원 이하 → 800원
ⅲ) 현금 입금 : S은행 자동화기기 이용·영업시간 외 타행카드 현금입금 → 1,000원
따라서 지불해야 하는 총수수료는 2,300원이다.

17 정답 ③

제시된 내용을 정리하면 다음과 같다.
ⅰ) 갑순 ○ ∨ 정순 ○
ⅱ) 갑순 × → 병순 ○
∴ 병순 ○

병순이 급식 지원을 받게 된다는 결론이 도출되기 위해서는 ⅱ)에 따라 갑순이 지원을 받지 못한다는 중간 결론이 필요하며, 이것이 성립한다면 결과적으로 ⅰ)에 의해 정순도 급식 지원을 받게 된다는 것을 알 수 있다. 이 같은 내용을 바탕으로 갑순이 지원을 받지 못한다는 중간 결론을 도출하기 위해서 보기에 제시된 전제를 보기에서 살펴보면 다음과 같다.
ㄴ·ㄷ 두 전제가 결합될 경우 갑순이 급식 지원을 받지 못한다는 중간 결론이 도출되므로 옳다.
따라서 추가해야 할 전제는 ㄴ·ㄷ으로, 총 2개이다.

오답분석
ㄱ. 갑순이 급식 지원을 받지 못한다는 내용이 필요하므로 옳지 않다.
ㄹ. 이미 A복지사가 갑순이 지원을 받지 못할 경우 병순은 지원을 받게 된다고 하였으므로 이에 모순되는 전제이다.

18 정답 ③

입력키워드에 '신용 점수 조회'를 넣으면 첫 번째 분기인 신용 점수 조회에서 Yes가 나오므로 '데이터 기반 신용 점수 조회 서비스 메뉴'가 출력되고 색상은 빨강으로 표시된다.

[19~20]

상황판단 평가는 정답 및 해설이 제공되지 않습니다.

CHAPTER 05 | 2022년 기출복원문제

※ 상황판단 평가는 정답 및 해설이 제공되지 않습니다.

01	02	03	04	05	06	07	08	09	10	11	12	13	14	15	16	17	18	19
②	③	③	③	①	②	④	④	③	②	③	②	①	③	③	③	①	④	④

01 정답 ②

첫 번째 문단은 최근 행동주의펀드가 기업의 주가에 영향을 미치고 있다는 내용을 필두로 하여 행동주의펀드가 어떻게 기업에 그 영향을 미치는지에 대해 서술하는 (나) 문단이 적절하고, 다음에는 이에 대한 대표적인 사례를 서술하는 (가) 문단이 이어지는 것이 자연스럽다. 또한 (다) 문단을 살펴보면 일부 은행에서는 A자산운용의 제안을 수락했고 특정 은행에서는 이를 거부했다는 내용을 언급하고 있으므로 해당 제안에 대한 구체적인 내용을 다루고 있는 (라) 문단이 먼저 이어지는 것이 적절하다. 따라서 (나) – (가) – (라) – (다) 순으로 나열하는 것이 적절하다.

02 정답 ③

'상회하다'란 '어떤 기준보다 위에서 웃돈다'라는 뜻으로, 시장 상황의 긍정적인 평가로 볼 때 그 쓰임이 적절하다.

오답분석

① 제시문은 부실 우려가 있는 사업줄에 정책자금을 지원해 부실 상황을 해결한다는 내용이므로 (가)에는 어떤 상황을 계속한다는 뜻의 '지속화'보다는 그 상황을 해결해 안정화시킨다는 뜻의 '정상화'가 더 적절하다.
② 회사채는 사업에 필요한 자금을 조달하는 채무로, 금융시장의 상황이 개선된다는 내용으로 보아 (나)에 들어갈 말로는 '상승세'보다는 '하락세'가 더 적절하다.
④ '확장정책'은 정부가 경기회복을 위해 재정지출을 증가시키는 정책이고, 반대로 '긴축정책'은 재정 지출을 줄이는 정책을 말한다. 따라서 '다만'이라는 접속어로 볼 때, 앞서 언급한 금융시장의 긍정적 상황과는 반대되는 상황이 나타날 것이므로 (라)에 들어갈 말은 '긴축정책'이 적절하다.

03 정답 ③

작년 A제품의 생산량을 a개, B제품의 생산량을 b개라고 하면 다음과 같다.
$a+b=1,000$
$\rightarrow a=1,000-b \cdots \textcircled{\small{ㄱ}}$
올해 A제품의 생산량을 2%, B제품의 생산량을 3% 증가시켜 총 1,024개를 생산하면 다음과 같다.
$(a \times 1.02)+(b \times 1.03)=1,024 \cdots \textcircled{\small{ㄴ}}$
이때 ㄱ과 ㄴ을 연립하면, 다음과 같다.
$[(1,000-b) \times 1.02]+(b \times 1.03)=1,024$
$1,020-1.02b+1.03b=1,024$
$\rightarrow 0.01b=4$
$\therefore b=400$
따라서 올해 생산하는 B제품의 수량은 $400 \times 1.03=412$개이다.

04 정답 ③

2022년 X지역과 Y지역의 매출합계는 3,396억 원이므로 그의 65%를 구하는 식은 다음과 같다.
3,396×0.65=2,207.4억 원
따라서 2022년 Z지역의 매출은 동년 X지역과 Y지역 매출합계의 65% 이상이다.

오답분석

① X지역의 2022년 매출은 1,795억 원이고, 2021년 매출은 2,001억 원이므로 증감률을 구하면 다음과 같다.

$$\frac{1,795-2,001}{2,001} \times 100 ≒ -10.3\%$$

따라서 2022년 매출은 전년 대비 10% 이상 감소하였다.

② X지역의 연도별 증감률을 구하면 다음과 같다.

- 2019년 : $\frac{1,680-1,751}{1,751} \times 100 ≒ -4.05\%$
- 2020년 : $\frac{2,121-1,680}{1,680} \times 100 = 26.25\%$
- 2021년 : $\frac{2,001-2,121}{2,121} \times 100 ≒ -5.66\%$
- 2022년 : $\frac{1,795-2,001}{2,001} \times 100 ≒ -10.29\%$

따라서 전년 대비 증감률이 가장 적은 연도는 2019년이다.

④ Z지역의 2018년 매출은 1,947억 원이고, 2022년 매출은 2,412억 원이다.
2,412×0.7=1,688.4억 원
따라서 2018년 매출은 2022년 매출의 70% 이상이다.

05 정답 ①

화요일은 재무팀 소속인 C의 출장이 불가하며, 수요일은 영업팀의 정기 일정으로 A, B의 출장이 불가하다. 또한 목요일은 B가 휴가 예정이다. 따라서 3명이 동시에 출장을 갈 수 있는 날은 월요일뿐이다.

오답분석

② 회계감사로 인해 재무팀 소속인 C는 본사에 머물러야 한다.
③ 수요일에는 영업팀의 정기회의가 있다.
④ B가 휴가 예정이므로 3명이 함께 출장을 갈 수 없다.

06 정답 ②

- A호텔 예약 시
  - 스위트룸 1실, 2박 : 200만 원 / 디럭스룸 2실, 2박 : 100만 원 / 싱글룸 4실, 2박 : 144만 원
  - 조식요금 4인, 2식 : 28만 원(스위트룸, 디럭스룸에 투숙한 4명의 조식요금 무료)
  - → 총 472만 원
- B호텔 예약 시
  - 스위트룸 1실, 2박 : 171만 원 / 디럭스룸 2실, 2박 : 108만 원 / 싱글룸 4실, 2박 : 108만 원(객실 5개 이상 예약으로 숙박비 10% 할인)
  - 조식요금 7인, 2식 : 63만 원
  - → 총 450만 원
- C호텔 예약 시
  - 스위트룸 1실, 2박 : 180만 원(스위트룸 2박 이상 연박으로 10% 할인) / 디럭스룸 2실, 2박 : 120만 원 / 싱글룸 4실, 2박 : 96만 원
  - 조식요금 7인, 2식 : 56만 원
  - → 총 452만 원

따라서 B호텔과 450만 원이 바르게 짝지어진 ②가 정답이다.

07 정답 ④

예치기간에 따라 차등적인 차감율을 적용하여 중도해지금리를 산출하는데, 산출값이 연 0.1% 미만인 경우에는 0.1%의 중도해지금리를 적용한다.

[오답분석]
① 신한 쏠(SOL)을 통해 신청 가능하다고 명시된 부분은 만기일연장 서비스에 대한 것이다.
② 만기일연장은 최장 3개월까지만 가능하다.
③ 만기 후에는 기본금리가 아닌 만기 후 금리가 적용된다.

08 정답 ④

이 상품의 가입기간은 1~60개월로, 1년은 이 기간 내에 해당하므로 D씨에게 적합하다.

[오답분석]
① 쏠편한 정기예금은 거치식 상품으로 정기적인 납입을 위한 상품이 아니다.
② 이 상품의 최대 가입기간은 60개월(5년)로 B씨의 저축 목적에 맞지 않는다.
③ 이 상품은 원금이 보장되고 정액의 이자를 지급하는 상품으로 높은 수익률을 원하는 C씨에게는 적합하지 않다.

09 정답 ③

A씨는 월평균 지출이 40만 원이고, B씨는 연회비 3만 원 이하의 카드를 원하므로 신한카드 Air One은 두 사람 모두의 선택 대상에서 제외된다. 따라서 두 사람에게 각각 다른 카드를 추천하였으므로 간편결제의 활용 빈도가 높은 A씨에게 #Pay 신한카드를, 연회비가 3만 원 이하이고, 차량을 보유하며 외식을 선호하는 B씨에게 신한카드 Mr. Life를 추천하는 것이 합리적이다.

10 정답 ②

국내 사용금액의 경우 일시불과 할부 모두 마일리지 적립 대상이나, 해외 사용금액의 경우 일시불만 마일리지 적립 대상이라는 점에 유의해야 한다. 국내 사용금액 100만 원 전체에 대해 1천 원당 1마일리지, 해외 사용금액 중 일시불 50만 원에 대해 1천 원당 1마일리지가 적립된다. 문제에 언급된 내용만으로는 항공/면세업종에서 사용된 금액을 알 수 없으므로, 항공/면세업종에서 사용한 금액이 0원인 경우를 기준으로 예상 적립 마일리지를 구하면, 적립되는 항공마일리지의 최솟값이 된다. 이를 구하는 식은 다음과 같다.
(100만 원÷1,000원×1마일리지)+(50만 원÷1,000원×1마일리지)=1,500마일리지
따라서 Air One 카드를 보유한 고객에게 적립되는 항공마일리지는 최소 1,500마일리지이다.

11 정답 ③

범위의 평균을 구하는 함수는 「=AVERAGE(셀 범위)」이다.
따라서 [F7]에 들어갈 함수는 「=AVERAGE(C7:E7)」이다.

12 정답 ②

범위의 최댓값을 구하는 함수는 「=MAX(셀 범위)」이다.
따라서 [C7]에 들어갈 함수는 「=MAX(C2:C6)」이다.

13 정답 ①

O(B2*C2)는 인수가 오류이면 참을 반환한다.
따라서 오류이면 인수1 자리에 있는 B2*C2 값을, 오류가 아니면 인수2 자리에 있는 "만기"를 반환하기 때문에 [D3]에 들어갈 수 없다.

오답분석

② ▲(B2)는 값이 숫자이면 참을 반환한다.
따라서 값이 숫자가 아닌 3행은 "만기"로 출력되고, 금액이 숫자인 나머지 행은 B2*C2의 결과가 출력된다.
③ O(B2*C2)는 인수가 오류이면 참을 반환한다.
따라서 함수 ◎의 인수1 자리에는 "만기", 인수2 자리에는 B2*C2가 들어가야 한다.
④ ▼(B2)는 값이 텍스트가 아니면 참을 반환한다.
따라서 값이 텍스트인 3행은 인수2 자리에 있는 "만기", 나머지 행은 인수1 자리에 있는 B2*C2의 결과가 출력된다.

14 정답 ③

ㄴ. IRA는 개인퇴직계좌로, 근로자가 퇴직 혹은 퇴직금 중간정산 시 일시적으로 자금을 보관하는 저축계좌의 기능을 수행하였다. 이러한 IRA의 운용이 사실상 경직적이었던 점을 보완하여 근로자퇴직급여보장법에 따라 등장한 것이 IRP이다.
ㄷ. 근로자의 퇴직금을 회사가 운용한 후 근로자에게 지정 금액을 지급하는 것은 DB형(확정급여형)에 대한 설명이다.

15 정답 ③

채권형 ETF, 상품형 ETF 등의 경우 배당소득세를 면제받지 못한다.

오답분석

① ETF는 실시간 매매 및 원하는 매매가에 대한 설정이 가능하므로, 주식형 펀드에 비해 매매시기 및 매매가에 대한 투자자의 의사결정이 자유롭다.
② ETF는 주식투자 혹은 펀드투자와 달리, 매도 시 증권거래세를 전면 면제받는다.
④ 인버스 ETF에 투자하는 경우, 추종하는 지수가 하락하더라도 수익을 얻을 수 있다.

16 정답 ③

오답분석

① 헤지펀드 : 소수의 투자자로부터 자금을 모집한 다음 투자하여 수익을 달성하는 사모펀드의 일종이다.
② 주가연계증권 : 개별 주식의 가격 혹은 주가지수에 연계되어 투자 수익이 결정되는 유가증권이다.
④ 랩어카운트 : 자산운용과 관련된 여러 가지 서비스를 종합하여 제공하고, 고객재산에 대해 자산구성・운용・투자자문까지 통합적으로 관리하는 서비스이다.

17 정답 ①

오답분석

② 프로젝트 파이낸싱 : 사회기반시설 건설이나 택지개발과 같은 대규모 사업에 필요한 자금을 조달하기 위해 동원되는 대출 등의 금융수단이나 투자기법을 말한다.
③ D-테스트베드 : 핀테크 스타트업이 사업아이디어 등을 검증할 수 있도록 금융권 데이터 및 테스트 환경을 제공하는 사업을 말한다.
④ 테크핀 : IT기업이 기술을 바탕으로 금융서비스를 제공하는 것을 말한다.

18 정답 ④

ㄷ. 래퍼 곡선은 적정세율에서 최대 조세수입을 보이는 포물선 형태를 띠고 있으므로, 세율이 적정세율에 가까울수록 조세수입의 변화율이 작아 그래프가 완만하다.
ㄹ. 래퍼 곡선은 적정세율까지는 세율을 인상할수록 조세수입이 증가하나, 적정세율을 초과하는 순간부터 과세대상이 세율이 낮은 타 조세권역으로 이탈하여 과세대상의 감소에 따라 세수가 감소한다는 것을 나타내는 곡선이다.

오답분석

ㄱ. 래퍼 곡선에 따르면, 적정세율을 초과하면 세수가 감소하기 시작한다.
ㄴ. 적정세율 이하의 세율 구간에서는 세율을 인상할수록 조세수입이 증가한다.

19 정답 ④

오답분석

① TRS : 증권사가 일정 증거금을 담보로 주식·채권·메자닌 등 자산을 운용사 대신 매입해주는 스왑 계약이다.
② PEF : 사모펀드로, 일정 수 이하의 제한된 투자자들을 모집하여 비공개적으로 운영되는 펀드이다.
③ MMF : 단기금융집합투자기구로, 펀드 재산을 단기금융상품에 주로 투자하고 수시입출금이 가능한 펀드이다.

[20~21]

상황판단 평가는 정답 및 해설이 제공되지 않습니다.

CHAPTER 06 | 2021년 기출복원문제

| 01 | NCS 직업기초능력평가

01	02	03	04	05	06	07	08	09	10	11	12	13	14	15
③	③	③	②	④	④	①	③	①	②	②	①	②	④	②

01 정답 ③

'의사'와 '병원'은 직업과 직장의 관계이다.
따라서 빈칸에 들어갈 단어는 '교사'라는 직업의 직장으로 '학교'이다.

02 정답 ③

먼저 이산화탄소 흡수원의 하나인 연안 생태계를 소개하는 (다) 문단이 오는 것이 적절하며, 다음으로 이러한 연안 생태계의 장점을 소개하는 (나) 문단이 오는 것이 적절하다. 다음으로는 (나) 문단에서 언급한 연안 생태계의 장점 중 갯벌의 역할을 부연 설명하는 (가) 문단이 오는 것이 적절하며, (가) 문단 뒤로는 '또한'으로 시작하며 연안 생태계의 또 다른 장점을 소개하는 (라) 문단이 오는 것이 적절하다. 따라서 (다) - (나) - (가) - (라) 순으로 나열하는 것이 적절하다.

03 정답 ③

제시문에 따르면 '한국에서는 1명의 변사가 영화를 설명하는 방식을 취하였으며, 영화가 점점 장편화되면서부터는 2명 내지 4명이 번갈아 무대에 등장하는 방식으로 바뀌었다.'라고 하였으므로 ③이 글의 내용으로 가장 적절하다.

[오답분석]
① 한국과 일본은 모두 변사의 존재가 두드러졌다.
② 한국에서 변사가 본격적으로 등장한 것은 극장가가 형성된 1910년부터이다.
④ 자막과 반주 음악이 등장하면서 오히려 변사들의 역할이 미미해져 그 수가 줄어들었다.

04 정답 ②

직계존비속 증여의 경우 5,000만 원까지만 증여세를 면제받을 수 있다.

[오답분석]
① 부부 간 증여의 경우 6억 원까지 증여세를 면제받을 수 있다.
③ 정부의 '12・16 부동산 대책'에 따라 투기과열지구에서 9억 원을 초과하는 주택을 구매한 경우 자금조달계획서와 함께 증빙서류를 제출해야 한다.
④ 기존에는 현금과 그와 비슷한 자산은 '현금 등'으로 뭉뚱그려 기재하였으나, 앞으로는 현금과 기타자산을 나누고 기타자산은 무엇인지 구체적으로 밝혀야 한다.

05 정답 ④

ㄱ. 현재 주택을 소유한 노년층은 대부분 소득 축적 기회가 적었고, 현재도 특별한 소득이 없는 금융소비자이므로 역모기지론 정책이 효과적으로 시행될 수 있다.
ㄴ. 만 65세 이상인 가구주의 주택 소유 비율이 높을수록 역모기지론 정책이 효과적으로 시행될 수 있다.
ㄷ. 역모기지론을 이용할 수 있는 대상자는 공시가격 8억 원 이하의 주택을 한 채만 소유하고 있는 만 65세 이상의 중산·서민층이 므로, 만 65세 이상의 노인들이 보유하고 있는 주택의 공시가격이 대부분 8억 원 이하라면 역모기지론 정책이 효과적으로 시행될 수 있다.
ㄹ. 86%에 달하는 노인들이 양로원이나 기타 사회복지시설을 이용하는 것보다 자기 집에 그대로 머물러 살기를 원한다고 응답했다면 노인들의 집을 담보삼아 금융을 소비하는 역모기지론 정책이 효과적으로 시행될 수 있다.

06 정답 ④

나열된 수를 각각 A, B, C, D라고 하면 다음과 같은 식이 성립한다.
$\underline{A\ B\ C\ D} \rightarrow \dfrac{A \times C}{B} = D$
따라서 (   )=75×5÷15=25이다.

07 정답 ①

홀수 항은 +0.5, +1.5, +2.5, ⋯, 짝수 항은 $+\dfrac{1}{2}$, $+\dfrac{1}{4}$, $+\dfrac{1}{6}$, ⋯인 수열이다.
따라서 (   )=−5+0.5=−4.5이다.

08 정답 ③

감의 개수를 x개라고 할 때, 사과는 $(20-x)$개이므로 다음과 같은 식이 성립한다.
$400x + 700 \times (20-x) \leq 10,000$
→ $14,000 - 300x \leq 10,000$
∴ $x \geq \dfrac{40}{3} = 13.333\cdots$
따라서 감은 최소 14개를 사야 한다.

09 정답 ①

합격률을 $x\%$라고 한다면 불합격률은 $(1-x)\%$이다.
평균점수에 대한 방정식을 세우면 다음과 같다.
$90x + 40(1-x) = 45$
→ $50x = 5$
∴ $x = 0.1$
따라서 합격률은 10%이다.

10 정답 ②

보기에 있는 국가들의 2010년 대비 2040년 고령화율을 구하면 다음과 같다.

㉠ 한국 : $\frac{33.0}{11.0}=3.0$배   ㉡ 미국 : $\frac{21.2}{13.1}≒1.6$배

㉢ 일본 : $\frac{34.5}{23.0}=1.5$배   ㉣ 브라질 : $\frac{17.6}{7.0}≒2.5$배

㉤ 인도 : $\frac{10.2}{5.1}=2.0$배

따라서 보기에서 2040년의 고령화율이 2010년 대비 2배 이상 증가하는 국가는 ㉠ 한국(3.0배), ㉣ 브라질(2.5배), ㉤ 인도(2.0배)이다.

11 정답 ②

2017 ~ 2021년 보통우표와 기념우표 발행 수의 차이는 다음과 같다.
- 2017년 : 163,000-47,180=115,820천 장
- 2018년 : 164,000-58,050=105,950천 장
- 2019년 : 69,000-43,900=25,1000천 장
- 2020년 : 111,000-35,560=75,440천 장
- 2021년 : 105,200-33,630=71,570천 장

따라서 보통우표와 기념우표 발행 수가 가장 큰 차이를 보이는 해는 2017년이다.

오답분석
① 기념우표의 경우에는 2021년이 가장 낮으므로 옳지 않은 설명이다.
③ 2019년 전체 발행 수는 113,900천 장인데 나만의 우표는 1,000천 장이다. 따라서 그 비중은 약 0.88%이므로 옳지 않은 설명이다.
④ 2018년에는 기념우표가 전년에 비해 증가했지만 나만의 우표는 감소했으며, 2020년에는 그 반대 현상을 보였으므로 옳지 않은 설명이다.

12 정답 ①

어떤 남자는 경제학을 좋아하고, 경제학을 좋아하는 남자는 국문학을 좋아한다. 따라서 국문학을 좋아하는 남자는 영문학을 좋아하므로, 어떤 남자는 영문학을 좋아한다.

13 정답 ②

여름은 겨울보다 비가 많이 내림 → 비가 많이 내리면 습도가 높음 → 습도가 높으면 먼지와 정전기가 잘 일어나지 않음
비가 많이 내리면 습도가 높고 습도가 높으면 먼지가 잘 나지 않으므로 비가 많이 오지 않는 겨울이 여름보다 먼지가 잘 난다.

14 정답 ④

B는 8장의 응모권을 받은 A보다 2장 적게 받으므로 6장의 응모권을 받는다. 이때, C는 응모권을 A의 8장보다는 적게, B의 6장보다는 많이 받으므로 7장의 응모권을 받은 것을 알 수 있다.

15 정답 ②

ⅰ) 김대리의 말이 참인 경우 : 김대리는 호프집, 박주임은 호프집, 이과장은 극장에 가므로 커피숍에 간 사람이 없어 모순이다.
ⅱ) 박주임의 말이 참인 경우 : 김대리는 커피숍 또는 극장, 박주임은 커피숍 또는 극장, 이과장은 극장에 가므로 호프집에 간 사람이 없어 모순이다.
ⅲ) 이과장의 말이 참인 경우 : 김대리는 커피숍 또는 극장, 박주임은 호프집, 이과장은 커피숍 또는 호프집에 간다.

따라서 이과장의 말이 참이며, 이과장은 커피숍, 박주임은 호프집, 극장에 간 사람은 김대리이다.

|02| 디지털 리터러시 평가

※ 상황판단 평가는 정답 및 해설이 제공되지 않습니다.

01	02	03	04	05	06	07	08								
①	①	③	③	④	①	②	③								

01 정답 ①

▲ 함수를 사용해 번호(A2)가 홀수(■)이면 '30% 할인'을, 그렇지 않으면 '20% 할인'을 출력하는 수식이다.

오답분석

② ▲ 함수를 사용해 번호(A2)가 짝수(♡)이면 '30% 할인'을, 그렇지 않으면 '20% 할인'을 출력하는 수식이다.
③ 품명(B2:B7)이 '복숭아'인 단가(C2:C7)의 평균을 구하는 수식이다.
④ ▲ 함수를 사용해 번호(A2)가 홀수(■)이면 '20% 할인'을, 그렇지 않으면 '30% 할인'을 출력하는 수식이다.

02 정답 ①

클레임 사유(C2:C7) 중 '지연'("*지연*")이 포함된 경우가 몇 건인지 세는 수식이다.

오답분석

② 클레임 사유(C2:C7) 중 '지연'("지연*")으로 시작하는 경우가 몇 건인지 세는 수식이다.
③ 클레임 사유(C2:C7)에서 오른쪽을 기준으로 두 글자를 반환하는 수식이다.
④ 클레임 사유(C2:C7)에서 오른쪽을 기준으로 반환한 두 글자가 '지연'일 경우 '+1'을, 그렇지 않으면 공백을 출력하는 수식이다.

03 정답 ③

일자(A2)의 월(月)이 11월 전이면 '완료', 그렇지 않으면 공백을 출력하는 수식이다.

오답분석

① 일자(A2:A7)가 2021년 10월 30일 후인 제품의 수량(C2:C7) 평균을 구하는 수식이다.
② 일자(A2)의 월(月)이 11월 후이면 '완료', 그렇지 않으면 공백을 출력하는 수식이다.
④ 일자(A2)의 년(年)이 11월 전이면 '완료', 그렇지 않으면 공백을 출력하는 수식이다.

04 정답 ③

평균이 높은 순으로 순위를 표시하려면 내림차순으로 정렬해야 하므로 정렬 기준에 1이 아니라, 0이 들어가거나 생략해야 한다.

05 정답 ④

최고기온(B2:B8)에서 최저기온(C2:C8)을 뺀 값 중 가장 큰 값을 함수 ▲를 사용해서 구하는 수식이다.

오답분석

① 월요일의 최저기온 합을 구하는 수식이다.
② 월요일의 일교차를 구하는 수식이다.
③ 월요일의 최고기온과 최저기온 합을 구하는 수식이다.

06 정답 ①

- 하원 : 정시에서 3분 지난 시간에 태그했으므로(Yes → Yes →) '경고 & 출석' 출력
- 지은 : 정시에서 13분 지난 시간에 태그했으며(Yes → No → Yes →) 지각 사유가 있으므로(Yes →) '출석 인정' 출력
- 정석 : 정시에서 21분 지난 시간에 태그했으며(Yes → No → No →) 결석 사유가 없으므로(No →) '결석' 출력

07 정답 ②

제시된 순서도는 1차 필기를 응시한 사람을 대상으로 1차 필기 점수가 90점 이상이면 실기 응시자 수에, 90점 미만이면 2차 필기 응시자 수에 누적되는 순서도이다.
따라서 ⓐ는 x, ⓑ는 $y \geq 90$이다.

08 정답 ③

한영이가 도서관에 방문한 이유는 독후감에 쓸 책을 빌리기 위해서이며(Yes → Yes →), 한영이가 찾는 도서는 '대출 가능' 상태이다(Yes →).
도서 검색(10분)+도서를 찾음(10분)+대출(5분)=25분
따라서 한영이는 책을 빌리기 위해 최소 25분간 도서관에 머물러야 한다.

[9~11]

상황판단 평가는 정답 및 해설이 제공되지 않습니다.

CHAPTER 07 | 2020년 기출복원문제

01	02	03	04	05	06	07	08	09	10	11	12	13	14	15	16	17	18	19	20
③	①	②	④	③	③	①	④	③	④	③	③	④	①	④	③	③	④	②	③

21	22	23																	
④	④	④																	

01 정답 ③

망양지탄(望洋之歎)이란 넓은 바다를 보고 탄식한다는 뜻으로, 다른 사람의 위대함을 보고 자신의 미흡함을 부끄러워한다는 의미이다.

오답분석

① 만시지탄(晚時之歎) : 때늦은 한탄이라는 뜻으로, 시기가 늦어 기회를 놓친 것이 원통해서 탄식함을 이르는 말
② 풍수지탄(風樹之歎) : 부모님을 모시고자 하나 이미 돌아가셔서 그 뜻을 이룰 수 없어 한탄함을 이르는 말
④ 맥수지탄(麥秀之歎) : 고국의 멸망을 한탄함을 이르는 말. 나라가 망한 뒤에도 보리만은 잘 자라는 것을 보고 한탄하였다는 데서 유래함

02 정답 ①

외래어 표기법에 따라 sickness[siknis]의 자음 [n] 앞의 [k]는 '으'를 붙여 표기하므로 '시크니스'가 옳은 표기이다.

03 정답 ②

제시문의 첫 번째 문단에서는 이론에서 설명하는 것과 달리 한 기업이 더 효율적이 되는 현상을 이야기하고 있으므로 먼저 효율적인 생산 과정의 의미에 대해 설명하는 (가)를 배치하는 것이 적절하다. 다음으로는 (가)에서 제기한 문제의 사례에 해당하는 (라)와 이 사례를 통해 알 수 있는 X-효율성에 대해 설명하는 (다)가 차례로 오는 것이 적절하다. 마지막으로 이러한 X-효율성을 극대화할 수 있는 사람이 훌륭한 경영자라는 내용의 (나) 순으로 나열하는 것이 적절하다.

04 정답 ④

기업 내의 생산 과정에는 X-효율성과 같이 겉으로는 잘 드러나지 않지만 실제로 생산성에 중요한 영향을 미치고 있는 요인들이 존재한다.

오답분석

① 경제 이론에 의하면 생산 요소와 생산 기술이 동일한 두 기업의 생산량은 똑같아야 하지만, 실제 현실에서는 생산성에서 큰 차이를 보이는 경우가 흔하게 나타난다.
② 생산 과정에 적절한 비율의 노동과 자본이 투입된다고 해서 반드시 최대한의 효율성이 도출되는 것은 아니다.
③ 전통적 이론에서 규정하는 효율성은 근로자들이 열성적으로 일해 생긴 효율성이고, X-효율성은 이와 별개로 덤(Extra)으로 존재하는 효율성이다.

05 정답 ③

제시문에서는 신용카드 관련 신용불량자가 늘어나고 있는 문제 상황에 대하여 글쓴이의 경험이 아닌 경제학적 관점에서 그 원인을 분석하고 있다.

오답분석

① 신용카드의 부정적 측면을 강조하여 그로 인한 문제점을 분석하고 있다.
② 경제학자의 주장을 인용하여 신용카드 남발이 사회의 신뢰와 관계 있음을 주장하고 있다.
④ 신용카드 관련 신용불량자 증가 현상의 문제점을 분석하고, 이에 대해 신용카드 회사, 정부, 개인 측면에서의 해결방안을 제시하고 있다.

06 정답 ③

ㄴ의 중고차 판매원과 소비자의 정보량 차이와 ㄷ의 용왕과 토끼의 정보량 차이는 정보의 비대칭성 사례에 해당한다.

오답분석

ㄱ. 원하지 않는 정보가 과잉 유출되는 사례에 해당한다.
ㄹ. 지나치게 많은 정보에 노출되는 사례에 해당한다.

07 정답 ①

소비자잉여(CS)란 소비자가 상품에 대해 지불할 용의가 있는 금액(WTP)에서 실제로 지불한 가격(P)을 뺀 것이다. 따라서 구매에서 소비자가 얻는 이득을 의미하므로 $CS=WTP-P$로 정리할 수 있다.

오답분석

② 생산자잉여(PS)는 생산자가 시장에서 실제로 받은 금액(P)에서 생산자가 최소한 받아야 하겠다고 생각하는 금액(WTS)을 뺀 것과 같으므로 $PS=P-WTS$로 정리할 수 있다.
③ 총잉여(TS)는 소비자잉여(CS)와 생산자잉여(PS)를 합친 것이므로 $TS=CS+PS$로 정리할 수 있다.
④ 총잉여(TS)는 소비자가 부여한 가치(WTP)에서 생산자가 최소한 받아야 하겠다고 생각하는 금액(WTS)을 뺀 것과 같으므로 $TS=WTP-WTS$로 정리할 수 있다.

08 정답 ④

갑과 을은 각각 5천 원과 3천 원의 소비자잉여가 발생하고, 병은 2천 원의 소비자잉여가 발생한다.
그러나 시장 가격이 5천 원으로 형성되어도 정의 소비자잉여는 발생하지 않으므로 소비자잉여의 합은 다음과 같다.
$5,000+3,000+2,000=10,000$원
따라서 소비자잉여의 합은 1만 원이다.

09 정답 ③

명제들을 통해서 적극적인 사람은 활동량이 많으며 활동량이 많을수록 잘 다치고 면역력이 강화된다는 것을 알 수 있다.
또한, 활동량이 많지 않은 사람은 적극적이지 않은 사람이며, 적극적이지 않은 사람은 영양제를 챙겨먹는다는 것을 알 수 있다.
따라서 영양제를 챙겨먹으면 면역력이 강화되는지는 알 수 없다.

오답분석

① 첫 번째 명제, 두 번째 명제의 대우를 통해 추론할 수 있다.
② 첫 번째 명제, 세 번째 명제를 통해 추론할 수 있다.
④ 두 번째 명제, 첫 번째 명제의 대우, 네 번째 명제를 통해 추론할 수 있다.

10 정답 ④

모든 조건을 조합하면 다음 두 가지 경우의 수가 있다.

두 가지 경우에서 강팀장과 이대리는 항상 인접하므로 항상 옳은 것은 ④이다.

[오답분석]
① 유사원과 이대리는 인접할 수도, 그렇지 않을 수도 있다.
② 박사원의 자리는 유사원의 자리보다 왼쪽에 있을 수도, 그렇지 않을 수도 있다.
③ 이사원은 복도 옆에 위치할 수도, 그렇지 않을 수도 있다.

11 정답 ③

대표의 옆방에는 부장이 묵어야 하므로 대표는 오직 111호에만 묵을 수 있으며, 110호에는 총무팀 박부장이 배정받는다. 따라서 111호에는 생산팀 장과장은 묵을 수 없다.

[오답분석]
① 두 번째 조건에서 같은 부서는 마주보는 방을 배정받을 수 없으므로 인사팀 유과장은 105호에 배정받을 수 없다.
② 만약 105호에 생산팀 장과장이 배정받으면, 인사팀 유과장은 102호 또는 107호에 배정받을 수 있으므로 104호는 빈방으로 남을 수 있다.
④ 111호에 대표가 묵는다고 했으므로 총무팀 박부장은 110호로 배정받는다.

12 정답 ③

해결해야 할 전략 과제란 취약한 부분에 대해 보완해야 할 과제를 말한다. 따라서 이미 우수한 고객서비스 부문을 강화한다는 것은 전략 과제로 적절하지 않다.

[오답분석]
① 해외 판매망이 취약하다고 분석되었으므로 중국시장의 판매유통망을 구축하는 전략 과제를 세우는 것은 적절하다.
② 중국시장에서 제품의 구매 방식이 대부분 온라인으로 이루어지는 데 반해, 자사의 온라인 구매시스템은 미흡하기 때문에 온라인 구매시스템을 강화한다는 전략 과제는 적절하다.
④ 제품에 대해 중국기업들 간의 가격 경쟁이 치열하다는 것은 제품의 가격이 내려가고 있다는 의미인데, 자사는 생산원가가 높다는 약점이 있다. 따라서 원가 절감을 통한 가격경쟁력 강화 전략은 적절하다.

13 정답 ④

WO전략은 약점을 극복함으로써 기회를 활용할 수 있도록 내부 약점을 보완해 좀 더 효과적으로 시장 기회를 추구한다. 따라서 바로 옆에 유명한 프랜차이즈 레스토랑이 생겼다는 사실을 이용하여 홍보가 미흡한 점을 보완할 수 있도록 레스토랑과 제휴하여 레스토랑 내에 홍보물을 비치하는 방법은 WO전략으로 적절하다.

14 정답 ①

두 빵집은 서로의 결정에 대해 알 수 없으므로 각자 최고의 이익을 얻을 수 있는 최선의 선택을 할 것이다.
따라서 A빵집과 B빵집 모두 가격을 인하할 가능성이 높다.

15 정답 ④

DB 마케팅(Data Base Marketing)이란 목표고객의 개념을 도입한 마케팅 기법이다. 이는 불특정 다수에서 우량고객을 골라내기 위한 마케팅 기법으로, 잠재고객에 대한 각종 정보를 마케팅 수단으로 활용하는 것을 뜻한다. DB 마케팅의 도입을 이른바 '80 대 20'의 법칙에서 찾기도 한다. 이는 상위 20%의 고객이 매출의 80%를 차지한다는 것으로, 기업 입장에선 소비자 1백 명을 대상으로 1백의 마케팅 노력을 기울이는 것보다 표적 고객 20명에게 80의 마케팅 노력을 하는 것이 효율적이다.

[오답분석]
① 코즈 마케팅(Cause Marketing) : 기업이 사회 구성원으로서 마땅히 해야 할 책임을 다함으로써 긍정적인 이미지를 구축하고, 이를 마케팅에 활용하는 전략
② 퍼포먼스 마케팅(Performance Marketing) : 온라인에서 다양한 경로를 통해 노출시킨 광고에 따라 기업 웹사이트나 쇼핑몰에 유입된 고객들이 매출을 일으키는 과정을 체크하고 개선하는 일련의 마케팅 과정
③ 니치 마케팅(Niche Marketing) : 타 기업들이 이미 주목하고 있는 포화상태의 레드오션에 참여하지 않고, 기존시장을 세분화하여 주목이 적은 블루오션을 공략하는 마케팅 기법

16 정답 ③

일차에 따른 먹이의 무게는 다음과 같다.

(단위 : kg)

1일 차	2일 차	3일 차	4일 차	5일 차	6일 차	7일 차	…
$3m$	$3m+1$	$3m-1$	$3m$	$3m-2$	$3m-1$	$3m-3$	…

홀수일은 -1의 규칙을 가지고 있으므로, 13일 차에는 $(3m-6)$kg의 먹이를 준다.
13일 차에 줄 먹이의 무게가 0이 되므로 다음과 같은 식이 성립한다.
$3m-6=0$
$\therefore m=2$
또한 두 항씩 묶어서 계산하면, (1일 차)+(2일 차)$=6m+1$, (3일 차)+(4일 차)$=6m-1$, …이므로 첫 번째 항이 $(6m+1)$이고, 공차가 -2인 등차수열임을 알 수 있다.
12일 차까지는 6개의 항이 되며, 각 항을 모두 더하면 다음과 같다.
$6 \times 6m + (1-1-3-5-7-9) = 36m-24$
따라서 12일 차까지 어항에 준 먹이의 무게의 합은 $36 \times 2 - 24 = 48$kg이다.

17 정답 ③

삼각형 ABC의 넓이는 $\frac{1}{2}\overline{AB} \times \overline{BC} \times \sin\theta$ 로 계산할 수 있다.

$3\sqrt{2} = \frac{1}{2} \times 3 \times 4 \times \sin\theta$

$\therefore \sin\theta = \frac{3\sqrt{2}}{6} = \frac{\sqrt{2}}{2}$

따라서 $\theta = \frac{\pi}{4}$ 이다.

18 정답 ④

$\log_a c : \log_b c = 4 : 1$
→ $\log_a c = 4\log_b c$

1보다 큰 임의의 실수 x, y, z에 대해서 $\log_y x = \dfrac{\log_z x}{\log_z y}$ 와 같으므로 $4\log_b c = 4\dfrac{\log_a c}{\log_a b}$ 가 되는 것을 알 수 있다.

$\log_a c = 4\dfrac{\log_a c}{\log_a b}$

따라서 $\log_a b = 4 (\because \log_a c \neq 0)$이다.

19 정답 ④

단 1명이 거짓말을 하고 있으므로 C와 D 중 1명은 반드시 거짓말을 하고 있음을 알 수 있다.
ⅰ) D의 말이 거짓일 경우
   C와 B의 말이 참이므로 A와 D가 모두 1등이 되므로 모순이다.
ⅱ) C의 말이 거짓일 경우
   A는 1등 당첨자가 되지 않으며, 나머지 진술에 따라 D가 1등 당첨자가 된다.
따라서 C가 거짓을 말하고 있으며, 1등 당첨자는 D이다.

20 정답 ③

대진표를 살펴보면 여섯 팀 중 네 팀은 총 두 번 경기하여 결승전에 진출할 수 있지만, 나머지 두 팀은 한 번의 경기로 결승전에 진출할 수 있다.
그러므로 여섯 팀을 네 팀과 두 팀으로 나누어 경우의 수를 구한다. 또한 분할된 네 팀은 다시 두 팀으로 나누어지므로 해당 경우의 수를 구하는 식은 다음과 같다(단, 네 팀에서 분할된 두 개의 팀은 구분이 필요 없으므로 2를 나눈다).

$\dfrac{{}_6C_4 \times {}_2C_2 \times {}_4C_2 \times {}_2C_2}{2} = 45$

따라서 토너먼트 경기가 가능한 경우의 수는 45가지이다.

21 정답 ④

매달 1.5%의 이자가 붙으므로 철수가 갚아야 하는 금액은 $30 \times 1.015^{12} = 30 \times 1.2 = 36$만 원이다.
이때, 철수가 이달 말부터 a만 원씩 갚는다고 하면 이자를 포함하여 갚는 금액은 다음과 같다.

$a + a \times 1.015 + \cdots + a \times 1.015^{11}$

$= \dfrac{a(1.015^{12} - 1)}{1.015 - 1} = \dfrac{a(1.2 - 1)}{0.015}$

$= \dfrac{0.2a}{0.015} = \dfrac{40}{3}a$

$= \dfrac{40}{3}a = 36$

$\therefore a = \dfrac{27}{10} = 2.7$

따라서 철수가 매달 갚아야 하는 금액은 27,000원이다.

22 정답 ④

- 기본요금 : 1,600원
- 전력량요금
  - 처음 200kWh까지 : 200×93.3=18,660원
  - 다음 200kWh까지 : 200×187.9=37,580원

부가가치세는 총요금의 10%이므로 전기요금은 다음과 같다.
(1,600+18,660+37,580)×1.1≒63,620원(∵ 10원 미만 절사)
따라서 전기요금은 63,620원이다.

23 정답 ④

국내은행에서 외화를 다른 외화로 환전할 경우에는 우선 외화를 원화로 환전한 후 해당 원화를 다시 다른 외화로 환전하는 방식으로 이루어진다. 그러므로 환전수수료가 있다면 두 번에 거쳐 수수료가 발생한다.
④와 같이 위안화를 엔화로 국내은행에서 환전한다면 위안화 ¥3,500을 은행에 파는 것이므로 '파실 때' 환율이 적용되어 다음과 같은 식이 성립한다.
173.00×¥3,500=605,500원
그리고 엔화는 원화를 대가로 은행에서 사는 것이므로 '사실 때' 환율이 적용되어 다음과 같은 식이 성립한다.
605,500÷1,070.41≒565.6711원
그러나 외화거래에서의 엔화단위는 100엔이므로 1엔 기준으로 변경하면 다음과 같다.
565.6711×100=¥56,567.11
따라서 ¥56,567.11을 받을 수 있다.

CHAPTER 08 | 2019년 하반기 기출복원문제

| 01 | NCS 직업기초능력평가

01	02	03	04	05	06	07	08	09	10	11	12	13	14	15	16				
④	④	①	②	③	①	③	②	③	②	④	④	①	④	①	③				

01 정답 ④

㉠의 앞에서는 일반적인 사람들이 위기상황에서 공황발작을 느끼는 것은 정상적인 생리 반응이라고 하였으나, 뒤에서는 공황장애에서의 공황발작은 아무런 이유 없이 아무 때나 예기치 못하게 발생한다고 하였으므로 빈칸에는 역접을 의미하는 '그러나'가 적절하다.
㉡의 앞에서는 특별한 위기상황이 아니어도 공황발작이 발생할 수 있고, 뒤에서는 이렇게 공황발작이 나타나면 행동의 변화가 생기게 된다고 하였으므로 빈칸에는 앞 내용의 양상을 받아 뒤의 문장을 이끄는 말인 '이와 같이'가 적절하다.

02 정답 ④

제시문에 따르면 현대의 상류층은 다른 상류층 사이에 있을 때는 경쟁적으로 사치품을 소비하며 자신을 과시하고, 차별해야 할 아래 계층이 있을 때는 소비하지 않기를 통해 서민들처럼 소박한 생활을 한다는 것을 과시함으로써 오히려 자신을 더 드러낸다.

오답분석
① 현대의 상류층은 서민들처럼 소박한 생활을 한다는 것을 과시함으로써 서민들에게 친근감을 주지만, 사실 이는 극단적인 위세의 형태로 이를 통해 오히려 자신을 한층 더 드러낸다.
② 겸손한 태도로 자신을 한층 더 드러내는 소비행태를 보이는 것은 현대의 서민이 아닌 상류층이며, 서민들은 상류층을 따라 사치품을 소비한다.
③ 현대의 상류층은 차별화해야 할 아래 계층이 없거나 경쟁 상대인 다른 상류층 사이에 있을 때, 경쟁적으로 고가품을 소비하며 자신을 과시한다.

03 정답 ①

화폐 통용을 위해서는 화폐가 유통될 수 있는 시장이 성장해야 하고, 농업생산력이 발전해야 한다. 그러나 서민들은 물품화폐를 더 선호하였고, 일부 계층에서만 화폐가 유통되었다. 따라서 광범위한 동전 유통이 실패한 것이다. 한편, 화폐의 수요량에 따른 공급은 화폐가 유통된 이후의 조선 후기에 해당하는 내용이다.

04 정답 ②

진희의 집부터 어린이집까지의 거리를 $x$km라고 하면, 어린이집부터 회사까지의 거리는 $(12-x)$km이다.
어린이집부터 회사까지 진희의 속력은 10km/h의 1.4배이므로 14km/h이다.
집에서 회사까지 1시간이 걸렸으므로 다음과 같은 식이 성립한다.

$$\frac{x}{10}+\frac{12-x}{14}=1$$
→ $7x+5(12-x)=70$
→ $2x=10$
∴ $x=5$

어린이집을 가는 데 걸린 시간은 $\frac{5}{10}=\frac{1}{2}$ 시간=30분이다.

따라서 어린이집에서 출발한 시간은 8시 30분이다.

05 정답 ③

작년 TV와 냉장고의 판매량을 각각 $3k$, $2k$대, 올해 TV와 냉장고의 판매량을 각각 $13m$, $9m$대라고 하자.
작년 TV와 냉장고의 총판매량은 $5k$대, 올해 TV와 냉장고의 총판매량은 $22m$대이다.
올해 총판매량이 작년보다 10% 증가했으므로 다음과 같은 식이 성립한다.

$$5k\left(1+\frac{10}{100}\right)=22m$$
→ $\frac{11}{2}k=22m$
∴ $k=4m$

작년 냉장고 판매량은 $2\times 4m=8m$대이다.
따라서 냉장고의 판매량은 작년보다 $\frac{9m-8m}{8m}\times 100=12.5\%$ 증가했다.

06 정답 ①

8월과 12월의 유로/달러는 다음과 같다.
- 8월 : $\frac{1,180}{1,320}\fallingdotseq 0.89$유로/달러
- 12월 : $\frac{1,154}{1,470}\fallingdotseq 0.79$유로/달러

따라서 8월의 유로/달러의 값이 더 크다.

[오답분석]
② 7월 대비 12월의 원/유로 환율 증가율은 다음과 같다.
$$\frac{1,470-1,300.5}{1,300.5}\times 100 \fallingdotseq 13.0\%$$
따라서 18% 미만으로 증가하였다.
③ 8~12월의 원/달러의 증감 추이는 '감소 – 감소 – 증가 – 증가 – 증가'이고, 원/100엔의 증감 추이는 '감소 – 증가 – 증가 – 증가 – 증가'이다. 따라서 증감 추이는 동일하지 않다.
④ 8~12월 중 원/달러와 원/100엔의 전월 대비 변화량이 가장 큰 달은 9월이므로 8월 대비 9월의 변화량은 각각 다음과 같다.
- 원/달러 변화량 : $|1,112-1,180|=68$원
- 원/100엔의 변화량 : $1,048-1,012=36$원

따라서 원/달러의 최대 변화량이 원/100엔의 최대 변화량보다 크다.

07 정답 ③

Q4에 대한 답에 따르면 S페이는 휴대폰 기종이나 제조사, 통신사 등의 제한이 없다고 했으므로 옳지 않다.

08 정답 ②

[오답분석]
① S페이는 휴대폰 기종이나 제조사, 통신사 등의 제한 없이 사용할 수 있다.
③ S페이는 S모바일카드의 앱카드 기능을 분리하여 제작된 것이므로 S페이를 이용하고자 하는 경우 신규 설치 후 카드 등록을 해야 한다.
④ 카드 등록 수의 제한 없이 소지하고 있는 모든 S은행카드를 등록할 수 있다.

09 정답 ③

B고객의 예금이 만기되어 찾으면 받을 수 있는 이율은 기본금리 3%와 우대금리 0.2%p로, 3+0.2=3.2%이다.
5년 예금이 만기됐을 때 B고객이 받을 수 있는 금액은 다음과 같다.
$1,000,000 \times \left(1 + 0.032 \times \frac{60}{12}\right) = 1,160,000$원

예금을 중도에 해지할 경우, 최초 가입 시 설정된 (기본금리)+(우대금리)가 아닌 중도해지이율이 적용된다. B고객은 해당 예금상품을 1년 동안 보유했으므로 중도해지이율 중 18개월 미만인 기본금리의 30%가 적용된다.
중도해지 시 B고객이 받을 수 있는 금액은 다음과 같다.
$1,000,000 \times \left(1 + 0.03 \times 0.3 \times \frac{12}{12}\right) = 1,009,000$원

따라서 B고객에게 안내할 금액은 1,160,000−1,009,000=151,000원이다.

10 정답 ②

단리식인 경우 만기 시 수령할 이자를 계산하면 다음과 같다.
$100,000 \times \frac{12 \times 13}{2} \times \frac{0.02}{12} = 13,000$원

월복리식인 경우 만기 시 수령할 이자를 계산하면 다음과 같다.

$100,000 \times \left\{ \dfrac{\left(1+\dfrac{0.02}{12}\right)^{13} - \left(1+\dfrac{0.02}{12}\right)}{\left(1-\dfrac{0.02}{12}\right) - 1} \right\} - 12 \times 100,000$

$= 100,000 \times \left\{ \dfrac{1.022 - \left(1+\dfrac{0.02}{12}\right)}{\dfrac{0.02}{12}} \right\} - 12 \times 100,000$

$= 100,000 \times \left(\dfrac{\dfrac{22}{1,000} - \dfrac{2}{1,200}}{\dfrac{2}{1,200}} \right) - 12 \times 100,000$

$= 100,000 \times \left(\dfrac{12 \times 22 - 20}{20} \right) - 12 \times 100,000$

$= 100,000 \times \dfrac{61}{5} - 12 \times 100,000$

$= 1,220,000 - 1,200,000$

$= 20,000$원

따라서 A씨가 만기 시 수령하는 이자액이 바르게 연결된 것은 ②이다.

11 정답 ④

교통사고·화재·산업재해 피해금의 비중이 아닌 사망자 수의 비중을 나타낸 그래프이므로 옳지 않다.
한편, 피해금액별 교통사고·화재·산업재해 비중의 올바른 수치는 다음과 같다.

- 교통사고 : $\frac{1,290}{1,290+6,490+1,890} \times 100 = \frac{1,290}{9,670} \times 100 ≒ 13.3\%$

- 화재 : $\frac{6,490}{9,670} \times 100 ≒ 67.1\%$

- 산업재해 : $\frac{1,890}{9,670} \times 100 ≒ 19.5\%$

12 정답 ④

제시된 명제를 정리하면 다음과 같다.

명제	문자화
아침에 시리얼을 먹는 사람은 두뇌 회전이 빠르다.	A → B
아침에 토스트를 먹는 사람은 피곤하다.	C → D
에너지가 많은 사람은 아침에 밥을 먹는다.	E → F
피곤하면 회사에 지각한다.	D → G
두뇌 회전이 빠르면 일 처리가 빠르다.	B → H

'A → B → H, C → D → G, E → F'이므로, C → G가 참이다. 따라서 이의 대우 명제인 ~G → ~C가 참인 것을 알 수 있다.

오답분석
① '아침에 밥을 먹는 사람은 에너지가 많다.'는 F → E로 세 번째 명제의 역이다. 따라서 항상 참이라고 할 수 없다.
② '두뇌 회전이 느리면 아침에 시리얼을 먹는다.'는 ~B → A이므로 제시된 명제에서 추론할 수 없다.
③ 제시된 명제만으로는 추론할 수 없다.

13 정답 ①

ⅰ) ㄱ의 경우
  B, C의 진술이 모두 참이거나 거짓일 때 영업팀과 홍보팀이 같은 층에서 회의를 할 수 있다. 그러나 B, C의 진술은 A에 따라 동시에 참이 될 수 없으므로, A·B·C 진술 모두 거짓이 되어야 한다. 따라서 기획팀은 5층, 영업팀과 홍보팀은 3층에서 회의를 진행하고, E는 5층에서 회의를 하는 기획팀에 속하게 되므로 ㄱ은 항상 참이 된다.
ⅱ) ㄴ의 경우
  기획팀이 3층에서 회의를 한다면 A의 진술은 항상 참이 되어야 한다. 이때 B와 C의 진술은 동시에 거짓이 될 수 없으므로, 둘 중 하나는 반드시 참이어야 한다. 또한 2명만 진실을 말하므로 D와 E의 진술은 거짓이 된다. 따라서 D와 E는 같은 팀이 될 수 없으므로 ㄴ은 참이 될 수 없다.
ⅲ) ㄷ의 경우
  • 두 팀이 5층에서 회의를 하는 경우 : (A·B 거짓, C 참), (A·C 거짓, B 참)
  • 두 팀이 3층에서 회의를 하는 경우 : (A·B 참, C 거짓), (A·C 참, B 거짓), (A·B·C 거짓)
  두 팀이 5층보다 3층에서 회의를 하는 경우가 더 많으므로 ㄷ은 참이 될 수 없다.
그러므로 보기에서 항상 참인 것은 ㄱ이다.

14 정답 ④

일남이와 삼남이의 발언을 통해 일남이와 삼남이 중 적어도 1명은 거짓을 말한다는 것을 알 수 있다. 만약 일남이와 삼남이가 모두 거짓말을 하고 있다면 일남이는 경찰이고, 자신이 경찰이라고 말한 이남이의 말이 거짓이 되면서 거짓말을 한 사람이 3명 이상이 되므로 조건에 부합하지 않는다. 그러므로 일남이는 경찰이 아니며, 일남이나 삼남이 중에 1명만 거짓을 말한다.

i) 일남이가 거짓, 삼남이가 진실을 말한 경우
  일남이는 마피아이고, 오남이가 마피아라고 말한 이남이의 말은 거짓이므로, 이남이는 거짓을 말하고 있고 이남이는 경찰이 아니다. 즉, 남은 사남이와 오남이는 모두 진실을 말해야 한다. 두 사람의 말을 종합하면 사남이는 경찰도 아니고 시민도 아니게 되므로 마피아여야 한다. 그러나 이미 일남이가 마피아이고 마피아는 1명이라고 했으므로 모순이다.

ii) 일남이가 진실, 삼남이가 거짓을 말한 경우
  일남이는 시민이고, 이남ㆍ사남ㆍ오남 중 1명은 거짓, 다른 2명은 진실을 말한다. 만약 오남이가 거짓을 말하고 이남이와 사남이가 진실을 말한다면 이남이는 경찰, 오남이는 마피아이고 사남이는 시민이어야 하는데, 오남이의 말이 거짓이 되려면 오남이가 경찰이 되므로 모순이다. 또한, 만약 사남이가 거짓을 말하고 이남이와 오남이가 진실을 말한다면 이남이와 사남이가 모두 경찰이므로 역시 모순된다. 즉, 이남이가 거짓, 사남이와 오남이가 진실을 말한다.

따라서 사남이는 경찰도 시민도 아니므로 마피아이고, 이남이와 오남이가 모두 경찰이 아니므로 삼남이가 경찰이다.

15 정답 ①

규칙에 따라 사용할 수 있는 숫자는 1, 5, 6을 제외한 나머지 2, 3, 4, 7, 8, 9의 총 6개이다.
(한 자리 수)×(두 자리 수)=156을 만족하는 수를 알기 위해서는 156의 소인수를 구해야 한다.
156의 소인수는 3, 2^2, 13으로 여기서 156이 되는 수의 곱 중에 조건을 만족하는 것은 2×78과 4×39이다.
따라서 선택지 중에 A팀 또는 B팀에 들어갈 수 있는 암호배열은 39이다.

16 정답 ③

김과장이 2주 차 월요일에 단식을 했기 때문에, 1주 차 토요일과 일요일은 반드시 세 끼 식사를 해야 한다. 또한 목요일은 업무약속으로 점심식사를 했으므로 단식을 할 수 없다. 이를 표로 정리하면 다음과 같다.

구분	월	화	수	목	금	토	일
아침	○		○	○	○	○	○
점심				○		○	○
저녁				○		○	○

i) 월요일에 단식을 했을 경우
  화ㆍ수요일은 세 끼 식사를 해야 한다. 그러면 금요일이 단식일이 되는데, 이 경우 네 번째 조건을 만족하지 못한다.
ii) 화요일(아침에 식사)에 단식을 했을 경우
  월ㆍ수ㆍ목요일은 세 끼 식사를 해야 한다. 그러면 금요일이 단식일이 되는데, 이 경우 네 번째 조건을 만족하지 못한다.
iii) 화요일(저녁에 식사)에 단식을 했을 경우
  월ㆍ수ㆍ목요일은 세 끼 식사를 해야 한다. 그러면 금요일이 단식일이고, 아침에 식사를 했으므로 모든 조건을 만족한다.

따라서 김과장은 화요일 저녁과 금요일 아침에 식사를 했다.

| 02 | 직무수행능력평가

01	02	03	04	05	06	07	08	09	10	11	12	13	14	15	16	17	18	19	20
②	④	③	①	②	③	②	①	②	②	④	③	②	③	④	④	③	①	④	①

01 정답 ②

BCG 매트릭스에서 물음표에 해당하는 사업부는 시장의 성장률이 높고, 상대적 시장점유율은 낮다.

02 정답 ④

롱테일 법칙 또는 역파레토 법칙은 상대적으로 판매량이 적은 상품의 총합이 전체의 매출에서 더 큰 가치를 창출하게 된다는 이론이다. 과거에는 유통비용과 진열공간의 한계로 인해 소수의 잘 팔리는 상품이 필요했다면, 인터넷 공간에서는 매장에 진열되지 못했던 제품들도 모두 공간을 갖게 될 길이 열려 매출에 기여했다는 것이다.

오답분석

① 파킨슨 법칙 : 공무원의 수는 해야 할 업무량에 관계없이 일정 비율로 증가한다는 법칙
② 하인리히 법칙 : 대형사고는 우연하고 갑작스럽게 발생하는 것이 아니며, 이 사고가 발생하기 이전에 이와 관련된 경미한 사건들과 징후가 수도 없이 발생했었을 것을 밝힌 법칙
③ 파레토 법칙 : '80 대 20 법칙'이라고도 불리며, 이른바 '핵심적 소수'와 '사소한 다수'에 대한 이론으로, 기업의 전체 매출은 소수의 상품이 좌우한다는 결론을 도출해낸 법칙

03 정답 ③

- 부채비율 : $\dfrac{(부채)}{(자기자본)} \times 100 = \dfrac{60억\ 원}{80억\ 원} \times 100 = 75\%$
- ROA : $\dfrac{(당기순이익)}{(자산총액)} \times 100 = \dfrac{28억\ 원}{140억\ 원} \times 100 = 20\%$
- 총자본회전율 : $\dfrac{(매출액)}{(총자본)} = \dfrac{168억\ 원}{140억\ 원} = 1.2$

04 정답 ①

- ㉠ : ELD(주가지수연동예금, Equity Linked Deposit)
- ㉡ : ELS(주가연계증권, Equity Linked Securities)
- ㉢ : ELF(주가연계펀드, Equity Linked Fund)

> - **주식워런트증권(ELW; Equity Linked Warrant)**
>   당사자 일방의 의사표시 때문에 특정 주권의 가격 또는 주가지수의 변동과 연계하여 미리 약정된 방법에 따라 주권의 매매 또는 금전을 수수하는 권리가 부여된 증서
> - **상장지수펀드(ETF; Exchange Traded Funds)**
>   특정지수를 모방한 포트폴리오를 구성하여 산출된 가격을 상장시킴으로써 주식처럼 자유롭게 거래되도록 설계된 지수상품

05 정답 ②

(유동비율)=$\frac{(유동자산)}{(유동부채)}\times 100$이므로 유동비율 120%, 유동부채 100억 원을 대입하면 유동자산 120억 원을 구할 수 있다.

(당좌비율)=$\frac{(유동자산)-(재고자산)}{(유동부채)}\times 100$이므로 유동자산 120, 재고자산 40, 유동부채 100을 대입하면 $\frac{120-40}{100}\times 100=80\%$이다.

따라서 당좌비율은 80%이다.

06 정답 ③

VaR은 최대예상손실액으로 위험요소인 주가, 금리, 환율 등의 변동성을 분석하여 산출한 자산가치의 최대 손실을 의미한다. 회사 전체의 VaR은 각 상품의 개별 VaR의 합계액보다 적게 나타나는데 그 이유는 각 상품의 상관관계로 인해 전체 VaR이 줄어들기 때문이다.

07 정답 ②

[실업률(%)]=$\frac{(실업자)}{(경제활동인구)}\times 100$

∴ $\frac{150}{1,800}\times 100 ≒ 8.3\%$

따라서 실업률은 8.3%이다.

08 정답 ①

[오답분석]

② 인덱스 펀드 : 주가지표의 변동과 동일한 투자성과를 목표로 하여 포트폴리오를 구성하는 펀드
③ 엄브렐러 펀드 : 전환형 펀드의 일종으로 우산살처럼 하나의 펀드 아래 유형이 다른 여러 개의 하위 펀드를 갖추고 있는 형태의 펀드
④ 머니마켓 펀드 : 초단기금융상품으로 투자신탁회사가 고객의 돈을 모아 단기금융상품에 투자하여 수익을 얻는 펀드

09 정답 ②

허시와 블랜차드(P. Hersey & K. H. Blanchard)의 상황적 리더십

• 기본가정
  리더십의 효과가 구성원의 성숙도라는 상황요인에 의하여 달라질 수 있다는 상황적 리더십 모델을 제안하였다.
• 리더십 모델
  구성원의 성숙도란 구성원의 업무에 대한 능력과 의미하는데, 구체적으로는 달성 가능한 범위 내에서 높은 목표를 세울 수 있는 성취욕구, 자신의 일에 대해서 책임을 지려는 의지와 능력, 과업과 관련된 교육과 경험을 종합적으로 지칭하는 변수가 된다.
  - 지시형 리더십 : 업무의 구체적 지시, 밀착 감독
  - 코치형 리더십 : 의사결정에 대해 구성원이 그 내용을 이해하고 납득할 수 있도록 기회 부여
  - 지원적 리더십 : 의사결정에서 정보와 아이디어를 공유
  - 위임적 리더십 : 결정과 실행책임을 구성원에게 위임

10 정답 ②

매출액을 X원이라고 하면 다음과 같은 식이 성립한다.

- (연평균 매출채권)=$\dfrac{(기초)+(기말)}{2}=\dfrac{295,000+420,000}{2}=357,500$원
- (매출채권회전율)=$\dfrac{(매출액)}{(연평균 매출채권)}=\dfrac{X}{357,500}=3$회

∴ $X=357,500\times3=1,072,500$

손익계산서

2018년 1월 1일부터 12월 31일까지

매출액	₩1,072,500
매출원가	(₩380,000)
매출총이익	₩692,500
관리비	(₩30,000)
금융원가	(₩10,000)
법인세비용차감전순이익	₩652,500
법인세비용	(₩16,000)
당기순이익	₩636,500

배당성향은 $\dfrac{(배당금)}{(당기순이익)}\times100$이다. 배당금을 Y원이라고 하면 다음과 같은 식이 성립한다.

$\dfrac{Y}{636,500}\times100=30\%$

∴ $Y=\dfrac{30}{100}\times636,500=190,950$

따라서 배당금액은 ₩190,950이다.

11 정답 ④

이자율의 변화는 수요곡선상의 수요량 변화를 가져오지만, 채권가격의 하락은 이자율 상승을 유발하고 이는 자산의 변화를 가져와 수요곡선의 이동을 통한 화폐수요의 감소를 유발한다.

따라서 점 a는 점 g 방향으로 이동한다.

12 정답 ③

고전학파 화폐수량설의 교환방정식 $MV=PY$를 증가율로 나타내면 다음과 같다.

$\dfrac{\Delta M}{M}+\dfrac{\Delta V}{V}=\dfrac{\Delta P}{P}+\dfrac{\Delta Y}{Y}$

- (통화량증가율)+(화폐유통속도 증가율)=(인플레이션율)+(실질경제성장률)
  → $30\%+0\%=$(인플레이션율)$+20\%$
  ∴ (인플레이션율)$=10\%$
- (명목이자율)=(실질이자율)+(인플레이션율)
  ∴ (명목이자율)$=10\%+10\%=20\%$

따라서 인플레이션율은 10%이고, 명목이자율은 20%이다.

13 정답 ②

한계기업(좀비기업)이란 회생할 가능성이 없음에도 정부 또는 채권단의 지원을 받아 간신히 파산을 면하고 있는 기업을 말하는데, 우리나라에서는 3년 연속 이자보상배율이 1 미만인 기업을 한계기업으로 간주한다.

오답분석

① 중소기업 : 자본금, 종업원 수, 총자산, 자기 자본 및 매출액 따위의 규모가 대기업에 비하여 상대적으로 작은 기업
③ 매판기업 : 식민지 나 반식민지 또는 후진국에서 외국 자본과 결탁하여 사사로운 이익을 탐하고 제 나라의 이익을 해치는 기업
④ 블랙기업 : 직원에게 낮은 임금, 장시간 노동, 임금 미지급 등 불합리한 근무 조건에서의 노동을 강요하는 기업

14 정답 ③

키코(KIKO)는 녹인 녹아웃(Knock-In, Knock-Out)의 첫 글자를 따서 만든 말로 환율변동에 따른 위험을 피하기 위한 환혜지 상품이다. 약정환율과 변동의 상한(Knock-In) 및 하한(Knock-Out)을 정해놓고 환율이 일정한 구간 안에서 변동한다면 약정환율을 적용받는 대신, 하한 이하로 떨어지면 계약을 무효로 하고, 상한 이상으로 올라가면 약정액의 1~2배를 오른 환율(시장가)로 매입하여 은행에 약정환율로 매도하는 방식이다.

오답분석

① 통화옵션(Money Option) : 미래의 특정 시점(만기일)에 특정 통화를 미리 약정한 가격(행사 가격)으로 사거나 팔 수 있는 권리가 부여된 파생상품
② 금리스왑(Interest Rate Swap) : 금융시장에서 차입자의 기존부채 또는 신규부채에 대한 금리 위험성의 헤징이나 차입비용의 절감을 위해서 두 차입자가 각자의 차입조건을 상호 간에 교환하는 계약
④ 리비드(LIBID) : 런던 금융시장에서 자금 수요 측이 제시하는 예금금리

15 정답 ④

오답분석

① 가산세금 : 규정한 세금을 납부하지 않았을 때 본래 부과된 금액에 일정 비율로 금액을 부과하는 세금
② 올랑드세금 : 프랑스의 프랑수아 올랑드 대통령이 자본 취득에 대한 대가로 부자들에게 부과한 세금
③ 스텔스세금 : 부가가치세, 판매세 등과 같이 납세자들이 세금을 내면서도 그 사실을 쉽게 알아차리지 못하도록 만든 세금

16 정답 ④

치킨의 공급량이 증가하면 가격은 하락할 것이다. 치킨의 가격이 하락했을 때 수요가 함께 증가한 맥주는 치킨의 보관재이고, 수요가 감소한 햄버거는 치킨의 대체재이다. 따라서 대체 관계에서 교차탄력성은 0보다 작다.

17 정답 ③

풋옵션을 매수한 사람은 시장에서 해당 상품이 사전에 정한 가격보다 낮은 가격에서 거래될 경우, 그 권리를 행사함으로써 비싼 값에 상품을 팔 수 있다. 그러나 해당 상품의 시장 가격이 사전에 정한 가격보다 높은 경우는 권리를 행사하지 않을 수도 있다.

18 정답 ①

페이스북은 리브라를 통해 새로운 글로벌 화폐의 근간을 마련해 낮은 환전・송금 수수료로 전 세계 어디서든 결제할 수 있는 서비스를 개발하는 중이다.

오답분석

② 블록체인 : 가상 화폐로 거래할 때 발생할 수 있는 해킹을 막는 기술
③ 캄테크 : 조용함(Calm)과 기술(Technology)의 합성어로, 사람들이 인지하지 못한 상태에서 편리한 서비스를 제공하는 기술
④ 비트코인 : 지폐나 동전과 달리 물리적인 형태가 없는 온라인 가상화폐(디지털 통화)이자 디지털 결제 시스템

19 정답 ④

수요의 가격탄력성이 높다는 것은 가격의 변화에 따라 수요량이 쉽게 변할 수 있다는 의미이다. 따라서 구매자들이 대체품의 가격을 쉽게 비교할 수 있을 때에는 대체품의 가격에 따라 수요량이 쉽게 변할 수 있다.

20 정답 ①

수직적 통합에는 전방통합과 후방통합이 있다. 전방통합은 기업이 현재 실행하는 기업 활동으로부터 최종구매자 쪽의 방향의 활동들을 기업의 영역 내로 끌어들이는 것을 말한다. 반면, 후방통합은 기업이 현재 실행하는 기업 활동으로부터 원재료 쪽의 방향의 활동들을 그 영역 안으로 끌어들이는 것을 말한다.

[오답분석]
② 전방통합에 대한 설명이다.
③ 수평적 통합에 대한 설명이다.
④ 다각화에 대한 설명이다.

CHAPTER 09 | 2019년 상반기 기출복원문제

| 01 | NCS 직업기초능력평가

01	02	03	04	05	06	07	08	09	10	11	12	13	14	15
①	②	④	④	②	③	②	③	①	③	②	④	③	④	②

01 정답 ①

문맥의 흐름상 '겉에 나타나 있거나 눈에 띄다.'의 의미를 지닌 '드러나다'가 옳다. 한편, '들어나다'는 사전에 등록되어 있지 않은 단어로 '드러나다'의 잘못된 표현이다.

02 정답 ②

ㄱ. 남한의 도로 부문 관련 법규는 도로법, 고속국도법, 한국도로공사법, 유료도로법, 사도법, 도로교통법, 교통안전법으로 총 7개이며, 북한의 도로 부문 관련 법규는 도로법, 도로교통법, 차량운수법으로 총 3개이다. 따라서 남한의 도로 부문 관련 법규의 수는 북한의 2배인 6개 이상이므로 옳은 설명이다.
ㄹ. 남한의 교통 관련 법규는 도로법, 고속국도법, 한국도로공사법, 유료도로법, 사도법, 도로교통법, 교통안전법, 철도건설법, 도시철도법, 철도안전법, 항공·철도 사고조사에 관한 법률, 철도사업법, 한국철도공사법으로 총 13개이므로 옳은 설명이다.

오답분석

ㄴ. 자료에 명시된 법규 중 남한과 북한이 동일한 명칭을 사용하는 교통 관련 법규는 도로법, 도로교통법으로 총 2개이다.
ㄷ. 북한의 철도 부문 관련 법규는 철도법, 지하철도법, 철도차량법 3개이며, 북한의 교통수단의 운영과 관련된 법규는 도로법, 도로교통법, 차량운수법, 철도법, 지하철도법, 철도차량법으로 총 6개이므로 옳지 않은 설명이다.

03 정답 ④

(라) 문단에서 인도네시아 왐푸 수력발전소를 준공하였다는 내용을 확인할 수 있으나, 연간 순이익 377억 원 달성이라는 구체적인 내용은 확인할 수 없다. 따라서 (라) 문단의 주제로 적절하지 않다.

04 정답 ④

새로운 여신심사 가이드라인으로 인해 대출심사가 까다로워진 것은 신문기사에서 확인할 수 있다. 그러나 '은행권에서는 무작정 대출받기가 어려워지는 것은 아니다.'라고 설명하면서, '실수요자들이 대출받기 어려워지는 부작용은 발생하지 않을 것'이라는 부분을 참고했을 때 Q대리는 기사를 바르게 이해한 것이라고 볼 수 없다.

05 정답 ②

제시문은 애덤 스미스의 '보이지 않는 손'에 대해 반박하기 위해 정부가 개인의 이익 활동을 제한하지 않으면 발생할 수 있는 문제점을 예를 들어 설명하고 있다. 수용 한계를 넘은 상황에서 개인의 이익을 위해 상대방의 이익을 침범한다면, 상대방도 자신의 이익을 늘리기 위해 사육 두수를 늘릴 것이다. 이러한 상황이 장기화된다면 두 번째 문단에서 말했던 것과 같이 목초가 줄어들어 그 목초지에서 양을 키워 얻을 수 있는 전체 생산량이 줄어든다. 따라서 농부들의 총이익은 기존보다 감소할 것이고, 이는 한 사회의 전체 이윤이 감소하는 결과를 초래한다.

06 정답 ③

홀수 항은 $\times(-3)$을 하는 수열이고, 짝수 항은 $\div 5$인 수열이다.
따라서 ( )$=10 \div 5=2$이다.

07 정답 ②

앞의 항에 $+0.2, +0.25, +0.3, +0.35, \cdots$인 수열이다.
따라서 ( )$=4.6+0.4=5$이다.

08 정답 ③

나열된 수를 각각 A, B, C라고 하면 다음과 같은 식이 성립한다.
$\underline{A\ B\ C} \to A-B-1=C$
따라서 ( )$=-2+7-1=4$이다.

09 정답 ①

A씨의 월 급여는 3,480만$\div 12=290$만 원이다.
- 국민연금, 건강보험료, 고용보험료를 제외한 금액
  290만$-$[290만$\times(0.045+0.0312+0.0065)$]
  $\to$ 290만$-$(290만$\times 0.0827$)
  $\to$ 290만$-239,830=2,660,170$원
- 장기요양보험료
  (290만$\times 0.0312)\times 0.0738 ≒ 6,670$원($\because$ 십 원 단위 미만 절사)
- 지방세
  $68,000\times 0.1=6,800$원

A씨의 월 실수령액은 $2,660,170-(6,670+68,000+6,800)=2,578,700$원이다.
따라서 A씨의 연 실수령액은 $2,578,700\times 12=30,944,400$원이다.

10 정답 ③

한국의 2016년 가구당 월간 전기요금은 200×320=64,000원이고, 2017년은 192×335=64,320원이다.
따라서 2017년에 월간 전기요금이 320원 더 높으므로 옳지 않은 내용이다.

[오답분석]
① 2017년 주택용 전기요금이 가장 높은 국가는 일본이며, 같은 해 월간 주택용 전기사용량은 한국 – 일본 – 프랑스 – 미국 순서로 일본이 두 번째로 적은 양을 사용했다.
② 2016~2018년 주택용 전기요금이 가장 낮은 국가는 미국이며, 미국의 주택용 월간 전기사용량은 네 국가 중 가장 많다.
④ 2017년 일본 월간 전기사용량 대비 프랑스 월간 전기사용량은 $\frac{366-341}{341} \times 100 ≒ 7.33\%$이다. 따라서 2017년 프랑스의 월간 주택용 전기사용량은 같은 해 일본의 월간 주택용 전기사용량의 5% 이상이다.

11 정답 ②

자음과 모음을 규칙에 따라 치환하면, 다음과 같다.
1. 자음

ㄱ	ㄲ	ㄴ	ㄷ	ㄸ	ㄹ	ㅁ	ㅂ	ㅃ	ㅅ	ㅆ	ㅇ	ㅈ	ㅉ	ㅊ	ㅋ	ㅌ	ㅍ	ㅎ
a	b	c	d	e	f	g	h	i	j	k	l	m	n	o	p	q	r	s

2. 모음

ㅏ	ㅐ	ㅑ	ㅒ	ㅓ	ㅔ	ㅕ	ㅖ	ㅗ	ㅘ	ㅙ	ㅚ	ㅛ	ㅜ	ㅝ	ㅞ	ㅟ	ㅠ	ㅡ	ㅢ	ㅣ
1	2	3	4	5	6	7	8	9	10	11	12	13	14	15	16	17	18	19	20	21

• 자 : m1
• 전 : m5C
• 거 : a5
∴ 1+5+5=11 → 1+1=2

12 정답 ④

• 마 : g1
• 늘 : c19F
• 쫑 : n9L
∴ 1+19+9=29 → 2+9=11 → 1+1=2

13 정답 ③

• e5A : 떡
• h9B : 복
• l21 : 이

14 정답 ④

제시된 조건들을 정리하면 다음과 같다.

구분	A (빨간색 입지 않음)	B	C (초록색 입지 않음)	D
모자	-	-	-	-
티셔츠	-	-	-	노란색
바지	-	-	빨간색	-

우선 티셔츠의 경우를 살펴보면, C의 경우는 빨간색, 파란색, 초록색에서 빨간색은 바지를 이미 입고 있으므로 해당되지 않으며, 초록색을 입지 않았으므로 C의 티셔츠는 파란색이 된다. 다음으로 A는 빨간색을 입지 않았으므로 A의 티셔츠는 초록색이 되며, B의 티셔츠는 빨간색이 된다. 이를 정리하면 다음과 같다.

구분	A (빨간색 입지 않음)	B	C (초록색 입지 않음)	D
모자	-	-	-	-
티셔츠	초록색	빨간색	파란색	노란색
바지	-	-	빨간색	-

다음으로 모자의 경우를 살펴보면, C의 경우는 초록색을 입지 않으므로 C의 모자는 노란색이 된다. 다음으로 A의 경우 빨간색을 입지 않았고, 초록색 티셔츠를 입었으므로 A의 모자는 파란색이 된다. 그리고 B는 빨간색 티셔츠를 입고 있으므로, B의 모자는 초록색이 되며, D의 모자는 빨간색이 된다. 이를 정리하면 다음과 같다.

구분	A (빨간색 입지 않음)	B	C (초록색 입지 않음)	D
모자	파란색	초록색	노란색	빨간색
티셔츠	초록색	빨간색	파란색	노란색
바지	-	-	빨간색	-

마지막으로 바지의 경우를 살펴보면, A의 경우는 빨간색을 입지 않으므로 A의 바지는 노란색이 된다. B는 초록색 모자를 쓰고 있으므로 B의 바지는 파란색이 되며, D의 바지는 초록색이 된다. 이를 정리하면 다음과 같다.

구분	A (빨간색 입지 않음)	B	C (초록색 입지 않음)	D
모자	파란색	초록색	노란색	빨간색
티셔츠	초록색	빨간색	파란색	노란색
바지	노란색	파란색	빨간색	초록색

따라서 'B의 모자와 D의 바지 색상은 서로 같다.'는 항상 참이다.

15 정답 ②

1명만 거짓말을 하고 있기 때문에 모두의 말을 참이라고 가정하고, 모순이 어디서 발생하는지 생각해 본다.
5명의 말에 따르면, 1등을 할 수 있는 사람은 C밖에 없는데, E의 진술과 모순이 생기는 것을 알 수 있다.
따라서 E의 진술을 거짓이라고 가정하면 C-E-B-A-D의 순서임을 알 수 있다.

| 02 | 직무수행능력평가

01	02	03	04	05	06	07	08	09	10	11	12	13	14	15	16	17	18	19	
②	①	③	①	②	②	②	③	①	④	④	③	②	①	④	②	④	③	③	

01 정답 ②

갈라파고스 증후군은 게이오 대학 교수이자 휴대전화 인터넷망 I-mode의 개발자인 나쓰노 다케시가 만든 용어로, 다양한 기능 등 최고의 기술을 가지고 있는 일본의 휴대전화가 세계 시장과는 거리가 먼 상황을 말한다.

[오답분석]

① ADD 증후군 : 직장 등에서의 대규모 구조조정 후 기업에 남은 조직 구성원들에게 나타나는 정신적 장애 및 황폐현상을 말한다.
③ 파랑새 증후군 : 벨기에의 작가인 마테를링크의 동화극 『파랑새 L'Oiseau Bleu』의 주인공에게서 유래한 것으로, 현실에 만족하지 못하고 새로운 이상만을 추구하는 병적인 증세를 말한다.
④ 닌텐도 증후군 : TV나 컴퓨터 등에 지나치게 몰입하면서 오랜 시간 불규칙적으로 깜박거리는 빛에 자극받아 생기는 광과민성 발작현상을 말한다.

02 정답 ①

[오답분석]

② 그레셤의 법칙 : 소재가치가 낮은 악화와 소재가치가 높은 양화가 동일한 화폐가치를 가지고 함께 유통될 경우, 악화만이 그 명목가치로 유통되고 양화는 유통되지 않는 현상을 말한다.
③ 파레토 법칙 : 흔히 80 : 20 법칙이라고도 하며, 상위 20% 사람들이 전체 부의 80%를 가지고 있거나, 상위 20% 고객이 매출의 80%를 창출하는 것을 말한다.
④ 지브라의 법칙 : 소득분포가 대수정규분포를 따른다는 법칙으로, 1931년 프랑스의 통계학자 R. 지브라에 의해 제시된 이론을 말한다.

03 정답 ③

화웨이 기업의 사업 분야는 정보통신으로 데이터 통신 장비, 소프트웨어, 시스템의 연구·개발 및 판매를 하는 업체이다.

04 정답 ①

[오답분석]

② 트롤리 딜레마 : 윤리학 분야의 사고실험으로, 사람들에게 일정한 상황을 제시하고 다수를 구하기 위해 소수를 희생할 수 있는지를 판단하게 하는 문제 상황을 말한다.
③ 유동성 딜레마 : 준비통화의 원활한 공급과 준비통화의 가치안정 간의 모순을 말한다.
④ 트리핀 딜레마 : 브레튼우즈 체제하에서 전 세계 기축통화국인 미국이 직면했던 범세계적·보편적 가치와 국가적 이해관계 간 상충관계를 말한다.

05 정답 ②

플랫폼 노동(Platform Labor)은 디지털 플랫폼을 매개로 노동이 거래되는 새로운 고용 형태를 말한다. 예를 들어 배달대행앱, 대리운전앱, 우버 택시 등이 있으며, 고객이 디지털 플랫폼에 서비스를 요청하면 그 정보를 노동 제공자가 보고 고객에게 서비스를 제공한다.

오답분석

① 그림자 노동(Shadow Work) : 노동을 했지만 보수를 얻지 못하는 무급 활동으로, 비용을 아낄 수 있지만 시간을 할애해야 한다는 단점이 있다. 예를 들어 셀프 주유소, 비대면 거래를 위해 각종 인증 절차를 거쳐야 하는 모바일 뱅킹, 저렴한 상품을 사기 위해 정보 수집을 하는 행위 등이 있다.
③ 워크셰어링(Work Sharing) : 전체 국민경제에서 일의 총량을 되도록 많은 사람에게 분담시켜 실업자를 줄이는 정책 전반을 말한다. 예를 들어 노동시간의 감축, 작업량의 축소, 휴일·휴가 증가 등이 있다.

06 정답 ②

ㄱ. 콜금리가 내려가면 대출 이자도 내려가게 되므로 대출량이 많아질 수 있다. 즉, 통화량이 늘어나 신규 투자가 증가한다.
ㄷ. 콜금리가 올라가면 대출 금리도 올라가게 되며, 시중 통화량이 줄어든다.

오답분석

ㄴ. 콜금리가 안정됐다고 경기가 위축되지는 않는다.
ㄹ. 콜금리가 올라가면 은행 대출 이율은 점차 올라간다.

07 정답 ②

오답분석

① 주가지수연계펀드(ELF; Equity Linked Fund) : 채권, 주식 등 기초자산과 옵션을 조합하여 다양한 형태의 수익을 내는 금융상품을 말한다.
③ 주가지수연동예금(ELD; Equity Linked Deposit) : 특정지수를 모방한 포트폴리오를 구성하여 산출된 가격을 상장시킴으로써 주식처럼 자유롭게 거래되도록 설계된 지수상품을 말한다.
④ 주식워런트증권(ELW; Equity Linked Warrant) : 당사자 일방의 의사표시 때문에 특정 주권의 가격 또는 주가지수의 변동과 연계하여 미리 약정된 방법에 따라 주권의 매매 또는 금전을 수수하는 권리가 부여된 증서를 말한다.

08 정답 ③

플랫폼이 갖고 있는 네트워크 효과는 핀테크 관련 사업에서 큰 영향을 미친다. 따라서 소수 과점 형태로 운영되고, 특정 영역의 선도사업자만 이를 보유할 수 있는 것이 현재의 상황이다.

09 정답 ①

GDP는 영토를 기준으로, GNP는 국적을 기준으로 총생산을 측정하는 경제 지표이다. 따라서 A영역은 외국인이 국내에서 벌어들인 소득, B영역은 우리나라 국민이 국내에서 벌어들인 소득, C영역은 우리나라 국민이 외국에서 벌어들인 소득을 의미한다.

10 정답 ④

오답분석

① 출구전략 : 경기 침체기에 경기 부양을 위해 취했던 각종 완화정책을 경제에 부작용 없이 단계적으로 거두어들이는 전략을 말한다.
② 오퍼레이션 트위스트 : 장기국채는 사고 단기국채는 파는 방식으로 금리를 조절하는 공개시장 조작방식을 말한다.
③ 섀도보팅 : 정족수 미달로 주주총회가 무산되지 않도록 하기 위해서 주주가 주주총회에 참석하지 않아도 다른 주주들의 투표 비율을 의안 결의에 그대로 적용하는 제도를 말한다.

11 정답 ④

헤지펀드란 투자 위험 대비 고수익을 추구하는 투기성 자본으로, 소수의 고액투자자를 대상으로 하는 사모 투자자본이다.
반면, 다수의 소액투자자를 대상으로 공개모집하는 펀드는 뮤추얼펀드이다.

12 정답 ③

환율이란 한 나라의 통화를 다른 나라 통화와 바꿀 때 적용되는 교환 비율이다. 제시된 그래프를 보면 원화 가치 상승, 환율 인하 추세가 지속되고 있음을 알 수 있다. 따라서 우리나라 돈의 가치는 올라가고, 미국 달러화의 가치는 떨어지고 있는 것이다.

오답분석

ㄱ. 외화를 우리나라 원화로 환전할 경우, 1달러당 950원 이하로 떨어지고 있으므로 늦출수록 손해를 보게 된다.
ㄹ. 수입 대금을 지불하기 위해 우리나라 원화를 미 달러로 환전할 경우, 원화의 가치가 1달러당 950원 이하로 떨어지고 있으므로 늦출수록 이익을 보게 된다.

13 정답 ②

회계기말에 기업의 순손익을 계산하는 방법은 다음과 같다.
• 재산법 : (기말자본)−(기초자본)=[순이익('−'인 경우는 순손실)]
• 손익법 : (총수익)−(총비용)=[순이익('−'인 경우는 순손실)]
휴대전화 고리 판매액 60,000원(매출액)에서 판매된 휴대전화 고리 구입액(매출원가) 35,000원을 차감하면 매출총이익이 25,000원이다. 따라서 이 금액에서 상품 발송 택배비와 포장비를 차감하면 순이익은 15,000원이다.

14 정답 ①

빅배스(Big Bath)는 과오를 과거의 CEO에게 모두 돌리고 앞으로의 실적향상 등의 긍정적인 요소는 자기의 공으로 돌릴 수 있기 때문에 회사의 CEO가 교체될 때 종종 행해진다.

오답분석

② 어닝서프라이즈(Earning Surprise) : 발표된 기업의 실적이 예상치를 뛰어넘는 경우를 말한다.
③ 윈도드레싱(Window Dressing) : 기관투자가들이 월말이나 분기 말에 수익률을 높이기 위해 보유 중인 주식을 추가 매수하거나 매도하여 인위적으로 당해 주식의 종가를 관리하는 것을 말한다.
④ 분식회계 : '분식(粉飾)'은 실속 없이 겉만 보기 좋게 꾸민다는 뜻으로, '분식회계'는 회사의 실적을 좋게 보이게 하기 위해 회사의 장부를 조작하는 것을 말한다. 이는 주주와 채권자들의 판단을 왜곡시켜 손해를 끼치기 때문에 법으로 금지되어 있다.

15 정답 ④

기계적 조직은 집권적이며 규칙과 절차가 많고 엄격하다. 반면 유기적 조직은 분권적이며 융통성이 높고 제약이 적은 편이다.

16 정답 ②

[오답분석]
① 롤링 효과(Rolling Effect) : 채권의 금리수준이 일정하더라도 잔존기간이 짧아지면 그만큼 수익률이 떨어지게 되는데, 이같이 잔존기간이 단축됨에 따라 수익률이 하락하고, 가격은 상승하는 효과를 말한다.
③ 구글 효과(Google Effect) : 구글이 인터넷・IT산업・미디어산업을 넘어 우리 개개인의 삶에까지 미치고 있는 영향력을 말한다.
④ 아마존 효과(Amazon Effect) : 세계 최대의 유통기업인 아마존이 사업을 확장하면 해당 산업을 주도하는 기업들의 주가가 추락하고 투자자들이 패닉에 빠지는 현상을 말한다.

17 정답 ④

[오답분석]
① 시리 : 2011년 아이폰4S와 함께 세상에 소개된 시리는 지능형 개인 비서 기능을 수행하는 애플의 음성인식서비스로, 자연어 처리를 기반으로 질문에 대한 답변을 추천하거나 웹 검색을 수행한다.
② 씽큐 : 2018년 LG전자가 공개한 G7 씽큐(ThinQ)는 프리미엄 전략 스마트폰으로, 한층 업그레이드된 스마트폰의 핵심 기능과 생활의 편리함을 더한 인공지능(AI)을 담은 것이 특징이다.
③ 빅스비 : 2017년 삼성전자의 갤럭시S8에 탑재되어 공개된 인공지능(AI) 가상 비서로, 텍스트와 터치는 물론 음성까지 인식한다.

18 정답 ③

금융통화위원회는 한국은행의 통화신용정책에 대한 주요 사항을 심의・의결하는 정책결정기구이다.

[오답분석]
① 중앙경제위원회 : 1946년 5월 미국 군정청 내에 설치되어 우리나라의 경제통제 및 관리를 총괄한 기구이다. 대한민국 정부 수립 이후 중앙경제위원회의 업무는 국무총리 산하의 기획처로 이관되었다.
② 국민경제자문회의 : 국민경제의 발전을 위한 중요정책 수립에 대한 대통령의 자문에 응하기 위하여 설립한 기구로서 1999년 11월에 설립되었다.
④ 정책금융공사 : 한국산업은행의 민영화 과정에서 발생할 수 있는 정책금융 공백에 대한 우려를 해소하고자, 한국산업은행의 정책금융역할을 승계하고 시장친화적인 방식으로 중소기업을 지원하기 위한 목적으로 2009년 설립되었다.

19 정답 ③

ㄱ. KOSPI 지수가 지속적으로 하락하고 있기 때문에 주식시장이 매우 침체되어 있다고 볼 수 있다. 이 경우 주식에 대한 수요와 증권시장의 약세 장세 때문에 주식 발행을 통한 자본 조달은 매우 어려워진다.
ㄷ. 원/달러 환율이 지속적으로 상승하게 되면 원화의 약세로 수출제품의 외국에서의 가격은 달러화에 비해 훨씬 저렴하게 된다. 따라서 상대적으로 외국제품에 비하여 가격 경쟁력이 강화되는 효과가 발생한다.

[오답분석]
ㄴ. 이자율이 지속적으로 상승하면 대출 금리도 따라 상승하게 되어 기업의 부담이 커지게 되고 이에 따라 기업의 대출 수요는 감소하게 된다.

CHAPTER 10 | 2018년 하반기 기출복원문제

| 01 | NCS 직업기초능력평가

01	02	03	04	05	06	07	08	09	10	11	12	13	14	15	16			
①	③	④	①	②	③	④	②	④	④	①	①	②	②	④	②			

01 정답 ①

공헌이익을 구하기 위해 제품개수를 a라 가정하고 총변동원가를 구하면 다음과 같다.

(매출액)−(제품단위당 변동원가)×(제품개수)−(총고정원가)=(세전이익)=$\dfrac{(세후이익)}{1-(단일세율)}$

$3,000,000-800\times a-275,000=\dfrac{260,000}{1-0.2}=325,000$원

→ $800\times a=2,400,000$원

∴ $a=3,000$개

총변동원가는 $800\times 3,000=2,400,000$원이고, 공헌이익은 매출액에서 총변동원가를 뺀 금액이다.

→ $3,000,000-2,400,000=600,000$원

(공헌이익률)=$\dfrac{(공헌이익)}{(매출액)}\times 100$

$\dfrac{600,000}{3,000,000}\times 100=20\%$

따라서 공헌이익률은 20%이다.

02 정답 ③

제품별 단위 공헌이익은 단위당 판매가격에서 변동원가를 제외한 금액이다.
- K볼펜 : $6,500-2,000=4,500$원
- A만년필 : $36,000-10,000=26,000$원
- P연필 : $2,500-500=2,000$원

또한 제품별 전체 판매수량에서 차지하는 비율은 $2:2:6=1:1:3$이며, 각 제품의 손익분기점 판매량을 a, a, $3a$라고 할 경우 손익분기점은 공헌이익과 고정비가 같으므로 다음과 같은 식이 성립한다.

$(4,500\times a)+(26,000\times a)+(2,000\times 3a)=7,300,000$원

→ $36,500\times a=7,300,000$원

∴ $a=200$개

따라서 제품별 손익분기점 판매량은 K볼펜과 A만년필은 200개이고, P연필은 $3\times 200=600$개이다.

03   정답 ④

ⅰ) 샌드위치 가게 운영 시
- 예상매출 : 6,000×30×28×12=6,048만 원
- 예상비용 : (월세)+(판매비용)+(대출이자)
 =(90만×12)+(2,000×30×28×12)+(3,000만×0.04)
 =1,080만+2,016만+120만
 =3,216만 원
- 순수익 : 6,048−3,216=2,832만 원

ⅱ) 무역회사를 계속 다닐 시
- 연봉 : 3,500만 원
- 자기자금 예금이자 : 5,000만×0.025=125만 원
- 순수익 : 3,500+125=3,625만 원

따라서 무역회사를 계속 다니는 경우가 793만 원 더 이익이다.

04   정답 ①

고슴도치와 거북이가 경주한 거리는 다음과 같은 두 가지 방법으로 구할 수 있다.
1) 고슴도치의 속력과 걸린 시간(경현이의 예상시간, 30초)을 곱하여 거리를 구한다.
 $3 \times \dfrac{30}{60} = 1.5\text{m}$
2) 거북이의 속력과 걸린 시간(영수의 예상시간, 2.5분)을 곱하여 거리를 구한다.
 $3 \times \dfrac{1}{5} \times 2.5 = 0.6 \times 2.5 = 1.5\text{m}$

따라서 고슴도치와 거북이가 경주한 거리는 1.5m이다.

05   정답 ②

제시된 수열은 ×(−1)과 +(4의 배수)를 번갈아 적용하는 수열이다.
따라서 ( )=(−1)×(−1)=1이다.

06   정답 ③

홀수 항은 ÷2, 짝수 항은 ÷4를 적용하는 수열이다.
따라서 ( )=20÷4=5이다.

07   정답 ④

앞의 항에 5의 제곱수(5^0, 5^1, 5^2, 5^3, 5^4, 5^5, …)를 계속 더하는 수열이다.
따라서 ( )=38+5^3=38+125=163이다.

08   정답 ②

(앞의 항)×3−2=(뒤의 항) 규칙을 적용하는 수열이다.
따라서 ( )=34×3−2=100이다.

09 정답 ④

앞의 항에 각 자리 숫자를 합한 값을 뺀 수열이다.
따라서 (　)=36-(3+6)=27이다.

10 정답 ④

앞의 항에 각 자리 숫자를 합한 값을 더하는 수열이다.
따라서 (　)=115+(1+1+5)=122이다.

11 정답 ①

나열된 수를 각각 A, B, C라고 하면 다음과 같은 식이 성립한다.
$A\ B\ C \to A+B=C$
따라서 (　)=4+7=11이다.

12 정답 ①

(앞의 항)-(12의 배수)=(뒤의 항) 규칙을 적용하는 수열이다.

426	→	414	→	390	→	354	→	306	→	(246)
		-12		-24		-36		-48		-60

따라서 (　)=306-12×5=246이다.

13 정답 ②

계차수열은 인접하는 항의 차로 이루어진 수열이다. 항 사이의 차이를 나열해 보면 6, 11, 21, 36이다.
여기서 규칙을 찾으면 5의 배수를 더한 값이다.

13	→	19	→	30	→	51	→	87	→	(143)
		+6		+11		+21		+36		+56
				+5		+10		+15		+20

따라서 (　)=87+36+(5×4)=143이다.

14 정답 ②

K씨가 원화로 환전했다고 했으므로 '현찰 팔 때'의 환율로 계산해야 한다.
엔화 환율 차이로 얻은 수익은 다음과 같다.
$(1,004.02-998) \times 800,000 \times \dfrac{1}{100}$
→ 6.02×8,000=48,160원
미국 USD 달러도 똑같은 수익이 났다고 했으므로 2주 전 현찰 살 때의 환율(x)은 다음과 같다.
$(1,110.90-x) \times 7,000 = 48,160$
→ $1,110.90-x=6.88$
∴ $x=1,104.02$
따라서 2주 전 달러 환율은 1,104.02원/달러이다.

15 정답 ④

금리 인하, 재할인율 인하, 지급준비율 인하는 시장의 통화량을 늘리려는 방법이므로 통화량과 서로 반비례 관계이다. 따라서 중앙은행이 금리, 재할인율, 지급준비율을 인하하면 시장의 통화량은 늘고, 반대로 인상할 경우에는 시장의 통화량이 줄어든다.

16 정답 ②

제시된 조건에 따라 배정된 객실을 정리하면 다음과 같다.

301호	302호	303호	304호
C, D, F사원(영업팀) / H사원(홍보팀)			
201호	202호	203호	204호
-	사용 불가	-	-
101호	102호	103호	104호
I사원	A사원(영업팀) / B, E사원(홍보팀)		

※ 홍보팀 G사원은 201, 203, 204호 중 한 곳에 묵음

먼저 제시된 조건에 따르면 A, C, D, F사원은 영업팀이며, B, E, G, H사원은 홍보팀임을 알 수 있다.
첫 번째와 네 번째 조건에 따르면 3층의 한 객실에는 반드시 홍보팀 직원이 묵어야 하는데 세 번째 조건과 다섯 번째 조건에 따라 3층 객실을 사용하는 홍보팀 직원은 H사원임을 알 수 있다. 또한 홍보팀 G사원은 H사원 바로 아래층 객실에 묵어야 한다는 조건에 따라 G사원은 반드시 2층 객실을 사용해야 한다. 따라서 '홍보팀 G사원이 2층에 묵는다.'는 항상 참이다.

[오답분석]
① 제시된 조건만으로는 I사원의 소속팀을 확인할 수 없으므로 워크숍에 참석한 영업팀의 직원 수는 정확히 알 수 없다.
③ 제시된 조건만으로는 C사원이 사용하는 객실 호수와 2층 객실을 사용하는 G사원의 객실 호수를 정확히 알 수 없으므로 항상 참이 될 수 없다.
④ 1층 객실을 사용하는 A, B, E, I사원을 제외한 C, D, F, G, H사원은 객실에 가기 위해 반드시 엘리베이터를 이용해야 한다. 따라서 이들 중 C, D, F사원은 영업팀이므로 영업팀의 수가 더 많다.

| 02 | 직무수행능력평가

01	02	03	04	05	06	07	08	09	10	11	12	13	14	15	16	17	18	19	20
①	②	①	③	②	④	③	④	②	①	③	③	④	④	②	④	③	④	②	③

01 정답 ①

마찰적 실업이란 이직을 하는 과정에서 일시적으로 발생하는 실업을 의미한다. 마찰적 실업은 경기침체로 인해 발생하는 비 자발적 실업이 아닌 자발적 실업이며, 경기변동 과정에서 발생하는 경기적 실업이나 특정 산업의 침체 등으로 발생하는 구조적 실업과는 구분된다.

오답분석

② 계절적 실업 : 계절적 요인에 의해 발생하는 실업으로, 계절에 따라 고용 기회가 줄어들면서 발생한다.
③ 구조적 실업 : 산업구조의 변화로 발생하는 장기적·대량적·만성적 실업으로, 기술의 발전으로 인해 어떤 산업이 장기적으로 사양화됨에 따라 해당 산업 노동자들의 실업이 발생한다.
④ 경기적 실업 : 경기 변동 과정에서 생기는 실업 형태로, 경기침체에 수반하여 발생하는 비자발적 실업을 의미한다.

02 정답 ②

DSR(Debt Service Ratio)은 총부채원리금상환비율의 약자로, 대출을 받으려는 사람의 총소득에서 금융부채의 원리금 상환액이 차지하는 비율을 의미한다.

오답분석

① DST(Debt Service Ratio) : 주택담보대출의 원리금 상환액과 더불어 모든 금융권의 대출 원리금을 반영한 것을 의미한다.
③ LTV(Loan To Value ratio) : 주택의 담보가치에 따른 대출금의 비율인 주택담보대출비율을 의미한다.
④ DTI(Debt To Income) : 연간 총소득에서 금융회사에 갚아야 하는 주택담보대출의 원금과 이자가 차지하는 비율인 총부채상환비율을 의미한다.

03 정답 ①

셰일가스는 오랜 세월 도래와 진흙이 쌓여 형성된 퇴적암에 매장되어 있는 천연가스이다. 과거 기술적 제약으로 인해 오랫동안 채굴이 이루어지지 못했으나, 새로운 시추공법의 개발을 통해 생산성을 확보함에 따라 미래의 새로운 에너지원으로 주목받고 있다.

04 정답 ③

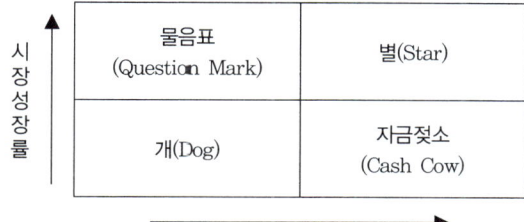

〈BCG 매트릭스 모형〉

- 별(Star) : 상대적 시장점유율과 시장성장률이 모두 좋아 전망이 밝은 사업
- 물음표(Question Mark) : 상대적 시장점유율이 낮아 불안정한 수익을 보이지만, 시장성장률은 높아 전망을 쉽게 예측하기 어려운 사업
- 개(Dog) : 상대적 시장점유율과 시장성장률이 모두 낮은 사양사업
- 자금젖소(Cash Cow) : 상대적 시장점유율이 높아 지속적인 수익을 가져다주지만, 시장의 성장가능성은 낮은 사업

05 정답 ②

로보어드바이저(Robo-adviser)란 로봇(Robot)과 전문 자산운용가를 의미하는 어드바이저(Advisor)의 합성어로, 컴퓨터 인공지능으로 이루어진 소프트웨어 알고리즘을 통해 고객의 포트폴리오를 구성하고 관리하는 온라인 자산관리 서비스를 일컫는다.

06 정답 ④

오답분석
① 앰부시마케팅 : 교묘히 규제를 피해 가는 마케팅 전략
② 노이즈마케팅 : 상품을 각종 구설에 휘말리도록 하여 소비자들의 이목을 집중시키고, 이를 통해 판매를 늘리려는 마케팅 전략
③ 마이크로마케팅 : 상권 내 소비자들의 특성, 취향, 생활양식 등에 대한 종합적 자료를 활용하여 지역 소비자의 욕구를 충족시키려는 마케팅 전략

07 정답 ③

영화 아이언맨에 등장하는 자비스는 주인공인 토니 스타크의 옆에서 도움을 주는 인공지능 비서로, 아이언맨의 일정을 관리하고 집안의 사물들을 제어하며 실제 인격체와 같이 다른 사람과 대화를 하기도 한다.

08 정답 ④

오답분석
① 시리 : 애플 AI
② 코타나 : 마이크로소프트 AI
③ 어시스턴트 : 구글 AI

09 정답 ②

오답분석
① 승수효과 : 정부 지출을 늘릴 경우, 지출한 금액보다 많은 수요가 창출되는 현상
③ 구축효과 : 정부가 지출을 늘려도 총수요가 늘어나지 않는 현상
④ 분수효과 : 저소득층의 소비 증대가 전체 경기를 부양시키는 현상

10 정답 ①

미국의 재테크 전문가 데이비드 바흐(David Bach)가 쓴 책에서 처음 소개되어 알려진 개념으로, 하루에 카페라테 한 잔씩 마시는 돈을 절약하여 목돈을 마련한다는 의미를 담고 있다. 데이비드 바흐에 의하면 카페라테 한 잔의 가격을 약 4달러(약 4,200원)로 가정하고 이를 30년 이상 저축하면 약 18만 달러(약 2억 원) 이상의 목돈을 마련할 수 있다.

11 정답 ③

오답분석
① 안정형 펀드 : 주식편입비율 30% 이내의 상품으로 원금손실 가능성이 거의 없거나 확정금리를 지급하는 상품을 말한다.
② 안정성장형 펀드 : 주식편입비율 50% 내외인 상품으로 성장형에 비해 주가 상승 시 수익률 상승 폭은 작지만 주가 하락 시 급격한 수익률 하락을 방지할 수 있다.
④ 자산배분형 펀드 : 주식, 채권, 파생상품, 인프라 등 여러 자산에 분산투자하는 상품으로 시장 변동성의 영향을 덜 받으면서도 안정적인 수익을 낼 수 있다.

12 정답 ③

젠트리피케이션(Gentrification)이란 낙후됐던 구도심이 재건축 등으로 인해 환경이 변하고 활성화되자, 중산층 이상의 사람들이 유입되면서 주거비용이 상승하고, 이를 감당할 수 없는 주민들이 다른 지역으로 내몰리는 현상을 말한다. 2000년대 이후 서울의 서촌, 망원동, 상수동, 삼청동 등에서 젠트리피케이션 현상이 나타나고 있다.

13 정답 ④

네덜란드병은 천연가스・석유 등 보유한 천연자원의 가격 상승으로 급성장을 이룬 국가가 이후 물가 상승 및 환율 하락 등으로 경쟁력을 잃고 경기침체를 맞는 현상을 의미하며, '자원의 저주'라고 불리기도 한다. 이는 1950년대 말 대규모 천연가스로 막대한 수입을 올렸지만, 이후 극심한 경제적 침체를 맞은 네덜란드의 사례에서 유래하였다.

14 정답 ④

리보금리(London Inter-Bank Offered Rate)란 국제금융시장의 중심지인 영국 런던의 은행 등 금융기관끼리 단기자금을 거래할 때 적용하는 금리를 지칭하였으나, 현재는 고유명사화되어 각 시장의 이름을 붙여 함께 사용되며 뉴욕의 리보금리가 세계 각국의 국제 간 금융거래에 기준금리로 활용되고 있다.

[오답분석]
① 리비드(LIBID) : 런던은행 간 자금시장에서 자금 수요 측이 제시하는 금리
② 코픽스(COFIX) : 국내 은행연합회가 발표하는 은행권 자금조달비용지수로, 주택담보대출의 기준금리
③ 콜금리(Call Rate) : 금융기관 간에 이루어지는 단기간의 자금 거래에서 적용되는 금리

15 정답 ②

브룸(Vroom)은 개인의 동기화 정도가 기대, 수단, 유인가에 따라 결정된다고 보았다. 개인의 노력은 노력의 결과 성과가 주어질 것이라는 신념, 즉 기대에 의해 좌우된다는 것이다. 따라서 노력에 대한 성과가 주어지지 않는다면 그 행동에 대한 동기가 작용하지 않으므로 사람들은 더 이상 노력하지 않게 된다. 또한 브룸은 사람마다 성과에 대한 선호가 다르므로 어떤 보상이 주어지느냐에 따라 동기화 정도도 달라진다고 주장했다.

16 정답 ④

앱투앱(App to App) 결제는 카드 결제 시스템을 관리하는 중개업체를 거쳐야 하는 신용카드나 체크카드와 달리, 중개업체를 거치지 않고 스마트폰 앱을 통해 소비자와 판매자가 직접 연결되는 결제 시스템을 말한다.

17 정답 ③

매파는 자신의 이념과 주장을 관철하기 위해 상대방과 타협하지 않고, 강경히 사태에 대처하려는 사람들을 말한다.

[오답분석]
① 올빼미파 : 어떤 분쟁에 있어서 단단을 미루면서 사태의 진전을 지켜보는 경향을 가진 사람들
④ 비둘기파 : 정책을 추진하는 면에서 성향이 부드럽고 평화적이며 온건한 세력

18 정답 ④

[오답분석]
① 대체탄력성 : 생산량을 일정한 수준에 유지한 상태에서 생산요소 간 대체 정도를 나타내는 지표
② 공급탄력성 : 상품의 가격이 변화할 때, 그에 대한 공급량이 얼마나 변화하느냐를 나타내는 지표
③ 소득탄력성 : 소비자의 소득이 변화했을 때, 재화나 서비스의 수요량에 어떤 변화를 주는가를 보여주는 지표

19 정답 ②

RBC(Risk-Based Capital)란 위험기준자기자본제도로 보험·금리·신용 등 보험사가 가진 각종 위험을 정밀히 측정해 손실이 발생했을 경우 이에 상응하는 자기자본을 보유하도록 요구하는 제도이다.

오답분석

① RAAS(Risk Assessment and Application System) : 보험회사 경영활동에 수반되는 리스크의 규모 및 관리능력을 계량적이고 체계적으로 평가하고, 취약부문을 발굴하여 감독 및 검사업무에 활용하는 선진화된 금융감독시스템
③ ALM(Asset and Liability Management) : 자산과 부채의 구조를 조정함으로써 금융회사의 리스크 대비 수익을 최적화하여 회사의 가치를 극대화하려는 일련의 관리 활동
④ RADARS(Risk Assessment and Dynamic Analysis Rating System) : 은행의 영업활동을 세분화하고, 부문별 리스크를 상시 평가하여 취약 부분에 감독·검사 역량을 집중하는 리스크 중심 감독 수단의 하나

20 정답 ③

NFC(Near Field Communication)는 13.56MHz 대역의 주파수를 사용하여 약 10cm 이내의 근거리에서 데이터를 교환할 수 있는 비접촉식 무선통신 기술로, 다양한 분야에서 활용될 수 있다.

오답분석

① WLAN(Wireless LAN) : 기존 케이블 대신에 전파를 이용해 컴퓨터 간의 네트워크를 구축하는 방식
② 블루투스(Bluetooth) : 휴대폰, 노트북 등의 휴대기기를 서로 연결해 정보를 교환하는 근거리 무선 기술 표준
④ MST(Magnetic Secure Transmission) : 마그네틱 신용카드가 정보를 무선으로 전송시켜 결제하는 마그네틱 보안 전송 방식

CHAPTER 11 2018년 상반기 기출복원문제

| 01 | 직무수행능력평가

01	02	03	04	05	06	07	08	09	10	11	12	13	14	15	16
①	④	④	②	③	①	③	①	①	②	①	④	①	①	③	④

01 정답 ①

자본자산가격결정모형(CAPM)이란 자산의 균형가격이 어떻게 결정되어야 하는지를 설명하는 이론으로, 구체적으로 자본시장이 균형상태가 되면 위험과 기대수익률 사이에 어떤 관계가 성립하는지 설명하는 이론이다.

CAPM의 가정
- 모든 투자자는 위험회피형이며, 기대효용을 극대화할 수 있도록 투자한다.
- 모든 투자자는 평균 - 분산 기준에 따라 투자한다.
- 모든 투자자의 투자기간은 단일기간이다.
- 자산의 미래수익률 확률분포에 대하여 모든 투자자가 동질적으로 기대한다.
- 무위험자산이 존재하며, 모든 투자자는 무위험이자율로 제한 없이 차입, 대출이 가능하다.
- 세금, 거래비용과 같은 마찰적 요인이 없는 완전자본시장을 가정한다.

02 정답 ④

체계적 위험(Systematic Risk)이란 경제성장률, 이자율, 인플레이션, 환율, 국제유가 등 경제 전반에 영향을 미치는 요인들의 변동에 따른 위험을 말한다. 이는 모든 주식에 공통적으로 영향을 미치기 때문에 여러 주식으로 포트폴리오를 구성해서 투자해도 제거할 수 없다.

03 정답 ④

최저임금제는 정부가 노동시장에 개입하여 임금의 최저수준을 정하는 가격하한제의 한 예이다. 가격하한제란 시장가격보다 높은 수준에서 최저가격을 설정하는 가격규제 방법이다. 최저임금이 시장균형 임금보다 높은 수준에서 책정되면 노동시장에서 초과공급이 발생하고 그만큼의 비자발적 실업이 발생하게 된다. 이 경우 이미 고용된 노동자들은 혜택을 받을 수 있지만 취업 준비생들은 계속 실업자로 남을 가능성이 크다.

04　정답　②

재화의 특성에 따른 분류를 정리하면 다음과 같다.

구분	경합성	비경합성
배제성	사적재	요금재
비배제성	공유재	공공재

따라서 공유지의 비극현상이 나타나기 쉬운 재화는 공유재에 해당된다. 이와 같이 경합성은 있지만 배제성이 없는 재화로는 목초지나 바다어장과 같은 공유지가 있다.

05　정답　③

불확실한 상황에서 지혜의 재산의 기대 수익과 기대효용을 계산해보면 각각 다음과 같다.

- $E(X) = \left(\dfrac{3}{10} \times 400\right) + \left(\dfrac{7}{10} \times 900\right) = 120 + 630 = 750$
- $E(U) = \left(\dfrac{3}{10} \times \sqrt{400}\right) + \left(\dfrac{7}{10} \times \sqrt{900}\right) = 6 + 21 = 27$

재산의 크기가 900만 원이고, 재산의 기대 수익이 750만 원이므로 기대손실액(Pl)은 150만 원($=0.3 \times 500$)이다. 이제 불확실한 상황에서와 동일한 효용을 얻을 수 있는 확실한 현금의 크기인 확실성등가(CE)를 구하면 $\sqrt{CE}=27$이므로 CE=729만 원임을 알 수 있다. 이를 그래프로 나타내면 다음과 같다.

따라서 지혜가 지불할 용의가 있는 최대 보험료는 기대손실액(Pl)과 위험프리미엄(π)을 합한 171만 원이다.

06　정답　①

- (유동비율)=[(유동자산)÷(유동부채)]×100=(100÷50)×100=200%
- (당좌비율)=[(당좌자산)÷(유동부채)]×100=[(유동자산)−(재고자산)]÷(유동부채)×100=80÷50×100=160%
- (부채비율)=[(부채)÷자기자본)]×100=(100÷100)×100=100%
- (자기자본비율)=[(자기자본)÷(총자산)]×100=(100÷200)×100=50%
- [총자산순이익률(ROA)]=[(당기순이익)÷(총자산)]×100=(10÷200)×100=5%

따라서 유동비율이 50%라는 내용은 옳지 않다.

07　정답　③

재고자산회전율이 산업평균보다 낮은 경우 재고부족으로 인한 기회비용이 나타난다.

08 정답 ①

㉠ 인과의 오류 : 어떤 현상의 선후관계와 인과관계를 혼동하여 서로 무관한 사실을 관련짓는 오류
㉡ 구성의 오류 : 어떤 원리가 부분에서는 성립하는 경우 이를 전체로 확장하면 성립하지 않는 경우에 발생하는 오류

[오답분석]

• 강조의 오류 : 문장의 어느 한 부분을 강조하여 발생하는 오류

09 정답 ①

통화가 공급되면 단기적으로 (가) 유동성효과로 금리를 떨어뜨리나 중장기적으로 (나) 소득효과와 (다) 피셔효과로 인해 금리가 상승한다.

10 정답 ②

[오답분석]

① 표면이자율이 낮을수록 현재로부터 가까운 시점에 발생하는 현금흐름의 비중이 상대적으로 적어지고 현재로부터 먼 시점에 발생하는 현금흐름의 비중이 상대적으로 많아지므로, 이자율 변동에 따른 가격변동률이 크게 나타난다.
③ 채권가격은 시장이자율과 역의 관계이므로 시장이자율이 상승하면 채권가격은 하락하고, 시장이자율이 하락하면 채권가격은 상승한다.
④ 만기가 정해진 상태에서 이자율 하락으로 인한 채권가격 상승폭이 이자율의 상승으로 인한 채권가격 하락 폭보다 크다.

11 정답 ①

㉠ 범위의 경제(Economies of Scope) : 한 기업이 두 가지 이상의 상품을 동시에 생산함으로써 하나의 상품만을 생산하는 기업보다 낮은 비용으로 생산할 수 있는 경우
㉡ 규모의 경제(Economies of Scale) : 하나의 재화를 생산할 때 많은 양을 생산할 경우 이로 인해 평균 생산비용이 하락하는 현상

12 정답 ④

일물일가의 법칙을 가정하는 구매력 평가가설에 따르면 두 나라에서 생산된 재화의 가격이 동일하므로 ㉠ 명목환율은 두 나라의 ㉡ 물가수준의 비율로 나타낼 수 있다. 한편, 구매력 평가설이 성립하면 ㉢ 실질환율은 불변한다.

13 정답 ①

[오답분석]

② 핑크슬립 : 미국에서 해고통지를 뜻하는 말로, 20세기 초에 분홍색 종이에 해고통지서를 인쇄한 것에서 유래한 용어
③ ASP : 애플리케이션 서비스 업체를 뜻하는 말로, 네트워크를 통해 각종 응용 프로그램을 공급하는 사업
④ SaaS : 소프트웨어의 기능 중 유저가 필요로 하는 것만을 서비스로 배포해 이용이 가능하도록 한 소프트웨어의 배포형태

14 정답 ①

온디맨드 경제(On-Demand Economy)는 플랫폼과 기술력을 가진 회사가 수요자의 요구에 즉각적으로 대응하여 서비스 및 제품을 제공하는 경제 전략 혹은 활동을 일컬으며, 예시로는 카카오 택시, 에어비엔비, P2P 대출 등이 있다.

15 정답 ③

DSR(Debt Service Ratio)은 주택대출 원리금 외에 모든 신용대출 원리금을 포함한 총대출 상환액이 연간 소득액에서 차지하는 비중으로, DSR은 대출의 원리금뿐만 아니라 모든 대출의 원금과 이자를 모두 더한 원리금 상환액으로 대출 상환 능력을 심사한다.

오답분석
① DTI(Debt To Income) : 주택담보대출의 연간 원리금의 상환액과 기타 부채에 대해 연간 상환한 이자의 합을 연소득으로 나눈 비율
② LTV(Loan To Value ratio) : 주택을 담보로 돈을 빌릴 때 인정되는 자산가치의 비율
④ CDS(Credit Default Swap) : 부도가 발생하여 채권이나 대출 원리금을 돌려받지 못할 위험에 대비한 신용파생상품

16 정답 ④

오답분석
① 사베이즈 – 옥슬리법 : 전 세계적으로 영향을 미치고 있는 미국의 기업 회계 개혁 및 투자 보호법
② 글래스 – 스티걸법 : 상업은행에 관한 법률로서 서로 다른 금융업종 간에 상호진출을 금함
③ 잡스법 : 신생기업들의 자금 조달을 용이하게 하여 일자리를 창출하기 위한 목적의 미국의 신생기업 지원법

PART 3

주요 금융권 NCS 기출복원문제

정답 및 해설

CHAPTER 01 | 2025년 주요 금융권 NCS 기출복원문제

01	02	03	04	05	06	07	08	09	10	11	12	13	14	15	16	17	18	19	20
②	③	④	③	①	②	④	④	①	③	②	④	③	④	①	②	④	③	③	②
21	22	23	24	25	26	27	28	29	30	31	32	33	34	35	36	37	38	39	40
②	④	⑤	③	④	①	③	①	③	①	①	①	④	②	①	④	④	③	②	④
41	42	43	44	45	46	47	48	49	50	51	52	53	54	55	56	57	58	59	60
③	①	②	②	①	①	④	②	③	①	①	④	②	④	②	④	④	②	④	③

01 정답 ②

H은행은 기존의 재무제표를 통해 기업의 현재 가치만을 평가했던 방식에서 탈피해, 인공지능 기술인 '기술력 기반 ML 모형'으로 중소기업의 보유 기술과 관련한 정보를 바탕으로 기업의 미래 신용도를 평가할 수 있게 되었다. 따라서 글의 중심 내용으로 가장 적절한 것은 '인공지능 기술을 통해 기업의 미래를 평가하다.'이다.

오답분석

① H은행이 은행권 최초로 중소기업의 기술력을 평가한 것이 아니고, 은행권 최초로 인공지능 기술을 이용해 중소기업의 기술력을 평가한 것이다.
③ H은행이 은행권 최초로 인공지능 기술을 신용평가에 도입했다는 내용은 너무 포괄적이며, 이보다는 기업평가에 인공지능 기술을 최초로 활용했다고 하는 것이 적절하다.
④ 인공지능 기술을 통해 기업평가에 안정성을 확보한 것이 아니고, 인공지능 기술로 기업을 평가하는 방식에 대한 안정성 확보를 위해 리스크 측면에서 설명 가능한 항목을 구별하고 변동성이 낮은 항목을 학습하였다.

02 정답 ③

로보어드바이저 일임운용 서비스란 알고리즘을 통해 투자자를 분석한 뒤 맞춤형 포트폴리오를 생성하고, 이를 활용하여 노후 소득 재원 확보를 위한 개인형 IRP 적립금을 일임운용하는 금융서비스라고 하였다. 따라서 빈칸에 들어갈 내용으로 가장 적절한 것은 '투자자 성향에 맞춰'이다.

03 정답 ④

중도해지 신청 시 적용되는 금리는 경과 기간별 금리이다. 한편, 먼저 돌아오는 3개월에 해당하는 금리는 해지예약 서비스를 신청하는 경우 적용된다.

오답분석

① 일부해지는 중도해지와 만기해지를 포함하는 횟수로 총 3회가 가능하다. 따라서 중도해지를 이용할 수 있는 최대 횟수는 만기해지를 제외한 2회이다.
② 369 정기예금은 가입기간이 3개월 경과할 때마다 중도해지 금리가 오르는 상품이다.
③ 일부해지 서비스는 분할해지 후 예금 잔액이 3백만 원 이상인 경우에만 이용할 수 있으므로, 가입금액이 2백만 원인 고객은 이용할 수 없다.

04 정답 ③

'대출신청시기'의 갱신 요건에는 주민등록전입일로부터 3개월이 경과해야 한다는 조건이 있으므로, 주민등록전입을 하지 않은 경우 갱신이 불가능하다.

[오답분석]
① 수도권의 임차보증금액이 7억 원으로 지방의 5억 원보다 높지만, 대출 가능 금액과는 관련이 없다.
② '대출한도'에 따르면 임차보증금의 90% 이내에서 최대 2억 원 범위 내로 대출이 가능하다. 따라서 전세자금의 90%일뿐, 최대 대출 가능 한도는 2억 원이다.
④ 신청자인 세대주·배우자와 동일세대를 이루고 있는지의 여부는 대출과 관련이 없다. 단, 세대주와 동일세대를 이루고 있지 않은 배우자가 신청할 때에는 대출이 불가하다.

05 정답 ①

A지점에서 B지점까지는 오른쪽 4번, 아래쪽 3번으로 총 7번 이동하므로 가능한 경로의 경우의 수는 $_7C_3 = \dfrac{7!}{4! \times 3!} = 35$가지이다.

그중 통행이 불가능한 C지점을 경유하는 경우의 수는 A지점에서 C지점까지의 경우의 수와 C지점에서 B지점까지의 경우의 수를 곱한 것이므로 각각 다음과 같다.

- A지점에서 C지점으로 가는 경우의 수 : 오른쪽 1번, 아래쪽 1번, 총 2번 이동 → $_2C_1 = \dfrac{2!}{1! \times 1!} = 2$가지

- C지점에서 B지점으로 가는 경우의 수 : 오른쪽 3번, 아래쪽 2번, 총 5번 이동 → $_5C_2 = \dfrac{5!}{3! \times 2!} = 10$가지

그러므로 C지점을 경유하는 경로의 경우의 수는 $2 \times 10 = 20$가지이다.
따라서 C지점을 통과하지 않고 A지점에서 B지점까지 가는 경로의 경우의 수는 $35 - 20 = 15$가지이다.

06 정답 ②

A와 B의 수익을 구하면 각각 다음과 같다.

(단위 : 만 원)

구분	첫 번째 종목 1차	첫 번째 종목 2차	두 번째 종목 1차	두 번째 종목 2차	총수익
A	500×(1+0.2)=600	600×(1-0.1)=540	500×(1-0.1)=450	450×(1+0.3)=585	540+585=1,125
B	500×(1-0.1)=450	450×(1+0.1)=495	500×(1+0.1)=550	550×(1-0.1)=495	495+495=990

총수익을 바탕으로 A와 B의 주식 수익률을 구하면 각각 다음과 같다.

- A : $\dfrac{1,125 - 1,000}{1,000} \times 100 = 12.5\%$

- B : $\dfrac{990 - 1,000}{1,000} \times 100 = -1\%$

따라서 수익률이 더 높은 사람은 A이고, 두 사람의 수익률의 차이는 $12.5 - (-1) = 13.5\%$p이다.

07 정답 ④

분기별 매출액을 구하면 각각 다음과 같다.
- 1분기 : {12,000×(1-0.25)}×40,000=360,000,000원
- 2분기 : {15,000×(1-0.20)}×30,000=360,000,000원
- 3분기 : {10,000×(1-0)}×50,000=500,000,000원
- 4분기 : {14,000×(1-0)}×50,000=700,000,000원

모든 분기의 매출액을 더하면 연간 대출액을 구할 수 있다.
따라서 H기업의 2024년 연간 매출액은 $3.6 + 3.6 + 5 + 7 = 19.2$억 원이다.

08 정답 ④

제시된 조건에 따라 분기별 매출원가와 매출총이익을 구하면 각각 다음과 같다.

(단위 : 억 원)

구분	원가율(%)	매출원가	매출총이익
1분기	60	3.6×0.6=2.16	3.6−2.16=1.44
2분기	60	3.6×0.6=2.16	3.6−2.16=1.44
3분기	65	5×0.65=3.25	5−3.25=1.75
4분기	50	7×0.5=3.5	7−3.5=3.5

따라서 H기업의 2024년 연간 매출총이익은 1.44+1.44+1.75+3.5=8.13억 원이다.

09 정답 ①

4P 전략에서 가격은 생산비용 외에도 시장 상황, 경쟁사 가격, 소비자가 느끼는 가치, 수요와 공급, 유통 마진 등 다양한 요소를 종합적으로 고려하여 결정된다.

[오답분석]
② 유통은 제품이나 서비스가 생산자로부터 소비자에게 전달되는 모든 경로와 장소를 의미한다.
③ 4P 전략은 마케팅 믹스의 대표적인 전략으로 제품(Product), 가격(Price), 유통(Place), 촉진(Promotion)의 4가지 요소가 서로 영향을 주고받으며 고객의 구매 행동에 영향을 미친다.
④ 제품은 단순한 물리적 상품뿐만 아니라 품질, 디자인, 브랜드, 서비스 등 고객이 제품을 통해 얻는 모든 혜택을 포함한다.

10 정답 ③

B의 진술과 D의 진술에서 E의 참석 여부가 서로 모순이므로 B와 D 중 1명은 거짓을 말하고 있다.
ⅰ) B의 진술이 참일 경우
D의 진술은 거짓이고, E는 참석하였으므로 E의 진술이 참이 되어 A는 불참한다. A가 불참함에 따라 A의 진술이 거짓이므로 B나 D는 둘 다 참석하거나 둘 다 불참한다. 둘 다 참석할 경우, C의 진술이 거짓이 되어 A, C, D 3명이 거짓을 말하므로 모순이고, 둘 다 불참할 경우 B의 진술이 거짓이 되므로 이 또한 모순이다. 그러므로 B의 진술은 참일 수 없다.
ⅱ) D의 진술이 참일 경우
B의 진술이 거짓이고, B와 E는 모두 불참한다. 이 경우 E는 거짓을 말하므로 A는 참석하고, A의 진술도 B만 불참하므로 참이 된다. 또한 C의 진술도 참이므로 A, C, D는 참을 말하는 참석자이며, B, E는 거짓을 말하는 불참자이다.
따라서 불참한 사람은 B, E이다.

11 정답 ②

제시된 분석 결과는 H은행의 거시적인 외부 환경을 분석한 것으로 요소 1부터 차례대로 정치적 요소, 경제적 요소, 사회적 요소, 기술적 요소로 구분한 것이다. 따라서 PEST 분석에 해당한다. PEST 분석은 기업이나 조직을 둘러싼 외부 환경을 정치(Political), 경제(Economic), 사회(Social), 기술(Technological) 4가지 요인으로 나누어 체계적으로 분석하는 프레임워크이다. 거시적인 환경 변화가 조직에 미치는 영향과 잠재적 기회, 위협 요소를 파악할 수 있으며, 전략 수립이나 미래 예측에 효과적으로 활용할 수 있다.

[오답분석]
① 3C 분석 : 기업(Company), 경쟁사(Competitor), 고객(Customer) 3가지 관점에서 시장 환경을 분석하는 방법
③ 5 Force 분석 : 산업 내 경쟁 강도, 신규 진입자, 대체재, 공급자, 구매자 등 5가지 힘을 분석해 산업의 구조와 수익성을 평가하는 방법
④ 가치사슬 분석 : 기업의 주요 활동과 지원 활동을 가치 창출 관점에서 분석하여 경쟁우위의 원천을 찾는 방법

12 정답 ③

H사원의 최근 3개월간 서비스별 이용량 평균은 각각 다음과 같다.
- 데이터 : $(32+19+33)÷3=28$GB
- 통화 : $(752+816+571)÷3=713$분
- 문자 : $(78+132+63)÷3=91$건

D요금제는 H사원의 데이터·통화 평균 이용량보다 적게 제공하므로 제외된다.
H사원은 한 달 요금이 가장 낮은 요금제를 선택하므로 프로모션 할인을 적용하여 요금제별 한 달 요금을 구하면 다음과 같다.
- A요금제 : $84,000×(1-0.25)=63,000$원(∵ 장기 이용 고객 할인 25%)
- B요금제 : $79,000×(1-0.25)=59,250$원(∵ 장기 이용 고객 할인 25%)
- C요금제 : $65,000×(1-0.10)=58,500$원(∵ 통신사 변경 할인 10%)

따라서 H사원이 변경할 요금제로 가장 적절한 것은 C요금제이다.

13 정답 ③

㉠ 동지역 종합병원을 방문하였지만, 나이가 65세 이상이므로 본인부담금 비율이 다르게 적용된다. 진료비가 20,000원 초과 25,000원 이하이므로 요양급여비용 총액의 20%를 부담하여 67세 이○○씨의 본인부담금은 $21,500×0.2=4,300$원이다.
㉡ P읍에 사는 34세 김□□씨는 의원에서의 진찰비가 12,000원, 약국에서의 약제비 총액이 10,000원이다. 이때의 본인부담금 비율은 의원과 약국 모두 총액의 30%이므로 김□□씨가 지불하는 본인부담금은 $(12,000+10,000)×0.3=6,600$원이다.
㉢ M면 일반병원에 방문한 60세 최△△씨의 본인부담금 비율은 총액의 35%이고, 약국은 총액의 30%이다. 따라서 최△△씨의 본인부담금 총액은 $(25,000×0.35)+(60,000×0.3)=8,750+18,000=26,750$원이다.

따라서 세 사람의 본인부담금은 총 $4,300+6,600+26,750=37,650$원이다.

14 정답 ④

스트레스 완충자본 제도의 도입 전에는 금융당국이 스트레스 테스트에서 취약성이 판단되는 은행에 직접적인 조치를 취할 법적 근거가 없었을 뿐, 기전에도 스트레스 테스트를 시행하여 손실흡수능력은 평가할 수 있었다.

오답분석
① 스트레스 완충자본 제도는 독자적인 자본 보강이 어렵거나 정부의 손실보전 의무가 있는 은행은 제외된다.
② 스트레스 완충자본 제도는 미래에 발생할 수도 있는 위기상황에서 은행이 정상적인 기능을 지속할 수 있도록 현재에 미리 자본을 마련하는 제도이다.
③ 스트레스 완충자본 제도의 시행으로 은행은 미래의 위기에 대응한 추가적인 자본을 확충해야 하므로 당장의 경제적 부담감이 발생할 수 있다.
⑤ 스트레스 완충자본 제도의 시행으로 은행 입장에서는 추가적인 자본의 확충이 필요하며, 경기 악화로 인해 중소기업을 시작으로 연체율이 증가하고 있어 해당 제도가 도입된다면 기업 대출의 문턱은 높아질 것이다.

15 정답 ①

세 번째 문단에 따르면 ESG 경영은 단기적으로는 기업의 이윤 창출에 부정적인 영향을 줄 수 있지만 이는 단기적 부담일 뿐, 기업의 발전을 저해한다고는 볼 수 없다. 오히려 비용 절감, 내부 조직문화 개선 등 단기적으로도 기업 발전에 큰 효용이 있다.

오답분석
② 첫 번째 문단에 따르면 ESG 경영이란 기업의 비재무적인 요소에 해당하는 환경, 사회, 지배구조를 개선해 나가며 기업을 경영하는 방식을 말한다.
③ 세 번째 문단에 따르면 ESG 경영을 통해 향상된 기업 이미지는 소비자와 투자자 모두에게 신뢰를 쌓고 이것이 수익률 향상으로 직결될 수 있다.
④ 마지막 문단에 따르면 ESG 경영은 단순히 따라야 할 가치 판단의 기준을 넘어서 기업이 유지되느냐 아니냐를 결정하는 핵심 전략이 되었다고 하였다.

16 정답 ②

제시된 글에서는 '그린바이오산업'이 무엇이고 어떠한 분야에 대한 것인지를 설명하고 있다. 그러므로 제시된 글에 이어질 문장으로 가장 적절한 것은 해당 분야에 대한 구체적인 예시를 제시한 (가)이다. (나)와 (다)를 살펴보면 (나)에서는 우리나라에서 그린바이오산업이 어떻게 이루어지고 있는지를 설명하고 있으며, (다)에서는 그린바이오산업이 세계적으로 주목받는 이유와 어떻게 진행되고 있는지에 대해 설명하고 있다. 이때 (나)가 '어떤 내용을 전제로 하여 그것과 유사하게'라는 의미를 가진 부사 '역시'로 시작하고 있으므로, (다) - (나) 순으로 이어져야 한다. 따라서 제시된 글에 이어 (가) - (다) - (나) 순으로 나열하는 것이 적절하다.

17 정답 ②

A, B, C가 하루 동안 할 수 있는 일의 양은 각각 $\frac{1}{15}$, $\frac{1}{10}$, $\frac{1}{30}$이다. 전체 일의 양을 1이라고 하면 다음과 같은 식이 성립한다.

$\left(\frac{1}{15} + \frac{1}{10} + \frac{1}{30}\right) \times x = 1$

→ $\frac{1}{5}x = 1$

∴ $x = 5$

따라서 A~C 3명이 함께 일하면 5일 만에 일을 끝낼 수 있다.

18 정답 ③

각 소금물에 담긴 소금의 양을 구하면 다음과 같다.

- 농도 40%의 소금물 150g : $\frac{40}{100} \times 150 = 60$g
- 농도 20%의 소금물 100g : $\frac{20}{100} \times 100 = 20$g

그러므로 두 소금물을 섞었을 때, 소금의 양은 총 60+20=80g이다.
두 소금물을 모두 섞은 후 소금물의 양은 150+100=250g이고, 가열하여 물 50g을 증발시킨 소금물의 양은 250-50=200g이다. 이때 여기에 들어간 소금의 양은 변함이 없다.

따라서 최종 소금물의 농도는 $\frac{80}{200} \times 100 = 40$%이다.

19 정답 ③

만기일시지급식 예금의 단리 이자 계산식은 (이자)=(원금)×(연 이율)×(기간)이다. 연 이율을 x%라 하고 나머지 항에 값을 대입하면 다음과 같다.

96,000=1,000,000×0.01x×3

→ 96,000=30,000x

→ $x = \frac{96,000}{30,000}$

∴ $x = 3.2$

따라서 해당 상품의 연 이율은 3.2%이다.

20 정답 ②

2의 배수와 3의 배수를 뽑는 경우의 수는 각각 다음과 같다.
- 2의 배수를 뽑는 경우의 수 : 5가지
- 3의 배수를 뽑는 경우의 수 : 3가지

뽑은 공은 다시 넣으므로 첫 번째에 2의 배수를 뽑을 확률은 $\frac{5}{10}=\frac{1}{2}$, 두 번째에 3의 배수를 뽑을 확률은 $\frac{3}{10}$이다.

따라서 구하고자 하는 확률은 $\frac{1}{2}\times\frac{3}{10}=\frac{3}{20}$이다.

21 정답 ②

BTO 사업에서 사업 개수의 전년 대비 증가율은 각각 다음과 같다.
- 2018년 : $(70-60)\div 60\times 100 ≒ 16.67\%$
- 2019년 : $(77-70)\div 70\times 100 = 10\%$
- 2020년 : $(30-77)\div 77\times 100 ≒ -61.04\%$
- 2021년 : $(45-30)\div 30\times 100 = 50\%$
- 2022년 : $(70-45)\div 45\times 100 ≒ 55.56\%$
- 2023년 : $(60-70)\div 70\times 100 ≒ -14.29\%$
- 2024년 : $(85-60)\div 60\times 100 ≒ 41.67\%$

BTL 사업에서 사업 개수의 전년 대비 증가율은 각각 다음과 같다.
- 2018년 : $(300-270)\div 270\times 100 ≒ 11.11\%$
- 2019년 : $(400-300)\div 300\times 100 ≒ 33.33\%$
- 2020년 : $(200-400)\div 400\times 100 = -50\%$
- 2021년 : $(270-200)\div 200\times 100 = 35\%$
- 2022년 : $(150-270)\div 270\times 100 ≒ -44.44\%$
- 2023년 : $(200-150)\div 150\times 100 ≒ 33.33\%$
- 2024년 : $(300-200)\div 200\times 100 = 50\%$

따라서 전년 대비 사업 개수의 증가율이 가장 큰 해는 BTO 사업은 2022년, BLT 사업은 2024년이므로 옳지 않은 설명이다.

오답분석

① BTO 사업에서 사업 비용의 전년 대비 증가율은 각각 다음과 같다.
- 2018년 : $(1,100-1,000)\div 1,000\times 100 = 10\%$
- 2019년 : $(1,200-1,100)\div 1,100\times 100 ≒ 9.09\%$
- 2020년 : $(500-1,200)\div 1,200\times 100 ≒ -58.33\%$
- 2021년 : $(700-500)\div 500\times 100 = 40\%$
- 2022년 : $(1,000-700)\div 700\times 100 ≒ 42.86\%$
- 2023년 : $(600-1,000)\div 1,000\times 100 = -40\%$
- 2024년 : $(900-600)\div 600\times 100 = 50\%$

따라서 BTO 사업에서 사업 비용의 전년 대비 증가율이 가장 큰 해는 2024년이다.

③ BTL 사업에서 사업 평균수익률이 가장 낮은 해는 2024년이며, 이때 사업 비용의 전년 대비 증가율은 $(14,500-11,500)\div 11,500\times 100 ≒ 26.09\%$로 25% 이상이다.

④ BTL 사업에서 사업 개수당 사업 비용은 각각 다음과 같다.
- 2017년 : $15,000\div 270 ≒ 55.56$백만 원
- 2018년 : $16,000\div 300 ≒ 53.33$백만 원
- 2019년 : $18,000\div 400 = 45$백만 원
- 2020년 : $7,500\div 200 = 37.5$백만 원
- 2021년 : $10,000\div 270 ≒ 37.04$백만 원
- 2022년 : $12,000\div 150 = 80$백만 원
- 2023년 : $11,500\div 200 = 57.5$백만 원
- 2024년 : $14,500\div 300 ≒ 48.33$백만 원

따라서 BTL 사업에서 사업 개수당 사업 비용이 가장 큰 해는 2022년이며, 이때 사업 평균수익률은 5% 흑자를 기록하였다.

⑤ 연도별 BTO 사업에서 사업 개수당 사업 투입 인원은 각각 다음과 같다.
- 2017년 : $100\div 60 ≒ 1.67$천 명
- 2018년 : $150\div 70 ≒ 2.14$천 명
- 2019년 : $140\div 77 ≒ 1.82$천 명
- 2020년 : $50\div 30 ≒ 1.67$천 명
- 2021년 : $55\div 45 ≒ 1.22$천 명
- 2022년 : $120\div 70 ≒ 1.71$천 명
- 2023년 : $60\div 60 = 1$천 명
- 2024년 : $180\div 85 ≒ 2.12$천 명

따라서 BTO 사업에서 사업 개수당 사업 투입 인원이 가장 많은 해는 2018년이며, 이때 사업 비용의 전년 대비 증가율은 $(1,100-1,000)\div 1,000 = 10\%$이다.

22 정답 ④

2020~2024년 국가별 평균 행복지수는 각각 다음과 같다.
- 미국 : (7.4+7.7+8.1+7.8+7.4)÷5=7.68점
- 대한민국 : (6.7+7.4+7.2+7.3+7.5)÷5=7.22점
- 중국 : (5.3+4.8+5.1+5.5+5.4)÷5=5.22점
- 독일 : (6.1+5.4+5.7+6.8+6.4)÷5=6.08점
- 프랑스 : (5.5+5.7+6.1+5.9+6.3)÷5=5.9점
- 캐나다 : (7.5+8.1+7.8+7.7+7.2)÷5=7.66점
- 일본 : (7.5+7.7+6.5+7.4+7.4)÷5=7.3점
- 러시아 : (5.2+4.5+4.1+3.9+4.3)÷5=4.4점
- 영국 : (7.1+7.5+7.3+7.4+7.8)÷5=7.42점

2022~2024년 국가별 평균 자살률은 각각 다음과 같다.
- 미국 : (7.2+7.0+7.3)÷3≒7.17명
- 대한민국 : (26.0+25.2+27.3)÷3≒26.17명
- 중국 : (22.1+22.0+21.9)÷3=22명
- 독일 : (8.5+7.6+7.7)÷3≒7.93명
- 프랑스 : (5.1+5.3+5.8)÷3=5.4명
- 캐나다 : (4.8+5.2+5.5)÷3≒5.17명
- 일본 : (14.8+14.2+15.5)÷3≒14.83명
- 러시아 : (12.3+11.5+15.7)÷3≒13.17명
- 영국 : (9.5+9.4+9.3)÷3=9.4명

따라서 2020년부터 2024년까지 평균 행복지수가 가장 높은 국가는 미국이고, 2022년부터 2024년까지 평균 자살률이 가장 낮은 국가는 캐나다이므로 동일하지 않다.

오답분석

① 2021~2024년 대한민국 자살률의 연도별 증감 추이는 감소 – 증가 – 감소 – 증가이다. 이와 같은 증감 추이를 보이는 국가는 미국, 일본, 독일 3곳이다.
② 2022년 아시아 국가의 평균 행복지수와 2023년 유럽 국가의 평균 행복지수는 각각 다음과 같다.
- 2022년 아시아 국가 : (7.2+6.5+5.1)÷3=6.27점
- 2023년 유럽 국가 : (3.9+6.8+7.4+5.9)÷4=6점

따라서 2022년 아시아 국가의 평균 행복지수가 더 높다.
③ 2021년 캐나다의 자살률은 5.0명이며, 프랑스의 자살률은 5.6명으로 캐나다의 자살률이 더 적다. 따라서 두 국가의 자살한 사람의 수가 동일하다면 캐나다의 인구가 더 많은 것이다.
⑤ 2020년 행복지수가 가장 낮은 국가는 러시아이며, 러시아의 2020~2024년 평균 자살률은 (10.5+11.1+12.3+11.5+15.7)÷5=12.22명이고, 2023년 북아메리카 국가의 자살률의 합은 7.0+5.2=12.2명이다. 따라서 러시아의 2020~2024년 평균 자살률이 더 크다.

23 정답 ⑤

- 2022년 대한민국의 임상 의사 수 대비 간호사 수 : 9.1÷2.7≒3.37명
- 2021년 독일의 임상 의사 수 대비 간호사 수 : 11.8÷3.8≒3.11명

따라서 2022년 대한민국의 임상 의사 수 대비 간호사 수가 더 많다.

오답분석

① 국가별 전체 인구수를 알 수 없으므로 비교할 수 없다.
② 2022년 독일과 대한민국의 전년 대비 종합병원당 병상 수의 증가율은 각각 다음과 같다.
- 독일 : $\frac{14.2-14.0}{14.0} \times 100 ≒ 1.43\%$
- 대한민국 : $\frac{12.7-12.5}{12.5} \times 100 = 1.6\%$

따라서 독일의 전년 대비 종합병원당 병상 수의 증가율이 더 낮다.
③ 2021년 일본의 국민 천 명당 임상 의사 수는 대한민국의 국민 천 명당 임상 의사 수의 4.0÷2.3≒1.74배이다. 따라서 일본의 인구가 대한민국의 인구보다 2배 많다면 전체 임상 의사 수는 약 1.74×2=3.48배 많다.
④ 종합병원 전체 병상 수는 인구수와 관련이 없다. 따라서 2020년부터 2024년까지 뉴질랜드의 인구수가 변하지 않았더라도 종합병원 전체 병상 수는 알 수 없다.

24 정답 ③

인구 1,000명당 신생아 수를 구하기 위해서는 먼저 전체 인구수를 구할 필요가 있다. 이혼율이 인구 1,000명당 이혼 건수를 의미하므로 전체 인구는 [(이혼 건수)÷(이혼율)]×1,000명이다. 인구 1,000명당 신생아 수는 [(신생아 수)÷(전체 인구)]×1,000명이므로 이를 정리하면 다음과 같다.

$$(\text{인구 1,000명당 신생아 수}) = \frac{(\text{신생아 수})}{[(\text{이혼 건수})÷(\text{이혼율})]\times 1,000}\times 1,000 = \frac{(\text{신생아 수})}{(\text{이혼 건수})}\times(\text{이혼율})$$

정리한 식을 바탕으로 2018년과 2022년의 인구 1,000명당 신생아 수를 구하면 다음과 같다.

- 2018년 : $\frac{400,000}{110,000}\times 2.2 ≒ 8.0$명
- 2022년 : $\frac{360,000}{90,000}\times 1.95 = 7.8$명

따라서 인구 1,000명당 신생아 수는 2018년이 2022년보다 많다.

오답분석

① 2021년과 2022년 이혼 건수는 동일하나 이혼율은 감소하였다. 이에 따라 전체 인구는 증가하였다.
② 이혼율이 증가한 해는 2018년, 2019년, 2024년이다. 이때의 이혼 건수는 모두 전년 대비 증가하였다.
④ 이혼 건수가 가장 많이 증가한 해는 전년 대비 10,000건이 증가한 2018년이며, 신생아 수 또한 2018년에 전년 대비 60,000명 감소하여 가장 많이 감소하였다.

25 정답 ④

C부서는 화이트보드가 있는 나, 다 회의실 중 총 7명을 수용할 수 있는 다 회의실을 사용한다.

오답분석

① A부서는 빔 프로젝터가 있는 가, 마 회의실 중 하나를 사용할 것이다. 그러나 마 회의실은 오후에 사용이 불가능하므로, A부서는 가 회의실을 사용한다.
② B부서는 화상회의 시스템을 갖춘 나, 라 회의실 중 7명 이상을 수용하고 오후 4시부터 6시까지 이용이 가능한 라 회의실을 사용한다.
⑤ D부서는 빔 프로젝터가 있는 가, 마 회의실 중 하나를 사용할 것이다. 그러나 가 회의실은 A부서가 사용하므로 오전 중 3시간 반 동안 사용이 가능한 회의실인 마 회의실을 사용한다.

26 정답 ①

마지막 명제의 대우는 '운동을 좋아하는 사람은 고전을 좋아한다.'이다. 따라서 두 번째 명제와 연결하면 '사진을 좋아하는 사람은 고전을 좋아한다.'는 반드시 참이다.

27 정답 ③

두 번째 조건에 따라 B는 6층에 입주해야 하고, 세 번째 조건에 의해 F-D-E 순으로 높은 층에 입주해야 한다.
A와 C는 1~3층에 거주해야 하므로 E는 3층부터, D는 4층부터 입주가 가능하다. 이를 표로 정리하면 다음과 같다.

구분	1층	2층	3층	4층	5층	6층
A				×	×	×
B	×	×	×	×	×	○
C				×	×	×
D	×	×	×	○	×	×
E				×	×	×
F	×	×	×	×	○	×

6명이 빌딩에 입주하는 방법의 경우의 수는 A, C, E가 남은 층에 입주하는 방법의 경우의 수와 같다. 따라서 6명이 빌딩에 입주하는 방법의 경우의 수는 3×2×1=6가지이다.

28 정답 ①

제시문의 마지막 문단에서 타인이 고의나 과실로 예약상 권리자가 가진 권리 실현을 방해했다면 예약상 권리자는 그에게도 책임을 물을 수 있다고 하였으므로 불법행위의 책임은 계약 당사자 이외의 제3자에게도 성립함을 알 수 있다.

[오답분석]
② 제시문의 첫 번째 문단에서 채무자가 채권을 가진 이에게 급부를 이행하면 채권에 대응하는 채무는 소멸한다고 하였으므로 적절한 내용이다.
③ 제시문의 세 번째 문단에서 예약 완결권을 발생시키는 예약의 경우, 예약상 권리자가 본계약을 성립시키겠다는 의사를 표시하는 것만으로 본계약이 성립한다고 하였으므로 적절한 내용이다.
④ 제시문의 첫 번째 문단에서 급부는 재화나 서비스 제공인 경우가 많지만 그 외의 내용일 수도 있다고 하였으므로 적절한 내용이다.

29 정답 ③

승차권을 구입한 시점에서 이미 본계약은 성립한 것이고, 실제 서비스(기차 탑승)는 미래에 행사되는 것이다. 따라서 계약은 성립되었고, 급부(탑승)는 미래에 이뤄진다고 볼 수 있다.

[오답분석]
① 기차 탑승은 승객이 돈을 지불하면 이에 대한 서비스를 제공하는 것이기 때문에 채권이 아니라 급부에 해당한다.
② 채무(채권에 대응하는 의무)는 승객에게 있는 것이 아니라 철도 회사에 있는 것이며, 기차를 탑승하지 않는 것은 승객이 채권(탑승 서비스를 받을 권리)을 포기하는 것이다.
④ 승차권 구입은 계약에 해당한다.

30 정답 ①

제시문의 두 번째 문단에서 '시장경제가 제대로 운영되기 위해서는 국가의 소임이 중요하다.'라고 하였고, 세 번째 문단에서 '시장경제에서 국가가 할 일은 크게 세 가지로 나누어 볼 수 있다.'라고 하였다. 따라서 글의 제목으로 가장 적절한 것은 '시장경제에서의 국가의 역할'이다.

31 정답 ①

크리스퍼 방식에서 DNA 표적 이중사슬을 탐색하는 것은 gRNA의 역할이며, Cas9 효소는 gRNA의 유도를 받아 표적 이중사슬을 절단하는 역할만 수행한다.

오답분석
② 제시문의 네 번째 문단에서 유전자 편집 기술을 통해 원하는 부분을 고쳐도 예기치 않은 돌연변이가 생길 수 있다고 하였으므로 적절한 내용이다.
③ 제시문의 두 번째와 세 번째 문단에서 표적 염기서열마다 단백질(엔도뉴클레이즈)을 새로 설계해야 하는 기존 방식과 달리 크리스퍼 방식은 가이드 RNA(gRNA)만 바꿔주면 된다고 하였으므로 적절한 내용이다.
④ 제시문의 세 번째 문단에서 크리스퍼 방식은 변환이 쉬운 gRNA만 바꾸면 다양한 생물종의 DNA를 쉽게 편집할 수 있다고 하였으므로 적절한 내용이다.

32 정답 ①

더 어린 사람의 나이를 x세라고 하면 다음과 같은 식이 성립한다.

$$\frac{x+(x+2)+(18\times 42)}{20}=40$$

$$\rightarrow \frac{2x+2+756}{20}=40$$

$$\rightarrow 2x+758=800$$

$$\rightarrow 2x=42$$

$$\therefore x=21$$

따라서 신입사원 중 더 어린 사람의 나이는 21세이다.

33 정답 ④

갑지점의 설문 응답률은 $100-(23+45)=32\%$이다.
인터넷 설문 응답자 중 '잘 모르겠다.'를 제외한 응답자는 $5,500\times 0.67=3,685$명이다.
따라서 갑지점을 택한 응답자는 $3,685\times 0.32 ≒ 1,179$명이다.

34 정답 ②

만기일 일시상환은 매달 이자만 부담하고 만기에 대출금을 모두 상환한다.

따라서 첫 달에 납입해야 하는 상환액은 $100,000,000\times 0.045\times \frac{1}{12}=375,000$원이다.

35 정답 ①

제시된 명제를 기호화하면 다음과 같다.
- p : 스포츠를 좋아하는 사람
- q : 음악을 좋아하는 사람
- r : 그림을 좋아하는 사람
- s : 독서를 좋아하는 사람

이를 정리하면 $p \rightarrow q$, $r \rightarrow s$, $\sim q \rightarrow \sim s$이고, $\sim q \rightarrow \sim s$의 대우는 $s \rightarrow q$이므로 $r \rightarrow s \rightarrow q$이다. 즉, $r \rightarrow q$이다.
따라서 '그림을 좋아하는 사람은 음악을 좋아한다.'는 항상 참이다.

36 정답 ④

ㄷ. 이미 우수한 연구개발 인재를 확보한 것이 강점이므로, 추가로 우수한 연구원을 채용하는 것은 WO전략으로 적절하지 않다. 따라서 기회인 예산을 확보하면, 약점인 전력 효율성이나 국민적 인식 저조를 해결하기 위한 전략을 세워야 한다.
ㄹ. 세계의 신재생에너지 연구(O)와 전력 효율성 개선(W)을 활용하므로 WT전략이 아닌 WO전략에 대한 내용이다. 따라서 WT전략이 되기 위해서는 높은 초기 비용에 대한 전략이 나와야 한다.

37 정답 ④

승진자 선발 방식에 따른 승진후보자별 평가점수는 각각 다음과 같다.

(단위 : 점)

구분	가점을 제외한 총점	가점	평가점수
A주임	29+28+12+4=73	1	74
B주임	32+29+12+5=78	2	80
C주임	35+21+14+3=73	5(가점상한 적용)	78
D주임	28+24+18+3=73	-	73
E주임	30+23+16+7=76	4	80

평가점수가 80점으로 가장 높은 승진후보자는 B주임과 E주임인데, 이 중 분기실적 점수와 성실고과 점수의 합이 B주임은 32+12=44점, E주임은 30+16=46점이다. 따라서 E주임이 승진한다.

38 정답 ③

중간가호가와 스톱지정가호가는 넥스트레이드가 제공하는 호가 유형으로 넥스트레이드에서만 사용이 가능하며, 사용 가능한 시간도 프리・애프터마켓 운영시간이 아닌 기존 정규시장 운영시간 내에서만 가능하다.

[오답분석]
① 첫 번째 문단에서 기존에는 한국거래소 단일 체제로 운영되었음을 알 수 있으나, 이 체제가 투자자들에게 불리했다는 내용은 제시문에서 찾을 수 없다. 다만 복수 거래소 체제로의 전환으로 이전보다 투자자들에게 이전보다 유리하게 작용할 것으로 기대되는 상황이다.
② 애프터마켓의 도입 전에도 해외 투자자는 우리나라 주식의 거래가 가능했다. 다만 애프터마켓의 도입으로 이전보다 거래시간이 확대되어 해외 투자가가 해당 국가의 낮 시간에 우리나라 주식을 거래할 수 있게 되어 접근이 용이해졌다.
④ 거래소 경쟁 체제의 도입으로 넥스트레이드가 내놓은 정책이 거래유형에 따라 달리 수수료를 부과하는 방식일 뿐, 한국거래소는 기존과 동일하게 거래유형에 구분 없이 일률적인 수수료 부과방식을 유지한다.

39 정답 ②

보기의 문장은 주식거래 시간의 확대와 해외 투자자에 대한 내용이 모두 포함된 문단 뒤에 오는 것이 적절하다. (나) 문단에서 국내 주식시장 거래시간이 확대되었고, 이로 인해 해외 투자자들의 국내 주식시장 거래가 용이해졌다고 하였다. 따라서 보기의 문장이 들어갈 위치로 가장 적절한 곳은 (나) 문단의 뒤이다.

40 정답 ④

제21조의2 제1항 제5호에 따르면 원칙적으로 소비자가 이미 선택한 내용에 대하여 변경을 요구하는 창을 반복하여 소비자에게 제시하는 것은 위법이지만, 만일 소비자가 일정 기간 이상 동안 해당 요구를 받지 않겠다고 선택할 수 있게 한 경우는 제외된다.

오답분석
① 제13조 제6항에 따르면 통신판매업자는 무상으로 제공된 재화 등이 유료 정기결제로 전환되는 경우에는 결제가 이루어진 그 즉시가 아니라 증액이나 전환이 이루어지기 전에 소비자에게 고지하여야 한다.
② 제21조의2 제1항 제2호에 따르면 소비자가 특정 재화 등의 청약을 진행하는 중에 다른 재화 등에 대해 추가 선택항목을 제공하고 유인하는 것은 위법이 아니지만, 추가된 선택항목에 대하여 소비자가 청약 의사가 있다고 선택하기도 전에 미리 표시를 하여 소비자를 유인하는 행위는 위법에 해당한다.
③ 제21조의2 제1항 제4호에 따르면 회원가입과 재화 등의 구매 방법과 탈퇴와 재화 등의 구매취소 방법을 달리하거나 후자를 어렵게 하는 것은 소비자를 방해하는 행위에 해당하나, 정당한 사유가 있는 경우라면 이는 가능하다.

41 정답 ③

㉠ 제21조의2 제1항 제1호에 따르면 소비자에게 재화 등의 가격을 알릴 때 필수적으로 지급하여야 하는 총금액 중 일부 금액만을 첫 화면에서 표시하는 것은 위법에 해당한다.
㉡ 제21조의2 제1항 제2호에 따르면 소비자가 재화의 구매가 진행되는 중에 다른 재화의 구매에 대한 의사가 있는지를 묻는 선택항목을 제공하는 경우, 소비자가 이에 대해 직접 선택하기 전에 미리 그러한 의사가 있다고 표시하여 선택항목을 제공하는 것은 위법에 해당한다.
㉢ 제21조의2 제1항 제3호에 따르면 회원가입 또는 회원탈퇴 등 선택항목들 사이에서 크기나 모양, 색깔 등 시각적인 차이를 두어 표시하는 것은 위법에 해당한다.

오답분석
㉣ 제21조의2 제1항 제5호에 따르면 소비자가 이미 선택한 내용에 대해서 그것을 변경할 것을 요구하는 팝업창을 반복적으로 요구하는 것은 위법이지만, 일회성 팝업창의 경우는 위법으로 볼 수 없다.

42 정답 ①

기대 수익률은 실물이전 상품별 추정 수익률의 확률 가중 평균이다. 이에 따른 상품별 기대 수익률은 각각 다음과 같다.
- 공모펀드 : $[(0.3 \times 0.5) + (0.2 \times 0.2) - (0.5 \times 0.1)] \times 100 = 8\%$
- ETF : $[(0.15 \times 1) + (0.25 \times 0.5) - (0.55 \times 0.3) - (0.05 \times 0.5)] \times 100 = 8.5\%$
- 예금 : $(1 \times 0.05) \times 100 = 5\%$

따라서 ETF의 기대 수익률이 가장 높다.

오답분석
② • 월 납입금 : $8,000,000 \times 0.1 = 800,000$원
  • 총 납입금액 : $800,000 \times 12 \times (65 - 40) = 240,000,000$원
  따라서 총 납입금액이 2억 원 이상이므로 퇴직연금을 일시금으로 수령할 수 있다.
③ • 납입금
  - 월 납입금 : $6,000,000 \times 0.1 = 600,000$원
  - 납입금액 : $600,000 \times 12 \times 20 = 144,000,000$원
  • 수령액
  - 정년퇴직 후 월 수령액 : $1,200,000$원
  - 10년간 수령액 : $1,200,000 \times 12 \times 10 = 144,000,000$원
  따라서 납입금과 연금 수령액이 동일하다.
④ • 30개월간 수령액 : $1,200,000 \times 30 = 36,000,000$원
  • 상속 가능 금액 : $50,000,000 - 36,000,000 = 14,000,000$원
  • 상속세 5%를 적용한 상속 가능한 실제 금액 : $14,000,000 \times (1 - 0.05) = 13,300,000$원
  따라서 상속 가능한 실제 금액은 1,330만 원이다.

43 정답 ②

A씨는 5년마다 연봉이 600만 원씩 상승하므로 월급은 600÷12=50만 원이 상승한다. 연령대별 월급과 월 납입액 그리고 월 수령액은 각각 다음과 같다.

(단위 : 만 원)

구분	월급	월 납입액	월 수령액
26~30세	200	-	-
31~35세	250	-	-
36~40세	300	30	-
41~45세	350	35	-
46~50세	400	40	-
51~55세	450	45	-
56~60세	500	50	-
61~65세	550	55	-
66~70세	-	-	120
71~75세	-	-	120
76~80세	-	-	실물이전 수익금
81~85세	-	-	120

A씨의 총 납입액은 (30+35+40+45+50+55)×12×5=15,300만 원이다. 76세에 실물이전을 하며, 최대 수익률을 가정하므로 추정 수익률이 100% 상승인 ETF를 선택한다. 이는 납입액의 50%에 대해 100% 투자 수익률이므로 15,300×0.5=7,650만 원의 수익을 얻는다.
따라서 15년간 매월 120만 원씩 연금을 받고, 76~80세 5년 동안 7,650만 원의 수익을 얻었으므로 A씨가 정년퇴직 후 얻을 수 있는 금액의 최대치는 (120×12×15)+7,650=29,250만 원, 즉 2억 9,250만 원이다.

44 정답 ②

경영 기술전략, 시제품 제작, 홍보 지원의 한도는 15+30+20=65백만 원(6천 5백만 원)이지만, 정부 지원금 최대 한도는 5천만 원으로 제한되어 있다.

오답분석
① 사업목적에 따르면 컨설팅, 기술지원, 마케팅 3가지 분야에서 분야당 최대 1개의 프로그램만 이용이 가능하다. 따라서 브랜드 지원 프로그램과 홍보 지원 프로그램은 모두 마케팅 분야에 해당하므로 두 프로그램을 동시에 이용하는 것은 불가능하다.
③ 스마트공장화에 관심이 있는 제조 소기업은 스마트공장 진단 및 실용화를 지원하는 컨설팅 분야의 제조혁신 추진전략 프로그램과 스마트공장 구축을 지원하는 기술지원 분야의 시스템 및 시설구축 프로그램을 이용하는 것이 유리하다.
④ 최근 3년 평균 매출액이 4억 원 이하인 제조 소기업의 정부지원 비율은 75%이고, 자가부담 비율은 25%이다. 따라서 자가부담금은 정부지원금의 3분의 1이므로 3÷3=1천만 원이다.

45 정답 ②

국세 및 지방세 체납이 확인된 기업은 지원 제외 대상이다. 그러나 공공요금의 경우 국민이 수도, 전기 등 공공서비스를 이용한 대가로 지불하는 요금이므로 국세 및 지방세가 아니다. 따라서 B기업은 혁신바우처 사업 지원 제외 대상이 아니다.

오답분석
① 혁신바우처 사업은 제조 소기업을 대상으로 하는 사업이며, 제조기업이란 제조업이 주업종인 기업이다. 따라서 제조업을 영위한다 하더라도 주업종이 소매업이라면 이는 제조기업이라 볼 수 없으므로 해당 사업 지원 대상에 해당하지 않는다.
③ 채권자와 채무를 조정 중인 기업이 아닌 조정이 완료되어 합의서를 체결한 기업에 한해 지원 제외 대상에서 제외된다.
④ 해당 사업 신청 시에 이미 같은 사업을 수행 중인 기업의 경우 지원 대상에서 제외된다.

46 정답 ①

I기업 직원별 5월 소득은 각각 다음과 같다.
- A사원 : 2,230+(2×100)+50+0+0=2,480천 원
- B대리 : 2,750+(4×100)+70+30+0=3,250천 원
- C대리 : 3,125+(5×100)+70+30+250=3,975천 원
- D과장 : 3,500+(6×100)+100+50+0=4,250천 원
- E차장 : 3,780+(10×100)+150+50+0=4,980천 원
- F부장 : 4,200+(14×100)+200+100+50=5,950천 원

따라서 I기업 직원들의 5월 소득 평균은 (2,480+3,250+3,975+4,250+4,980+5,950)÷6=4,147.5천 원, 즉 414만 7천 5백 원이므로 450만 원 이하이다.

오답분석

② I기업 직원별 5월 소득에서 5월 지출을 뺀 금액을 각각 다음과 같다.
- A사원 : 2,480-2,445=35천 원
- B대리 : 3,250-2,665=585천 원
- C대리 : 3,975-3,293=682천 원
- D과장 : 4,250-4,278=-28천 원
- E차장 : 4,980-4,942=38천 원
- F부장 : 5,950-5,315=635천 원

따라서 5월 소득에서 5월 지출을 뺀 금액이 가장 많은 사람은 C대리이다.

③ 근속연수가 가장 짧은 직원은 A사원이다. A사원의 5월 소득은 248만 원(=2,480천 원)이며, 5월 지출 또한 244.5만 원이므로 모두 250만 원 이하이다.

④ I기업 직원들의 평균 5월 지출을 만 원 단위로 계산하면 (244.5+266.5+329.3+427.8+494.2+531.5)÷6=382.3만 원이므로 350만 원 이상이다.

47 정답 ①

I기업 직원 6명의 금융상품 투자금액을 만 원 단위로 계산하면 총 20+25+40+15+30+70=200만 원이다. 전체 직원의 금융상품 투자금액에서 각 직원이 차지하는 비율은 다음과 같다.
- A사원 : 20÷200×100=10%
- B대리 : 25÷200×100=12.5%
- C대리 : 40÷200×100=20%
- D과장 : 15÷200×100=7.5%
- E차장 : 30÷200×100=15%
- F부장 : 70÷200×100=35%

따라서 I기업 전체 직원의 금융상품 투자금액에서 각 직원이 차지하는 비율을 바르게 나타낸 그래프는 ①이다.

48 정답 ④

국가별 수출액과 수입액의 차이는 각각 다음과 같다.
- 미국 : |98,000-88,000|=10,000억 USD
- 멕시코 : |13,000-18,000|=5,000억 USD
- 러시아 : |20,500-24,500|=4,000억 USD
- 영국 : |44,500-31,300|=13,200억 USD
- 호주 : |45,200-18,000|=27,200억 USD
- 캐나다 : |65,000-73,000|=8,000억 USD
- 중국 : |99,000-73,500|=25,500억 USD
- 프랑스 : |60,700-12,400|=48,300억 USD
- 이집트 : |13,000-5,000|=8,000억 USD

따라서 수출액과 수입액의 차이가 세 번째로 큰 국가는 중국이며, 중국의 소비자물가 상승률은 5.2%로 5% 이상이다.

오답분석

① 제시된 자료에서 모든 국가의 소비자물가 상승률이 양의 값을 가지므로 2024년 세계 주요 국가들은 모두 소비자물가가 상승하였다.
② 국내총생산이 세 번째로 높은 국가는 캐나다이며, 경제성장률이 세 번째로 높은 국가도 캐나다이다.
③ 국민총소득 상위 3곳은 중국, 미국, 캐나다이며 이들의 국내총생산의 합은 151,000+175,000+140,000=466,000억 USD이다.
나머지 국가들의 국내총생산의 합은 48,000+73,000+97,600+84,300+27,000+77,400=407,300억 USD이다.
따라서 국민총소득 상위 3곳의 국내총생산 합이 나머지 국가들의 국내총생산 합보다 많다.

49 정답 ②

제시된 자료에서 국내총생산 상위 3곳은 미국, 중국, 캐나다이다. 각국의 무역의존도는 다음과 같다.
- 미국 : $(98,000+88,000) \div 175,000 \times 100 ≒ 106\%$
- 중국 : $(99,000+73,500) \div 151,000 \times 100 ≒ 114\%$
- 캐나다 : $(65,000+73,000) \div 140,000 \times 100 ≒ 99\%$

따라서 중국 – 미국 – 캐나다 순으로 무역의존도가 높다.

50 정답 ③

I은행 승진 규정에 따른 승진 대상자별 최종 평가 점수는 각각 다음과 같다.

(단위 : 점)

구분	업무실적	팀워크	전문성	성실성	최종 평가 점수
A주임	60×0.4=24	90×0.15=13.5	84×0.25=21	98×0.2=19.6	78.1
B주임	70×0.4=28	86×0.15=12.9	84×0.25=21	96×0.2=19.2	81.1
C주임	91×0.4=36.4	76×0.15=11.4	96×0.25=24	53×0.2=10.6	82.4
D주임	84×0.4=33.6	92×0.15=13.8	76×0.25=19	80×0.2=16	82.4

C주임과 D주임의 최종 평가 점수가 동일하므로 업무실적과 전문성 점수의 평균을 구해야 한다.
- C주임 : $(91+96) \div 2 = 93.5$점
- D주임 : $(84+76) \div 2 = 80$점

따라서 대리로 진급하는 사람은 C주임이다.

51 정답 ①

변경된 승진 규정에 따른 승진 대상자별 최종 평가 점수는 각각 다음과 같다.

(단위 : 점)

구분	업무실적	팀워크	전문성	성실성	최종 평가 점수
A주임	60×0.15=9	90×0.3=27	84×0.4=33.6	98×0.15=14.7	84.3
B주임	70×0.15=10.5	86×0.3=25.8	84×0.4=33.6	96×0.15=14.4	84.3
C주임	91×0.15=13.65	76×0.3=22.8	96×0.4=38.4	53×0.15=7.95	82.8
D주임	84×0.15=12.6	92×0.3=27.6	76×0.4=30.4	80×0.15=12	82.6

A주임과 B주임의 최종 평가 점수가 동일하므로 팀워크와 전문성 점수의 평균을 구해야 한다.
- A주임 : $(90+84) \div 2 = 87$점
- B주임 : $(86+84) \div 2 = 85$점

따라서 팀장이 되는 사람은 A주임이다.

52 정답 ①

IBK 부모급여우대적금에서 부모급여나 아동수당의 수급은 우대이자율 조건 중의 하나로, 상품가입을 위한 필수 조건은 아니다. 따라서 부모급여나 아동수당을 수급하는 사람에 한해 가입이 가능한 자유적립식 적금상품이라는 행원의 답변은 옳지 않다.

오답분석
② 우대이자율의 가족 실적합산에서 가족등록 후 계약기간 중 충족된 실적은 합산하여 우대이자율을 제공한다고 명시되어 있으며, 적금 가입과 우대조건을 충족한 고객의 명의가 달라도 합산하여 실적을 인정해 주므로 옳은 답변이다.
③ 가족등록을 하기 위해서는 반드시 가족관계 확인서류를 지참하여 영업점을 방문해야 하므로 옳은 답변이다.
④ IBK 부모급여우대적금은 1년(12개월) 계약상품으로 월 최대 50만 원씩 입금할 수 있다. 따라서 최대 입금액은 $50 \times 12 = 600$만 원이므로 옳은 답변이다.

53 정답 ②

A고객은 9개월 동안 적금을 유지하다가 중도해지하였으므로 중도해지이자율에 따라 이자율이 결정되며, 우대이자율은 적용되지 않는다. 1년(12개월) 계약 상품에서 9개월까지 유지하였으므로 납입기간 경과비율은 9÷12×100=75%이다. 그러므로 중도해지이자율은 (기본이자율)×60%이다. 따라서 A고객이 받을 수 있는 최고 이자율은 2.5×0.6=연 1.5%이다.

54 정답 ④

국내 외환시장의 개장시간을 연장하기 전에는 오후 3시 30분에 마감이 되어 거래 자체가 불가능했다. 따라서 동일한 환율로 거래가 이루어졌다는 것은 적절하지 않은 내용이다.

오답분석
① 종가란 증권시장에서 마지막으로 거래가 이루어진 가격을 뜻한다. 따라서 국내 외환시장의 개장시간 연장으로 달러의 마지막 거래는 새벽 2시에 이루어지므로 이때의 거래가격이 종가가 된다.
② 두 번째 문단에 따르면 국내 외환시장의 개장시간 연장은 원/달러 환율에만 적용되는 것이며, 이종통화의 거래시간은 변경 전과 동일하게 운영된다고 하였다.
③ 국내와 시간 차이가 있어 새벽이나 밤에만 국내 주식의 거래가 가능했던 해외 투자자들의 경우 기존보다 늘어난 거래시간으로 인해 시간적 편의를 볼 것으로 예측된다.

55 정답 ②

면허를 발급하는 것은 면허 발급 방식이며, 보조금을 지급받는 것은 보조금 지급 방식으로 둘 사이의 연관성은 없다.

오답분석
① 과거에는 공공 서비스가 경합성과 배제성이 모두 약한 사회 기반 시설 공급을 중심으로 제공되었다. 이런 경우 서비스 제공에 드는 비용은 주로 세금을 비롯한 공적 재원으로 충당을 한다.
③ 정부는 위탁 제도를 도입함으로써 정부 조직의 규모를 확대하지 않고 서비스의 전문성을 강화할 수 있다.
④ 공공 서비스의 다양화와 양적 확대가 이루어지면서 행정 업무의 전문성 및 효율성이 떨어지는 문제점이 나타나기도 한다.

56 정답 ④

제시된 명제를 기호화하면 다음과 같다.
- p : 근대화
- q : 전통 사회 생활양식의 변화
- r : 전통 사회의 고유성 유지
- s : 문화적 전통 확립

이를 정리하면 각각 $p \rightarrow q$, $q \rightarrow \sim r$, $r \rightarrow s$이다. 이때, 두 번째 명제의 대우인 $r \rightarrow \sim q$가 성립한다. 따라서 전통 사회의 고유성을 유지한다면 생활양식의 변화 없이 문화적 전통을 확립할 수 있다.

57 정답 ④

만약 A가 진실이라면 동일하게 A가 사원이라고 말한 C도 진실이 되어 진실을 말한 사람이 2명이 되므로, A와 C는 모두 거짓이다. 또한 E가 진실이라면 B가 사원이므로 A의 'D는 사원보다 직급이 높아.'도 진실이 되어 역시 진실을 말한 사람이 2명이 되기 때문에 E도 거짓이다. 그러므로 B와 D 중 1명이 진실이다.

ⅰ) B가 진실인 경우
E는 차장이고, B는 차장보다 낮은 3개 직급 중 하나이다. C가 거짓이므로 A가 과장이고, E가 거짓이기 때문에 B는 사원이 아니므로 B는 대리가 되고, A가 거짓이므로 D는 사원이다. 그러면 남은 부장 자리가 C여야 하는데, E가 거짓이므로 C는 부장이 될 수 없어 모순이 된다. 즉, B의 진술은 거짓이다.

ⅱ) D가 진실인 경우
E는 부장이고 C가 거짓이므로 A는 과장이며, A가 거짓이므로 D는 사원이다. B가 거짓이므로 B는 차장보다 낮은 직급이 아니기 때문에 차장이고, C는 대리가 된다.

따라서 진실을 말한 사람은 D이다.

58 정답 ②

각 월드컵에서 시행되는 경기 수는 다음과 같다.
- 2022년 카타르 월드컵
  - 조별리그 : $_4C_2 \times 8 = 48$경기
  - 본선 토너먼트 : 8(16강)+4(8강)+2(4강)+1(3, 4위전)+1(결승)=16경기
  → 총 48+16=64경기
- 2026년 북중미 월드컵
  - 조별리그 : $_4C_2 \times 12 = 72$경기
  - 본선 토너먼트 : 16(32강)+8(16강)+4(8강)+2(4강)+1(3, 4위전)+1(결승)=32경기
  → 총 72+32=104경기

따라서 2022년 카타르 월드컵과 2026년 북중미 월드컵에서 진행되는 경기 수는 총 64+104=168경기이다.

59 정답 ④

100,000엔은 $100,000 \times 8.6 = 860,000$원이고, $\frac{860,000}{1,300} \fallingdotseq 661.54$달러이므로 송금수수료는 건당 5,000원이며, 전신료는 건당 8,000원이다. 따라서 지불해야 하는 당발송금수수료는 $(5,000 \times 3) + (8,000 \times 3) = 15,000 + 24,000 = 39,000$원이다.

60 정답 ③

직원별 주거비는 각각 다음과 같다.
- A직원(영등포구 전세) : $500,000 + (50 \times 30 \times 12) = 518,000$천 원
- B직원(은평구 월세) : $380,000 + [(500+50) \times 20 \times 12] = 512,000$천 원
- C직원(강동구 전세) : $490,000 + [(30+10) \times 25 \times 12] = 502,000$천 원
- D직원(금천구 월세) : $330,000 + [(450+40) \times 30 \times 12] = 506,400$천 원

따라서 가장 적은 주거비를 지불한 사람은 C직원이다.

CHAPTER 02 | 2024년 주요 금융권 NCS 기출복원문제

01	02	03	04	05	06	07	08	09	10	11	12	13	14	15	16	17	18	19	20
④	③	④	①	③	④	③	②	④	③	④	④	③	②	②	④	④	①	①	②
21	22	23	24	25	26	27	28	29	30	31	32	33	34	35	36	37	38	39	40
③	③	④	②	③	④	③	④	④	②	⑤	⑤	⑤	④	③	⑤	④	③	②	⑤
41	42	43	44	45	46	47	48	49	50	51	52	53	54	55	56	57	58	59	60
④	②	③	②	①	③	③	③	②	③	③	①	②	④	①	④	②	②	②	②

01 정답 ④

마지막 문단에 따르면 KB스타뱅킹 요금제 이용 고객은 최대 24개월 동안 최대로 할인받을 경우 월 2만 200원에 통신 서비스를 이용할 수 있다.

오답분석

① 두 번째 문단에서 'KB스타뱅킹은 KB금융그룹 계열사의 70여 개의 서비스를 한 번에 제공하고 있어'라는 내용을 통해 확인할 수 있다.
② 세 번째 문단에 따르면 기존에 사용하던 입출금계좌를 모임통장으로 변환할 수 있다. 하지만 신규고객인 경우 입출금계좌가 없기 때문에 이 방식을 이용할 수 없다.
③ 네 번째 문단에 따르면 KB스타뱅킹 홈화면 하단 KB모임통장 공간을 통해 모임원을 초대할 수 있음은 물론, 정기회비 설정과 거래내역 확인도 손쉽게 처리할 수 있다.

02 정답 ③

제시문은 공동주택 관리 방식에 대한 글이다. 먼저 공동주택 관리의 중요성을 언급하는 (다) 문단이 오는 것이 적절하며, 이러한 공동주택 관리 방식의 선택에 따른 영향을 설명하는 (라) 문단이 그 뒤에 오는 것이 적절하다. 이어서 두 가지 공동주택 관리인 자치관리 방식과 위탁관리 방식을 각각 설명하는 (마) 문단과 (나) 문단이 차례대로 오는 것이 적절하며, 마지막으로 공동주택 관리 방식에 대한 의사결정의 중요성이 증가하고 있다는 (가) 문단 순으로 나열하는 것이 적절하다.

03 정답 ④

문의를 요청한 회사는 SB3 등급에 해당하므로, 1.5%의 보증료율을 적용받는다. 또한 일부 해지 기준 미충족에 해당하므로 0.4%p가 가산되며, 혁신형 중소기업에 지정되어 0.1%p를 차감받는다.

해당 조건을 적용하면 보증료는 $100억 \times (0.015 + 0.004 - 0.001) \times \frac{90}{365} \fallingdotseq 4,438$만 원이다.

따라서 해당 회사의 보증료는 1백만 원 미만을 절사한 4,400만 원이다.

04 정답 ①

가. 최종 적용 보증료율은 1.7+0.2+0.5=2.4%이지만, 대기업의 상한선 2.3%를 적용받는다.

그러므로 보증료는 150억×0.023×$\frac{365}{365}$=34,500만 원이다.

나. 최종 적용 보증료율은 1.7+0.4-0.2=1.9%를 적용받는다.

그러므로 보증료는 150억×0.019×$\frac{365}{365}$=28,500만 원이다.

다. 최종 적용 보증료율은 1.3-0.3-0.2=0.8%를 적용받는다.

그러므로 보증료는 100억×0.008×$\frac{219}{365}$=4,800만 원이다.

따라서 보증료가 높은 순서대로 정렬하면 '가 – 나 – 다'이다.

05 정답 ③

- 일비 : 2만×3=6만 원
- 항공운임 : 100만×2=200만 원
- 철도운임 : 7만×2=14만 원
- 자가용승용차운임 : 20만×3=60만 원
- 숙박비 : 15만×2=30만 원
- 식비 : 2.5만×3=7.5만 원

따라서 A부장이 받을 수 있는 최대 여비는 6+200+14+60+30+7.5=317.5, 즉 317만 5천 원이다.

06 정답 ④

- 가군
  - 일비 : 2만×2=4만 원
  - 선박운임 : 50만×1=50만 원
  - 버스운임 : 1,500×2=3,000원
  - 숙박비 : 15만×1=15만 원
  - 항공운임 : 100만×1=100만 원
  - 철도운임 : 7만×2=14만 원
  - 자가용승용차운임 : 20만×2=40만 원
  - 식비 : 2.5만 원×2=5만 원

  그러므로 4+100+50+14+0.3+40+15+5=228만 3천 원이다.

- 나군
  - 일비 : 2만×2=4만 원
  - 선박운임 : 20만×1=20만 원
  - 버스운임 : 1,500×2=3,000원
  - 숙박비 : 7만×1=7만 원
  - 항공운임 : 50만×1=50만 원
  - 철도운임 : 7만×2=14만 원
  - 자가용승용차운임 : 20만×2=40만 원
  - 식비 : 2만×2=4만 원

  그러므로 4+50+20+14+0.3+40+7+4=139만 3천 원이다.

- 다군
  - 일비 : 2만×2=4만 원
  - 선박운임 : 20만×1=20만 원
  - 버스운임 : 1,500×2=3,000원
  - 숙박비 : 6만×1=6만 원
  - 항공운임 : 50만×1=50만 원
  - 철도운임 : 3만×2=6만 원
  - 자가용승용차운임 : 20만×2=40만 원
  - 식비 : 2만×2=4만 원

  그러므로 4+50+20+6+0.3+40+6+4=130만 3천 원이다.

따라서 영업팀이 받는 총여비는 228.3+139.3+130.3=497.9, 즉 497만 9천 원이다.

07 정답 ③

그래프의 기울기가 클수록 환율 변동 폭이 크다. 따라서 증가 폭이 가장 큰 시기인 2023년 11월과 2023년 12월 사이에 원/100엔 환율이 가장 큰 폭으로 증가하였다.

오답분석
① 원/100엔 환율이 가장 높은 달은 2023년 12월이고, 환율은 100엔당 약 920원이다.
② 원/100엔 환율이 가장 낮은 달은 2023년 11월이고, 환율은 100엔당 약 860원 미만이다.
④ 그래프의 기울기가 클수록 환율 변동 폭이 크므로, 감소 폭이 가장 큰 시기인 2023년 10월과 2023년 11월 사이에 원/100엔 환율이 가장 큰 폭으로 감소하였다.

08 정답 ②

2023년 9월에 100만 원을 달러로 환전한 후 같은 금액을 2023년 12월에 원화로 환전한다.

- 2023년 9월 원화에서 달러로 환전 : $1,000,000 \times \dfrac{1달러}{1,327원} ≒ 753.6달러$

- 2023년 12월 달러에서 원화로 환전 : $753.6달러 \times \dfrac{1,302원}{1달러} ≒ 981,000원$

따라서 손해를 본 금액은 $1,000,000 - 981,000 = 19,000원$이다.

09 정답 ④

두 번째 문단에 따르면 '꼭 필요한 부위에만 접착제와 대나무 못을 사용하여 목재가 수축·팽창하더라도 뒤틀림과 휘어짐이 최소화될 수 있도록 하였다.'라고 하였으므로 접착제와 대나무 못을 사용하면 수축과 팽창이 발생하지 않게 된다는 내용은 적절하지 않다.

10 정답 ③

최우수상을 받으려면 4과목의 평균 점수가 85점 이상이어야 하므로 총점은 $85 \times 4 = 340$점 이상이어야 한다.
따라서 갑돌이는 최소 $340 - (70 + 85 + 90) = 95$점을 받아야 한다.

11 정답 ④

D는 부양능력이 있는 며느리와 함께 살고 있으므로 기초생활수급자 선정 기준에 해당하지 않는다.

오답분석
① A의 소득인정액은 $(100 - 20) + 12 = 92$만 원인데, 이는 3인 가구의 최저생계비인 94만 원보다 적으므로 기초생활수급자에 해당한다.
② B의 소득인정액은 $(0 - 30) + 36 = 6$만 원인데, 이는 1인 가구의 최저생계비인 42만 원보다 적으므로 기초생활수급자에 해당한다 (가구 수 산정 시 부양의무자가 아닌 조카는 제외).
③ C의 소득인정액은 $(80 - 22) + 24 = 82$만 원인데, 이는 3인 가구의 최저생계비인 94만 원보다 적으므로 기초생활수급자에 해당한다.
⑤ E의 소득인정액은 $(60 - 30) + 36 = 66$만 원인데, 이는 2인 가구의 최저생계비인 70만 원보다 적으므로 기초생활수급자에 해당한다.

12 정답 ④

'-별'은 명사 뒤에 붙어 '그것에 따른'의 뜻을 더하는 접미사이다. 따라서 앞말과 붙여 쓰는 것이 올바른 표기법이므로 '분기 별'이 아닌 '분기별'로 표기되어야 한다.

오답분석
① 새 가족 : '새'는 이전의 것이 아닌 처음 생기거나 다시 생긴 또는 사용하거나 구매한 지 얼마 안 된 것을 뜻하는 관형사로 사전에 한 단어로 등재된 새해, 새집, 새것, 새댁 등을 제외하고는 원칙적으로 뒷말과 띄어 써야 하므로 올바르게 표기되었다.
② 만 8세 : 나이 앞에 쓰이는 '만'은 정해진 시기나 햇수가 꽉 참을 뜻하는 관형사로 뒷말과 띄어 써야 하므로 올바르게 표기되었다.
③ 제2의 : 어떠한 숫자에 해당하는 차례 또는 순서의 뜻을 더하는 접두사인 '제-'는 뒷말과 붙여 써야 하므로 올바르게 표기되었다.

13 정답 ③

생일 주인공인 지영이가 먹은 케이크 조각이 가장 크고, 민지가 먹은 케이크 조각은 가장 작지도 않고 두 번째로 작지도 않으므로 민지는 세 번째 또는 네 번째로 작은 케이크를 먹었을 것이다. 이때 재은이가 먹은 케이크 조각은 민지가 먹은 케이크 조각보다 커야 하므로 민지는 세 번째로 작은 케이크 조각을, 재은이는 네 번째로 작은 케이크 조각을 먹었음을 알 수 있다. 또한 정호와 영재의 관계에서 영재의 케이크 조각이 가장 작음을 알 수 있다. 따라서 먹은 케이크 조각의 크기가 작은 순서대로 나열하면 '영재 – 정호 – 민지 – 재은 – 지영'이다.

14 정답 ②

ㄱ. 강점인 공공기관으로서의 신뢰성을 바탕으로 해외 개발 사업에 참여하는 것은 강점을 살려 기회를 포착하는 SO전략으로 적절하다.
ㄷ. 약점인 환경파괴를 최소화하는 방향의 환경친화적 신도시 개발은 약점을 보완하여 기회를 포착하는 WO전략으로 적절하다.

오답분석
ㄴ. 국토개발로 인한 환경파괴라는 약점과 환경보호 단체 등과의 충돌을 겪고 있는 위협을 고려했을 때 적절한 전략으로 볼 수 없다.
ㄹ. 환경보호 단체나 시민 단체와의 충돌을 규제 강화라는 강압적 방법으로 해결하는 것은 적절한 전략으로 볼 수 없으며, 공공기관의 역할 수행으로도 볼 수 없다.

15 정답 ②

전체 투자 가격을 a라 하면, A, B, C주식에 투자한 금액은 각각 0.3a, 0.2a, 0.5a이다.
• A주식 최종 가격 : $0.3a \times 1.2 = 0.36a$
• B주식 최종 가격 : $0.2a \times 1.4 = 0.28a$
• C주식 최종 가격 : $0.5a \times 0.8 = 0.4a$
따라서 A, B, C주식의 최종 가격 총합은 1.04a이므로, 투자 대비 4%의 이익을 보았다.

16 정답 ④

가입기간이 24개월이기 때문에 '스마트폰 적금'은 제외된다. 또한 현재 군 복무 중이 아니기 때문에 '나라지킴이 적금'도 가입할 수 없다. '우리 아이 정기예금'의 경우 처음 예치할 때 1,000만 원 이상부터 가능하지만 500만 원밖에 없다고 했으므로 불가능하다. 따라서 추천할 상품으로 가장 적절한 것은 해당 은행 계열사 카드 전월 실적 30만 원 이상과 은행 신규 고객에 속하며, 통장에 300만 원 이상 보유한 조건을 갖춰 우대금리를 적용받을 수 있고 가입기간을 24개월로 할 수 있는 '우리 집 만들기 예금'이다.

17 정답 ④

적립식 예금 상품의 신규 거래 가입 영업보다는 기존 고객에게 제안하는 내용에 가깝다.

오답분석
①·②·③ 고객에게 혜택 또는 이익이 돌아가거나 고객의 니즈에 맞춰 추천하는 방식의 영업 노하우이다.

18 정답 ①

4단계인 (C)에는 '고객정보 등록(변경)'의 내용이 들어가야 한다.

> **예금 신규 거래 절차**
> - 1단계 : 신규 거래 신청서 받아 확인하기
> - 2단계 : 실명 확인하기
> - 3단계 : 신규 거래 필요 서류 징구하기
> - 4단계 : 고객정보 등록(변경)하기
> - 5단계 : 수납자금 확인하기
> - 6단계 : 통장 또는 증서 작성하기
> - 7단계 : 고객의 거래인감 또는 서명날인 받기
> - 8단계 : 책임자 검인하기
> - 9단계 : 서류 보관하기

19 정답 ①

제시문은 비-REM수면의 수면 진행 과정을 측정되는 뇌파에 따라 4단계로 나누어 설명하고 있다. 따라서 전개 방식으로 ①이 가장 적절하다.

20 정답 ②

수면 단계에서 측정되는 뇌파들을 고려할 때 보기의 사람이 잠에서 깨는 것을 방지해 주는 역할을 하여 깊은 수면을 유도하는 '이것'은 (나) 앞에서 설명하는 'K-복합체'임을 알 수 있다. 즉, K-복합체는 수면 중 갑작스러운 소음이 날 때 활성화되어 잠자는 사람이 소음으로 인해 깨는 것을 방지해 준다. 따라서 보기의 문장은 (나)에 들어가는 것이 가장 적절하다.

21 정답 ③

A가 30분 동안 달린 거리는 $180 \times 4 \times \frac{30}{4+2} = 3,600 \text{m}$이다. 이후 A는 3분마다 720m씩, B는 10분마다 $225 \times 8 = 1,800 \text{m}$씩 달리므로 각각 쉬지 않고 1분 동안 120m, 180m를 달리는 것과 같다.
B가 출발하고 t분 후 두 사람이 만난다고 하면 다음과 같은 식이 성립한다.
$3,600 + 120t = 180t$
$\therefore t = 60$
따라서 A와 B가 처음으로 만나는 곳은 시작점으로부터 $180 \times 60 = 10,800 \text{m}$ 떨어진 곳이다.

22 정답 ③

반장과 부반장을 서로 다른 팀에 배치하는 경우는 2가지이다. 8명 중 2명을 제외한 인원을 2명, 4명으로 나누는 경우는 먼저 6명 중 2명을 뽑는 방법과 같으므로 $_6C_2 = \frac{6 \times 5}{2} = 15$가지이다.
따라서 보트를 두 팀으로 나눠 타는 경우의 수는 $2 \times 15 = 30$가지이다.

23　정답　④

(판매 가격)=(매매기준가)×[1−(환전수수료율)]이므로 (환전수수료율)=$1-\frac{(판매\ 가격)}{(매매기준가)}$이다.

그러므로 각 국가의 판매할 때의 환전수수료율을 구하면 다음과 같다.

- 미국 : $1-\frac{1,352.90}{1,377}≒0.02$
- 일본 : $1-\frac{863.29}{878.67}≒0.02$
- 중국 : $1-\frac{180.22}{189.7}≒0.05$
- 영국 : $1-\frac{1,688.02}{1,721.94}≒0.02$
- 호주 : $1-\frac{883.08}{895.05}≒0.01$(∵ 호주의 매매기준가는 1,377×0.65=895.05원이다)

따라서 중국은 판매할 때의 환전수수료율이 가장 높은 국가이므로 옳지 않은 설명이다.

[오답분석]

① 중국의 미화환산율은 $\frac{189.7}{1,377}≒0.14$이다.

② 호주의 매매기준가는 1,377×0.65=895.05원이다.

③ (구입 가격)=(매매기준가)×[1+(환전수수료율)]이므로 (환전수수료율)=$\frac{(구입\ 가격)}{(매매기준가)}-1$이다.

따라서 미국의 구입할 때의 환전수수료율은 $\frac{1,401.10}{1,377}-1≒0.02$이고, 일본의 구입할 때의 환전수수료는 $\frac{894.05}{878.67}-1≒0.02$로 서로 같다.

24　정답　②

가입일 기준 만 36세이지만, 3년의 병역 의무 이행 기록이 있으므로 해당 기간을 제외하면 36−3=33세로 나이 기준에 포함된다. 또한, 개인소득 및 가구소득 등이 가입 기준을 만족하므로 A씨는 청년도약계좌상품에 가입할 수 있다.
이때 월 급여 및 월 지출이 우대금리 지급 기준에 부합하므로 각각 0.6%p, 0.2%p의 우대금리가 적용되고, 소득 플러스 항목은 2회 적용받으므로 0.2%p의 우대금리가 추가로 적용된다.
따라서 A씨가 만기일에 적용받는 금리는 연 4.5+0.6+0.2+0.2=5.5%이다.

25　정답　③

원금이 a원, 납입기간이 n개월, 연이율이 r%로 단리식일 때 만기 시 이자는 $a\times\frac{n(n+1)}{2}\times\frac{r}{12}$원이다.

제시된 상품은 납입기간이 5년이고 금리는 연 5.5%가 적용되므로 만기 시 이자는 다음과 같다.

$$a\times\frac{n(n+1)}{2}\times\frac{r}{12}$$
$$=500,000\times\frac{60\times61}{2}\times\frac{0.055}{12}$$
$$=4,193,750원$$

따라서 A씨가 만기 시 받을 수 있는 원리금은 500,000×60+4,193,750=34,193,750원이다.

26 정답 ④

첫 번째 문장은 '친환경인증' 재배 농가에 정부 지원금을 상향하겠다는 내용이다. 여기에 이어질 문단 (가) ~ (다)를 살펴보면, (가) 문단은 유기지속 단가 인상 등 농업에 대한 정부정책의 강화, (나) 문단은 친환경농업이 무엇인지, (다) 문단은 정부가 친환경농업 직불 단가를 상향한 목적이 무엇인지에 대한 내용이다. 첫 번째 문단 다음에 이어질 문단으로 (나) 문단이나 (다) 문단이 적절하나, (다) 문단의 '두 재배 방식'은 (나) 문단에서 언급하고 있으므로 (나) 문단 다음에 (다) 문단이 와야 한다. 따라서 (나) – (다) – (가) 순으로 나열하는 것이 적절하다.

27 정답 ③

농림위성은 현 농업 재배 상황을 파악해 어떤 농업 대책을 세워야 하는지 의사결정에 필요한 정보를 취득하는 것과 농림 및 산림의 실시간 관측을 통해 기후변화 및 재해 등에 신속하게 대응하는 것에 그 목적이 있을 뿐 어느 농작물의 재배가 유리한지는 알 수 없다.

오답분석
① 농림위성을 통해 실시간으로 논·산림을 파악할 수 있어 산불의 이동 경로를 예측하여 신속하게 대응할 수 있다.
②·④·⑤ 두 번째 문단을 통해서 확인할 수 있다.

28 정답 ④

NH 전월세대출 상품을 이용해 전세로 계약할 경우 대출받을 수 있는 보증금은 3억 원×0.8=2.4억 원으로 남은 보증금액인 6,000만 원은 A고객의 보유재산으로 충족이 가능하다. 또한 월세가 없으므로 임대차계약에 대한 월 지출액은 보증금 대출에 대한 이자에 해당하는 금액인 2.4억 원×3.3%÷12개월=66만 원이므로 A고객의 조건에 부합한다.

오답분석
① NH 청년대출 상품을 이용해 전세로 계약할 경우, 최대 2억 원 이내에서 임차보증금의 90%의 대출이 가능하다. 따라서 이 상품을 이용할 경우 대출받을 수 있는 금액은 최대 2억 원이다. 이 경우 남은 보증금 1억 원은 A고객의 보유재산을 넘어서게 되므로 부합하지 않는다.
② NH 청년대출 상품은 월세로 계약할 경우 임차보증금이 1.5억 원 이하여야 하지만, 오피스텔의 월세 보증금은 2억 원이므로 조건에 부합하지 않는다.
③ 아낌e 보금자리대출 상품을 이용해 월세로 계약할 경우 대출받을 수 있는 보증금은 2억 원×70%=1.4억 원이므로 남은 보증금액은 A고객의 보유재산으로 충족이 가능하다. 그러나 A고객이 대출이자를 포함해 월 지불할 월세 지출액은 1.4억 원×3.0%÷12개월+월세 60만 원=95만 원이므로 A고객의 조건에 부합하지 않는다.
⑤ NH 전월세대출 상품을 이용해 월세로 계약할 경우 대출받을 수 있는 보증금은 최대한도인 1.5억 원이므로 남은 보증금액은 A고객의 보유재산으로 충족이 가능하다. 그러나 A고객이 대출이자를 포함해 월 지불할 월세 지출액은 1.5억 원×2.5%÷12개월+월세 60만 원=91만 2,500원이므로 A고객의 조건에 부합하지 않는다.

29 정답 ④

상품 및 계약 유형에 따른 월별 비용은 각각 다음과 같다.
- NH 청년대출(전세)
  - 전세대출금액 : 최대한도 2억 원
  - 일반신용대출 : 3억−2억=1억 원

  그러므로 월 이자비용은 (2억 원×3.3%÷12)+(1억 원×4%÷12)≒883,333원이다.
- 아낌e 보금자리대출(전세)
  - 전세대출금액 : 3억 원×70%=2.1억 원
  - 일반신용대출 : 3억−2.1억=0.9억 원

  그러므로 월 이자비용은 (2.1억 원×3.3%÷12)+(0.9억 원×4%÷12)=877,500원이다.

- 아낌e 보금자리대출(월세)
  아낌e 보금자리대출로 월세 계약을 진행할 경우 상대적으로 금리가 높은 일반신용대출의 대출금액도 커지고 추가로 월세 70만 원도 부담해야 하므로, 아낌e 보금자리대출의 전세 대출보다 불리하다.
- NH 전월세대출(전세)
  - 전세대출금액 : 3억 원×80%=2.4억 원
  - 일반신용대출 : 3억-2.4억=0.6억 원
  그러므로 월 이자비용은 (2.4억 원×3.3%÷12)+(0.6억 원×4%÷12)=860,000원이다.
- NH 전월세대출(월세)
  NH 전월세대출로 월세 계약을 진행할 경우 월세 보증금으로 [2억 원-(70만 원×24개월)]×80%=1.4656억 원을 대출받을 수 있다. 이에 대한 월 이자비용은 (1.4656억 원×2.5%÷12)≒305,333원이며, 추가로 월세 70만 원까지 지불해야 하므로 남은 보증금에 대한 신용대출 이자비용을 제외하더라도 이미 100만 원을 초과해 NH 전월세대출의 전세 대출보다 비용이 많이 든다.
  따라서 B고객에게 가장 유리한 상품은 월 이자비용이 가장 적은 NH 전월세대출의 전세 대출이다.

30 정답 ②

2023년 상반기 대비 2024년 상반기 소비자물가지수 변화율은 $\frac{3.8-5.1}{5.1}\times100≒-25.49\%$이므로 감소율은 25% 이상이다.

오답분석

① 실업률의 변화율은 $\frac{3.5-3.2}{3.2}\times100≒9.38\%$이므로 증가율은 10% 미만이다.

③ 기준금리의 변화율은 $\frac{3.0-3.5}{3.5}\times100≒-14.29\%$이므로 감소율은 15% 미만이다.

④·⑤ 2023년 상반기 대비 2024년 상반기 GDP는 2,250-2,100=150조 원 증가하였다.

31 정답 ⑤

농기계임대사업소를 직접 방문하지 않고 스마트폰 앱을 통해 실시간으로 임대농기계를 예약할 수 있지만, 임대한 농기계를 현장에서 바로 사용할 수 있도록 한다는 내용은 제시문에서 찾을 수 없다.

오답분석

① 마지막 문단의 '지역 내 농업인들이 필요로 하는 농기계를 추가 구입해 지역 내 농업인들이 임대 농기계를 편하게 이용할 수 있도록 힘쓸 것'이라는 내용을 통해 지역마다 필요로 하는 농기계가 다를 수 있음을 추론할 수 있다.
② 첫 번째 문단의 '농기계를 임대함으로써 농업의 인력난 해소와 더불어'라는 내용을 통해 추론할 수 있다.
③ 두 번째 문단의 '올해는 농업인 스스로 키오스크를 통해 간편한 농기계 임대를 진행할 수 있어 이전보다 대기하는 시간이 크게 감소하였다.'라는 내용과 세 번째 문단의 '보이스봇 서비스를 통해 24시간 예약이 가능하게 하고 있으며'라는 내용을 통해 이전에는 직원을 통해서만 농기계 임대를 진행했음을 추론할 수 있다.
④ 두 번째 문단의 '스마트폰 앱을 이용해 실시간으로 농기계 재고를 확인하고 예약할 수 있어 효율적 이용이 가능해졌다.'라는 내용을 통해 이전에는 현장에 도착하더라도 재고가 없어 바로 임대가 안 되는 경우도 있었음을 추론할 수 있다.

32 정답 ⑤

참외, 수박, 토마토의 경우 지금 상황으로는 작년 수준만큼 수확량이 회복될 것으로 예상되는 반면, 멜론의 경우는 작년보다 재배면적이 줄어 그렇지 못할 것으로 보인다고 하였으므로 제시문의 내용으로 적절하다. 하지만 사과의 경우 햇과일이 나올 때까지는 지금 상황이 지속될 것으로 보인다고 하였으므로 올해 긍정적인 전망이 예상된다고 보기 어렵다.

[오답분석]
① 과일 및 야채의 수확량이 많아질수록 가격은 하락해 체감 물가는 감소하겠지만, 수확량이 감소한다면 가격은 상승하기 때문에 체감 물가는 증가한다.
② 2월에 눈과 비가 자주 내려 참외의 수확량이 적었으므로, 이와 마찬가지로 5월에도 비가 자주 내린다면 참외의 수확량이 적을 것이다.
③ 비록 여름 대표 과일인 참외와 수박의 가격은 작년만큼 회복되겠지만, 사과 자체의 가격은 계속 상승세를 유지할 것으로 예상된다고 하였으므로 소비자 입장에서 사과의 체감 물가 역시 증가할 것이다.
④ 마지막 문단의 '수박은 15도 이상으로 참외는 30도 이하로 유지'라는 내용을 통해 여름 제철 과일이라 하더라도, 각 과일 생장기에 따른 적절한 재배 온도는 다를 수 있음을 알 수 있다.

33 정답 ⑤

마지막 문단에 따르면, 농협금융의 당기순이익은 약 0.2% 수준으로 소폭 증가한 반면, 명칭사용료는 약 9.4% 대폭 증가하였다. 따라서 이 상황에서 농협법 개정안이 통과되어 명칭사용료 비율이 2.5%에서 5%로 증가한다면, 이는 농협금융의 실적 후퇴로 이어질 것이다.

[오답분석]
① 농협법 개정안이 통과된다면, 명칭사용료 비율이 2.5%에서 5%로 2배 증가하므로 금액이 산술적으로 2배 증가하는 것은 아니다.
② 농협금융의 명칭사용료 수준이 타사 대비 높은 이유에 대해서는 제시문에 언급되어 있지 않다. 다만 일각에서 농협금융의 설립 목적과 취약한 농촌 상황을 고려하여 농협법 개정안이 통과되어야 한다고 주장하고 있다.
③ 농협금융이 창사 이후 지금까지 매년 매출액의 2.5%의 명칭사용료로 농협은행에 지불하고 있음은 제시문을 통해 알 수 있으나, 이 지불액이 매년 증가했는지에 대한 내용은 언급하고 있지 않다.
④ 마지막 문단에서 알 수 있듯이 농협금융의 실적 또한 증가하였으나, 이에 비해 명칭사용료로 지불하는 금액이 눈에 띄게 증가하였다.

34 정답 ④

제시문은 인공광의 필요성과 한계점, 부정적 측면에 대해 설명하고 있다. 따라서 (다) 인공광의 필요성 – (라) 인공광의 단점 – (나) 간과할 수 없는 인공광의 부정적 영향 – (가) 인공광의 부정적 영향을 간과할 수 없는 이유 순으로 나열하는 것이 적절하다.

35 정답 ③

A의 속도를 xm/분이라 하면 B의 속도는 $1.5x$m/분이다.
A, B가 12분 동안 이동한 거리는 각각 $12x$m, $12 \times 1.5x = 18x$m이고, 두 사람이 이동한 거리의 합은 1,200m이므로 다음과 같은 식이 성립한다.
$12x + 18x = 1,200$
$\therefore x = 40$
따라서 A의 속도는 40m/분이다.

36 정답 ⑤

2017 ~ 2022년 평균 지진 발생 횟수는 (42+52+56+93+49+44)÷6=56회이다.
2023년에 발생한 지진은 2017 ~ 2022년 평균 지진 발생 횟수에 비해 492÷56≒8.8배 증가했으므로 옳은 설명이다.

오답분석
① 2018년보다 2019년에 지진 횟수는 증가했지만 최고 규모는 감소했으므로 옳지 않은 설명이다.
② 2020년의 지진 발생 횟수는 93회이고 2019년의 지진 발생 횟수는 56회이다. 2020년에는 2019년보다 지진이 93-56=37회 더 발생했으므로 옳지 않은 설명이다.
③ 2021 ~ 2022년의 지진 횟수는 감소했으므로 옳지 않은 설명이다.
④ 2023년에 일어난 규모 5.8의 지진이 2017년 이후 우리나라에서 발생한 지진 중 가장 강력한 규모이므로 옳지 않은 설명이다.

37 정답 ④

'창의적인 문제해결'을 A, '브레인스토밍을 한다.'를 B, '상대방의 아이디어를 비판한다.'를 C라고 하면, 전제1은 A → B, 전제2는 B → ~C이므로 A → B → ~C가 성립한다.
따라서 빈칸에 들어갈 명제는 A → ~C인 '창의적인 문제해결을 하기 위해서는 상대방의 아이디어를 비판해서는 안 된다.'이다.

38 정답 ③

명제가 참이면 대우 명제도 참이다. 즉, '을이 좋아하는 과자는 갑이 싫어하는 과자이다.'가 참이면 '갑이 좋아하는 과자는 을이 싫어하는 과자이다.'도 참이다.
따라서 갑은 비스킷을 좋아하고, 을은 비스킷을 싫어한다.

39 정답 ②

A ~ E의 진술에 따르면 C와 E는 반드시 동시에 참 또는 거짓이 되어야 하며, B와 C는 동시에 참이나 거짓이 될 수 없다.
ⅰ) A와 B가 거짓일 경우
B의 진술이 거짓이 되므로 이번 주 수요일 당직은 B이다. 그러나 D의 진술에 따르면 B는 목요일 당직이므로 이는 성립하지 않는다.
ⅱ) B와 D가 거짓인 경우
B의 진술이 거짓이 되므로 이번 주 수요일 당직은 B이다. 또한 A, E의 진술에 따르면 E는 월요일, A는 화요일에 각각 당직을 선다. 이때 C는 수요일과 금요일에 당직을 서지 않으므로 목요일 당직이 되며, 남은 금요일 당직은 자연스럽게 D가 된다.
ⅲ) C와 E가 거짓인 경우
A, B, D의 진술에 따르면 A는 화요일, D는 수요일, B는 목요일, C는 금요일 당직이 되어 남은 월요일 당직은 E가 된다. 이때 E의 진술이 참이 되므로 이는 성립하지 않는다.
따라서 B와 D가 거짓인 경우에 의해 이번 주 수요일 당직은 B이다.

40 정답 ⑤

각국에서 출발한 직원들이 국내(대한민국)에 도착하는 시간을 계산하기 위해서는 먼저 시차를 구해야 한다. 동일 시점에서의 각국의 현지 시각을 살펴보면 국내의 시각이 가장 빠르다는 점을 알 수 있다. 즉, 국내의 현지 시각을 기준으로 각국의 현지 시각을 빼면 시차를 구할 수 있다. 시차는 계산 편의상 24시를 기준으로 한다.

구분	계산식	시차
대한민국 → 독일	6일 06:20-5일 23:20	7시간
대한민국 → 인도	6일 06:20-6일 03:50	2시간 30분
대한민국 → 미국	6일 06:20-5일 17:20	13시간

각국의 직원들이 국내에 도착하는 시간은 출발지 기준 이륙 시각에서 비행 시간과 시차를 더하여 구할 수 있다. 계산 편의상 24시 기준으로 한다.

구분	계산식	대한민국 도착 시각
독일	6일 16:20+11:30+7:00	7일 10:50
인도	6일 22:10+08:30+2:30	7일 09:10
미국	6일 07:40+14:00+13:00	7일 10:40

따라서 각국의 직원들은 국내에 인도 – 미국 – 독일 순서로 도착하는 것을 알 수 있다.

41 정답 ④

세 번째 문단에 따르면 일부 기관에서 비대면 화상 면담 시스템을 도입하여 신청자의 편의성을 높이고 있다고 하였으므로 적절하다.

오답분석

① 두 번째 문단에 따르면 최근에 신용점수 외에도 LTI, DTI 등 다양한 대안적 지표를 활용한다고 하였으므로 적절하지 않다.
② 네 번째 문단에 따르면 일부 금융기관에서 대출 거절 시 그 이유를 상세히 설명하고 개선 방안을 제시하고 있다고 하였으므로 모든 금융기관에서 서비스를 제공하고 있지는 않다.
③ 마지막 문단에 따르면 ESG 요소를 대출심사에 반영하는 것은 기업의 지속가능성과 사회적 책임을 평가하여 장기적인 리스크를 관리하기 위함이라고 하였으므로 ESG 요소 심사는 대출심사의 객관성을 높이는 요인으로 작용한다.

42 정답 ②

제시문의 세 번째 문단에 따르면 지급준비율의 비율을 높이면 은행의 대출 여력이 줄어들어 통화량이 감소하고, 낮추면 대출 여력이 늘어나 통화량이 증가한다고 하였으므로 적절하지 않다.

43 정답 ③

제시문의 첫 번째 문장은 '글로벌 최저한세 제도'에 대해 언급하고 있다. 따라서 이어질 내용으로 가장 적절한 문단은 글로벌 최저한세 제도에 대해 설명하는 (다) 문단이며, 구체적으로 해당 제도가 적용되는 대상이 누구인지를 제시하는 (가) 문단이 그 다음으로 이어져야 한다. 마지막으로 이 제도의 예외사항을 언급하는 (나) 문단이 가장 마지막에 오는 것이 적절하다.

44 정답 ④

2019 ~ 2023년의 연도별 인터넷뱅킹 대출 이용 실적 건수당 대출 금액은 다음과 같다.

- 2019년 : $\frac{487}{0.1}$ = 4,870억 원/만 건

- 2020년 : $\frac{1,137}{0.3}$ = 3,790억 원/만 건

- 2021년 : $\frac{1,768}{0.5}$ = 3,536억 원/만 건

- 2022년 : $\frac{2,394}{0.7}$ = 3,420억 원/만 건

- 2023년 : $\frac{2,763}{0.9}$ = 3,070억 원/만 건

따라서 2020 ~ 2023년 동안 전년 대비 인터넷뱅킹 대출 이용 실적 건수당 대출 금액은 매년 감소하였다.

오답분석
① 2020 ~ 2023년 동안 전체 인터넷뱅킹 이용 실적은 매년 증가하였고, 전체 인터넷뱅킹 이용 금액 또한 매년 증가하였다.
② 2019 ~ 2023년 동안 전체 인터넷뱅킹 이용 실적의 70%와 모바일뱅킹 이용 실적의 관계는 다음과 같다.
- 2019년 : 248×0.7=173.6 < 177
- 2020년 : 260×0.7=182 < 190
- 2021년 : 278×0.7=194.6 < 214
- 2022년 : 300×0.7=210 < 238
- 2023년 : 334×0.7=233.8 < 272

따라서 2019 ~ 2023년 동안 전체 인터넷뱅킹 이용 실적 중 모바일뱅킹 이용 실적은 매년 70% 이상이었다.
③ 2019 ~ 2023년 동안 전체 인터넷뱅킹 이용 금액의 30%와 모바일뱅킹 이용 금액의 관계는 다음과 같다.
- 2019년 : 96,164×0.3=28,849.2 > 19,330
- 2020년 : 121,535×0.3=36,460.5 > 27,710
- 2021년 : 167,213×0.3=50,163.9 > 40,633
- 2022년 : 171,762×0.3=51,528.6 > 44,658
- 2023년 : 197,914×0.3=59,374.2 > 57,395

따라서 2019 ~ 2023년 동안 전체 인터넷뱅킹 이용 금액 중 모바일뱅킹 이용 금액은 매년 30% 미만이었다.

45 정답 ①

제시된 조건에 따라 앉을 수 있는 자리를 나타내면 다음과 같다.

첫 번째 조건에 따라 부장의 자리는 스크린 맞은편 자리로 항상 고정되어 있고, 두 번째 조건에 따라 노트북을 연결할 수 있는 자리는 2개이다. 세 번째 조건에 따라 대리가 부장과 가장 가까운 자리에 앉을 수 있는 경우의 수는 2가지이며, 네 번째 조건에 따라 대리 2명 모두 옆 자리에 앉을 수 있는 사람은 사원 1명뿐으로 사원이 앉을 수 있는 경우의 수는 2가지이다. 그러므로 남은 5자리에 주임 3명이 앉을 수 있는 경우의 수는 $_5P_3=60$가지이다.

따라서 자리에 앉을 수 있는 경우의 수는 $1\times2\times2\times2\times60=480$가지이다.

46 정답 ③

월별 엔/위안 값은 월별 (중국의 1위안 환율)÷(일본의 1엔 환율)로 계산한다.
- 2023년 7월 : (188원/위안)÷(9.27원/엔)≒20.3엔/위안
- 2023년 8월 : (191원/위안)÷(9.3원/엔)≒20.5엔/위안
- 2023년 9월 : (192원/위안)÷(9.19원/엔)≒20.9엔/위안
- 2023년 10월 : (193원/위안)÷(9.2원/엔)≒21엔/위안
- 2023년 11월 : (190원/위안)÷(8.88원/엔)≒21.4엔/위안
- 2023년 12월 : (192원/위안)÷(9.23원/엔)≒20.8엔/위안

따라서 2023년 7 ~ 12월 동안 위안화 대비 엔화는 항상 20엔/위안 이상이다.

오답분석

① 2023년 8 ~ 12월 동안 미국의 전월 대비 환율의 증감 추이는 '증가 – 증가 – 증가 – 감소 – 감소'이다.
② 2023년 8 ~ 12월 동안 중국의 전월 대비 환율의 증감 추이는 '증가 – 증가 – 증가 – 감소 – 증가'이고, 일본의 전월 대비 환율의 증감 추이는 '증가 – 감소 – 증가 – 감소 – 증가'이므로 같지 않다.
④ 각 국가의 2023년 7월 대비 12월의 환율 증가율은 다음과 같다.
- 미국 : $\frac{1,329 - 1,308}{1,308} \times 100 ≒ 1.6\%$
- 중국 : $\frac{192 - 188}{188} \times 100 ≒ 2.1\%$
- 일본 : $\frac{9.23 - 9.27}{9.27} \times 100 ≒ -0.4\%$

따라서 2023년 7월 대비 12월의 환율 증가율이 가장 큰 국가는 중국이다.

47 정답 ③

C대리의 2024년 업무평가 점수는 직전연도 업무평가 점수인 89점에서 지각 1회에 따른 5점, 결근 1회에 따른 10점을 제한 74점이다. 따라서 승진 대상에 포함되지 않으므로 그대로 대리일 것이다.

오답분석

① A사원은 근속연수가 3년 미만이므로 승진 대상이 아니다.
② B주임은 출산휴가 35일을 제외하면 근속연수가 3년 미만이므로 승진 대상이 아니다.
④ 승진 대상에 대한 자료이므로 과장은 대리가 될 수 없다.

48 정답 ③

IBK2024특판중금채에서 적용받을 수 있는 최대 금리는 가입기간에 따른 최대 기본금리인 연 3.74%에 최대 우대금리인 연 0.2%p를 더한 연 3.94%이다.

오답분석

① 가입 가능한 계좌 수의 제한은 없으나, 가입 가능한 금액은 계좌당이 아닌 1인당 1백만 원 이상 10억 원 이내이다.
② 법인사업자의 가입은 불가하지만, 외국인 중 거주자의 경우 가입이 가능하다.
④ 최초 상품 가입일에 마케팅을 미동의하였더라도 다른 두 가지 조건 중 하나를 만족한다면 최대 우대금리 혜택을 적용받을 수 있다.

49 정답 ②

해당 상품은 계좌 개설일로부터 최대 3년까지만 가입금액에 따라 이자가 차등 지급된다.

오답분석
① '가입대상' 항목에 따르면 사업자번호별 1개 계좌만 가입이 가능하다고 하였다. 따라서 한 사업자가 여러 개의 사업자번호를 가지고 있다면, 그 개수에 맞는 계좌 수만큼 가입이 가능하다.
③ 생애 최초 창업이 아닌 해당 창업을 개시한 지 1년 이내인 사업자에 한해 가입 가능한 상품이다.
④ 500만 원을 초과하는 금액에 대해서는 기본금리인 연 0.1%의 금리가 적용된다.

50 정답 ③

직원 5명의 자동차 판매 대수 및 자동차 판매 총액에 따른 등급은 다음과 같다.

구분	자동차 판매 대수	등급	자동차 판매 총액	등급
권○○	7대	A	9천 6백만 원	C
김○○	12대	A^+	1억 4천만 원	B
류○○	4대	C	9천만 원	C
오○○○	6대	B	2억 2천만 원	A
표○○	1대	D	4천 8백만 원	D

성과급 지급 조건을 만족하는 직원은 김○○, 오○○○이다.
김○○이 받는 성과급은 1억 4천만 원×0.02=280만 원이고, 오○○○이 받는 성과급은 2억 2천만 원×0.03=660만 원이다.
따라서 직원들이 받는 성과급의 합은 280+660=940만 원이다.

51 정답 ③

C는 자녀가 없는 예비신혼부부이므로 신혼부부Ⅰ・Ⅱ 유형에서 우선순위 2순위에 해당한다.

오답분석
① A : 만 6세 이하 자녀가 있는 한부모가족이므로 모든 유형에서 우선순위 1순위에 해당한다.
② B : 고령자이므로 기존주택 유형에서 우선순위 1순위에 해당한다.
④ D : 만 6세 이하 자녀가 있는 혼인가구이므로 신혼부부Ⅰ・Ⅱ 유형에서 우선순위 3순위에 해당한다.

52 정답 ③

제시된 정보에서 총자산가액이 자산기준인 2억 4,100만 원을 초과하였으므로 신청자격이 주어지지 않는다.

오답분석
① 한부모가족이 아니더라도 다양한 신청자격이 존재한다.
② 월평균소득은 4인 가구 월평균소득의 50% 기준인 4,124,234원 이하이므로 기존주택 유형의 2순위 기준은 갖추어졌다.
④ 자동차를 보유하지 않았다면 해당 항목은 자산 산정에서 제외한다고 하였다.

53 정답 ①

고든법(Gordon Method)은 미국의 심리학자 고든(William J. Gordon)에 의해 고안된 아이디어 발상 기법으로 브레인스토밍과 유사한 발상 기법이지만, 참가자가 주제에 고정관념을 가지고 접근하는 것을 방지하기 위해 진행자가 토론 주제를 명확히 제시하지 않고, 추상화된 키워드를 참가자에게 제시하여 아이디어를 모으는 발상 기법이다. 고든법의 진행 방법은 다음과 같다.

1. 키워드 정하기 : 해결하고자 하는 문제를 추상화시킨 키워드로 참가자에게 제시하고 진짜 주제는 숨긴다. 이때, 다양한 아이디어의 발상을 위해 참가자는 가급적 다양한 전공의 사람들을 모은다.
2. 자유롭게 발언하기 : 참가자들은 진행자가 제시한 키워드에 대해 자유롭게 아이디어를 제시하고 제시되는 아이디어에 대한 비판은 하지 않는다. 이때, 진행자는 참가자들의 아이디어를 진짜 주제와 결합시켜 검토한다.
3. 진짜 주제 공개하기 : 적절한 아이디어가 많이 나오면 진행자는 숨겼던 진짜 주제를 발표한다.
4. 아이디어 구체화하기 : 참가자들은 이전에 발언한 아이디어를 모아 발전시켜 진짜 주제에 대한 해결방안을 구체화한다.

54 정답 ②

등산로별 길이, 평균 등산 속도, 완주 시간을 정리하면 다음과 같다.

구분	길이	평균 등산 속도	완주 시간
A	$3.6 \times \frac{10}{3} = 12\text{km}$	3.6km/h	3시간 20분=$\frac{10}{3}$시간
B	16km	3.2km/h	$\frac{16}{3.2}=5$시간
C	14.3km	3.9km/h	$\frac{14.3}{3.9}$시간=$\frac{11}{3}$시간=3시간 40분
D	12.35km	3.8km/h	3시간 15분
E	$3.5 \times 3.5 = 12.25\text{km}$	3.5km/h	3시간 30분=3.5시간

따라서 가장 짧은 등산로는 A이고, 완주 시간이 가장 짧은 등산로는 D이다.

55 정답 ④

마지막 문단에서 팃포탯 전략이 두 차례 모두 우승할 수 있었던 이유는 비열한 전략에는 비열한 전략으로 대응했기 때문임을 확인할 수 있다.

[오답분석]
① 네 번째 문단에서 팃포탯을 만든 것은 심리학자인 아나톨 라포트 교수임을 확인할 수 있다.
② 두 번째 문단에서 죄수의 딜레마에서 자신의 이득이 최대로 나타나는 경우는 내가 죄를 자백하고 상대방이 죄를 자백하지 않는 것임을 확인할 수 있다.
③ 마지막 문단에서 엑셀로드는 팃포탯을 친절한 전략으로 분류했음을 확인할 수 있다.

56 정답 ①

세 번째 문단에 따르면 '금융시장이 통합되어 있으면 지역 내 국가들 사이에 경상수지 불균형이 발생했을 때 자본 이동이 쉽게 일어날 수 있을 것이며 이에 따라 조정의 압력이 줄어들게 되므로 지역 내 환율 변동의 필요성이 감소하게 된다.'라고 했으나, 금융시장의 통합에 따른 편익의 계산 방식은 나타나지 않는다.

[오답분석]
② 세 번째 문단에서 확인할 수 있다.
③·④ 마지막 문단에서 확인할 수 있다.

57 정답 ④

- 생활비가 20만 원 이상 40만 원 미만인 학생의 수 : 89-23=66명
- 생활비가 40만 원 이상 60만 원 미만인 학생의 수 : 173-89=84명

따라서 생활비가 20만 원 이상 40만 원 미만인 학생의 수는 40만 원 이상 60만 원 미만인 학생의 수보다 적다.

오답분석

① 불필요한 지출에 대한 사실은 도수분포표로 확인할 수 없다.
② 한 달 생활비가 100만 원 이상인 학생의 누적도수 차이가 가장 적으므로 학생의 수가 가장 적다.
③ 한 달 생활비가 60만 원 미만인 학생의 누적도수가 173명이므로 60만 원 이상인 학생 수는 127명이고, 전체 학생의 50% 미만이다.

58 정답 ②

C를 고정시키고, 그다음 D와 E를 기준으로 시작하여 가능한 경우를 정리하면 다음과 같다.

구분	1	2	3	4	5	6
경우 1	D	F	B	C	E	A
경우 2	D	B	F	C	E	A
경우 3	A	D	F	C	B	E
경우 4	B	D	F	C	A	E

따라서 모든 경우에서 E는 C보다 오른쪽에 앉아 있다.

오답분석

① 경우 3에서 A는 C보다 왼쪽에 앉는다.
③ 경우 3과 경우 4에서 E는 A보다 오른쪽에 앉는다.
④ 경우 4에서 D는 B보다 오른쪽에 앉는다.

59 정답 ②

제시된 조건을 정리하면 다음과 같다.

구분	월요일	화요일	수요일	목요일	금요일
주희	×	×	×	○	
소연			○		
지현	○		×		
승혜		○	×		
지영					○

따라서 지현이가 월요일에 청소를 한다면 승혜는 화요일에 청소한다.

60 정답 ②

지난 1년간 수집한 데이터에 근거한 통계자료(평균치)로 산정한 주차권 발행 방식의 1개월 주차비용은 다음과 같다.

- 월요일 : 150명×62%×3,000원=279,000원
- 화요일 : 180명×55%×3,000원=297,000원
- 수요일 : 170명×50%×3,000원=255,000원
- 목요일 : 175명×68%×3,000원=357,000원
- 금요일 : 250명×80%×3,000원=600,000원
- 토요일 : 400명×92%×3,000원=1,104,000원
- 일요일 : 450명×88%×3,000원=1,188,000원

∴ 1주간 주차비용=4,080,000원 → 1개월 주차비용=4,080,000원×4주=16,320,000원

따라서 월 임대료(1,500만 원)를 납부하는 것이 더 경제적이며, 그 차액은 1,320,000원이다

2025 하반기 시대에듀 기출이 답이다
신한은행 SLT 필기시험

개정3판1쇄 발행	2025년 09월 10일 (인쇄 2025년 08월 27일)
초 판 발 행	2023년 04월 10일 (인쇄 2023년 03월 22일)
발 행 인	박영일
책 임 편 집	이해욱
편 저	SDC(Sidae Data Center)
편 집 진 행	안희선 · 신주희
표지디자인	김지수
편집디자인	김경원 · 이다희
발 행 처	(주)시대고시기획
출 판 등 록	제10-1521호
주 소	서울시 마포구 큰우물로 75 [도화동 538 성지 B/D] 9F
전 화	1600-3600
팩 스	02-701-8823
홈 페 이 지	www.sdedu.co.kr
I S B N	979-11-383-9882-4 (13320)
정 가	23,000원

※ 이 책은 저작권법의 보호를 받는 저작물이므로 동영상 제작 및 무단전재와 배포를 금합니다.
※ 잘못된 책은 구입하신 서점에서 바꾸어 드립니다.

기출이 답이다
신한은행 SLT
정답 및 해설

금융권 필기시험 "기본서" 시리즈

   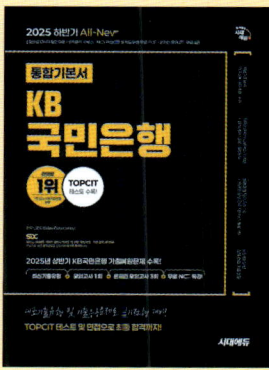

최신 기출유형을 반영한 NCS와 직무상식을 한 권에! 합격을 위한
Only Way!

금융권 필기시험 "봉투모의고사" 시리즈

   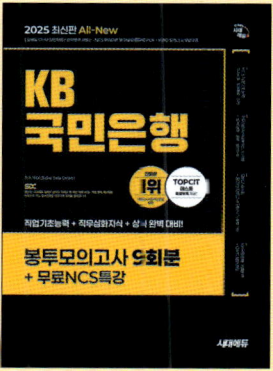

실제 시험과 동일하게 구성된 모의고사로 마무리! 합격으로 가는
Last Spurt!

NEXT STEP

시대에듀가 합격을 준비하는
당신에게 제안합니다.

성공의 기회
시대에듀를 잡으십시오.

시대에듀

기회란 포착되어 활용되기 전에는 기회인지조차 알 수 없는 것이다.
- 마크 트웨인 -